KB081806

로마, 약탈과 패배로 쓴 역사

이 도서의 국립중앙도서관 출판예정도서목록(CIP)은
서지정보유통지원시스템 홈페이지(http://seoji.nl.go.kr)와
국가자료종합목록 구축시스템(http://kolis-net.nl.go.kr)에서 이용하실 수 있습니다.
(CIP제어번호 : CIP2019040775)

로마,
약탈과 패배로 쓴 역사

갈리아에서
나치까지

매슈 닐 지음 | 박진서 옮김

마티

서문

로마 같은 도시는 없다. 과거를 로마만큼이나 잘 보존한 위대한 메트로폴리스는 없다. 우리는 로마에서 키케로와 카이사르가 건너간 그 다리를 건널 수 있고, 1,900년 전에 세워진 신전에 설 수도, 100명의 교황이 미사를 집전한 성당에 들어갈 수도 있다. 분수, 판테온, 콜로세움, 산 피에트로 대성당, 시스티나 예배당을 비롯한 로마의 명소뿐만 아니라 무솔리니의 파시스트 선전물까지 대부분 온전한 모습 그대로 남아 있다. 심지어 나치 점령기의 게슈타포 본부까지 보존되어 있다. 로마가 수 세기 동안 겪은 수많은 홍수, 화재, 지진, 전염병, 무엇보다도 적들의 침략을 생각해보면 이토록 많은 유물이 온전히 남아 있다는 사실에 놀라지 않을 수 없다.

8살에 처음 로마에 왔을 때, 과거의 상당 부분이 그대로인 이 도시가 무척 새로웠다. 나이가 들면서 여러 번 다시 로마를 찾았고 점점 매료되었다. 그리고 지난 15년간 이곳에서 살며 로마를 공부하고 도시 구석구석을 알아갔다. 나는 로마의 과거에 대해 쓰고 로마가 어떻게 오늘날의 도시가 되었는지 보여주고 싶었다. 이 과제는 3,000년 전부터 현재에 이르기까지 로마의 모든 이야기를 쓰는 일이다.

큰 문제는, 로마의 과거가 매우 방대한 주제라는 것이다. 큰 변화를 겪어온 이 도시에는 서로 다른 많은 로마가 존재한다. 한 시대에 살았던 로마인은 다른 시대의 로마를 상당 부분 알아볼 수가 없다. 로마 전체의 역사를 다루고자 하는 책들은 여러 사건 속을 분주히 헤집고 다니며 너무 장황하게, 동시에 몹시 서둘러 써 내려가곤 한다. 한편, 지금까지 내가 써왔던 글은 대부분이 픽션이었고, 여러 장르 가운데 소설은 특히나 강력하고 명확한 구조가 필요하다. 나는 끝없이 이어지는 '그러고 나서'를 피하면서 로마의 역사를 어떤 구조로 끌어갈지 오래 고민했다. 한 가지 생각이 떠올랐다. 그것은 로마가 존재한 긴 시간 중에서 로마를 변화시키고 새로운 방향으로 전환시키는 몇몇 순간에 집중하는 방법이었다. '약탈' 만큼이나 명확한 주제는 없었다. 로마 사람들이 씁쓸하게 말하듯이 로마는 너무나도 많은 약탈을 겪었다.

7이란 숫자가 마음에 들었다. 7개의 언덕, 7번의 약탈. 나는 로마 역사상 가장 중요하면서 다른 시대와 완전히 구별되는 성격을 갖는 순간들에 해당하는 7번의 약탈을 찾아냈고, 각 장을 어떻게 한 편의 이야기처럼 전개할지 구상했다. 먼저 로마로 진격하는 '적'들을 살피고 그들이 누구인지 무엇 때문에 왔는지 알아볼 것이다. 그다음 잠시 멈춰서 위기가 시작되기 전, 정상적인 삶의 감각을 여전히 누리고 있던 로마를 그려낼 것이다. 이 책의 독자는 로마에서 날아온 엄청나게 큰 엽서를 받아볼 텐데, 그 속에는 로마가 어떤 모습이었는지, 어떤 느낌이었고 어떤 냄새가 났는지, 부자이거나 가난한 로마인이 무엇을 소유했는지, 무엇이 그들을 묶고 갈라

놓았는지, 어떤 집에 살았는지, 어떤 음식을 먹었는지, 무엇을 믿었는지, 얼마나 깨끗했는지, 어느 정도나 국제적인 도시였는지, 어떤 유흥을 즐겼는지, 섹스를 어떻게 여겼는지, 남녀가 서로 어떻게 대우했는지, 기대 수명은 어땠는지 등이 파노라마처럼 생생하게 펼쳐질 것이다. 중간중간 로마가 마지막 엽서 이후로 어떻게 변했는지 넌지시 비춰 보여줌으로써, 퍼즐이 연결되듯 로마의 전체 역사를 어렴풋이 그려볼 수 있도록 했다. 끝으로 적이 어떻게 로마에 침입했는지, 로마에서 무슨 일을 벌였는지, 그 일로 로마에 어떤 변화가 생겼는지를 찾아내면서 약탈의 드라마로 돌아가려 한다.

나는 이 책을 집필하기 위해 15년간 자료 조사를 했다. 그 모든 어려움과 부족함에도 내가 무척이나 사랑하는 도시, 처음 이곳을 방문했던 아이 때와 마찬가지로 지금도 여전히 매력적인 한 도시를 더 잘 이해할 수 있었기에 글을 쓰는 내내 즐거웠다. 세상이 쉽게 부서질 듯한 요즘처럼 이상한 시대에, 나는 로마의 과거에서 꽤 많은 위안을 얻었다. 로마인은 재앙이 닥칠 때마다 끊임없이 떨쳐내고 새로운 세대의 위대한 기념물을 더하며 도시를 재건했다. 평화와 전쟁 모두 로마를 오늘날의 특별한 장소로 만드는 데 역할을 해왔다.

로마, 2017

[일러두기]

— 로마의 지명과 건물명 등은 고대 로마 시대를 다룰 때에는 라틴어로, 중세 또는 르네상스 이후에는 이탈리아어로 표기했다.
— 베드로와 바울 등 한국식 표기가 일반화된 기독교 성인들은 라틴어나 이탈리아어 표기법을 따르지 않았다.

1
갈리아인

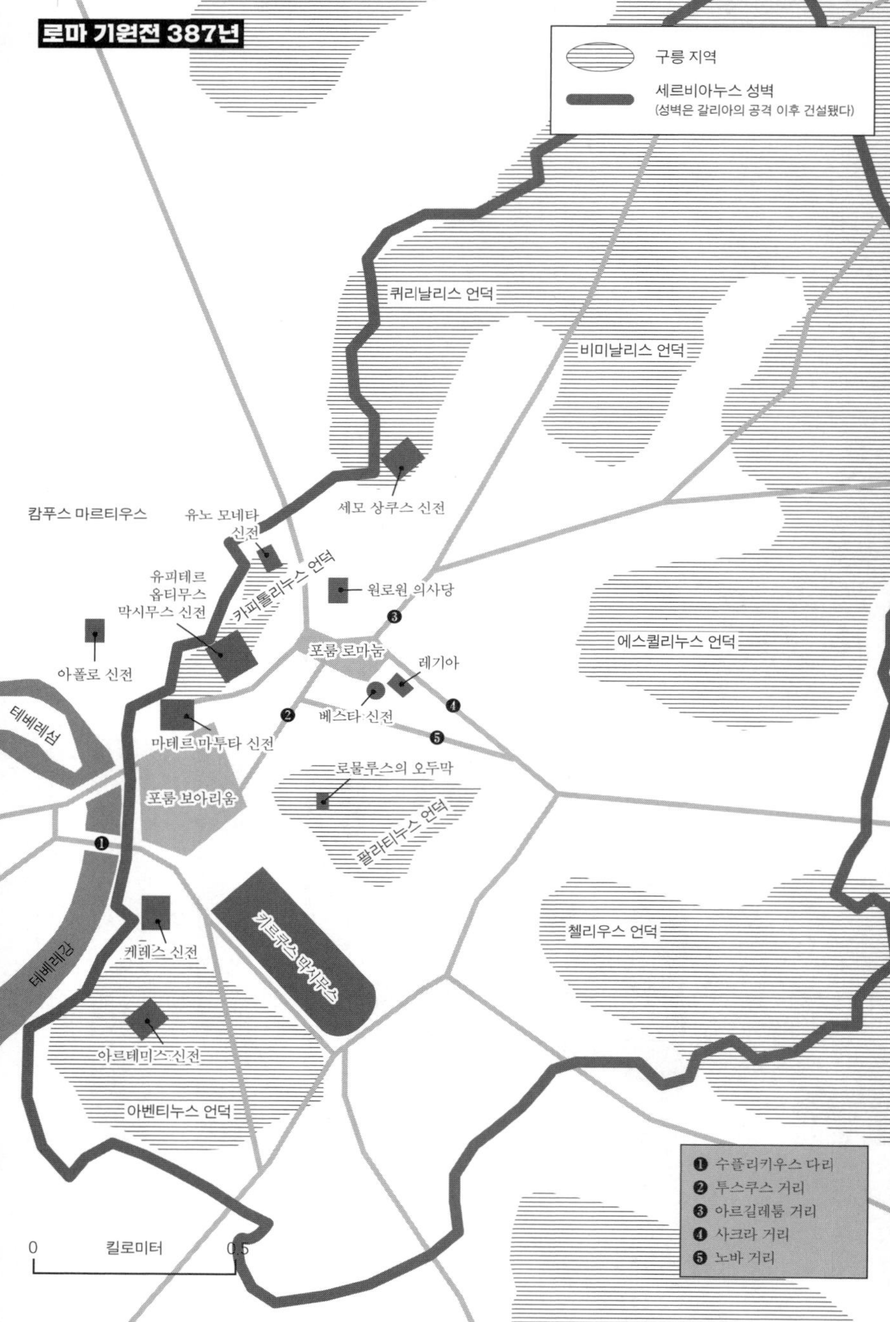

로마 기원전 387년
구릉 지역
세르비아누스 성벽
(성벽은 갈리아의 공격 이후 건설됐다)
퀴리날리스 언덕
비미날리스 언덕
세모 상쿠스 신전
캄푸스 마르티우스
유노 모네타 신전
카피톨리누스 언덕
원로원 의사당
유피테르 옵티무스 막시무스 신전
에스퀼리누스 언덕
포룸 로마눔
레기아
아폴로 신전
베스타 신전
테베레섬
마테르 마투타 신전
로물루스의 오두막
포룸 보아리움
팔라티누스 언덕
키르쿠스 막시무스
첼리우스 언덕
케레스 신전
테베레강
아르테미스 신전
아벤티누스 언덕
0
킬로미터
0.5
❶ 수블리키우스 다리
❷ 투스쿠스 거리
❸ 아르길레툼 거리
❹ 사크라 거리
❺ 노바 거리

기원전 387년, 브렌누스와 갈리아인이 로마에 침입하다

로마에서 북쪽으로 14킬로미터 떨어진 곳, 테베레강이 작은 평원을 굽이쳐 가로지르는 그곳에서 알리아라는 시내 정도 크기의 작은 지류가 합류한다. 요즘에는 거의 눈에 띄지 않는 장소이다. 테베레강 건너편으로 트럭이 A1 고속도로를 으르렁거리며 달리고 고속열차가 북쪽 피렌체와 밀라노를 향해 질주한다. 과거 이곳이 어떤 곳이었는지를 알려면 약간의 상상력이(그리고 귀마개도) 필요하다. 이곳은 전쟁터였다. 기원전 387년 7월 18일, 로마인들이 오랫동안 불운의 날로 기억하는 이날에 6,500~9,000명에 이르는 로마 공화정의 모든 병력이 싸울 태세를 갖추었다. 그들 앞으로 갈리아 군대가 진격해 오고 있었다.

이 장면에서 더 깊은 인상을 남길 만한 쪽은 로마군이었다. 로마군은 대형을 이루어 금속 투구와 갑옷, 긴 창과 크고 둥근 방패로 무장했다. 로마군의 병법은 그리스인이 고안한 전략으로, 방패와 창으로 강력한 방어벽을 치는 것이었다. 적군이 방어벽을 뚫으려 고군분투하는 동안 로마군은 창으로 상대의 아래쪽을 공략해 다리와 복부, 사타구니를 찌르고, 다시 위에서 목과 얼굴을 찔렀다. 2,500년 전의 전쟁은 이처럼 가까이에서 잔혹하게 서로 치고받는 형태였다.

이에 반해 갈리아인은 규율이라고는 전혀 없는 족속이었다. 여자들과 아이들까지 전투 관전을 망설이지 않을 사람들이었다.

그들은 유랑민이 아니라 분란과 영광, 보물을 쫓아다니던 전투 집단이었다. 당시 떠돌아다니던 군대가 그랬듯이 갈리아 전사들에게서도 악취가 나고 이가 들끓었을 것이다. 이 전투의 초기 상황에 대해 확언할 수 있는 점은 거의 없지만 상당 부분 추측은 해볼 수 있다. 일부 병사는 보병, 일부는 기마병이었고, 또 다른 일부는 2인 전투마차를 타고 전장의 요충지로 달려갔을 것이다. 조그만 직사각형 방패와 검, 창으로 무장한 채 정교하게 제작된 투구를 쓰고, 머리와 콧수염을 기르고 목에는 금속 목걸이를 찼을 것이다. 그보다 눈에 띄는 것은 그들이 옷을 입지 않았다는 점이다. 옷을 입은 병사도 있었지만 대부분 벨트와 망토만 걸쳤다. 갈리아인이 대개 벌거벗고 싸웠다는 사실은 이후 여러 사료를 통해 확인된다. 그들은 전장에서 옷을 입으면 더 위험해진다고 믿었다.

무엇보다 그들은 자신감에 차 있었다. 당시 유럽은 켈트어를 사용하는 갈리아인이 장악하고 있었다. 그들 영토의 규모를 가늠하려면 갈리아인의 땅(land of the Gauls)을 뜻하는 단어인 '갈리시아'가 들어간 지역을 찾아보면 된다. 이런 이름은 스페인 북서부에 하나, 우크라이나에 하나 그리고 터키에도 하나 보인다. 프랑스어로 페 드 갈(Pays des Galles, 갈리아인의 나라)이라고 불리는 웨일스 역시 마찬가지이다. 알리아 전투 2세기 전, 갈리아인은 에트루리아인에게서 북부 이탈리아의 파두스 계곡(오늘날 포 계곡) 유역을 빼앗았다. 기원전 391년, 이탈리아의 아드리아해 해안(현대 해변 휴양지인 리미니 부근으로 로마에서 200킬로미터도 채 떨어져 있지 않다)을 따라 정착한 갈리아 부족 중 하나인 세노네스족은 아펜니노 산맥을 넘어 에트루리아의 도시 클루시움을 급습했다. 4년 후 이들은 다시 돌아왔고, 이번에는 로마의 차례였다.

갈리아인의 성공은 그들이 보유한 두 가지 기술 덕이 컸다. '유럽의 대장장이'라 불렸던 갈리아인은 철물 제작으로 유명했으며, (종종 동물 문양을 섞어) 복잡하고 기하학적 문양의 아름다운 장식품을 생산했다. 바퀴 달린 기구로도 유명해서 라틴어에 유입된 몇 안 되는 켈트어는 손수레, 마차 등과 관련된 단어들이다. 전차와 정교한 무기로 켈트족은 유럽 전역에서 활약할 수 있었다.

세노네스족의 일상에 관한 자료는 알리아 전투 후 수 세기가 지난 후에 기록된 것이 전부이지만, 거기에 흥미로운 단서들이 보인다. 후기 켈트족은 로마인보다 남성 우위 사상이 훨씬 덜했다. 여성 통치자도 상대적으로 흔했으며 여성 드루이드(druid, 고대 켈트인 종교였던 드루이드교의 성직자—옮긴이)도 있었다. 또한 인도에 정착한 그들의 먼 사촌들과도 어느 정도 공통점을 지녔다. 초기 힌두교의 카스트와 비슷한 제도에 의해 사제, 전사, 장인 그리고 빈농으로 신분을 구분했고, 켈트족 드루이드는 주술로 병을 치료하는 사람이 아니라 사제판사(司帝判事)이자 왕의 고문으로서 인도의 브라만과 같은 높은 지위를 누렸다. 켈트족은 윤회도 믿었다. (켈트족 정복 기간 그들에 대해 전문가 수준이 된) 율리우스 카이사르도 그렇게 말한 바 있으며, 초기 아일랜드 전설에도 나비와 하루살이가 사람으로 환생하는 이야기가 전해진다.

이런 그들의 문화를 로마인이 좋아했는지는 의문이다. 로마인이 생각한 갈리아인에 대한 인상은 전쟁 수백 년 뒤의 기록을 통해서야 비로소 알 수 있지만, 기원전 387년에 살았던 로마인이라고 편견이 없었을 리는 없다. 후기 로마인들은 켈트족을 달변가이긴 하지만 한심할 정도로 무절제하고 무책임한 무리로, 전쟁광, 주정뱅이, 황금만 좇는 미개인으로 여겼다. 신랄하게 표현하기는 했지만 그것이 믿을 만한 견해라는 증거도 있다. 갈리아인은 술을 좋아했고 북부 이탈리아에 남아 있는 그들의 무덤에는 세련된 와인 잔이 가득했다. 싸움과 금을 정말 좋아했던 갈리아인은 이 두 가지를 동시에 추구할 기회를 노렸다. 이를테면 이들이 로마로 진격했을 때가 그 기회였다. 알리아 전투 후 몇 달 지나지 않아서 일단의 갈리아인이 시칠리아에 나타났다. 시라쿠사의 그리스 통치자인 디오니시우스 편에서 싸운 용병들이 7월 18일 로마를 습격한 전투 집단이었을 가능성이 매우 크다. 로마는 갈리아인의 목적지가 아니었지만, 긴 여정을 잠시 쉬어가며 약간의 전투로 돈벌이도 할 수 있는 기회였기 때문이다.

후에는 로마인 스스로가 갈리아인보다 우월하다고 생각했을지 몰라도, 실상 로마인은 그들이 생각했던 것보다 갈리아인과 많은 공통점을 갖고 있었다. 초기 갈리아어와 라틴어는 너무나 유사해서 60세대 전쯤에는 기원이 동일하다고 보기도 한다. 다시 말해 알리아 전투에서 충돌하기 1,500년 전에 켈트족과 로마인이 같은 민족이었다는 뜻이다.

그러나 이제 둘은 격렬한 전투에 휘말린 이방인이자 적이었다. 로마군이 우세하리라 예상한 이들도 있었다. 로마군은 대형을 유지할 수 있는 트인 평지(기원전 387년 7월 18일 그들이 서 있던 곳과 정확히 동일한 장소)에서 최고의 실력을 발휘했다. 로마군의 전략은 기습 공격으로 충격을 주는 게 고작이었던 갈리아인의 전략보다 훨씬 앞선 것이었다. 그렇지만 그날은 모든 것이 로마군에게 불리하게 돌아갔다. 전투의 전말은 로마의 역사가 리비우스에게서 들을 수 있다. 그의 시각이 객관적이지는 않다. 리비우스는 알리아 전투 발생 3세기 반이 흘러 로마가 지중해 전 지역을 지배하던 때 기록을 남겼고, 로마가 크게 부상하는 과정에서 많은 것을 잃었다고 생각했다. 그는 로마인이 한때는 더 강인하고 솔직했으며 더 검소하고 도덕적이고 헌신적이었다고 생각하며 향수에 젖어 회고했다. 용맹스러웠던 조상들의 이야기를 감동적으로 들려주어 동시대 로마인들에게 용기를 주려고 했다.

불행히도 알리아 전투가 그런 용기를 주지는 못했다. 리비우스는 최선을 다해 변명거리를 찾으려 했다. 로마군이 수적으로 크게 열세였다고 썼지만, 앞서 살펴보았듯이 로마군의 규모는 결코 작지 않았다. 로마인들이 갈리아인들의 괴이함에 충격을 받았다고 해야 좀 더 정확한 표현일 것이다. 두 민족은 그 이전에 한 번도 맞붙어 싸운 적이 없었던 것으로 보인다. 로마인은 길고 날카로운 창을 들이대며 말과 전차를 타고 쇄도해 오는 갈리아인의 속도와 기동성에 무너졌을지 모른다. 갈리아인의 외양도 한몫했을 것이다.

거대한 몸집에 콧수염을 기르고 거의 벌거벗은 전사 무리가 괴성과 함께 극적인 몸짓으로 괴이한 전쟁 나팔을 사방 천지에 울리며 다가오는 모습을 보고 겁을 먹었다고 한들 결코 탓할 일은 아니다.

로마인들은 그들의 전략 탓에 전의를 상실하기도 했다. 깊은 강을 등지고 전투를 벌이는 방법은 현명하지 못했다. 리비우스에 따르면, 갈리아군의 측면 협공을 우려한 로마군 사령관은 병력을 둘로 나누고 예비 병력은 지대가 조금 높은 오른편에 배치했다. 하지만 갈리아군의 우두머리 브렌누스(왕을 뜻하는 갈리아어와 유사한 것으로 보아 실제 이름이 아니었을 것이다)는 전군을 투입해 로마의 예비 병력을 맹렬히 공격하기 시작했다. 로마군 본진은 동료들이 베여나가는 모습을 지켜보았다. 리비우스의 말처럼 본진은 더 잘 싸울 수 있을지 알아보려고 하지도 않았다.

> 로마군 본진은 그들의 측면과 후방에서 갈리아인들의 돌격 함성이 들리자마자 땅끝에서 나온 이 괴이한 적을 쳐다보려고도 하지 않았다. 그들은 아무런 저항도 하지 않았다. 돌격 함성에 대꾸할 용기조차 없었고, 아무도 죽지 않았는데도 도망치기에 바빴다. 싸우다 쓰러진 자는 한 명도 없었다. 한꺼번에 도망치는 동료들을 뚫고 서로 나아가려 안간힘을 쓰던 중에 뒤에서 휘두른 칼에 베였다. 강둑 근처에서 끔찍한 살육이 벌어졌다. 군의 좌측 배치군 전체가 모두 그쪽으로 도망쳤고, 강을 건너야 한다

> 는 간절한 심정으로 무기를 내팽개쳤다. 많은 병사가 헤엄칠 줄 몰랐으며, 또 많은 병사가 탈진 상태에서 장비의 무게를 견디지 못하고 가라앉아 익사했다.[1]

그날 늦게 갈리아인들은 로마에 입성했고, 로마는 그들의 수중에 넘어갔다. 이로써 수 세기에 걸쳐 거듭 회자되는 고대의 가장 유명한 이야기들이 펼쳐질 무대가 마련되었고, 이 사건은 로마인이 자기 자신을 보는 관점 그리고 다른 이들이 로마인을 보는 관점에 영향을 미쳤다.

기원전 4세기, 공화정 치하 로마는…

그 이야기에 들어가기 앞서, 또한 그해 여름에 정말 무슨 일이 일어났는지 조각을 맞추어보기 전에, 잠시 짬을 내 갈리아인이 쳐들어갔던 당시 로마가 어떤 상태였는지 살필 필요가 있다. 현대인의 눈에 로마는 강대국으로 부상할 도시로 보이지 않을 것이다. 기원전 380년대의 로마는 추측컨대 인구 2만 5,000명 정도의 조그만 도시였다. 그보다 훨씬 더 작았을지도 모른다. 또한 아직 미개한 수준에 머물러 있었다. 당시 아테네인은 이미 현란한 솜씨로 프리즈(frieze, 기둥과 지붕 사이의 수평 부재—옮긴이)를 장식한 거대한 석조 건물인 파르테논을 지어놓았다. 로마는 이와 반대로 중부 이탈리아의 여타 도시들처럼 벽돌과 목재 그리고 단순한 테라코타 상(象)으로 이루어진 소도시였다. 어떤 부분들은 실로 단순했다. 고고학적 발굴로 확인된 바에 따르면, 알리아 전투 100년 전쯤에야 욋가지를 엮어 흙을 바른 초벽(初壁)에, 짚을 엮은 지붕을 얹은 아프리카 스타일의 오두막이 로마에서 발견되었다. 인근 도시들에서는 이런 형태의 주거가 기원전 387년경에 등장했고, 로마에도 그때까지 있었을 가능성이 크다. 적어도 한 채가 있었다는 사실만은 분명하다. 팔라티누스 언덕에 세워져 있던 그 오두막은 사제들의 정성 어린 관리를 받으며 '로물루스의 오두막'이라 불렸다.

최초의 로마인들이 살았던 곳이 이 같은 종류의 오두막이었다. 어미 늑대의 손에 길러져 양치기 산적이 되었던 두 왕자 로물루스와 레무스의 전설은 무시해도 좋다. 왕국의 후계자로 태어난 갓난아기를 물에 띄워 버리는 이야기는 사나운 동물이 나오는 시조 이야기와 마찬가지로 고대에는 아주 흔한 것이었다. 로마가 기원전 753년 4월 21일에 건국되었다는 후에 알려진 전통도 사실이 아니다. 로마의 기원은 그보다 더 이전부터 점차적으로 진행되었다. 기원전 1,500년경 이미 사람이 살고 있었는데, 이들은 매년 특정 계절에만 머무르는 목축민으로 추측된다. 기원전 1,000년경에 이르면 정착하는 목축민들의 수가 늘어난다. 그들은 시체를 언덕 사이의 습한 골짜기에 묻었고 팔라티누스 언덕과 에스퀼리누스 언덕의 두 오두막 마을에 살았다. 최초의 로마인들은 낭만적인 양치기 산

↑ 고대 로마의 강가 풍경을 담은 프레스코화(로마국립미술관).
↓ 로마의 건국신화를 상징하는 로물루스와 레무스 쌍둥이 형제와 암늑대의 청동상.

적과는 거리가 먼, 곡물을 재배하고 돼지를 기르는 농부들이었다.

이 초기 로마인이 (알고 있었는지 모르지만) 그보다 나은 곳을 찾기는 어려웠다. 로마인 마을에서는 테베레강 골짜기로 이어지는 이탈리아의 주요 교역로들이 내려다보이고, 길을 따라 소금이 해안에서 언덕에 사는 사람들에게로 운반되었다. 또한 그들의 마을에서는 배가 다닐 수 있고, 비교적 건너기도 쉬운 테베레강이 테베레섬 옆으로 내려다보였다. 마을이 지어진 높은 지대(일부는 실제 산등성이에 가깝지만 후에 일곱 언덕으로 알려졌다)는 약탈자를 막아주는 역할을 했다. 게다가 기원전 387년에는 없었을 테지만 곧 출현하게 되는 말라리아에 저지대보다 덜 취약했다.

로물루스와 레무스의 이야기가 신화라 할지라도, 그중 적어도 한 가지 사항에는 근거가 있다. 로마의 첫 번째 왕 로물루스는 수년간 사비니의 왕 티투스 타티우스와 권력을 나누었다고 전해진다. 로물루스와 그의 라틴족은 팔라티누스 언덕에 살았고, 티투스 타티우스의 사비니족은 에스퀼리누스 언덕에 살았다. 두 민족은 다르지만 단합했다. 고고학적 발견과 초기 전승에 비추어보면, 흥미롭게도 로마에는 원래 서로 다른 두 민족이 살았다는 사실에 힘이 실린다. 팔라티누스 언덕의 오두막 마을에는 알바니 구릉지 근방, 로마 남동쪽 지역 출신의 라틴어 사용자들이 살았고, 에스퀼리누스 언덕에는 언덕에서 북쪽 지역 출신의 사비니족이 살았다. 한마디로 로마는 그 시초부터 두 민족으로 구성된 다민족 도시였다.

아니, 세 민족이었는지도 모른다. 초기 로마는 국경 지방의 도시였다. 테베레강 바로 건너편에 있는(무더운 여름밤이면 오늘날의 로마인들이 아이스크림을 먹으며 전망을 즐기는) 야니쿨룸(지금의 자니콜로 언덕을 일컫는다—옮긴이)에는 에트루리아인이 살았다. 에트루리아인은 로마인과 크게 다르지 않았을 것이다. 지금도 이해하기 어려운 그들의 언어는 인도유럽어가 아니었다. 현대 영어가 중국 만다린어와 그렇듯이, 라틴어나 사비니어와는 거리가 멀었다. 에트루리아인은 바스크인처럼 인도유럽어족이 도착하기 오래전부터 유럽에 산 고대 원주민이었을 것으로 추정된다. 그들은 초기 로마에 커다란 영향을 미쳐 왕과 귀족, 국가 관리의 권력을 상징했던 파스케스(fasces, 라틴어로 나무 막대기 묶음에 날이 드러나는 도끼를 결합한 물건을 지칭한다. 고대 로마 정무관들이 상징적인 의미에서 지녔으며, 현대에는 정치적으로 결속과 단결의 뜻으로 사용되기도 하며, 파시즘의 어원이다—옮긴이)부터 자주색 단을 두른 고위 관리의 토가(toga, 고대 로마 시민이 몸에 둘러 입었던 남성용 겉옷—옮긴이)와 검투사 싸움에 이르기까지 수많은 문화적 전통에 기여했다.

생활 방식이 아주 까다롭지 않다면 서로 다른 두 민족도 융화할 수 있다. 팔라티누스와 에스퀼리누스 언덕에 있던 최초의 마을들이 커가면서 오늘날 레바논에서 온 페니키아인이 이탈리아 해안에 나타났다. 이들은 로마인과 무역을 했다. 그다음으로 그리스인이 왔다. 이들은 기원전 800년에 이탈리아 남부와 시칠리아에 도시를 건설했으며 연회에서 쓰는 고급 물품을 이탈리아 반도 전역에 판매했다. 출토된 도자기를 보면 로마인이 여전히 오두막에 살았던 8세기 초에 이미 팔라티누스 언덕 아래 조그만 그리스 식민지가 있었음을 알 수 있다. 로마의 최초 신전들 중 일부에서는 그리스 신들을 모셨다.

로마인이 마을 생활에서 벗어나 도시를 건설하도록 만든 동인이 그리스인일 확률은 매우 높다. 이것은 점진적인 발전이 아닌 대규모 계획에 따른 결과로 보인다. 기원전 7세기 중반, 첫 번째 마을들 사이 습지 골짜기의 오두막을 철거하고 물을 뺀 후 그곳에 대량의 흙을 채워 포장했다. 그렇게 포룸(forum, 고대 로마 도시의 공공 광장으로 시장이나 집회장으로 쓰였고, 보통 신전, 바실리카, 목욕탕, 연단, 기념비 등이 세워져 있었다.—옮긴이) 로마눔이 탄생했다. 그로부터 약 250년이 지난 알리아 전투 당시에는 로마의 첫 번째 기념비적 건축물들(일부는 화재로 소실된 후 다시 지어졌다)이 여전히 많이 남아 있었다. 여기에 로마 귀족들의 의회가 열렸던 원로원, 베스타 신전(난로와 가정의 여신인 베스타 신전의 신녀들은 로마의 안녕을 위해 영원한 불을 지켰다) 그리고 왕궁이 있었던 자리로 보이는 일단의 건물이 있었다.

하지만 알리아 전투 시 그 일단의 건물들에 왕실 사람이 전혀 없었다. 기원전 380년대에 로마는 이미 한 세기 이상 공화정을 유지하고 있었다. 초기 로마인 스스로 왕정으로부터 자유를 찾았다는 사실에 커다란 자부심을 느꼈다. 기원전 20년대 초기에 그의 위대한 역사의 첫 부분을 썼던 리비우스는 (당시 황제 체제하에서)

로마인들이 슬그머니 전제정으로 돌아갈 때 로마의 왕들이 내쳐진 순간을 미화하는 데 최선을 다했다. 그는 로마의 마지막 왕인 타르퀴니우스를 용감하지만 살인을 저질렀고, 사악하고 교활한 여왕을 둔 맥베스와 같은 인물로 묘사했다. 타르퀴니우스의 아들이 한 귀족의 아름다운 아내를 겁탈하자, 타르퀴니우스의 조카 브루투스가 기원전 509년 성난 로마인들을 이끌고 반란을 일으켰다. 필사적으로 권력을 되찾으려던 타르퀴니우스는 국민들을 등지고 로마의 적이었던 에트루리아 장군 라르스 포르세나와 연합하여 자신의 국민들과 싸웠지만 보기 좋게 패배를 당했다.

다시 자료를 조합해보면 진실은 그다지 낭만적이지 않다. 로마 왕들은 타르퀴니우스 왕과 협력하기로 했던 바로 그 포르세나 장군과 결탁한 도시의 부유층에 의해 쫓겨났을 가능성이 크다. 기원전 6세기 후반 이탈리아와 그리스의 도시국가들에서 귀족이 권력을 장악하는 일이 흔했다. 중무장한 보병 부대의 사병은 값비싼 필수 장비를 감당할 수 있는 부유한 자들로 채워졌다. 귀족들은 자신이 국가의 배후 권력이란 사실을 알고 정치적 영향력을 행사하고자 했다.

그러나 그것이 로마 왕들이 몰락한 유일한 이유는 아니었다. 또 다른 이유를 기원전 387년에 로마 어디에서나 찾아볼 수 있었다. 카피톨리누스 언덕 위에 자리 잡은 신전 하나는 아테네의 파르테논이 그랬듯 로마의 스카이라인을 지배했다. 바로 로마에서 가장 유명한 신을 위해 세워진 유피테르 옵티무스 막시무스 신전

(Aedes Iovis Optimi Maximi Capitolini, 카피톨리누스 언덕의 가장 위대한 유피테르의 신전이란 뜻—옮긴이)이었다. 이 신전은 돌이 아니라 목재와 벽돌로 지어졌으며 당시 (이 신전이 전체적인 디자인을 모방한) 그리스 신전에 비해 정교함이 떨어졌지만, 규모가 이 점을 보완해주었다. 처음 건설됐을 당시 지중해 중부에서 최대는 아니더라도 최대 신전들 가운데 하나였다. 리비우스에 따르면, 유피테르 옵티무스 막시무스 신전을 건설한 타르퀴니우스 왕은 신전 건설을 위한 강제 노역과 세금 징수로 로마인들의 공분을 샀다. 리비우스는 타르퀴니우스가 권좌에서 밀려난 기원전 509년에 어떻게 이 신전이 거의 완성되었는지 설명한다. 그는 사치스러운 건축물을 향한 야망에 희생된 마지막 통치자는 아니었다.

타르퀴니우스는 자신과 자기 도시의 권위를 높이기 위해 이 신전을 지었을 테지만, 다른 로마 신전처럼 이곳에는 실질적인 역할이 있었다. 로마인들에게 미래에 대한 자세한 정보를 주어 예기치 못한 불운을 피하도록 하는 일이었다. 초기의 다른 사회와 마찬가지로 로마인들은 내세의 천국을 믿지 않았다. 그들의 종교는 확고하게 여기와 지금에 관련된 것이었다. 그들은 자신들이 믿는 신들이 개인적인 삶에서, 정치에서, 그리고 농사나 군사작전에서 좋은 판단을 내릴 수 있게 정보를 주기 바랐다. 로마의 사제들은 하늘을 들여다보며 새들이 날아가는 방향을 주시하거나, 신전 제단에서 동물을 희생시켜 그 내장을 자세히 살펴보는 등의 방법으로 신들의 계시를 찾았다.

다른 초기 종교와 마찬가지로 로마의 신앙은 두려움과 뚜렷하게 연관되어 있었다. 불운의 전조를 끊임없이 관찰했으며, 그것은 기형으로 태어난 양부터 길을 잃고 도시로 들어오는 여우까지 그 어떤 것에서도 발견될 수 있었다. 신들의 노여움을 가라앉히고 재앙을 피하기 위한 의식은 복잡했고 조금이라도 실수가 있으면 처음부터 다시 해야 했다. 로마인들은 서로를 두려워했다. 그들은 이웃이 자신을 해치려는 나쁜 주문을 걸거나 그들과 가까운 누군가를 사랑에 빠뜨리거나 또는 자기 땅의 비옥함을 빼앗아 가지는 않을까 두려워했다. 고대 그리스·로마 시대는 적어도 이후 중세 시대와 비교해 합리주의의 시대로 흔히 간주되지만, 당시 교육받은 일부 엘리트 계층에나 해당되는 것이었을 뿐 여러 주술에서 합리주의는 커다란 근심의 원인이었(고 계속해서 그럴 것이었)다.

초기 로마 사제들은 사람들의 근심을 덜어주는 일을 했다. 로마의 초기 왕들은 사제왕(司祭王)에서 발전했고, 기원전 380년대 초기 그 후임자들은 로마 귀족에서 나왔으며, 그들 중 일부는 로마에서 가장 좋은 지역, 즉 팔라티누스 언덕에 살았을 것이다. 팔라티누스 언덕에서 궁궐처럼 호화로운 이 시기의 주택 한 채가 발굴되었다. 정원과 응접실, 구멍이 나 있는 지붕과 그곳으로 떨어지는 빗물을 아래에서 받아 저장하는 지하 수조를 갖춘 거대한 홀 등으로 이뤄진 대저택(도무스[domus])이었다. 이와 같은 디자인은 이탈리아에서 하나의 전형이 되었고 부유한 폼페이 사람들은 600년이 지나 베수비우스 화산이 폭발했을 때에도 이런 집에서 살았다. 기원전 387년 로마는 이미 아주 부유한 자와 아주 가난한 자의 도시였고, 이는 분명한 이탈리아적인 패턴이었다. 또 다른 4세기의 도시 그리스의 올린토스 유적에서 현대인의 눈에 좀 시골스럽게 보이는, 크기와 길게 늘어선 형태가 동일한 집들이 발견되었다. 올린토스의 자유 거주민들(많은 사람이 자유롭지 못했다)은 비교적 평등하게 살았다. 로마인들은 그렇지 않았다. 가난한 로마인의 집은 별로 알려진 것이 없지만 소박했을 것이다. 앞서 살펴본 초벽으로 지어진 오두막처럼 말이다.

이상하게 들릴지 모르지만, 부자와 빈자의 커다란 격차는 아마도 로마가 혁명으로 왕을 몰아낸 후 더 심해졌다. 로마의 왕들은 부유한 귀족 출신이 아니었으며, 가난한 사람들과 일종의 유대감을 가지고 있었다. 그들이 귀족에 대항해 가난한 사람들과 자연스레 손을 잡았기 때문이다. 왕을 쫓아낸 후 로마는 경제적 시련을 맞았으며 귀족 엘리트 출신이 아닌 평민 대부분은 큰 고난을 겪었다. 평민 대부분이 빚에 허덕이며 큰 곤란에 빠졌다. 정치권력의 벽에 부딪힌 그들은 현대적 전략이라 할 만한 '파업'을 통해 전력을 다해 저항했다. 그들은 일제히 로마를 버리고 도시 바깥의 언덕에 진을 쳤다. 그들 스스로 일종의 국가 내의 국가를 만들어 자체 조직을 비롯해 기록을 보관하는 신전까지 갖추었다.

로마 평민들이 내켜하지 않는 귀족들을 상대로 어렵게 얻어낸 권리 가운데 하나가 바로 최초의 성문법인 '12표법'이다. 기원전 450년경, 즉 알리아 전투 60년 전에 제정된 이 법은 초기 로마의

↑ 팔라티누스 언덕에 들어선 로마 황제의 대규모 주거 단지 유적의 일부.
↓ 고대 로마의 중하층이 거주하던 집합 주택인 인술라. 1층엔 대체로 상가가 들어가고 그 위로는 주로 주거였다.

흥미로운 생활상을 잘 반영하고 있다. 고대 로마인조차 이해하기 어려운 고대 라틴어로 쓰였지만 그 시절 로마가 꽤 잔혹한 사회였다는 점은 충분히 읽어낼 수 있다.

로마는 지극히 남성 중심적으로 통제되었고, 가족의 가장 연장자인 남성은 노예를 다스리는 왕처럼 집안사람들을 통솔했다. 집안의 모든 재산을 소유하고 중요한 모든 결정을 내렸으며, 원하면 법적으로 자신의 가족을 팔거나 죽일 수 있었다. 아기가 새로 태어나면 그 생사를 결정했고, 기형아가 태어날 경우 보통은 죽임을 선택했다. 평민들의 노력에도 불구하고 12표법이 제정된 로마는 여전히 부자들의 세상이었다. 채무자는 빚을 갚을 수 없는 경우 채무 노역자가 되었고, 채권자는 그들을 국외(테베레강 건너)로 데려가 노예로 팔 수 있었다. 로마에는 자체 노예시장이 있어서 외국인을 데려와 팔 수 있었지만, 당시는 본격적인 노예사회와 거리가 멀었다. 그것은 수 세기가 지난 후에 등장할 예정이고, 로마 거주민의 대다수는 아직 자유민이었다.

그러나 대다수의 로마인은 로마 출신이 아니었다. 기원전 380년대에 그들 대부분은 근처 농촌 지방에 살던 농부들이었다. 로마는 시골 소도시였으며, 가장 큰 시장은 팔라티누스 언덕 바로 아래 강 옆에 자리 잡은 포룸 보아리움이었다. 그곳에서는 타고 다니는 말, 쟁기를 끄는 황소 그리고 제물로 바치는 양에 이르기까지 각종 동물을 판매했다. 로마인은 대체로 동물을 식용이 아니라 투자용으로 구입했다. 그들의 일상 식단은 검소하고 채소 위주였다.

그들은 곡물을 날로 먹거나 허브, 헤이즐넛, 밤, 무화과, 올리브, 포도 등을 곁들여 폴렌타 죽이나 발효하지 않은 빵을 만들어 먹었다. 부자들이 연회에서 고기를 즐겨 먹었지만, 대부분의 로마인들에게 고기는 진귀한 음식이어서 제물로 바친 후에나 먹을 수 있었고 그조차 노동력으로 쓰인 가축이라 질겼다.

또 다른 특별한 일은 포룸 보아리움에서 모퉁이를 돌면 보이는 팔라티누스와 아벤티누스 언덕 사이의 골짜기에서 벌어졌다. 이곳에서 로마인들은 단순한 목재 스탠드 위에서 키르쿠스 막시무스 경기장의 전차경주를 구경하며 아마도 한두 경기에 돈을 걸기도 했을 것이다. 기원전 380년대 초에 승전을 축하하기 위한 특별 행사로 열렸던 경주는 몇십 년 지나지 않아서 해마다 9월이면 며칠간 열리는 정기 행사가 되었다. 이곳에서 열리는 경기는 종교와 밀접하게 연관되었다. 키르쿠스 막시무스 경기장은 신전, 성지와 줄지어 있었고, 후세기에는(추측컨대 기원전 387년에도 이미) 경기 전 신들의 조각상을 실은 전차 행렬이 지나갔다. 이 전차 행렬은 카피톨리누스 언덕의 거대한 신전들에서 출발해 사크라 거리를 지나 전차경기장으로 이어졌다.

로마인의 마음속에서 가장 가까운 신들 가운데 하나는 비토리아였다. 이 사실은 그 자체로 후에 이뤄진 그 어떤 기록도 무색하게 할 만큼 초기 로마의 단면을 잘 보여준다. 로마는 전쟁에 지대한 관심을 보인 도시였으며, 기원전 380년대 초에 이미 이 방면에서 인상적인 기록을 갖고 있었다. 어떤 면에서 로마의 성공은 그리 놀라운 일이 아니었다. 현대인의 눈에는 작고 미개한 소도시일지 모르겠지만 로마는 이미 중앙 이탈리아에서 가장 큰 도시였고 라틴어를 사용하는 다른 도시국가들을 오랫동안 지배해왔다. 기원전 396년, 즉 알리아 비극이 있기 9년 전에 로마는 에트루리아의 도시 베이우스를 물리침으로써 역대 가장 위대한 군사적 승리를 쟁취했다.

잠시 베이우스 전쟁을 살펴보는 것이 좋겠다. 이 전쟁은 당시 로마인이 어떤 사람이었는가를 잘 알려준다. 베이우스인은 다른 에트루리아 민족과 마찬가지로 기예가 뛰어났고, 몇몇 로마 최고의 랜드마크를 만들었다. 로마의 유피테르 카피톨리누스 신전에 있는 테라코타 신상과 신전 지붕을 장식한 조각상들은 베이우스 조각가인 불카의 작품이었다. 대체로 두 도시는 서로를 적으로 여겼지만, 공통점이 너무 많았다. 베이우스는 로마에서 북쪽으로 15킬로미터밖에 떨어져 있지 않았다(알리아 전투가 벌어진 곳에서 멀지 않다). 두 도시는 테베레강을 따라서 동일한 이탈리아 횡단 교역로를 장악하려 했다. 로마는 좌측 제방을 그리고 베이우스는 우측 제방의 대부분 또는 전부를 지배했다. 베이우스가 로마의 진로를 아주 효율적으로 막았기 때문에 로마는 다른 방향으로(남쪽의 라틴족을 향해) 진출할 수밖에 없었다. 로마와 이웃한 소수 라틴족들보다 훨씬 강한 베이우스는 무시할 수 없는 상대였다. 사방이 모두 거의 깎아지를 듯한 절벽이자 바위투성이 고원에 자리 잡아 로마보다 방어 면에서 지리적으로 훨씬 더 유리했다. 하지만 로마는

절벽 지형에 터널을 뚫어 베이우스 침략을 시도하는 로마군(월터 허친슨, 『허친슨의 국가사』, 1915).

더 크고 강했다. 기원전 4세기 초, 두 도시가 마지막으로 세 번째 전쟁을 시작했을 때 로마는 베이우스 영토의 2배였다.

오늘날까지 남아 있는 베이우스는 로마 외곽의 통근자들이 거주하는 지역으로 둘러싸인 조그만 국립공원 내에 보존되어 있다. 깊게 갈라진 틈으로 쏟아지는 작은 폭포 위의 다리를 건너 들어가는 쉽게 잊히지 않는 곳이다. 이곳에 발을 내딛는 순간 어떻게 파멸을 맞았는지 단서가 떠오른다. 실마리는 벼랑을 뚫어 만든 터널이다. 베이우스는 재질이 무르고 뚫기 쉬운 현무암 위에 세워졌다. 에트루리아인들은 수로를 파는 데에는 전문가였다. 이들이 판 수로 중 길이 500미터가 넘는 것은 로마군이 진을 쳤던 것으로 보이는 장소 아래에 직접 연결되어 있었다. 리비우스는 오랜 포위에 좌절했던 로마 병사들이 어떻게 도시로 들어가는 터널을 팠는지 묘사하고 있다. 터널이 완성되자 로마군은 베이우스의 성벽을 공격했다. 방어군의 주의가 딴 곳으로 쏠리는 동안 로마군이 터널에서 쏟아져 나왔다.

> 끔찍한 소란이 일어났다. 승리를 외치는 고함, 공포에 질린 비명, 여자들의 울부짖음, 그리고 불쌍한 아이들의 울음소리. 수비 중이던 병사들이 순식간에 성벽에서 떨어지고 성문이 열렸다. 로마군이 성문으로 쏟아져 들어왔고, 지키는 이 없는 성벽을 기어오르는 병사도 있었다. 모든 것이 초토화되었고 거리마다 치열한 전투가 벌어졌

다. 한바탕 무참한 살육이 지나자 저항은 약해졌다.[2]

로마의 베이우스 침략은 특별한 일이 아니었다. 이 시기에 지중해 도시국가들은 이웃 나라와 일상적으로 전쟁을 벌였다. 그러나 이 전쟁에서 로마인들은 특히나 철저했다. 다른 지중해 도시들이 쓰라린 패배를 당하고도 보통은 살아남았지만, 베이우스는 로마에 함락된 후 역사에서 완전히 사라졌다. 리비우스에 따르면 베이우스가 함락된 바로 다음 날 로마 지휘관은 살아 있는 모든 베이우스 사람을 노예로 팔아버렸다. 로마 역사상 대량 노예매매의 첫 번째 사례였다.

무방비도시에 뒤늦게 성벽을 두르다

베이우스인은 대부분의 로마의 후기 적들과 달리 적어도 샤덴프로이데(Schadenfreude, 남의 불행이나 고통을 보고 느끼는 기쁨을 뜻하는 독일어— 옮긴이)를 살짝 즐길 수 있었다. 베이우스 함락 불과 9년 후, 갈리아인이 알리아 전투에서 로마군을 격파하고 로마로 진격했다. 리비우스는 로마인들 눈에 비친 갈리아인의 공격을 기술한다. "너무나 갑작스레 마치 늑대의 울부짖음 같은 비명과 야만인의 노래가 들리는 듯했다. 갈리아 기병대가 성벽 밖에 바짝 붙어 이리저리 말을 몰았다. 이때부터 동이 틀 때까지 내내 참을 수 없는 긴장감이 가득했다. 언제 공격이 시작될 것인가?"[3]

리비우스는 갈리아인이 너무 뜻밖에 기습을 해 왔기 때문에 성문이 열려 있었다고 주장하지만, 사실은 훨씬 더 간단하다. 성문이 없었다. 이 시기 로마는 성벽에 취약했다. 그 약점을 보완하기 위해 구덩이를 파고 흙벽을 쌓았다. 요새였던 카피톨리누스 언덕에는 흙벽이 있었을 테지만, 다른 언덕들은 아마도 가파른 경사에 의존했을 것이다. 그야말로 로마는 '무방비도시'였다.

다시 로마 영웅주의에 대한 리비우스의 유명한 이야기를 살펴보자. 지금도 익숙한 많은 이야기들 가운데 평민 루키우스 알비니우스와 얽힌 것이 있다. 그는 마차에 가족을 태우고 로마를 빠져나가다가 길가에서 베스타 신전의 무녀들이 성스러운 물건들을 가지고 걸어가는 것을 보았다. 알비니우스는 주저하지 않았다. 그는 자신의 의무를 알고 마차에서 가족을 내리고 무녀들을 당시 로마의 주요 동맹국인 에트루리아의 도시 체레로 도피시켰다.

훌륭한 원로원들의 일화가 있다. 갈리아인이 진격해 오자 로마인들은 카피톨리누스 언덕의 성채로 후퇴했다. 하지만 모두가 그곳으로 피란 오면 물자가 곧 바닥날 것이었다. 로마를 위해 평생을 바쳤던 원로들은 자신들의 결정이 곧 죽음을 의미함을 알았음에도 언덕 아래쪽에 남기를 자청했다. 자신의 신분을 나타내는 온갖 화려한 의복을 차려입은 채 자신들이 살던 저택의 안뜰에서 기다렸다. 갈리아인들은 원로원들의 "신과 같이 위엄을 갖춘 엄숙하고 평온한 눈빛"을 보았고 바로 매료되었다. 마침내 갈리아 병사가 한 원로원의 턱수염을 확 잡아당기자 그가 상아 지팡이로 병사의 머리를 때렸다. 갈리아 병사는 "불같이 화가 나 그를 죽여버렸고, 나머지는 앉은 채로 도륙되었다".[4]

가이우스 파비우스 도르수오의 이야기도 있다. 그의 가족은 해마다 일정한 날짜에 퀴리날리스 언덕에 제물을 바칠 정도로 신앙심이 깊었다. 당시 퀴리날리스는 갈리아에 점령당했지만, 그 날짜가 되자 도르수오는 주저하지 않고 정성스레 옷을 갖춰 입고 갈리아인을 향해 당당하게 걸어갔다. 그들은 그의 대담함에 놀라 그가 지나가도록 내버려두었다.

오늘날 가장 잘 알려진 이야기는 물론 거위 이야기다. 갈리아인들은 카피톨리우스 언덕을 향한 정면 공격이 로마인들의 용맹에 막히자 야음을 이용하기로 했다. 칠흑 같은 밤에 그들은 가파른 절벽을 기어올랐다. 어찌나 조용했는지 개조차 짖지 않았다. 하지만 유노 신전의 신성한 거위들은 소리를 들었다. "거위들의 울음소리와 퍼덕이는 날갯짓 소리에 마르쿠스 만리우스(3년 전에 집정관을 지낸 뛰어난 장군)가 깨어났다. 그는 칼을 쥐고 침입을 알리면서 당황한 동료들의 지원도 기다리지 않은 채 곧장 곤경에 처한 장소로 갔다. 갈리아 병사 하나가 이미 절벽 꼭대기를 오르고 있었다."[5] 만리우스는 방패로 병사를 밀쳐냈고, 그 병사는 추락하면서 뒤따라 오르던 다른 병사들과 부딪쳐 다 함께 떨어졌다.

마지막으로 리비우스는 로마인이 마지막 순간에 어떻게 그들도시의 명예를 지켜낼 수 있었는지를 들려준다. 카피톨리누스 언덕에 포위된 로마인들은 그들을 구조해줄 이가 온다는 소식을 들었다. 로마인의 영웅 카밀루스 지휘관이었다. 카밀루스는 부패를 저질렀다는 누명을 쓰고 유배당한 후 베이우스에서 군대를 모으고 있었다. 하지만 시간이 없었다. 야습에 실패한 갈리아인들은 로마인들을 굶겨 항복을 받아낼 작정이었다. 그들은 극도로 약해져 무기조차 잡을 수 없게 되었고, 화평을 구하는 수밖에 도리가 없음을 알았다. 로마 지휘관 퀸투스 술피키우스는 갈리아의 우두머리 브렌누스와 협상했고, 브렌누스는 1,000파운드에 달하는 양의 금을 받고 포위를 풀기로 합의했다. 갈리아인들은 한 술 더 떠서 평균보다 무거운 무게추를 사용했다. "로마 지휘관이 이의를 제기하자 그 오만한 야만인은 칼을 저울에 내던지며 말했다. '패자에겐 비애뿐!' 로마인들에게는 참을 수 없는 말이었다."[6]

그러나 구원자가 가까이 있었다. 바로 그 순간 카밀루스가 군대를 이끌고 나타났으며 갈리아인은 두 번째 싸움을 치러야 했다. 이번에는 야만족의 성급함이 문제였다. "그들이 공격했다. 하지만 머리보다 주먹이 앞섰다. 마침내 불운이 반전되었다. 하늘의 힘을 빌린 사람의 기술이 싸움을 로마에 유리하게 이끌었다. 그리고 침략자들은 그들이 알리아 전투에서 얻은 승리만큼이나 쉽게 첫 싸움에서 박살이 났다."[7]

이런 이야기들이 애국심을 고취하려는 선동처럼 들린다면, 실제로 정확히 그러했기 때문이다. 관건은 그것에 일말의 진실이라도

브렌누스는 로마에서 철수하는 조건으로 금 1,000파운드를 요구했다. 이때 갈리아인들은 저울의 눈금을 조작해 더 많은 양의 금을 받아 가려 했고, 이에 항의하는 로마인에게 브렌누스는 저울에 자신의 검마저 올려놓으며 "패자에겐 비애뿐!"(Vae victis!)이라고 외쳤다고 전해진다. 19세기 삽화.

담겨 있느냐 하는 것이다. 다른 이야기들과 단편적인 사실 그리고 고고학적 발견 등에서 모두 흥미로운 단서를 찾을 수 있다. 거위를 기르던 유노 모네타 신전에 관련된 이후의 참고 자료들이 특히 유용하다. 유노 신전은 오늘날 남아 있지 않지만, 로마군의 영웅 카밀루스가 헌정했었다는 점과 신전 벽의 명문에 우리에게 익숙한 이름 2개가 새겨져 있었다는 점은 잘 알려져 있다. 카밀루스의 기병대 지휘관으로 기록된 만리우스 카피톨리누스와, 로마의 권력을 분담한 두 집정관 중 하나인 파비우스 도르수오의 이름이 언급되었다.

어딘가 이상하다. 카피톨리누스와 도르수오는 리비우스의 이야기에도 등장하는 영웅들의 이름이지만 세부 내용은 명문에 생겨진 것과 완전히 다르다. 리비우스 이야기 속 만리우스 카피톨리누스(갈리아의 야습을 혼자 격퇴시켰던 장군)는 기병대 지휘관이 아니었다. 마찬가지로 (종교적 의무를 다하기 위해 갈리아군에 당당히 맞섰던) 리비우스의 이야기에서 파비우스 도르수오는 집정관으로 언급되지 않는다. 어떻게 이런 내용을 빠뜨릴 수 있단 말인가. 마치 버락 오바마란 사람이 미국 대통령이었다는 사실을 말하지 않는 것과 다를 바 없는 것이다.

전적으로 더 큰 문제가 있다. 유노 모네타 신전은 기원전 345년에 처음 헌정되었다고 알려졌다. 다시 말해, 신전은 로마가 갈리아와 전투를 벌인 지 40년 후에 지어졌다. 리비우스에 따르면 신전을 바친 카밀루스는 베이우스에서 로마군을 지휘했는데, 그것은 갈리아 공격이 있기 9년 전 일이다. 카밀루스가 이때 (로마 지휘관으로서는 젊은) 서른이었다면, 로마군을 지휘하고 있다고 유노 모네타 신전에 기록된 당시에는 여든을 넘겼을 것이다.

카밀루스는 분명 실존 인물이다. 초기 기록을 통해 확인된 바에 따르면 그가 갈리아의 공격을 겪은 이후에 로마군을 매우 성공적으로 이끌었다. 그러나 카밀루스가 베이우스와 전쟁 기간은 고사하고, 갈리아 공격 당시에 활약했음을 보여주는 자료는 전혀 없다. 리비우스는 명백히 더 먼 과거로 자신의 작업 영역을 넓혔던 것이다. 그 까닭은 분명하다. 그는 로마의 패배에 변명거리를 찾고자 했다. 카밀루스를 베이우스의 영웅으로 만든 다음 부당한 추방을 겪게 함으로써 알리아 참사에 책임이 없는 인물로 묘사한 것이다. 말하자면, 로마에게 영웅 카밀루스가 있었더라면 전투에서 이겼을 수 있었다는 뜻이다.

좋게 말하면, 리비우스는 단순히 그의 시대보다 훨씬 앞서 있었던 일을 각색한 것이다. 어떻게 처음 이런 이야기들이 세상에 나오게 됐는지에 대한 흥미로운 설명이 있다. 로마인들은 유노 모네타 신전을 산책하다가 이 신전의 이름과 벽에 새겨진 명문에 대해 궁금해하기 시작했다. 그들은 더 이상 이해할 수 없는 글씨를 보고 이야기를 지어냈다. 신전의 이름 모네타에는 두 가지 의미가 있었다. 먼저 고문(adviser)이라는 뜻으로 신전과 연관된 의미일 가능성이 높은데, 하늘에서 계시를 찾아내는 신전 사제를 일컫는 말이었을 것이다. 또한 그 이름은 경고자(warner)를 의미했다. 로마인은 신전이 카피톨리움 성채를 구해준(경고해준) 데 대한 감사의 표시로 지어졌을 것이라 잘못 추측했다. 이런 착오 탓에 그들은 신전이 실제보다 40년이나 더 오래된 것으로 믿게 되었고, 벽에 새겨진 이름의 주인공들이 갈리아 약탈의 시기에 살고 있었다고 믿게 되었다. 꽥꽥 울었던 거위와 짖지 않은 개 들의 이야기 역시 고대를 잘못 이해한 탓에 비롯된 것이 아닐지 의문을 가져봄 직하다. 로마의 최초 공공 계약서 중 하나는 유노 신전의 신성한 거위를 사육하기 위한 것이었고 개를 카피톨리누스 언덕에 바치는(로마와 갈리아의 싸움보다 훨씬 더 고대에 생겨났을 가능성이 크다) 전통도 있었기 때문이다.

로마 초기의 역사가 기원전 387년 전투가 있고 두 세기 후에 쓰였기 때문에 애국심에서 오해가 발생할 여지는 컸다. 이런 오해는 로마인들이 피로스의 그리스에서 한니발의 카르타고에 이르기까지 많은 적을 물리치고 난 후인 3세기 후반 무렵(실제 사건들로부터 180년 후)에 더욱 굳어져서 스스로를 초강국으로, 세계 지배의 계시를 받은 민족이라고 여기게 되었다. 그렇게 카피톨리누스 언덕은 로마인들에게 종교적인 의의를 부여받게 되었고 자연스럽게 영웅적 이야기 발명의 중심이 되었을 것이다.

리비우스의 이야기가 모두 허구였던 것은 아니다. 두 가지 요소는 사실일 가능성이 있다. 하나는 금이다. 다른 두 자료에서 우연히 언급된 기록이 이를 뒷받침해준다. 리비우스와 같은 시기에 글을 썼던 그리스 역사가 디오도로스 시켈로스는 갈리아인이 로마 침략 후 남쪽에서 어떻게 철수했는지, 또 로마의 우방으로 로마가 배상금으로 내줬던 금을 회수한 체레군에 어떻게 공격받았는지를 하나하나 설명한다. 두 번째 이야기는 알리아 전투 후 5세기가 지나 작가 수에토니우스가 쓴 티베리우스 황제의 생애에서 언급된다. 수에토니우스는 티베리우스의 가문인 드루시가(家)가 어떻게 그들의 이름을 갖게 되었는지에 관해서 전통적으로 내려오는 이야기가 있다고 말한다. 이탈리아 북부에서 로마가 갈리아와 전쟁을 벌이는 동안에(수에토니우스의 시대로부터 수백 년 전이자 로마 약탈로부터 수백 년 뒤) 그들 조상 가운데 하나가 드라우수스라는 갈리아 대장과 단 한 번의 전투를 벌여 그를 죽였다. 후대에 전해진 바로는 그 조상이 로마가 브렌누스에게 주었던 금을 되찾았다고 한다.

두 이야기의 의미는 분명하다. 로마인들은 돈을 주었다. 게다가 그들은 카피톨리누스 언덕 방어에 실패한 채 배상금을 지불했던 것이다. 발굴된 일련의 자료에 따르면 갈리아인이 로마의 전부를 장악했다고 나온다. 로마의 방어가 허술했으므로 놀랄 일은 아니다. 이 자료는 고고학적 발견과도 일치한다. 19세기 후반 포룸 보아리움에서 발견된 유적지에서 대규모의 불에 탄 층이 발견되었다. 처음에는 갈리아에 약탈당하던 시기의 흔적으로 추정되었으나 연대 추정 기술이 발전한 후에 밝혀진바 그 층의 연대는 훨씬 오래전으로, 로마가 마지막 왕을 퇴위시키고 공화국을 세웠던 기원전 6세기 후반의 불안정한 시기였다. 기원전 380년 이래로 어디에서도 불에 탄 층이 발견되지 않았다. 로마는 거의 피해를 입지 않았던 것으로 보인다. 그러므로 새로 설명을 한다면 리비우스의 이야기보다 훨씬 덜 낭만적일 것이다. 갈리아인은 알리아강에서 로마인을 쳐부수고 로마로 진격해 들어가 돈을 받고 물러갔다. 피해가 심각하지 않았다는 점으로 짐작컨대 지체 없이 돈을 받았을 것이다.

그렇다 하더라도 분명 잔혹한 순간이었다. 자세한 기록은 남아 있지 않지만, 젊고 규율 없고 중무장한 사내들로 이루어진 거대한 무리가 주체할 수 없을 정도의 힘을 갖게 되었는데 무엇을 기대할 수 있겠는가? 로마가 곧바로 돈을 내놓지 않았더라면 약탈, 폭력, 성폭행 같은 잔인무도한 일들이 도시를 휩쓸었을 것이다.

허구가 아닌 또 하나의 요소는 알비니우스에 관한 이야기다. 이 역시도 복잡한 경로를 거쳐야 확인 가능하긴 하지만 사실일 가능성이 있다. 갈리아가 로마를 공격한 지 얼마 지나지 않아 태어난 그리스 철학자 아리스토텔레스는 자신의 글에서 당시 일어난 약탈을 언급한 적이 있었다. 불행히도 그 글은 사라지고 없지만 이후 그리스 역사가 플루타르코스가 그 글을 잠시 언급했다. 그에 따르면 아리스토텔레스는 루키우스라는 사람이 로마를 구했다고 썼다. 그가 바로 마차에서 자신의 가족을 팽개치고 베스타 무녀들을 태운 루키우스 알비니우스임이 거의 확실하다.

알비니우스는 그 시대의 진정한 영웅으로 보인다. 카피톨리누스 언덕의 영웅적 저항에 대한 신화가 등장하기 전에 아마도 로마인들은 치욕적인 패배를 미화하기 위해 알비니우스의 이야기를 서

유노 신전의 신성한 거위와 관련된 이야기를
표현한 19세기 삽화.

로 주고받았을 것이다. 이것은 영국이 1940년 프랑스에서 대참사를 당한 후에 됭케르크에서 영웅적 탈출을 감행한 이야기를 퍼뜨린 것과 다르지 않다. 로마를 잃었지만 적어도 로마의 종교적 보물은 구했다. 로마의 정신과 로마 신들의 은총을 지켰던 것이다. 알비니우스는 자신의 도시를 위해 지금은 잊힌 훨씬 더 많은 일을 했는지도 모른다. 그의 역할이 시간이 흐르면서 감소했던 이유에 대한 단서가 있다. 리비우스에 따르면 알비니우스는 천한 평민 출신이었는데, 이 점이 (거짓으로 밝혀진) 영웅적인 무용담을 귀족계급의 것으로 만들고 싶었던 귀족 출신의 후세 역사 평론가들에게는 매력이 떨어지는 요인이었을 것이다. 가치가 저평가된 또 다른 희생자는 베스타 신전 무녀들과 보물을 가져갔던 로마의 동맹 도시인 체레였다. 체레 역시 기억되는 것보다 훨씬 더 큰 역할을 맡았을 테지만 로마인의 관심 밖으로 밀려나고 동맹에서 적으로 바뀌어 종국에는 정복당한 적으로 전락했다.

그러나 로마인이 기원전 387년의 사건들을 아무리 미화하고 그에 살을 붙여도 실제로 일어났던 일을 잊지 않았다. 갈리아인은 로마인의 세계관에 지울 수 없는 흔적을 남겼고 두려움이라는 새로운 감정을 알려주었다. 로마인들은 언젠가 그들이 돌아와 도시를 파괴함으로써 '일'을 마무리 지을 것이라고 확신했다. 그 확신은 계속되었고 점점 더 비이성적으로 변해갔다. 갈리아의 침략자들이 라티움으로 돌아갔을 때(적어도 2번 그랬다) 로마는 긴급 사태인 투물투스 갈리쿠스(tumultus Gallicus, 갈리아 반란)를 선포해 대응했다. 긴급 사태 시에는 군 면제가 전면 중단되고 관료들은 무제한으로 징병할 수 있었다.

로마인의 두려움은 스스로를 로마인답지 않게 몰아갔다. 인간 제물이 그러했다. 나중에 로마가 갈리아에 충격적인 패배를 당하게 될 때, 로마인들은 그리스인 2명과 갈리아인 2명(각각 남녀 한 명씩)을 데려다가 포룸 보아리움의 동물시장에 산 채로 묻었다. 이런 끔찍한 의식이 적어도 세 차례 일어났다. 갈리아와 전쟁을 치르던 기원전 228년, 로마가 칸나에에서 한니발에 패배한 뒤(당시 한니발 군대의 절반이 갈리아인이었다)인 기원전 216년, 그리고 기원전 11년 갈리아군이 로마를 마케도니아에서 물리쳤을 때다. 기원후 21년, 로마가 지중해를 지배하고 오늘날 영국과 아일랜드 지역을 제외한 유럽의 거의 모든 켈트족을 정복했을 때는, 프랑스 지역의 두 갈리아 부족이 작은 반란을 일으켜 로마를 두려움에 떨게 만들었다.

한편 로마의 공포는 시민들로 하여금 도시의 눈부신 부상에 중요한 역할을 한, 보다 합리적인 대응을 취하도록 이끌기도 했다. 기원전 387년에 갈리아의 공격을 받고 나서야 로마는 뒤늦게 적절한 방어책을 마련했다. 완공까지 20년이나 걸릴 대규모 역사(役事)를 벌여, 현재도 길게 뻗은 그 모습을 볼 수 있는 11킬로미터 길이의 도시 성벽을 건설했다. 오늘날 세르비아누스 성벽으로 알려진 이것은 로마가 이후 수많은 전쟁을 치르는 동안 몇몇 사건에서 그 진가를 발휘했다. 또한 브렌누스 군대처럼 기동력이 있고 빠른 적

↑ 갈리아의 약탈을 겪은 후 로마에 건설된 세르비아누스 성벽.
↓ 포룸 로마눔에 위치한 베스타 신전의 유적.

에 대한 취약성을 보완하기 위해 군을 재정비했다. 투창병과 투석기로 보병을 엄호했으며 병력은 독립된 부대로 나누어 대열의 한쪽이 무너지면 다른 부분에서 방어하고 반격할 수 있도록 했다. 이런 변화들과 함께 로마군은 무적의 전투기계가 되었다.

결국 갈리아에 의한 충격적인 패배는 로마를 강하게 만들었고, 로마는 재앙에서 불새처럼 솟아올랐다. 야만족에게 돈을 주어 쫓아 보내는 이야기는 후세 로마인들에게 치욕적이고, 또 가장 자주 회자되는 에피소드가 되었겠지만, 그것은 옳은 결정이었다. 로마인들과 그들의 국가는 살아남았다. 이미 보았듯이 광대한 유피테르 신전과 같은 로마의 가장 큰 건축물들이 보존되었다. 그것이 마지막은 아니었지만 로마는 재앙에서 가볍게 탈출했다.

로마는 곧 본래의 확장주의 노선으로 돌아섰다. 비록 로마가 점령했던 라틴 도시들이 반란을 일으켰지만, 로마는 빠르게 지배력을 되찾았고 알리아 전투의 패배로부터 수십 년이 지나지 않아 로마군은 전보다 더 멀리까지 군사작전을 폈다. 남부 이탈리아의 삼니움족, 에트루리아, 피로스왕의 그리스, 한니발의 카르타고와의 길고도 힘겨운 전쟁을 치르면서 쓰라린 (상당히 큰) 후퇴를 할 때마다 전열을 가다듬고 다시 싸웠다. 그로써 그들은 용기 그리고 현실적인 결단력과 같은 덕목을 익혔다. 이런 덕목은 로마가 갈리아 공격 동안 보여주지 못했다고 리비우스가 탓한 바로 그것이었다. 피로스왕이 자신이 로마를 상대로 한 번 더 승리한다면 그는 완전히 끝장이라고 말한 것은 로마의 수많은 적들의 심정을 대변해주는 것이었다.

로마는 승리를 거듭해가면서 일종의 복수를 즐겼다. 갈리아는 마치 앞으로 일어날 일을 예상한 것처럼 보인다. 따라서 그들은 로마의 모든 초기 전쟁에서 로마의 적들 편에 섰다. 하지만 그것은 그들에게 도움이 되지 못했다. 기원전 232년 로마 지휘관 P. 나시카는 병력을 이끌고 150년 전에 그들의 도시를 약탈했던 사람들, 즉 세네노스족의 영토로 쳐들어갔다. 그리고 전쟁이 끝날 즈음 그는 소년과 늙은이 들만 살려두었다고 자랑했다. 로마는 그들의 승리를 영원히 굳히는 데 노력을 기울였다. 그들은 그 지역 최고의 농토를 빼앗아 로마 시민과 라틴 동맹에 나누어주었다. 세노네스족의 영토를 로마의 도로들이 가로질렀고 새로 세워진 군사도시 세나 갈리카가 지배했다.

기원전 2세기 초 갈리아의 북부 이탈리아 전 지역이 제압되었다. 이는 로마인조차 생소할 정도로 철저했다. 세노네스족은 인구의 대다수가 죽거나 뿔뿔이 흩어지고 노예로 전락했다. 이후 이탈리아에 남아 있던 갈리아인들은 계속 신임을 얻지 못했으며, 이탈리아에서 로마 시민권을 받은 마지막 이들이었다.

하지만 결국 갈리아와 로마는 타협점을 찾았다. 로마는 제국의 과업의 참가자로서 갈리아인을 받아들였고, 일단 인정받은 갈리아인은 정복자 로마의 길을 따르기 시작했다. 자신들의 말과 밀접한 라틴어를 쉽고 즐겁게 배웠고, 로마인의 오락거리를 구경하고, 아이들에게 로마식 교육을 시켰고, 로마의 신들을 숭배하고, 로마의 것을 모방한 신전과 원형극장이 지어진 도시에 살았다. 심지어 리비우스가 쓴 용감한 로마 초기 영웅들의 이야기에 감동받았다. 마침내 그들은 스스로를 로마인으로 생각하게 되었다. 로마의 승리는 이보다 더 완전할 수 없었다.

이 무렵 갈리아와 로마는 힘을 합쳐 공동의 적에 대항했다. 갈리아를 이기고 그들의 영토를 차지한 것은 로마뿐이 아니었다. 율리우스 카이사르가 지금의 프랑스를 중심으로 한 갈리아(현 북이탈리아, 프랑스, 벨기에, 스위스 서부, 라인강 서쪽의 독일 등 알프스 및 피레네 산맥, 라인강, 대서양으로 둘러싸인 지역을 가리킨다—옮긴이) 지방을 정복했을 때, 중부 유럽의 켈트족 중심지를 점령 중인 또 다른 민족이 있었다. 새로운 야만인이 나타난 것이다.

게르만족이 오고 있었다.

BC 225년	갈리아인과의 텔라몬 전투
BC 58~50년	카이사르의 갈리아 전쟁
80년	콜로세움 준공
160년경	중부 유럽의 게르만족 남하
269년	고트인의 첫 이탈리아 침략
313년	콘스탄티누스 황제, 기독교 공인
395년	서로마제국과 동로마제국으로 분리

2

고트인

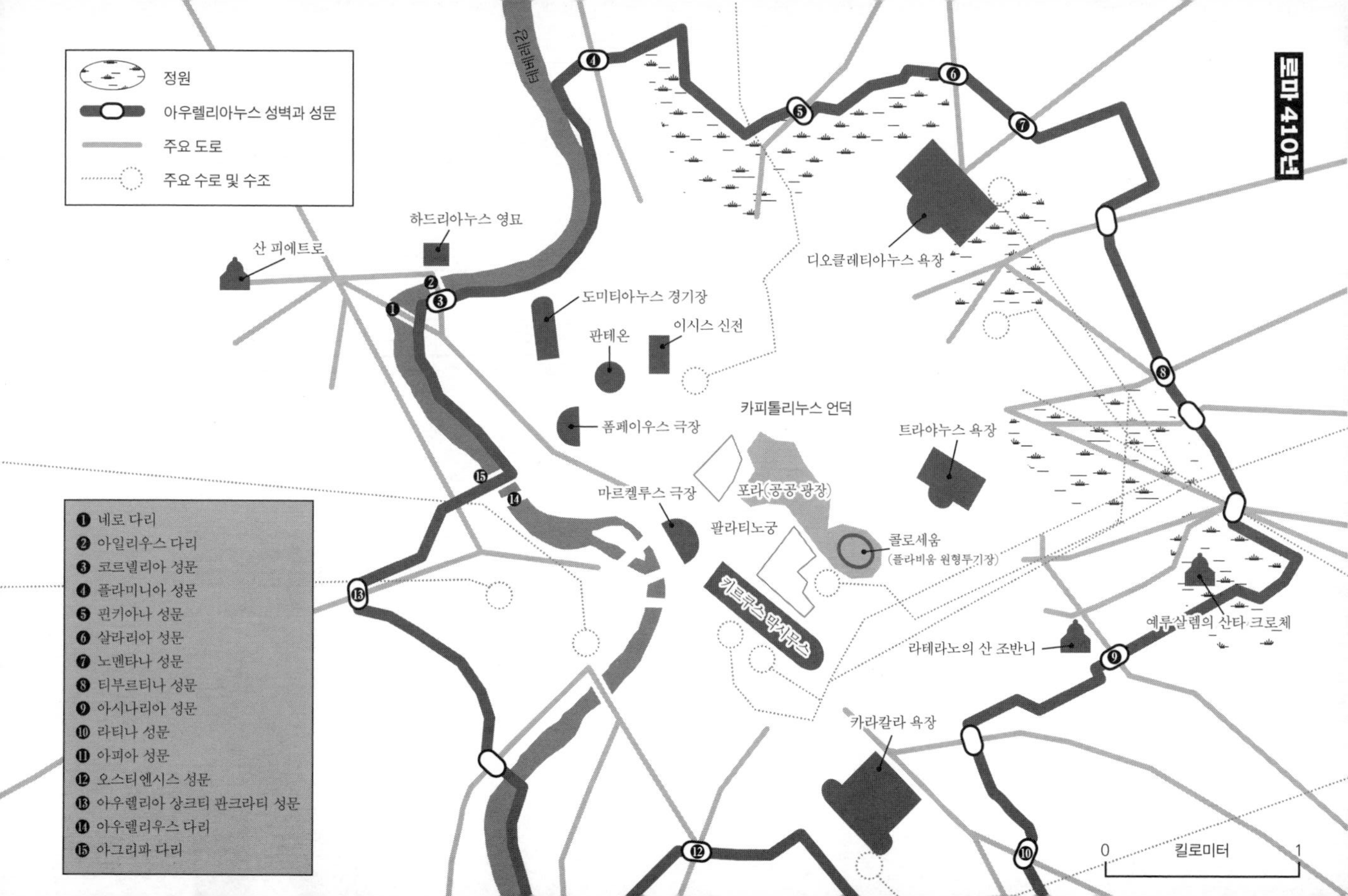
로마 410년
정원
아우렐리아누스 성벽과 성문
주요 도로
주요 수로 및 수조
테베레강
하드리아누스 영묘
산 피에트로
도미티아누스 경기장
판테온
이시스 신전
폼페이우스 극장
카피톨리누스 언덕
디오클레티아누스 욕장
트라야누스 욕장
마르켈루스 극장
포라(공공 광장)
팔라티노궁
콜로세움
(플라비움 원형투기장)
키르쿠스 막시무스
라테라노의 산 조반니
예루살렘의 산타 크로체
카라칼라 욕장
0 킬로미터 1
1 네로 다리
2 아일리우스 다리
3 코르넬리아 성문
4 플라미니아 성문
5 핀키아나 성문
6 살라리아 성문
7 노멘타나 성문
8 티부르티나 성문
9 아시나리아 성문
10 라티나 성문
11 아피아 성문
12 오스티엔시스 성문
13 아우렐리아 상크티 판크라티 성문
14 아우렐리우스 다리
15 아그리파 다리

칼라브리아 지방에 속해 있고, 이탈리아 반도의 발가락 부분 바로 위에 위치한 코센차는 방문객이 드문 곳이다. 그곳에선 사람들이 다가와 어떤 변화도 바라지 않는 듯이 여기 사람이냐고 묻는다. 중요한 구경거리는 없지만 친절하고 호감이 가는 도시이다. 위로 성 하나가 보이고 아래로 크라티강과 부센토강이 합류하는 비탈에 위치한 이 오래된 마을에는 가파르고 구불구불한 도로와 계단이 미로처럼 얽혀 있다. 칼라브리아는 이탈리아에서 가장 가난한 지역에 속하지만 코센차는 발전을 위해 노력하고 있다. 신도시의 중앙 광장은 정교한 스케이트보드 경사로를 만들어 새로 단장했고 보행자 전용 도로는 주민들이 저녁 파세지아타(passeggiata, 산보)를 즐기며 감상할 수 있는 현대 예술품으로 가득 차 있다.

1937년 11월 19일 새벽, 더욱 아담하고 조용했던 이 도시에 일단의 사람들이 부센토강과 크라티강이 만나는 강변에 모였다. 코센차의 도지사와 고위 관리들이었다. 이른 시각에 일어나야 했던 이들은 게슴츠레한 눈에 좀 억울하다는 표정으로 초조해하는 것 같았다. 이들이 모인 것은 아내와 통역을 동반한 어떤 방문자의 요청 때문이었다. 세 사람은 힘들고 긴 거리를 차를 타고 왔다. 이들의 방문은 베수비우스산을 오르는 것으로 시작했는데 날은 춥고 바람이 많았고 구름에 앞이 보이지 않았다. 여러 번 서다 가다를 반복하며 350킬로미터를 더 달려 자정을 넘겨서야 마침내 코센차에 도착했다. 이 방문객은 독일 친위대 지휘관인 하인리히 힘러였다.

힘러의 통역이었던 오이겐 돌만은 후일 그날 아침의 일을 기록했다. 힘러는 수위가 매우 낮고 거의 메마른 강을 조사했다. 그는 흙탕물을 자세히 검토했다. 그러고 나서 코센차의 관리들에게 물길의 방향을 바꾸어 강바닥이 드러나도록 강물을 빼는 방법에 대해 강의하기 시작했다. 바로 그때 젊고 매력적인 수맥 전문가가 이끄는 프랑스 고고학자들로 구성된 두 번째 일행이 강가에 나타났다.

> 여명이 밝아오면서 이탈리아 대표 일행은 더욱더 '아름다운 프랑스 아가씨'에게 매료되었다. [···] 남부 출신 남자들의 홀린 눈이 풍만한 가슴을 따라 위아래로 움직이는 그녀의 수맥봉을 좇아다녔다. 가느다란 수맥봉은 마치 키르케의 마술봉처럼 움직였고 칙칙한 도시의 대표 일행은 힘러에게서 멀어져 프랑스인들, 특히 수맥 전문가에게로 조금씩 다가갔다. 침울한 도지사와 경찰 국장만이 아무런 표정 없이 냉정하고 진중하게 독일 우방 곁을 지켰다. 힘러는 고고학 조사단을 보내겠다고 재빨리 약속하는 것 외에는 할 일이 없었다.[1]

힘러와 프랑스 수맥 전문가는 모두 연대기 편자인 요르다네스가

1,400여 년 전에 편찬한 이야기에 끌려 코센차에 온 것이었다. 『고트족의 역사』에서 요르다네스는 어떻게 서고트인 전사들이 410년에 힘러와 프랑스 고고학자들이 지금 모여 있는 바로 그곳에 멈췄는지 자세히 설명했다. 전사들은 노예를 시켜 부센토강의 물길을 바꾸고 그곳에 깊게 무덤을 팠다. 그들은 그곳에 시체 한 구를 갖가지 물건과 함께 넣고 무덤을 메운 후 매장 위치를 숨기기 위해 물길을 원래대로 돌려놓았다. 그러고 나서 전사들은 그 무덤의 정확한 위치를 영원히 비밀로 남기기 위해 노예들을 모두 죽여버렸다. 그 무덤에는 서고트인의 왕 알라리크가 누워 있었고, 그와 함께 묻힌 물건은 모두 알라리크와 그의 부하들이 불과 몇 주 전에 로마로부터 약탈한 황금 보물이었다.

로마로 향하는 서고트인은 길고 복잡하게 구불거리는 길을 거쳐야 했다. 이 길은 알라리크가 이탈리아 남쪽 연안에서 죽기 200여 년 전에 시작됐다. 서고트인 조상들은 로마의 금빛을 좇아 흑해로 가는 무역로를 따라 남하하며, 그 여정에 있는 도시와 마을을 습격하고 정복해 도나우강에서 크림 반도까지 뻗어 있는 왕국들을 건설했다. 남쪽으로 이동한 서고트인은 로마제국을 이웃하게 되었고, 이때부터 서로의 운명에 지대한 영향을 미치게 될 격렬하고 빈번한 폭력적인 관계가 시작되었다.

첫 번째 침략은 고트인이 시작했다. 230년 후반부터 그들과 다른 야만족들이 발칸 반도 남부와 소아시아, 그리스로 물밀듯이 습격해 왔으며 에페수스와 코린토스에서 아테네에 이르기까지 제국의 가장 큰 도시들을 약탈했다. 고트인은 '3세기의 위기'라고 알려진 시대의 당사자였다. '3세기의 위기'는 야만족의 공격, 페르시아 제국의 침략, 급등하는 인플레이션과 황제 후보들 간의 끝없는 내전에 대처하느라 고군분투해야 했던 음울한 50년의 시기를 말한다. 가끔씩 로마라는 국가가 살아남을 수 있을지도 의심스러울 지경이었다.

한 세기가 지나 로마인이 원한을 풀었다. 4세기 무렵 고트인은 농업을 현대화하고 단순한 산업 분야를 발전시키며 그들의 흑해 왕국 건설을 착착 진행하고 있었다. 327년 콘스탄티누스 황제는 군대를 이끌고 도나우강을 건너 고트인 영토로 쳐들어가 누가 이곳의 지배자인지 보여주고자 했다. 고트인들은 카르파티아 산맥으로 물러났지만 그곳은 그리 먼 곳이 아니었다. 콘스탄티누스는 그들을 굶주리게 해서 항복시켰고 제국의 속국이 되는 치욕적인 조약을 받아들이도록 강요했다.

그 정도는 아직 약과였다. 반세기가 지난 376년, 몇몇 고트인 종족이 도나우강 국경에서 야영하면서 제국 안에 피난처를 마련해 줄 것을 간청했다. 중앙아시아인 훈족이 호전적인 고트인조차 대처가 불가능한 전술로 공격해 와 고트인을 치욕스러운 지경에 내몰았기 때문이었다. 훈족의 기마궁수들은 안전한 거리에서 빗발치듯 화살을 날린 후에 다가가 죽이는 전법을 썼다. 일부 고트인은 중부 유럽의 로마제국 주변부로 도망쳤다. 나머지는 도나우 강가에 임시로 거처를 마련하고 그들의 숙적에 동정을 구하며 점차

부센토 강변에서 이루어진 알라리크의 매장을
묘사한 19세기 판화.

새로운 민족으로 융합되었는데, 스스로를 '용맹한 고트인'(Valiant Goths) 또는 '서고트인'(Visigoths)이라 불렀다.

동로마(당시 로마제국은 통제하기가 힘겨워서 둘로 나뉜 상태였다)의 황제 발렌스는 서고트인을 받아들였다. 내쫓기에는 그들의 수가 너무 많아서였거나, 자신의 군대를 강화하는 데 이용할 속셈이었는지도 모른다. 황제의 의도가 무엇이었건 그것은 커다란 실수였다. 로마 관리들은 굶주린 서고트인들에게 비싼 값에 음식을 팔아 이윤을 챙겼고, 서투른 솜씨로 연회에서 그들의 우두머리를 납치하려 했다. 서고트인은 미친 듯이 약탈을 일삼는 것으로 응수했다. 2년 후 아드리아노플 전투에서 그들은 동로마제국의 야전군 3분의 2를 학살하고 발렌스 황제를 죽임으로써 로마에 500년 만의 최악의 패배를 안겼다. 상전벽해의 순간이었다. 알리아 전투에서 회복한 후 야만족 적들의 격퇴에 자신이 생겼던 로마는 이 사건 이후로 그들을 동등한 상대로 인정하며 신중하게 싸웠다.

이후 30년간 서고트인은 로마와 때로는 전쟁을 벌이고, 때로는 평화를 유지하는 달갑지 않은 불청객 신세였다. 로마에 대한 두려움과 그들에게서 뜯어낼 보상금 때문에 서고트인 종족들은 단합했다. 그들은 오래된 이교 신을 버리고 기독교를 받아들였다. 발렌스 황제가 서고트인의 입국을 허가하면서 서고트인 족장들에게 개종을 요구했기 때문에 이는 어느 정도 강요된 결과였다. 서고트인은 발렌스가 지지했던 교리(성부와 성자가 유사한 본질을 지녔다는 호모이오스주의 기독교)를 받아들였으며 그로 인해 장래에 온갖 어려움을 겪게 되었다. 발렌스가 죽은 뒤 동로마는 주류 기독교(니케아 공의회 이후 정통 교리로 공인된, 성부와 성자가 동일한 본질을 지녔다는 교리—옮긴이)가 될 교리의 접근 방식을 택해 고트인을 이단자로 만들었다. 이는 한편으로 그들의 종교가 로마의 통제를 안전하게 벗어났다는 의미였기에 그들에게 이로운 일이기도 했다.

서고트인이 알라리크를 지도자로 선택한 것도 그들이 종교적으로 어정쩡한 위치에 있던 이 시절이었다. 남아 있는 거의 모든 자료가 알라리크의 성격이나 용모에 대한 언급 없이 그가 무엇을 했는지만을 기술하고 있지만 그의 행동만으로 이해할 수 있는 부분이 많다. 로마가 서고트인을 대하는 방식에 서고트인들이 크게 분노하면서 알라리크는 권력을 잡았다. 394년 서고트인들은 조약의 의무로서 프리기두스 전투에서 동로마 황제를 위해 '서쪽 찬탈자'와 싸워야 했다. 최전방에 배치된 서고트인의 사상자 수가 엄청났고, 자신들을 약화하려는 로마의 고의적인 시도가 아닌지 의심(정확한 판단)을 하게 되었다. 알라리크는 고트인을 이끌고 제국에 대항한 두 번째 반란을 일으켰고, 그리스 급습을 개시해 그 지역에 유례없는 파괴를 초래했다. 아테네는 약탈당했고 수많은 사람이 노예로 끌려갔다. 5년 후 알라리크는 북부 이탈리아에도 거의 똑같은 일을 벌였다. 알라리크를 싸움을 갈망하고 자기 자신의 잔인함을 즐기는 일종의 액션영화 악당처럼 생각할지도 모른다.

진실은 매우 달랐다. 당시의 기록을 보면 고트인 지도자들은 고함 지르고 명령하기보다는 설득을 통해 통치했다. 알라리크가 습격을 즐겼을지 모르지만 이 역시 그가 해야 하는 일이었다. 전사들에게 전리품을 정기적으로 보상하지 않으면 그들은 알라리크에게서 등을 돌렸을 것이기 때문이다. 서고트인 정치의 미끄러운 장대 꼭대기에서 떨어지지 않으려면 설득의 재능 그리고 매력까지 갖추어야 했다. 알라리크는 그 일을 아주 훌륭히 해냈다. 그의 군기록에서도 알 수 있다. 알라리크는 우두머리로 있던 시절에 놀라울 정도로 전투를 벌이지 않았고, 드물게 벌인 전투 가운데 결정적인 것은 거의 없었다. 알라리크는 이기기보다는 비기는 작전을 폈다. 그가 신중했던 이유를 알 수 있다. 단 한 번의 주요한 패배로도 그의 민족은 노예로 팔리거나 로마 군대에 편입되는 등 파멸할 것이었고, 그 자신도 공개적으로 교수형에 처해질 처지였다.

조심성 많고 매력적인 알라리크를 발칸 반도에서 로마의 성벽까지 움직이게 한 원인은 무엇이었을까? 그 답은 노련함으로 이 시대의 정치에서 살아남은 또 한 사람, 플라비우스 스틸리코에게 있다. 반은 로마인, 반은 게르만계 반달인 출신인 스틸리코는 이 시기 서로마군의 사령관이었고 어린 황제 호노리우스의 배후 권력자였다. 그는 알라리크와 그리스와 북부 이탈리아에서 모두 2번 싸워 격퇴한 바 있었다. 406년 스틸리코는 알라리크에게 동맹을 맺어 동로마에 대항할 것을 제의했다. 그 이유는 오늘날까지 명확하지 않지만, 당시 둘로 나뉜 로마제국 간의 충돌은 흔한 일이었다. 자신이 이끄는 서고트인의 발칸 반도 내 처지가 어정쩡해지자 점

로마와 전투 중인 알라리크의 군대를 17세기의
관점에서 재해석한 그림(조르주 드 스퀴데리,
『알라리크 또는 로마 정복』, 1654).

점 위험해지는 세상(훈족이 중부 유럽에 진을 치고 있던 때였다)에서 강력한 후원이 필요했던 알라리크는 제안을 받아들였다.

그러나 동맹은 실현되지 않았다. 알라리크는 스틸리코의 병력과 합류하기 위해 군대를 오늘날의 알바니아로 보내 자신의 역할을 다했지만, 스틸리코가 나타나지 않았다. 그럴 만한 이유가 있었다. 동맹 체결 후 몇 주가 안 되어 훈족의 침략에 밀린 몇몇 게르만족이 지금의 프랑스로 들어오는 일이 벌어졌고 이는 곧 결국 서로마를 붕괴시키고 마는 공격의 시작이었다. 알라리크는 알바니아에서 1년 동안 기다리다가 인내심을 잃었다. 그의 추종자들은 전리품 욕심에 점점 더 안달했다. 그의 지시에 따라 그들은 알프스로 진격했고 라벤나 부근의 서로마 황궁 위를 위협적으로 맴돌면서 수고비로 4,000파운드가 넘는 금을 요구했다.

이미 근심이 가득했던 스틸리코는 보상을 약속했지만 엄청난 대가였다. 로마 원로원인 람파디우스가 알라리크에게 보상금을 주는 것은 평화가 아니라 예속이라고 불만을 표했다. 이 불만 표출은 스틸리코가 맞이할 종말의 시작이었다. 금을 모아 지불하는 동안 라벤나 황실 내 적들은 게르만족 출신이라는 이유로 의심에 찬 눈초리를 받아온 스틸리코를 호노리우스 황제에게 모함했다. 그가 자신의 아들을 왕으로 세우려는 은밀한 야망을 품었다는 것이었다. 후기 로마의 정권 교체는 결코 고상한 과정이 아니었다. 408년 8월 스틸리코는 라벤나의 한 교회에서 참수당했고 그의 아들을 비롯한 모든 측근 세력이 살해되었다. 더욱이 그의 죽음으로 이탈리아 전역에서 야만족에 대한 반감이 크게 일어났으며, 로마군은 스틸리코가 선출했던 게르만 병사의 가족들까지 몰살했다.

후원자는 죽임을 당하고 동료 고트인들이 도륙되는 비극이 벌어졌으니 누구나 알라리크가 복수하리라 예상했을 것이다. 그가 지휘하던 병력은 그 어느 때보다 강했다. 얼마 전 이탈리아 대학살에서 도망친 수많은 전사들과 그의 처남 아타울프가 이끄는 또 다른 서고트인 부족이 합류했기 때문이다. 하지만 늘 그랬듯이 알라리크는 조심스러웠다. 그는 호노리우스 황제와 새로 협상했고, 그의 요구는 크지 않았다. 그가 원했던 것은 로마의 지배력이 더 이상 거의 미치지 않는 제국의 일부, 즉 오늘날의 헝가리와 크로아티아에 자신의 부족민을 위한 거주지를 마련하는 일뿐이었다. 반(反)이민족 정서를 지닌 라벤나 정부는 여전히 비타협적인 태도를 고수하며 거절했다. 결국 실패에 부딪혀 좌절한 와중에도 알라리크는 전략을 고민했다. 황제를 협상 자리에 나오게 할 카드가 필요했다. 그것은 아직 파괴되지 않은 장소, 로마인이 매우 소중히 여겨 피해가 없을 것이란 보장만 된다면 어떠한 양보라도 얻어낼 수 있는 그런 장소였다.

서고트인들은 짐을 꾸려 남쪽으로 강행군을 시작했다. 브렌누스가 이끌던 갈리아인 같은 전쟁 집단이 아닌, 전사들과 그들의 아내들과 아이들로 구성된 전체 민족의 이동이었다. 또한 비(非)고트인도 많았다. 알라리크의 추종자들은 단순한 무리가 아니라 복합적이고 명확히 규정된 위계를 갖춘 집단이었다. 소수의 정치 엘리트층이 맨 위를 차지했고 그 아래 자유 전사로 이루어진 큰 그룹이 있었는데, 이 그룹은 전체 인구의 절반에 못 미쳤고 적게는 5분의 1 정도였다고 추정된다. 그 아래로는 전사보다 훨씬 큰 수의 예속된 인구가 있었다. 일부는 노예였고 일부는 자유인이었으며, 상위 계층과 결혼은 금지되었을 가능성이 크다. 단지 소수의 자유 전사들만이 진정 자신을 고트인이라 생각했으며, 나머지 사람들이 그들을 얼마나 따랐을지는 의문이다. 당시에는 그렇게 보이지 않았겠지만 고트인 부족은 깨지기 쉬운 집단이었다. 행여 소수의 자유인이 지나치게 줄어들면 전체 부족은 붕괴될 수 있었다.

하지만 서고트인이 붕괴할 위험은 없었다. 그들의 전체 인구는 로마제국의 큰 도시를 채울 수 있는 15만 명 정도로 추정되었고, 그중 3만 명이 전사였다. 당시 규모가 계속 줄고 있던 황제군을 기준으로 본다면 거대한 무리였다. 말을 탄 이들, 걸어서 가는 이들, 또 마차를 빼곡히 채운 이들의 대이동이었다. 그 모습을 그려보자. 긴 머리(당시 게르만 패션)를 한 엘리트층은 정교하게 장식된 무기와 금속 철제 갑옷을 지녔고, 나머지는 가죽 상의나 버려진 로마인의 흉갑과 투구로 대충 흉내만 냈다. 방패와 긴 창부터 검, 목재 곤봉을 지녔고 브렌누스의 추종자들처럼 악취에 이가 들끓었다. 이러한 무리가 408년 11월의 어느 날, 로마 성벽 밖에서 갑자기 나타났다.

5세기, 전제정 치하 로마는…

어떤 도시가 알라리크와 서고트인을 맞이했을까? 대개는 높게 솟은 성벽과 맞닥뜨렸다. 알라리크는 몰랐겠지만 거기에는 그 자신의 책임도 조금 있었다. 그것은 갈리아 약탈 이후에 지어진 세르비아누스 성벽이 아니었다. 세르비아누스 성벽은 철거와 도시 건설로 대부분이 사라진 지 오래였다. 이 성벽(아우렐리아누스 성벽)은 세르비아누스 성벽보다 2배나 길었고 로마가 800년 동안 어떻게 변했는지를 정확하게 보여주었다. 마름모꼴의 세르비아누스 성벽은 7개 언덕만을 둘러쌌지만, 정사각형의 아우렐리아누스 성벽은 테베레강 그리고 건너편 멀리 강둑에 있는 트라스테베레 구역까지 아우른다. 이 성벽은 수 세대 만에 처음으로 로마의 세력이 다시 약화되었던 '3세기의 위기'가 끝나갈 무렵에, 서둘러 여러 건물과 정원을 가르도록 지어졌다. 너무 낮게 지은 탓에 몇십 년 후에 벽을 높게 쌓아 올렸고, 401~403년에 알라리크의 서고트인들이 북부 이탈리아를 습격했을 때 스틸리코가 그 높이를 다시 20미터까지 올렸다. 그리고 무방비 상태로 남아 있던 강 저편의 트라스테베레를 둘러싸는 새로운 구역에 성벽을 지었다. 408년 가을에 알라리크가 올려다보던 도시는 너무나도 방비가 잘 되어 있었다.

성벽 안쪽의 사정은 어땠을까? 갈리아인이 쳐들어간 로마에서 수 세기를 훌쩍 건너뛰어 408년의 로마로 이동한다면, 어디를 봐야 할지 갈피가 잡히지 않는다. 조그만 소도시였던 로마가 40배나 커져 있었다. 전성기는 300년 전이었고 건물 대부분이 조금 허름해졌지만, 로마는 지구상에서 가장 큰 도시였으며, 보물 같은 건축물들은 트리어, 카르타고, 콘스탄티노플 같은 제국의 다른 주요 도시를 칙칙하고 촌스럽게 보이게 했다. 기원전 387년 로마가 목재와 벽돌의 도시였다면, 408년에는 흰 벽과 붉은 테라코타 지붕 기와로 단장해 희고 붉은빛을 띠었다. 거대한 신전과 궁전에는 온갖 종류의 대리석이 붙어 있었다. 흰 대리석은 토스카나, 그리스, 마르마라해에서, 녹색 대리석은 에우보이아, 어두운 핑크 대리석은 키오스, 붉은 대리석은 펠로폰네소스 남부, 그리고 노란 대리석은 북아프리카에서 가져왔다.

알라리크가 도착하기 불과 몇십 년 전 로마의 살림살이는 다음과 같았다. 주요 시장 2개, 거대 동상 2개, 원형경기장 2개, 원형극장 2개, 극장 3개, 검투사 양성소 4개, 모의 해전을 위한 인공호수 5개, 오벨리스크 6개, 다리 8개, 바실리카 10개, 포룸 11개, 공중목욕탕 11개, 수로 19개, 기마상 22개, 도서관 28개, 대로 29개, 대리석 아치 36개, 성문 37개, 매춘굴 46개, 상아로 만든 신(神)상 74개, 금으로 만든 신상 80개, 공중변소 144개, 베이커리 254개, 대형 상점 290개, 자체 신전이 있는 구역 423개, 개인 목욕탕 856개, 주택 1,790채, 기름 판매소 2,300개, 공동주택 4만 6,602채.

이 중 갈리아 전투 시절에 살던 초기 공화정 시민이 알아볼 수 있는 것은 많지 않았다. 포룸 보아리움 동물시장은 여러 번 그 제단들을 다시 짓기는 했지만, 여전히 테베레강과 팔라티누스 언덕 사이 똑같은 곳에서 열렸다. 키르쿠스 막시무스 전차경주 경기장은 여전히 아벤티누스와 팔라티누스 언덕 사이의 골짜기에 있었다. 다만 480년경에는 단순한 나무 스탠드가 아닌 2층짜리 돌로 된 좌석과 그 위로 여러 층의 나무 좌석을 갖춘 시설로, 25만 명을 수용할 수 있는 거대한 구조물로 오래전에 바뀌어 있었다. 과거에는 승전을 기념해 가끔씩 열리던 경주가 1년 내내 열리는 일상적인 이벤트가 되어 있었다. 경기 개막 퍼레이드 역시 달라졌다. 여전히 카피톨리누스 언덕에서 내려오는 전차 행렬이 펼쳐졌지만, 전차는 더 이상 로마 신상을 싣지 않았다. 그 대신 황제의 형상을 보여줬을 것이다.

바뀌지 않은 풍경도 있었다. 로마를 올려다보면 800년 전과 마찬가지로, 하늘로 우뚝 솟은 유피테르 신전의 익숙한 윤곽이 시야 한편에 들어왔다. 하지만 800년 전 그 신전은 아니었다. 본래의 것은 갈리아 약탈 후로 불타거나 파괴돼 재건되길 세 차례 반복했다. 나무와 벽돌로 지어진 원래 신전과 달리, 현재의 신전은 대리석과 황금 지붕 기와로 덮인 화려한 모습이었다. 하지만 초기 공화정 시민이 신전 가까이 다가갔다면 충격을 받았을 것이다. 로마에서 가장 유명한 신전이 10년 넘게 사용되지 않은 채 닫혀 있었다.

포룸 로마눔을 건너 팔라티누스 언덕을 오르면 공화정 시민에게 친근한 작은 건물이 하나 더 있었다. 팔라티누스 언덕은 수세기에 걸쳐 인위적으로 정상을 확장해 거대한 기단들을 증축하면서, 심지어 그 언덕 모양까지 완전히 변해버렸다. 기원전 387년 포룸 로마눔을 내려다보던 웅장한 귀족의 저택들은 오래전에 사라지고, 꼭대기에는 막대한 건물 하나, 바로 황제의 궁전만 남아 있었다. 지난 400년 동안 로마는 황제가 지배하는 전제정하에 있었다.

황제 하면 낭만적이고 우아한 세계가 떠오르지만 실상은 달랐다. 전제정 치하 로마는 어떤 면에서 독재가 민주주의를 가장하려는 우리 시대와 으스스하리만치 닮았다. 로마의 첫 번째 새 전제군주였던 율리우스 카이사르가 너무나 왕처럼 보여 암살당했고, 그의 후임자들은 계속해서 공화정이 여전히 존재하는 양 굴었다.

황제에게는 대변인과 선전원이 있었으며 유명 시인들은 통치자의 덕목을 찬양했다. 언론의 자유는 언제나 제국의 첫 번째 희생물이었다. 너그러운 황제라 할지라도 자신을 비난하거나 조롱하는 사람이 나타나면(극히 드물었다) 반역으로 몰아 추방하거나, 더 심한 처벌을 내렸다. 408년 로마 관리들은 여전히 지명되었으나 그들의 직함은 현대 영국의 기사 작위처럼 명예에 지나지 않았다. 실질적인 권력은 두려움의 대상이었던 프루멘타리(frumentarii), 즉 비밀경찰 같은 황제의 관리들이 쥐고 있었다. 때때로 로마인들은 다수를 믿고 용기를 내어 불만을 토로했고, 인기 없는 황제들은 큰 원형경기장에서 군중에게 조소를 당하기도 했다. 그러나 집단 항의 역시 위험 부담이 있었고 눈에 띄게 항의하는 자는 황제의 비밀관리에게 끌려갈 수가 있었다.

기원전 387년 로마 정치는 원로원이나 포룸 또는 길거리에서 논쟁을 벌이는 공공의 일이었다. 그러나 이제는 사적이며 은밀한 일, 가정의 일처럼 여겨졌다. 야망이 큰 정치가라면 중요한 인물에 아첨하고 뇌물을 주거나 위협할 줄도 알아야 했다. 무엇보다도 그는(당시 고위직에 오른 여성이 없었다) 자존심을 버릴 줄 알아야 했다. 당시 최고의 정치적 영예(황제와 독대해 귓속말을 할 기회)를 얻으려면 황제의 부인이나 정부, 집사나 시식시종 또는 의상 담당 노예 등 누구든지 간에 황제 측근의 환심을 얻어야 했다.

그러나 408년 11월, 알라리크가 도시 성벽 바깥에 도착한 때에는 황제의 궁전에서 뇌물이나 아첨을 찾아볼 수 없었다. 그곳은 텅 비어 있었다. 궁전이 마지막으로 사용된 것은 몇 달 전 서로마 황제 호노리우스가 신하들과 함께 찾아왔을 때였다. 당시 원로원이 모여 알라리크에게 금을 주기로 합의했지만, 원로원 의원 람파디우스가 그 결정을 '예속적'이라 비난해 스틸리코의 운명이 결정되는 일이었다. 지난 10년간 궁전에 발걸음하는 황제는 거의 없었고, 팔라티누스 언덕에 황제가 상주하는 않은 지는 100년도 더 되었다. 로마는 더 이상 제국의 수도가 아니었다. 그 시절 황제들은 최전선에 그리고 자신을 옹립하거나 끌어내릴 수도 있는 군인들 가까이에 살았다. 밀라노, 라인강변의 도시 트리어, 또는 동쪽의 새로운 로마인 콘스탄티노플과 같은 곳이었다. 앞서 보았듯이 호노리우스 황제의 궁궐은 습지로 둘러싸여 있어 이동하는 야만족으로부터 안전한 라벤나에 있었다. 한때 황제가 아침에 찾아온 군중에게 인사했던 팔라티누스궁의 발코니는 황량했을 것이고, 안쪽에 커다란 왕의 침실, 분수로 꾸며놓은 정원, 웅장한 연회 홀 등도 마찬가지였을 것이다.

그 건너편 마테르 마그나 신전(흔히 키벨레 신전이라 부른다—옮긴이) 옆 작은 공터에서 공화정 시민의 눈에 익은 건물이 보였다. 8세기가 흘렀지만 로물루스의 오두막은 여전히 살아남아 있었다. 알라리크와 서고트인 무리가 로마 성벽 아래 나타나기 불과 10~20년 전까지 서 있었다는 기록이 남아 있으니 408년에도 분명 그대로였을 것이다. 그 수 세기 전에 할리카르나수스의 디오니시우스는 사제들이 오두막을 얼마나 잘 보전했는지를 기술했다. 사제들은 "오두막이 더욱 위엄 있어 보이게 하는 어떤 것도 추가하지 않았고 폭풍이나 세월 탓에 조금이라도 손상되면 가능한 한 원형대로 복구했다".[2] 408년에는 최소한 10년 이상 오두막을 돌보는 사제가 없었기 때문에 상태가 나쁘고 짚으로 엮은 지붕은 주저앉았겠지만, 로마인들은 자신의 고대 기원을 잊지 않고 마음에 품고 있었다.

그러나 초기 공화정 시민이라면 고개를 가로저을 것이다. 내쫓은 것을 자랑스럽게 여겼던 그 전제군주가 어떻게 다시 슬금슬금 되돌아왔을까? 팔라티누스 왕궁에서 웅장한 입구의 경사로로 내려가 테베레강 쪽으로 걸어가보면 그 답을 구할 수 있다. 이곳에 2개의 거대한 구조물이 몇백 미터밖에 되지 않는 거리를 두고 서로 마주보고 있었다. 로마인에게 감동과 외경심을 주기 위해 만들어진 극장 건물이었다. 폼페이우스 극장은 지난 수십 년간 로마 공화정에서 가장 훌륭했던 장군이자 정치인 가운데 하나인 동명의

마르쿠스 아우렐리우스 황제의 게르만족 격퇴를
기념하는 전차 행렬이 담긴 부조.

폼페이우스에 의해 지어졌다. 한편 마르켈루스 극장은 폼페이우스에게 패배를 안긴 그의 적수 율리우스 카이사르가 만들었다. 폼페이우스와 카이사르는 둘 다 군인 출신 정치인이었고 큰 부를 쌓고 권력을 다져 공화정의 헌법으로도 제어하지 못하는 인물들이었다. 여러 면에서 자신들의 조상이 세운 공화정을 몰락시킨 것은 귀족들이었다. 그들은 경쟁적으로 수익성 좋은 노예 집단을 만들기 위해 초기 로마의 근간이었던 소농들을 쫓아내고 그 계층을 파괴했다. 로마 공화정은 스스로의 성공의 희생자이기도 했다. 공화정이 승리할수록 로마군은 점점 더 먼 곳으로 옮겨 갔으며, 병사들은 로마에 충성심을 잃고 자신을 지휘하고 먹여주는 장군을 따르게 되었다. 결국 그들은 자신들의 장군을 위해 다른 로마인과 기꺼이 싸웠고 로마로 진군하기까지 했다. 율리우스 카이사르가 바로 그런 경우였다.

카이사르는 로마 공화정을 끝장냈을 뿐 아니라, 폼페이우스와 함께 의도치 않게 로마 연극을 말살한 장본인이다. 그렇게 408년까지 연극은 오랫동안 무대에서 사라지게 되었다. 로마인에게 감동을 주려는 마음에서 그들이 지은 극장은 터무니없이 컸다. 마르켈루스 극장이 수용할 수 있는 2만 명이 넘는 관객 대부분이 배우들의 목소리는 고사하고 모습조차 볼 수 없었다. 연극은 코러스가 낭독하는 주요한 인용 문구로 간략하게 수정되었다. 또 배우들은 알아보기 쉽도록 마스크와 의상을 입고 일종의 마임 댄스를 췄다. 주제 역시 아이들이 학살당해 슬퍼하는 어머니나 아버지와 딸의 근친상간처럼 점점 조잡해졌다. 라우레올루스라는 사악한 산적이 마침내 붙잡혀 사형당하는 이야기가 크게 인기를 끌었다. 로마 연극은 기원후 1세기 말에 그 최저점을 찍고야 말았다. 라우레올루스를 연기하는 배우가 상연 막바지에 사형선고를 받은 범인으로 교체되어 무대에서 실시간으로 죽임을 당하는 일까지 있었다.

이 아이디어가 어디에서 나왔는지는 어렵지 않게 알 수 있다. 포룸 로마눔 건너편에 로마의 위대한 랜드마크가 하나 더 있었다. 바로 콜로세움이다. 408년에는 아직 플라비움 원형투기장으로 알려져 있던 콜로세움은 바로 옆에 서 있던 35미터 높이의 거대한(colossal) 황금 조각상에서 유래한 이름이었다. 조각상은 네로 황제의 지시로 제작되었고, 후에 후임자 베스파시아누스가 동상의 머리를 태양의 신 헬리오스의 머리로 대체할 때까지 네로의 모습을 거의 벗은 채로 재현하고 있었다. 높이 치솟은 플라비움 원형투기장은 비슷한 부류의 구조물 중에서 월등하게 컸다. 공학의 눈부신 업적으로 5만 명의 관중을 몇 분 내로 내보낼 수 있었으며 각 층마다 급수대가 설치되었다. 콜로세움은 로마인들의 한없는 자부심의 원천이었지만 생각만큼 설계가 견고하진 않았다. 최상층의 좌석은 지지가 약했고, 경기장 위에 쳐진 거대한 차양(깃대와 밧줄의 복잡한 배열로 매달아놓은 차폐물)이 강풍에 흔들릴 때면 큰 압력을 받았다. 차양은 번개에도 취약해서 3세기 초반에 북동쪽 구역 전체가 잿더미가 되었다.

그렇지만 408년에 콜로세움은 완전히 정상적으로 운영 가능한 상태였다. 지하에는 뚜껑 문을 통해 언제라도 경기장으로 올라갈 수 있는 남자들과 야생동물들을 채워 넣을 수 있었다. 공적 오락으로서 죽이는 행위는 이 시기에 쇠퇴하였고, 기독교의 반발로 검투사 경기는 4년 전에 이미 금지되었다. 이 싸움은 원래 에트루리아에서 시작되어(중요한 인물의 장례식에서 검투사 둘이 죽을 때까지 싸우는 일종의 인간 제물 형태였다) 기원전 387년 갈리아 약탈로부터 200년이 지나 로마에 등장하게 되었다. 검투사들의 싸움은 곧바로 엄청난 인기를 끌었고, 인기가 너무 높아서 야심가들이 돈을 댄 사치스러운 경기를 억제하려는 시도가 이루어졌다. 소용은 없었다. 경기장에서 일어나는 죽음의 싸움을 혐오하는 지각 있는 로마인도 있었지만 대부분이 빠져들었다. 거의 600년 동안 로마인은 검투사끼리 싸우고 죽이고, 검투사가 야생동물과 싸우고, 아니면 야생동물끼리 서로 싸우고, 동물들이 사형선고를 받은 범죄자를 물어뜯어 죽이는 광경을 관람했다. 검투사 간의 싸움은 금지되었는지 모르지만 사람과 야생동물의 싸움은 100년 이상 로마의 경기장에서 계속되었다.

현대인에게 유흥을 위해 죽이는 행위는 혐오스러워 보일 뿐이다. 그런 일에 굳이 변명을 찾는다면 당시는 로마뿐 아니라 세계적으로 지금보다 훨씬 더 폭력적인 시대였고, 어느 정도의 잔혹성이 일상의 일부였다. 로마인은 경기장에 가는 것이 애국자로서 의무이고, 아이들(특히 사내아이들)에게 피투성이 검투사들의 싸움을 보여주는 것이 그들을 미래의 제국 수호자로서 강하게 만들어

↑ 원형경기장에서 벌어진 검투사와 동물의 싸움을 표현한 모자이크.
↓ 3세기에 제작된 검투사들의 경기를 묘사한 모자이크화(마드리드 국립고고학박물관).

준다고 주장하며 정당화했다.

원형투기장에 가는 일은 중요한 통과의례였다. 정성 들여 도시락을 싸 가는 가족 나들이기도 했다. 또한 돈을 딸 거란 기대를 안고 콜로세움에 가기도 했다. 그들은 전차경주에나 주사위 게임에 또는 검투사에게 내기를 거는 도박에 빠져 있었다. 검투사가 상대를 찔러 피가 솟구치면 군중은 "잘 씻었어"(죄를 씻어내는 의식에 해당하는 세례에서 쓰는 표현으로 피의 세례에 빗댄 것으로 보인다—옮긴이) 하고 목청껏 소리를 지르며 막 돈을 딴 것에 환호했다. 공개 처형이 있는 동안 콜로세움은 거의 텅 비곤 했다. 내기를 벌일 수 없었기 때문이다.

로마인이 원형경기장을 찾았던 가장 큰 이유는 애국심이나 내기가 아니라 '스릴'이었다. 거부감이 큰 사람도 일단 가보면 중독되기 십상이었다. 오늘날까지 콜로세움은 세계에서 살생이 가장 집중적으로 일어난 장소로 남아 있다. 경기장에서 졸지에 생을 마감한 사람이 25만~50만 명에 이르며, 동물도 크건 작건 흔하건 희귀하건 수백만 마리가 죽었다. 경기장에서 멸종된 동물도 있었다. 하지만 이보다 더 충격적인 유산은 원형경기장이 보여준 인간의 본성이다. 사람은 자신의 행동이 사회적으로 허용될 거란 보장만 있으면 능히 다른 사람들이 눈앞에서 끔찍하게 죽어가는 모습을, 그것도 몇 번이고 계속해서 즐길 수 있다는 진실 말이다.

로마인이 원형경기장을 자랑스러워한 반면, 로마에 처음 온 사람이라면 보통 로마의 광장, 즉 포룸에 더 큰 인상을 받았다. 갈리아 약탈 시기에 한 곳뿐이던 포룸은 정치적 심장부로서 군중이 모이고, 연설이 행해지며, 원로원들이 만나는 장소였다. 그러나 408년 무렵이면 정치적 영향력은 사라진 지 오래였고, 이제 포룸 로마눔은 현대 이탈리아의 광장(piazza)에 가까웠다. 친구를 우연히 마주치고, 사업상 문제를 해결하고 쇼핑도 하는 곳이었다. 포룸 로마눔의 외형은 베네치아의 산 마르코 광장과 비슷했다. 산 마르코 광장은 사다리꼴 형태로, 포르티코(portico, 주랑현관)와 상점이 늘어서 있고 한쪽 길을 따라 높다란 깃발들이 서 있다. 그러나 포룸 로마눔은 동상과 제단 그리고 과거와 현재 황제들의 기념물로 들어차 산 마르코 광장보다 훨씬 더 번잡했다. 그렇게 번잡한 모습은 공론 정치의 망령을 쫓아내고 대중의 모임을 방지하기 위해 미리 계획한 것으로 보인다.

408년 무렵 포룸 로마눔에서 명맥을 유지한 유일한 정치적 활동은 원로원 의사당에서 일어났다. 의사당은 비교적 새 건물이었고 포룸 로마눔에 있는 다른 모든 것과 마찬가지로 283년에 화마로 재건축되었다. 크고 각이 잡힌 위풍당당한 모습이었지만 당시 그 안에서 일어나는 일은 대단찮았다. 한때 지중해 전 지역을 호령했던 원로원의 권력은 공화정의 몰락과 더불어 꾸준히 약해졌다. 콘스탄티누스 황제는 의원 수를 3배인 2,000명으로 늘려 원로원을 몸집만 크고 비효율적인 기구로 만들었다. 콘스탄티누스 이후 황위가 3번 바뀌고 364년에 즉위한 발렌티니아누스 1세는 전임 황제들과 마찬가지로 주술에 강한 두려움을 느껴 주술의 무력함을 잔인한 방법으로 증명하고자 했다. 매카시 의원(1950년대 무차별적인 공산주의자 색출 선동으로 반공산주의 광풍을 일으킨 미국 상원의원—옮긴이)이 벌인 마녀사냥처럼 원로원들과 그 아내들이 간통, 근친상간 그리고 무엇보다도 주술로 재판에 회부되었으며 일부 저명한 로마 시민이 고문을 당하기도 했다. 이전에는 상상할 수 없는 일이었다. 408년 원로원은 중상과 모략이 판치는 마을 의회나 마찬가지였다. 스틸리코를 비난한 람파디우스 의원의 돌발행동은 아주 드문 일이었는데 자신의 독자적 생각에 따른 것이라기보다는 더 커진 정치적 동요가 반영된 것으로 보인다. 새로운 황제가 권좌에 오르면 로마 의원들은 일제히 승인을 연호했다.

원로원이 중요성을 잃자 포룸 역시 그랬다. 포룸은 극장처럼 황제가 자신의 발자취를 남기기 위한 방편이었고, 408년에는 모두 11개로 늘어났다. 그중에서도 로마에 오는 사람들은 특히 트라야누스 황제의 포룸에 감명을 받았다. 트라야누스의 포룸은 산비탈을 통째로 갈아엎고 지은 광대한 건축물 단지의 일부였다. 여기에 말을 탄 트라야누스의 거대한 동상과 오늘날 루마니아에 해당하는 다키아(408년경이면 그 대부분이 제국의 영토로 버려진 지 오래였다) 정복을 위한 그의 영웅적 출정을 묘사한 트라야누스의 유명한 기둥, 거대한 바실리카 홀, 각각 라틴어와 그리스어 도서를 소장한 도서관 2개, 3층짜리 우아한 곡선 건물에 상점이 들어서 있는 일종의 고대 로마 쇼핑몰 등이 있었다. 로마제국의 다른 위대한 기념물과 마찬가지로 이 단지는 알리아 약탈 시기에는 꿈도 꾸지 못했던 재료로 지어졌다. 바로 콘크리트였다. 석회와 현무암 모래를 섞어 만든 시멘트는 임시 나무 거푸집에 부어 굳힌 후, 벽돌이나 돌을 붙이는 데 쓰였다. 황제는 콘크리트를 이용해 자신의 권력을 완벽하게 과시하고, 신하들에게 그들이 얼마나 미천한 존재인지를 적절히 알려주는 장대한 건축물을 지을 수 있었다.

그뿐 아니라 로마인은 새로운 콘크리트 기술로 대단히 아름다운 걸작품을 만들어냈다. 알라리크와 서고트인이 로마 진군 300년 전에 하드리아누스 황제가 지은 판테온 신전은 콘크리트를 사용한 건축물의 진수를 보여준다. 중앙에 커다란 원형 구멍을 낸 판테온의 돔은, 돔이 더욱 높아지고 얇아짐에 따라 콘크리트 조합을 다르게 하여 무게를 줄이는 독창적인 기법으로 만들어졌다. 판테온 신전은 로마의 고유한 건축 스타일이 얼마나 발전했는지 보여준다. 로마의 초기 신전이 그리스 신전을 모방했다면 판테온은 순수한 로마인의 기술로 지어진 것이었다. 그리스의 직선을 대신해 판테온은 (전면에 어색하게 붙어 있는 포르티코를 제외하면) 안팎으로 모두 곡선을 사용했다. 내부는 거대한 '구'가 들어가도록 정밀한 비율로 설계되었다. 바닥에는 작은 구멍들이 나 있는 방향으로 미세하게 구배가 있어 천장 구멍을 통해 떨어지는 빗물이 흘러나갈 수 있도록 했다. 그러나 포르티코는 뭔가 크게 잘못되었던 것 같다. 판테온 몸통의 장식이 포르티코의 박공지붕과 나란히 정렬되지 않고 더 높은 데 있다. 마찬가지로 입구 옆의 지주들은 포르티코의 기둥과 어울리지 않게 너무 넓다. 이집트에서 들여온 화강

암 기둥에 문제가 있었던 것 같다. 기둥들이 너무 작았거나 옮겨지던 중에 지중해 바닥으로 가라앉아 급히 교체했는지도 모른다.

판테온 외에도 로마에는 경이로운 장소가 많았다. 고대 로마는 후에 얻게 될 아름다움을 아직 갖추지 못했지만(혼란하고 번잡하며 실용적인 도시였다) 오아시스 같은 아름다운 안식처를 보유하고 있었다. 곳곳에 개인 또는 공공이 운영하는 쾌적한 공원들이 있었고, 특히 포르티쿠스 옥타비에(황제 옥타비아누스가 지어 누이 옥타비아의 이름을 붙인 포르티코—옮긴이)는 그리스에서 약탈해 온 알렉산더 대왕과 그의 장군들이 전쟁터로 돌격하는 모습을 묘사한 기마대 동상으로 유명했다. 거대한 건물들 곁에는 작고 섬세한 건물들이 있었다. 캄푸스 마르티우스(Campus Martius, 군신 마르스의 들판이란 뜻으로 훈련 시 군대가 주둔하던 곳에서 운동장, 경기장 등 기능이 점차 확장되었다—옮긴이)의 북쪽 끝에는 전성기 로마 미술을 보여주는 예시가 있었다. 그곳에 세워진 아라 파키스(아우구스투스 황제에게 헌정된 평화의 제단)는 아우구스투스와 그의 가족, 로마 상류층이 제사를 지내는 모습을 정교하게 새긴 부조로 장식돼 있었다.

408년 로마에는 예술이 넘쳐났다. 그리스에서 약탈하거나 유명한 그리스 원작을 복제한 석상이 많았다. 흰색 대리석이 아니었기 때문에 우리 눈에는 다소 조잡해 보일 수 있다. 남아 있는 석상들은 색이 바랬지만 당시에는 얼굴에서 옷까지 세밀하고 선명하게 채색되었다. 그리스의 걸작들 옆으로 위대한 로마의 꿈을 실현한

그리스 신전을 모방하는 데서 벗어나 순수한
로마인의 기술로 지어진 판테온.

이들의 업적을 영원히 기리는 황제, 장관 및 고위 관리의 더 칙칙한 석상들이 로마의 개방된 땅을 채우고 있었다. 많은 동상들이 불멸성을 얻었지만, 그들의 희망만큼은 아니었고 상당수의 수작들도 이미 머리가 바뀐 채였다.

하지만 이상한 것이 이뿐만은 아니었다. 현대인의 눈으로 동상을 유심히 보면 시간이 다소 거꾸로 간 듯한 인상을 받을 수 있다. 더 오래된 동상들이 우리가 고전 세계를 연상하는 방식으로 정교하고 사실적이었다. 이에 비해 나중에 나온 동상들은 조잡해 보이고, 무표정한 얼굴에 노려보는 커다란 눈이 무거운 분위기를 풍긴다. 대좌에 새겨진 명문도 마찬가지이다. 2세기 이전의 명문은 완벽한 정사각형 글자로 이루어진 반면, 나중에 발견된 동상들의 명문은 글자가 둥글고 약간 기울었으며 서로 붙어 있다. 이런 변화는 로마제국이 파산하지 않으려 안간힘을 쓰던 '3세기의 위기' 동안 일어났다. 이것은 단순히 숙련된 장인이 부족해서, 당시 인플레이션이 심하고 세금 수입이 적어서, 또는 장인에게 줄 돈이 모자랐기 때문이었는지 모른다. 아니면 새로운 양식이 커다란 변화를 가져왔을 수도 있다. 로마인들은 제국이 흔들리고 생활이 점점 더 생존 문제가 되어가자 더 이상 완벽에 관심을 두지 않았다.

408년 이전 수십 년 동안 또 다른 커다란 변화가 일어났는데, 그 조짐은 길거리 어디에서나 쉽게 볼 수 있었다. 로마는 종교적 건물들로 가득 찬 도시였다. 전통적인 그리스와 로마 신들의 신전 옆으로 초기 공화정 시민에게는 전혀 생소한 신전들이 있었다. 새로운 신전은 공화정 후기와 로마제국 시기 초반에 유입되어 처음에 로마인의 의심을 샀지만 나중에는 완전히 로마의 것으로 받아들여졌다. 어떤 종교에서는 경쟁 관계에 있는 다른 신의 형상을 자기 신전에 두는 것이 허용되었다. 물론 자신의 신을 항상 제일 좋은 자리에 두었을 것이다.

캄푸스 마르티우스에는 그리스-이집트 문화의 영향으로 신도들에게 천국의 희망을 주는 이시스와 오시리스를 숭배하는 커다란 신전들이 있었다. 또한 로마에는 시리아와 알제리 신들의 신전, 율리우스 카이사르를 비롯한 후대 황제들을 모두 신성화하여 숭배하는 신전, 고대의 마테르 마그나(대모[大母]) 숭배 신전도 있었다. 이 신전에서는 신도들이 쇠창살 아래 서서 양이나 소의 잘린 목에서 쏟아져 내리는 피를 뒤집어씀으로써 영원성을 얻고 다시 태어나는 괴상한 의식이 발전했다. 미트라교는 남자로만 이루어진 신도들에게 구식 도덕을 설교하고 만찬 모임을 가졌으며 로마 전역에 동굴 같은 그들의 회동 장소가 36곳이나 되었다.

테베레섬의 아이스쿨라피우스 신전은 신을 모셨을 뿐만 아니라, 이상하지만 로마에서 가장 병원과 유사한 곳이었다. 이 신전의 전성기에는 아르클레피오스 신의 치유를 바라며 찾아온 환자들로 가득했다. 지중해 동부에 있는 아이스쿨라피우스 신전들(테베레섬의 신전도 다르지 않았을 것이다)에서는 환자들을 향이 가득 퍼진 지하 방에서 재우며 신이 꿈에 찾아와 치료법을 알려주기를 바랐다. 꿈이 (자주 그러하듯) 이해하기 어려우면 (다행히 의학적 경험이 있는) 사제가 해석을 도와주었다. 그렇다 해도 처방은 심히 이상했다. 아이스쿨라피우스는 위종양 환자에게 가장 무거운 돌을 찾아 신전으로 가져오게 했고, 늑막염 환자에게는 신전 제단에 있는 재를 와인에 섞어 곁에 두라고 지시하기도 했다. 아이스쿨라피우스의 꿈 해몽이 소용없는 경우 신전의 성스러운 뱀이 환부를 핥아 낫게 해줄 것이라는 희망이 있었다.

그러나 408년에는 아이스쿨라피우스 신전에서 로마를 지배했던 유피테르 신전에 이르기까지 모든 이교도 신전이 10년 이상 문을 닫은 상태였다. 100년 전 콘스탄티누스 황제가 (로마 바로 북쪽에 있던) 밀비아누스 다리 전투에서 승리해 도시를 장악하고 기독교 지지자임을 공식적으로 선언한 후 계속된 '숨통 조이기'가 막바지에 접어든 때였다. 지난 400년에 걸쳐 과거 기독교를 제외한 이교들은 교회의 압력에도 불구하고 대체로 평화롭게 유지되었다. 이 관용의 시대의 종말에는 서고트인의 잘못도 있었다. 그들이 종교적으로 관대했던 마지막 황제 발렌스를 아드리아노플 전투에서 죽였기 때문이다. 발렌스 이후 황제들은 강경 노선을 강화했다. 383년 그라티아누스 황제는 신전의 재산을 몰수했고, 베스타 신전의 무녀들을 포함한 사제들은 세제 혜택을 잃었다. 8년 후 테오도시우스 황제는 로마의 모든 이교 신전을 일거에 폐쇄했다.

그렇게 408년에는 단 두 종류의 종교 조직에만 활동이 허가되었다. 기독교와 유대교였다. 유대교 회당은 그 수가 많았지만 황제들의 소름끼치는 반유대 발언과 성직자들의 영향을 받아 2건의 방화를 겪었고, 그럼에도 문을 닫지 않았다. 하지만 가장 최신의 위대한 도시 기념물이 된 교회의 존재감이 단연 독보적이었다. 408년에 최소 7개의 교회가 있었다. 그 대부분은 기독교가 불법이던 시절 교인들이 이목을 피해 모임을 가졌을 법한 집합 주택(인술라[insula])이나 귀족의 대저택 유적 위에 세워졌다. 최초로 공인된 교회는 라테라노 바실리카로 콘스탄티누스 황제의 지시하에 지어졌다. 콘스탄티누스는 자신에게 대항한 기병대와 근위대를 해체했고, 단호하게 기병대 본부가 있던 자리에 이 교회를 올렸다. 이 새로운 기독교 신전들은 가장 로마다운 건물인 바실리카를 모델로 삼아 세워졌기 때문에 친근했을 것이다. 바실리카는 주변보다 높인 중앙부에 창문이 나 있고, 여러 개의 통로가 있는 다목적 홀로 재판에서 군대 훈련에 이르기까지 다양한 용도로 쓰였다.

로마 최고의 교회들은 도시 안이 아니라 성벽 바깥에 있었다. 로마인들에게는 다행히도, 기독교로 개종한 서고트인들이 이 교회들을 존중했다. 기독교 순교자 무덤 바로 위에 지어진 교회도 있었다. 산 세바스티아노 푸오리 레 무라 바실리카, 산 로렌초 바실리카, 산 타네제 푸오리 레 무라 바실리카, 산 파올로 푸오리 레 무라 바실리카 그리고 규모에서 최고인 바티칸 언덕의 산 피에트로 바실리카. 이들은 겉은 평범하지만 내부는 화려했다. 산비탈의 일부를 잘라내고 세운 산 피에트로 바실리카에는 커다란 주랑, 분수대가 딸린 아트리움, 다섯 가지 색의 돌로 만든 기둥, 황금 이파리로 장식한 천장, 거대한 샹들리에가 있었으며 콘스탄티누스 황제와 헬레나 황후가 선물한 커다란 황금 십자가도 있었다.

4세기 말 산 피에트로 바실리카는 대규모 자체 경축 행사들을 열었고 특히 6월 29일(성 베드로와 성 바울 사도 대축일)에는 엄청난 인파가 몰려들었고 이들을 대접할 음식이 테이블마다 한가득 준비되었다. 산 피에트로 바실리카는 단순한 교회를 넘어서 408년이면 다른 순교자 교회처럼 교구의 핵심이 되었고 독실한 신도들은 가능한 성인의 무덤 가까이에 살기를 원했다. 로마인들은 이교도이건 기독교인이건 대체로 그런 선택을 혐오스럽게 생각했다. 오랫동안 그들에게 시체란 불결한 것, 가능한 한 먼 곳에 두고 도시 밖에 매장해야 할 것이었지만 시대가 바뀌기 시작했다.

408년 산 피에트로 바실리카는 먼 곳에서 온 방문자로 가득했다. 로마는 이미 성지순례 장소가 되어갔고, 순교자 교회들은 치유의 중심으로서 아이스쿨라피우스의 역할을 빼앗아 아픈 사람들과 맹인을 비롯해 장애가 있는 사람들을 끌어모았기 때문이다. 또한 악령에 씌었다고 믿는 사람들이 몰려와 문밖에서 동물처럼 우짖고, 몸부림치고, 이교도 신(자기 몸에 들어온 악마라고 믿었다)의 이름을 외치며 자기를 홀린 악마를 성인이 쫓아주기를 바랐다. 무엇보다도 순례자들은 죄를 용서받고 천국에 다가가려는 바람을 품고 있었다. 열두 제자 중에서 천국의 열쇠를 쥐고 있는 베드로는 으뜸으로 여겨졌다. 순례자들은 성인의 실제 존재와 함께 있다고 느낄 때 크게 흥분했기 때문에, 로마의 큰 교회들은 순례자가 순교자의 시신 일부와 일정한 거리를 유지해 손댈 수 없도록 세

옛 산 피에트로 바실리카의 내부를 표현한 조반니 참피니의 1863년 판화. 바실리카는 고대 로마의 포룸에 주로 위치했던 공공 건물인 바실리카 구조를 기조로 성립된 초기 교회 건축 형식을 뜻한다. 이후 교황이 전례 의식을 행하는 유서 깊은 대규모 성당을 가리키는 것으로 의미가 확장되었다.

심하게 설계해야 했다. 산 로렌초 바실리카는 방문객이 무덤을 볼 수는 있지만 만질 수 없도록 은색 창살을 세워놓았다. 산 피에트로 바실리카는 보호에 더 공을 들였다. 교회 방문객은 일종의 우물에서 천조각을 그 아래 무덤까지 내려뜨린 후 축복에 푹 적셔져 무거워진다고 믿으며 다시 끌어올렸는데, 이곳에 가기 위해선 잠겨 있는 작은 문을 열어야 했다.

이렇게 순교자의 새로운 시대가 시작되었다. 일생을 두고 한 사람 한 사람을 보호해준다고 믿었던 기독교의 첫 개별 수호자인 수호천사의 영향력이 수그러들고 있었다. 408년 기독교인들은 이교 신들처럼 항해에서 출산까지 온갖 위기 상황을 헤쳐나가도록 전문적인 도움을 준 순교자들에게 점점 더 의지하고 있었다. 순교자는 그의 유해를 안치한 교회에 살아서 존재한다고 여겨졌고, 교회가 위치한 지역으로 순례자들을 불러 모았기 때문에 현지 도시에 중요했다. 기독교 세계에서 로마는 순례의 중심지로서 예루살렘 바로 다음이었다. 이는 우연이 아니라 꽤 많은 과정을 거쳐야 가능한 결과였다. 기독교가 콘스탄티누스 통치 아래에서 로마의 공인된 종교가 되었을 당시, 순교자는 동로마제국과 북아프리카의 도시들에 가장 많았다. 그곳이 박해(교회의 주장보다 훨씬 덜 광범위했다)가 제일 심했던 곳이기 때문이다. 이와 대조적으로 로마에는 순교자가 매우 적었다.

370~380년대에 활동적인 로마 주교인 다마수스는 새로운 순교자들을 적극적으로 찾아내 상황을 진전시켰다. 성 아그네스와

성 라우렌티우스 같은 일부 순교자는 다마수스가 교회에 그들의 이름을 붙임으로써 하루아침에 유명해졌다. 또 로마에서 죽은 외국인 성인인 산 세바스티아누스 같은 순교자를 다마수스는 이제(동향인들의 심기를 건드리며) 로마 사람이라고 주장했다. 그 정도로 만족할 다마수스가 아니었다. 그는 버려진 카타콤에서 유골을 회수해서 한 무리의 새로운 성인들을 만들어냈다. 일부는 거의 잊힌 이들이었고 아예 존재하지 않았던 인물도 있었다. 다마수스 주도하에 그들 각각은 이름, 축일, 그들의 처참한 죽음을 다루는 시를 갖게 되었다. 그들의 죽음은 잊기 어려울 정도로 다양했다. 성 라우렌티우스는 커다란 석쇠에 구워져 죽었고, 성 세바스티아누스는 온몸에 화살이 꽂히고도 죽지 않자 곤봉에 맞아 죽었다. 다마수스의 재임 기간이 끝날 무렵에는 로마로 들어가는 길마다 순례자들을 위한 순교자의 사당이나 카타콤이 있었고 도시는 허구이건 아니건, 죽은 기독교 영웅들로 완전히 둘러싸였다.

로마를 기독교 서열의 최고 위치(최소한 예루살렘 다음)에 확고히 올려놓기 위한 주요 작업은 오래전에 완료되었다. 기독교의 초창기이자 황무지 시절, 누구도 기억하지 못하는 어느 시점에 로마 주교들은 자신들만의 독특한 권위를 주장하고 나섰다. 예수가 임명했다고 전해지는 이 도시의 첫 번째 주교인 성 베드로를 통해 자신들의 지위가 직접 예수에게로 거슬러 올라간다는 것이었다. 산 피에트로 바실리카가 로마에서 가장 위대한 교회라는 데에는 의심의 여지가 없었다.

다만 로마 주교들의 주장이 사실인지에 대해서는 의문의 여지가 있다. 베드로가 로마에 있었다는 기록이 초기 경전들에 나오지 않는다. 그는 예수의 죽음 이후에 곧 기록에서 사라졌다. 로마 기독교인들은 베드로가 바울과 함께 로마에 왔다고 주장했지만 사실일 가능성은 낮다. 예수를 만나본 적 없는 바울은 기독교를 유대교의 한 종파에서 벗어나도록 이끌어 비유대인의 호응을 얻은 인물로 그가 예루살렘에서 예수의 제자들과 소원한 관계였다는 단서는 경전에서 찾아볼 수 있다. 제2차 세계대전 동안 교황 비오 12세는 조사를 시작했고 독일인 성직자 루트비히 카스를 시켜 산 피에트로 대성당 아래 고대 공동묘지를 파냈다. 예상대로 카스는 대성당의 제단 바로 아래에서 평범한 추모비를 발견했다. 하지만 추모비는 해답을 주기보다 의문을 증폭시켰다. 벽에 그어놓은 낙서들 가운데 베드로의 이름은 단 한 번만 쓰여 있었다(이와 대조적으로 산 로렌초 바실리카 아래 공동묘지에는 라우렌티우스의 이름이 여러 번 쓰여 있다). 더욱이 무덤 속 유골은 60대 남자의 것이었고, 그 연대가 베드로가 죽었다고 전해지는 네로 황제 시절이 아니라 베스파시아누스 황제의 재위 기간으로 추정되었다. 비오 교황이나 카스 모두 그 사실에 실망했고 유골은 한동안 잊혔다. 베드로에 대한 로마 초기 기독교인들의 주장은 속임수였던 것으로 보인다.

그렇더라도 그것은 눈부시게 성공적인 속임수이자, 앞으로 펼쳐질 길고 힘겨운 수 세기 동안 로마가 파산하지 않고 나아가 성공을 거두는 비결이다. 408년 무렵, 산 피에트로 바실리카의 제단 아래 깊숙한 데 있는 평범한 무덤 속에 실제로 누가 누워 있었는지는 중요하지 않다. 누구나 그것이 베드로라고 믿었다. 베드로와 바울은 그들처럼 알파벳 이름 첫 글자가 똑같은 로물루스와 레무스로부터 로마의 수호자 역할을 빠르게 빼앗았으며, 사회적으로 명망 있고 중요한 사람들은 이 유명한 기독교 순교자의 도시에 묻히기를 원했다. 콘스탄티누스 황제는 노멘툼 거리에 가족을 위한 건물 단지를 지었고, 그 안에는 딸 콘스탄티아를 위해 세운 아름다운 원형의 영묘(mausoleum)인 산타 코스탄차도 있었다. 그곳은 새들, 와인을 만들고자 포도를 밟는 사람들, 이상하게 노려보는 푸른 얼굴들이 묘사된, 기독교와 동떨어진 모자이크로 가득 찬 공간이었다. 408년에 서로마 황제 호노리우스는 자신과 가족을 위해 산 피에트로 바실리카 옆에 무덤 단지를 완성했다.

예수와 직접 연결되는 것은 종교계 내부 정치에서도 유용했다. 이 당시 로마의 주교들은 와해되는 서로마 전역을 지배했고 그들의 최고 지위는 저 멀리 갈리아와 히스파니아(스페인 지역의 고대 호칭) 그리고 브리타니아(영국 브리튼섬의 고대 호칭)의 주교들에게서도 인정받았다. 아직 교황다운 면모는 부족했지만, 자리를 잡아가는 중이었다. 이교도 역사가 암미아누스 마르켈리누스가 남긴 기록을 보면 로마 주교의 삶은 매우 윤택했다. 4세기 후반의 기록에 따르면 주교들은 마차를 타고 다녔고, 부유한 여성들로부터 호화로운 선물을 받았으며, 화려한 옷을 입었고, 왕보다 훌륭한 음식을 먹었다.

이 정도 지위라면 분명 그 자리를 노리는 후보가 많았을 테고 경쟁이 심해 심지어 폭력이 개입될 때도 있었다. 360년대에 다마수스와 경쟁자 우르시누스는 로마의 서로 다른 지역에서 로마 주교로 공표되었다. 두 주교의 지지자들은 2년에 걸쳐 상대편 교회를 습격했다. 한 교전에서만 100명 이상 죽는 일까지 발생했다. 이 싸움은 신학과 관련된 문제가 아니라 테베레강 양쪽 기독교인들의 영역 다툼이었다. 로마제국은 로마 반경 30킬로미터 이내에서 당파적인 기독교 모임을 갖는 것을 금지했지만, 이후 1,000년 동안 기독교를 따라다녔던 여러 분쟁 방지법보다 훨씬 많은 조치가 필요했다.

물론 408년의 로마는 행정과 종교의 도시만이 아니었다. 여러 면에서 도시의 기능적인 요소(로마인을 먹이고, 씻고 마실 물을 공급하고, 깨끗하게 하는 데 필요한 장치)는 기념 건축물만큼이나 하나하나 인상적이었다. 로마의 수로 11개는 날마다 100만 명이 욕조에서 사용할 수 있는 물을 공급했다. 수로는 수많은 거리 분수대와 (운 좋은 소수의) 개인 가정에 설치된 분수대뿐 아니라 800개의 크고 작은 목욕탕에도 물을 공급했다. 이것이 황제가 전임자를 능가할 수 있는 또 하나의 기회였다. 408년 로마에는 11개의 대형 공중목욕탕이 있었다. 가장 큰 것은 불과 100년 전에 지어진 디오클레티아누스 황제의 욕장으로, 이 어마어마한 욕장 단지를 짓기 위해 로마의 한 구역이 통째로 철거되었다. 디오클레티아누스 욕장은

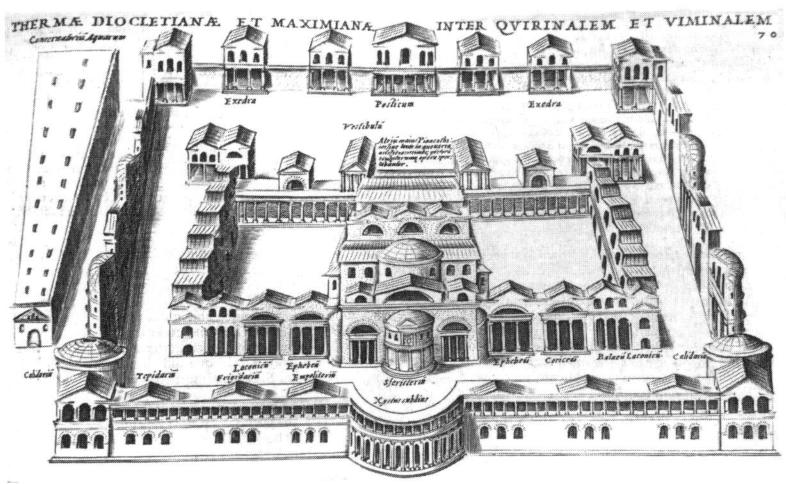

↑ 디오클레티아누스 욕장을 그린 자코모 라우로의 16세기 판화.

↓ 폐허가 된 디오클레티아누스 욕장을 묘사한 피라네시의 18세기 중반 판화.

축구장 12개를 합친 크기였으며 노천 수영장, 냉탕 홀, 온탕 홀 그리고 넓은 열탕 홀에 모두 9,000명의 이용객을 수용할 수 있었다.

도시는 로마인을 씻길 뿐 아니라 먹여야 했다. 408년 5월과 9월 바다가 고요할 때면 수송선들이 수 세기에 걸쳐 매년 여름이면 해왔던 대로 지중해를 건너 로마의 중앙 항구로 들어왔다. 여기에서 곡물, 올리브오일, 와인, 생선 소스 그리고 중국산 비단에서 스리랑카와 동인도네시아(너무 먼 곳이라 소문으로만 전해 들은 나라들)산 향신료에 이르기까지 로마에서 필요한 모든 사치품이 강의 바지선에 옮겨지고, 다시 35킬로미터의 구불구불한 테베레강을 따라 노예들에 의해 항구로 운송되었다. 테베레강 왼쪽 제방에는 로마인의 식욕이 어느 정도인지 알려주는 놀라운 증거가 서 있다. 바로 지구상의 그 어떤 언덕과도 같지 않은 언덕이고 상당한 크기다. 이 언덕은 지금의 스페인과 아프리카 지방에서 올리브오일을 운송하는 데 쓰인 진흙 항아리들의 잔해 더미였다. 기름 항아리는 재사용이 불가능해 내용물을 비운 후에는 둘로 쪼개져 그 언덕에 버려졌고, 그렇게 언덕은 계속 커졌다.

부두에 도착한 식량 공급품은 손수레나 외바퀴 수레, 또는 당나귀나 노예의 등에 실려 옮겨졌고, 말이 끄는 수레나 낮 시간은 피했다. 기원전 1세기인 율리우스 카이사르 시대에는 교통 체증을 방지하기 위해서 수레의 통행이 야간에만 허용되었다. 초기 로마의 작가들은 도시의 여러 거슬리는 요소 중에서도 특히 끊임없이 덜컹거리는 소리 때문에 로마인들이 밤에 잠을 이룰 수 없었다고 불평한다. 5세기 초의 로마 생활상을 보여주는 자료 자체가 드물긴 하지만 기원전 로마의 문제가 해결되었다는 증거는 없다. 로마인의 조직 및 공학 기술을 고려해볼 때, 로마의 설계는 놀랍도록 허술했다. 거리는 대부분 비좁았다. 몇 안 되는 주요 도로를 제외하면 대체로 넓지 않았다. 이면도로에는 쓰레기가 가득했다. 화재 위험이 상존해서 소방관이 밤마다 순찰을 돌았지만, 화재는 괴로울 만큼 자주 일어났다. 위대한 기념물들이 몰려 있는 중심지도 예외가 아니었다. 커다란 방화벽을 설치해 보호하긴 했지만 283년 포룸 로마눔이 불에 타 잿더미가 되었다. 미로 같은 지형은 로마가 강도들의 천국이 되는 데 한몫했으며, 로마인들은 보통 집에 안전하게 데려다줄 경호원 없이는 밤에 외출을 피했다.

경호원은 여유 있는 소수에게만 해당되었다. 여기에 초기 공화정 시민이 충격받을 만한 문제가 있다. 기원전 380년에도 양극화된 사회였던 로마의 상황은 훨씬 더 심해졌다. 5세기 로마는 그 어느 때보다 불평등했고, 가난한 로마인은 나라에 대한 충성심이 약해져 야만족의 공격을 부추기는 일이 벌어졌다. 사회 계층의 꼭대기에는 굉장히 부유한 소수의 로마인이 있었다. 이들은 학식이 높고 서로 연결된 가문으로 긴밀하게 결합된 계층이었다. 원로원을 중심으로 모인 그들의 세상은 제인 오스틴의 소설에 나오는 것과 다르지 않았다. 부모는 딸에게는 좋은 혼처를, 아들에게는 군이나 행정부 요직을 찾아주려 했다. 아들의 경우 경력을 쌓으려면 돈이 많이 들었다. 권력 사다리의 첫 발판은 오랜 공화정 직책들 가운데 하나(검찰관과 집정관)였으며, 그런 직책의 가장 큰 역할은 대체로 호화롭고 비싼 경기를 주선하는 데 한정되었다. 다행인지 그런 경기에 돈을 댈 수 있는 사람이 많았다. 명문가들은 놀라울 정도로 부유했다. 이들은 서로마 전역에 걸쳐 부동산을 소유했다. 거대한 고급 주택인 도무스에 살면서 그런 주택을 12채 이상 가진 이들도 있었다. 발렌티니궁 아래에서 부유한 가족의 집이 샅샅이 발굴된 적이 있다. 그곳은 면적이 1,800제곱미터가 넘는 광활한 건축물 단지로 안뜰과 마구간, 저장실 등이 여러 개 있었으며 심지어 개인목욕탕 시설까지 갖추고 있었다.

로마 귀족의 즐거움 가운데 하나는 만찬회를 여는 것이었다. 손님의 요구를 맞춰주는 식당에서 얼마든지 외식을 할 수 있었으나, 자기 집으로 초대하는 경우가 훨씬 많았다. 로마 연회에 관해 알려진 내용은 대부분 2~3세기의 것이지만 5세기 초에도 연회는 일상적으로 이루어졌고, 그 형태가 크게 바뀌었다고 볼 별다른 이유는 없다. 연회는 격식을 갖춘 동시에 순수한 즐거움이 더해진 분위기였고, 모든 면에서 꽤 즐거웠을 것이다. 주인과 손님은 커다란 카우치에 기대 눕곤 했는데(보통은 9명, 때로는 18명 그리고 이따금씩 27명이 앉았다) 손님의 지위에 따라 주인 가까이에 배치되었다. 아내는 남편 옆에 앉았다. 주인은 향료주나 벌꿀주 한 잔으로 손님을 맞이했으며, 손님은 화환(기독교에서 반대하던 전통 중 하나로 408년에는 사라진 것 같다)을 목에 걸었다. 집 안은 남녀 손님 모두가 사용한 향과 향수 냄새로 가득 찼을 것이다. 손님들은 맨손으로 음식을 먹으며 냅킨이나 식탁보 또는 음식을 나르는 소년들의 머리에 손을 닦았다. 이런 목적으로 머리를 기르라고 권장받은 소년들도 있었다. 요리는 하나하나 발표되었고, 그동안 노예들이 모두를 즐겁게 하기 위해 노래하고 춤추고 연기하고 시를 낭송하고 저글링을 하거나 펜싱을 하기도 했다.

요리는 (로마에서 지금도 그렇듯이) 첫 코스, 두 번째 코스 그리고 푸딩으로 나뉘어 있었다. 고대 로마인은 파스타의 초기 형태(고대 그리스어 기록에는 "lasagnon"[라자냐의 어원—옮긴이]으로 불렸다고 나온다)를 먹었을 것이다. 다른 한편으로 황실의 요리와 현대 이탈리아 요리는 공통점이 거의 없다. 우리 입맛에 고대 로마의 음식은 지중해보다는 태국 요리에 가까울 것이다. 간단한 채소 식단과 가끔씩 제물로 썼던 고기 폭식에 익숙한 초기 공화정 로마인에게도 상당히 생소하게 느껴졌을 듯싶다. 특히 그 음식에는 초기 공화정 시대 사람에겐 전혀 알려지지 않은 것, 바로 생선이 들어가 있었고, 양념도 많이 돼 있었다. 대중적인 재료 가운데 하나였던 가룸(garum)은 카르타고가 유력한 발상지로 꼽히는 발효 생선 소스로, 그 맛은 현대 태국이나 베트남의 생선 소스와 유사할 것이다. 로마 요리는 고수와 검은 후추를 사용해서 매운맛을 냈다. 대다수 요리법이 우리 생각보다 단순했을 것이다. 오이 샐러드, 쿠민을 곁들인 콜리플라워, 안초비를 넣은 계란 요리. 하지만 대연회에서는 돌고래 고환, 바닷가재와 기타 생선으로 만든 소시지, 암퇘지 자궁과 젖꼭지, 플라밍고나 타조를 넣은 라구와 같은 아주 이

국적인 음식을 접할 수 있었다.

마침내 손을 깨끗이 씻고 식기를 치우고 나면 식후 오락 시간이 기다리고 있었다. 술과 대화의 시간이었다. 감상적이거나 공격적인 상태가 되지 않고 또는 단순히 취하지 않고서, 물 탄 와인을 얼마나 마실 수 있는지를 결정하는 심판을 연회 참석자들 가운데에서 정했다. 토론 주제의 수위는 세심하게 조절되었고 대화가 지나치게 격해지면 중단되었다. 손님들은 자리에 누워 편안하게 이야기를 들었으며, 백개먼, 체커, 주사위 놀이를 하거나 물통에 조그만 배를 띄우고 와인을 끼얹어 가라앉히는 실없는 놀이를 즐기기도 했다.

대연회의 즐거움은 말할 필요도 없이, 408년 소수의 로마인만 누릴 수 있었다. 대부분의 삶은 달랐다. 일반인들은 오늘날 로마 중심부의 아파트와 구조나 외관 면에서 크게 다르지 않은 집합 주택에 살았다. 물론 고대의 집합 주택은 안락함을 위한 최소한의 것만 갖추고 있었다. 현관 계단 아래에 공중변소가 있었고 주민들은 정기적으로 물을 길어 계단을 터벅터벅 오르고, 요강을 가지고 내려왔다. 5층, 6층 또는 7층까지 있는 집합 주택 한 동에는 여러 계층의 사람들이 함께 거주했다. 가장 부자(아마도 건물주)는 물 같은 액체를 나르기 수월한 1층에 살았다. 아마도 노예가 일하는 조그만 부엌에서 식사가 준비되었을 것이다. 계단 위로 올라갈수록 모든 형편이 나빠졌다. 발코니가 딸려 있는 2층에는 아마도 음식 조리를 위해 간단한 이동식 난로가 있었을 것이다. 한 층 더 올

일종의 발효 생선 소스인 가룸은 다양한
생선으로 만들어졌다. 1세기경의 폼페이 벽화.

라가면 조리가 불가능해졌으므로 사람들은 거리마다 늘어선 따듯한 음식을 파는 식당을 찾았으며, 식당은 주로 800년 전 초기 공화정 사람들이 먹었던 것과 비슷한 간단한 음식(포리지, 빵, 빈 스튜, 야채)을 팔았다. 꼭대기 층은 빈민 거주지로 지붕이 새고 나무벽은 허술해서 여름에 푹푹 찌고 겨울에는 얼어 죽을 듯 추웠다. 게다가 화재 걱정 또한 끊이지 않았다. 당연히 높은 곳일수록 탈출하기 어려웠다.

또 다른 고질적인 걱정거리는 질병이었다. 여기에는 로마인들이 감사해야 할 몇 가지 이유가 있다. 거리는 상당히 깨끗하게 유지됐고, 수로를 사용해서 수인성 질병으로부터 비교적 안전했으며, 목욕으로 해충 번식을 줄일 수 있었다. 그러나 여전히 '좋음'과는 거리가 멀었다. 일단 악취가 심했다. 앞서 보았듯이 아파트는 오물통 위에 지어졌고, 가난한 로마인들의 집은 더러웠다. 로마의 주요 하수관 6개는 목욕탕, 변소, 음식 가판대 그리고 모든 종류의 작업장에서 버려지는 오물로 가득 찼고, 하수가 직접 흘러 들어가는 테베레강은 심하게 오염되어 강어귀에서 수킬로미터 이내의 바다에서 잡힌 물고기는 먹을 수 없었다. 새벽 공기는 신선했지만 곧 냄새와 먼지, 무엇보다도 따듯한 음식을 파는 식당과 난로와 크고 작은 800개의 공중목욕탕에서 나오는 연기로 가득 찼다.

로마는 크고 번잡하고 붐볐기 때문에 건강하게 살기 어려운 도시였다. 엄청난 인구 때문에 홍역, 볼거리, 결핵 그리고 천연두가 유행했다. 가장 큰 고민거리는 말라리아였다. 1세기 풍자가 유베날리스의 시는 로마인들이 보통 세 가지 종류의 말라리아에 동시에 감염되었음을 보여준다. 위험한 열병을 몇 달간 앓고 난 후 사일열(가장 위험성이 적으며, 이때까지 다른 두 열병에 가려져 있었다)에 걸리면 로마인들은 그것이 호전되는 증세임을 알았다. 비교적 기록이 잘 남아 있는 시대에 미루어 짐작해보면 로마는 보통 6년마다 거센 여름 폭풍우가 지나간 후에 말라리아로 큰 타격을 입었다. 말라리아의 위협이 가장 큰 곳은 모기 번식이 활발한 강가였는데, 그곳은 당연히 최하층 빈민이 살던 곳이었다. 특히나 아이들이 취약했고, 면역력이 부족한 북쪽에서 온 방문객도 마찬가지였다.

근대 초에 나온 수치를 보면, 로마는 인구를 유지하기 위해서 끊임없이 이민자를 받아들여 보충해야 하는 밑 빠진 항아리 같았으며, 이런 상황은 분명 5세기가 시작되는 시점에도 마찬가지였을 것이다. 연구에 따르면 고대 로마인의 수명은 평균 25세 정도였다고 추정하지만, 상당히 차이 나는 두 가지 기대 수명으로 구분하는 것이 더 유용할 것이다. 가난한 로마인은 대부분 부자에 비해 수명이 훨씬 짧았다. 반면 말라리아에 취약한 저지대로부터 멀리 떨어진 일곱 언덕에 살며 말라리아가 최악인 8~9월에는 시골 별장으로 떠날 수 있는 부자는 더 오래 살았을 것이다.

병에 걸리면 여유 있는 로마인들은 의사를 찾았다. 408년에는 박식한 전문가에서 돌팔이에 이르기까지 의료를 행하는 사람이 많았다. 전문가들은 히포크라테스와 갈레노스의 의학 저술을 공부했다. 히포크라테스와 갈레노스는 일부 오해의 소지가 있는 개념을 내세우기는 하지만, 건강이 나쁜 것은 네 가지 기질, 즉 너무 뜨겁거나 너무 찬 것, 너무 습하거나 너무 건조한 것 때문이라고 주장하며, 자세한 관찰을 바탕으로 좋은 충고를 해주었다. 의사들 중에는 집에 작은 별실을 둔 이들도 있었고 거리에 가게를 낸 이들도 있었다. 돌팔이들의 경우 미닫이 뚜껑이 달린 구리 상자에 약품을 가득 넣어 환자 집으로 찾아갔다. 그 약품들의 80퍼센트는 약효가 없는 것으로 판명되었다. 아예 의술에 기대지 않기도 했다. 아이스쿨라피우스 신전은 문을 닫았겠지만 그의 계승자들을 찾아가 기도를 올리는 사람도 있었다.

도시가 건강하지 않았음에도 로마에 사는 사람은 많았다. 2세기를 정점으로 로마 인구는 100만 명이 약간 넘었고 최대 150만 명으로 추정된다. 이는 150년 이후 덮친 전염병(아마도 천연두), 그다음으로 '3세기의 위기'가 찾아와 정치적 혼란과 인플레이션의 타격을 입어 감소했다가 회복한 것으로 보인다. 식량 배급 기록을 조사해보면 4세기 후반에 로마 인구는 최소 80만으로 세계 최대의 도시였음을 알 수 있다.

초기 공화정 시민은 일종의 실업 수당에 해당하는 배급에 어리둥절하겠지만, 로마는 무료 배급의 도시가 되어 있었다. 도시 전역에 있는 식량 배급소에서 곡물, 오일, 와인과 돼지고기를 나누어 주었다. 현대인의 눈에는 수급자 명단을 정하는 논리가 기이하기까진 않아도 특이해 보인다. 식량은 절박한 사람을 먹이기 위해 지급되는 것이 아니라 보통의 로마인에게 로마인이라는 영예를 주기 위한 방편이었다. 따라서 극빈층은 그 명단에 끼지 못했고, 그들에게 삶이란 구걸과 굶주림 그리고 험한 잠자리로 이루어진 우울한 일상이었다. 하지만 변화가 오고 있었다. 4세기의 마지막 수십 년간 새로운 후원자가 그들을 도와주기 시작했다. 바로 교회였다.

'그렇다면 평민들은 어떻게 되었는가?' 하고 초기 공화정 시민이 물을지 모른다. 인상적인 평민들의 정치기구, 자체 신전과 기록보관소를 갖추었던 국가 내의 국가, 파업 전략은 어떻게 되었는가? 이 모든 것이 공화정 후기에 사라졌고 일반 로마인들은 408년이 되기 수 세기 전에 이미 정치적으로 중성화된 상태였다. 그들은 바다의 악천후 때문에, 또는 아프리카에서 일어난 장군의 반란 때문에 식량 배급이 중단됐을 때에만 되살아나 폭동을 벌이거나 로마 지휘관의 집을 불태웠다.

평민계층이 정치적으로 무력했던 근본 원인은 그들 바로 옆에 있었다. 노예들이었다. 초기 공화국에서는 (베이우스 점령 후를 제외하면) 아직 드문 편이었지만, 제국의 절정기에는 노예들이 넘쳐났다. 그들은 로마의 전역에서 그리고 국경 너머 저 멀리에서 왔다. 자유 이주민과 더불어 그들은 로마를 오늘날의 런던이나 뉴욕 같은 국제적인 도시(게르만어에서 시리아어, 스키타이어까지 여러 언어를 한 길거리에서 들을 수도 있는 도시)로 만들었다. 노예들은 어디에서나 무슨 일이든 했다. 하인, 주택 건축업자, 물 길어 오는 사람, 매춘부, 점원, 요리사, 수위, 도장 및 도배업자, 예능인, 보석 제작자 등 떠올릴 수 있는 모든 일을 했다. 시골에서는 수많은 노예가 대규모 농경지의 일꾼으로 수용되었다. 그 결과 로마의 자유 시민은 전쟁을 제외한 모든 활동에서 역할이 줄어들었고, 그에 따라 정치적 영향력 역시 약해졌다.

406년, 알라리크가 로마 밖에 나타나기 2년 전, 로마의 노예 시장은 발 디딜 틈이 없었을 것이다. 오늘날의 토스카나 지역을 습격한 대규모의 고트인이 함정에 걸려 굶주리다 한꺼번에 스틸리코의 포로가 되고 말았다. 그들의 우두머리 라다가이수스는 알라리크보다 조심성이 부족했다. 스틸리코 군대에 편입되었던 고트인들은 그가 죽자 반(反)게르만 대학살을 피해 알라리크에 합류하거나, 성안에 포로로 남기도 했다. 그렇다 해도 노예의 공급 과잉은 예외적인 수준이었다. 로마제국이 전투에 이기고 포로를 잡느라 안간힘을 쓰던 이 시기에 로마의 노예 경제는 확실히 쇠퇴하는 추세였다. 아주 부유한 로마인이 노예를 쉽게 조달했다면, 그보다 가난한 로마인은 노예를 쓰기 어려운 형편이었다. 6세기 전 공화정 시대에 그랬듯이 로마인은 스스로를 건사해야 했다.

시간이 거꾸로 흐르는 듯한 또 다른 영역은 가족이었다. 전성기인 1~2세기에 로마 거리를 거닌다면 남녀 간 힘의 균형에 관한 로마인의 시각이 12표법의 혹독한 법률이 발효되던 기원전 5세기 이후로 크게 변하지 않았다는 인상을 받을 것이다. 거리에서 여자들의 모습을 찾아보기 어려웠다. 한편 부유한 여자는 거의 일하지 않았고 대부분의 시간을 집에서 보내며 종종 친구 집을 방문했다. 남자나 남자의 노예만이 시장에서 장을 보았으며, 가끔 대담하게 외출하는 여자는 베일을 썼으므로 로마는 마치 오늘날 중동의 어느 도시처럼 느껴졌을 것이다. 그러나 이런 인상은 오해다. 전성기 로마 사회는 다방면에서 꽤 현대적이었다. 로마 법률은 초기에 비해 크게 변했다. 그리고 여자들(적어도 부유한 여자들)은 수시로 자기 상속재산을 관리했으며 이혼하면 그 재산을 챙겼다. 대다수 여자는 자기에게 뭐라고 하는 남편이 없었다. 당시에는 여자가 15세 전후로 결혼하는 것이 일반적이어서 남자는 10살이나 그 이상 연상이었고, 따라서 과부가 흔했다. 아이들 역시 초기 시대보다 훨씬 풍요롭게 살았다. 부유한 집 아이들은 버릇없이 크지는 않았지만 사랑을 많이 받았다.

그러나 408년 무렵, 로마의 가족생활은 도시의 동상이나 명문과 더불어 예전으로 돌아가고 있었다. '3세기의 위기' 이후 줄곧 새로운 전통주의가 유행하기 시작했다. 여자들은 다시 남자들에게 순종하고 다소곳하게 행동해야 했다. 이런 변화가 보수적인 덕목을 추구하는 기독교 탓이라고 생각하는 이들도 있겠지만 이상하게도 이런 변화는 기독교가 승리하기 몇십 년 전부터 시작되었다. 사실상 기독교는 당대의 문화적 변화와 긴밀히 발맞추었으므로 부분적으로 영향을 끼쳤을 것이다. 로마는 여러 적으로부터 집요하게 공격당하면서 자신감은 줄고 두려움은 커졌다. 그 결과 로마제국의 사람들은 과거에 집착했다.

성에 대한 사고방식에서도 유사한 변화가 일어났다. 로마제국의 전성기, 그러니까 알라리크의 서고트인들이 나타나기 300년 전, 섹스에 대한 로마인의 시각은 현대인이 보기에 신선할 정도로 개방적이며 한탄스러울 정도로 잔인했다. 로마인은 섹스를 신에게서 받은 쾌락으로 마땅히 누려야 하는 즐거움으로 생각했다. 섹스를 즐기면 더 건강한 아이를 낳는다고 여기기까지 했다. 어떤 종류의 섹스건 간에, 그것이 남녀 사이의 것인지 아니면 남자들 사이의 것인지 간에(여자들 간의 섹스는 불편해했지만) 크게 구애받지 않았다. 오늘날의 사회와 비교해보면, 로마인은 성적 행위를 분류하는 것에 무관심했다. 남자가 여자 또는 남자와 잤다 하더라도, 그것은 그가 계속해서 똑같이 하리라는 의미는 아니었다. 누구와 무엇을 하든 어디에서든 쾌락을 찾을 수 있었다.

로마에도 성적 금기는 있었다. 그 시대의 대다수 사안들과 마찬가지로 모두 계급과 관련된 내용이었다. 부유한 로마인이 다른 귀족의 아내와 잔다면 간통이었지만 지위가 낮은 사람과는 문제가 되지 않았다. 그러나 귀족이 주도하고 아래 계층은 당하는 입장일 경우에 한했다. 남자나 여자 주인이 노예를 상대로 성적인 유희를 즐겼다 해도 별로 신경 쓰지 않았다. 노예는 그들의 재산이었다. 한 예로(당시에는 유머로 통했다) 노예와의 사이에서 낳은 자식만으로 노예 가구를 꾸려 노예시장에 가는 수고를 덜었다는 로마 남자들이 있다. 이렇듯 로마인들은 귀족의 아이만 아니라면 아이를 성폭행해도 대수롭게 여기지 않았다.

지금은 절대 허용될 수 없는 이런 성에 대한 태도는 기원전 387년 갈리아의 로마 약탈 시기에는 존재하지 않았다. 이것은 그

후 200년 정도 지나 그리스 동부에서 들어온 것으로 추정된다. 하지만 기독교가 근동 지역의 도덕을 서방에 들여오면서 이 같은 사고방식은 더 이상 허용되지 않았다. 아이들에 대한 성적 착취를 금기시했고 성적 개방성 역시 차단되었다. 성 바울의 기독교는 가장 단순하고 기능적인 측면의 섹스도 혐오스럽게 여겼으며 (즐거움은 차치하고) 모든 섹스를 매우 의심스러운 것으로 간주했다. 독실한 초기 기독교인은 순결, 정절 그리고 섹스가 없는 결혼생활을 이상적인 것으로 여겼다. 그야말로 극단적인 변화였다.

모든 사람이 그렇게 생각한 것은 아니었다. 로마의 통치자들은 거의 100년 동안 기독교인이었으며, 앞서 살펴본 것처럼 로마는 이제 거대한 교회로 이루어졌고 신전은 10년이 넘도록 폐쇄되었다. 그러나 신전들이 문을 닫았다 해도 이교도 신앙은 사라지지 않았다. 로마는 로마제국을 통틀어 옛 종교의 영향력이 가장 강하게 살아남은 도시였다. 이교도의 종교는 특히 로마의 위대함과 권위가 로마의 고대 신앙과 불가분의 관계임을 알았던 귀족들을 장악하고 있었다.

때마침 알라리크와 그의 서고트인들은 극적인 순간에 로마 성벽 밖에 도착했다. 이교 숭배는 공식적으로 10년 이상 금지되었지만 이교도의 신앙과 기독교 양쪽 모두 여전히 상류층에서 열렬한 지지자를 확보하고 있었다. 부유한 가정에서는 기독교인과 비기독교인이 나란히 식사를 하는 경우가 있었는데, 두 종교의 사고방식이 극단적으로 달랐기 때문에 특히 가족 중 한 명이 신앙을 바꾸면 갈등이 생겼을 것이다. 이교도는 논리와 철학적 논쟁에 주목했지만 기독교도는 신앙과 그들 특유의 강렬한 감정을 내세웠다. 양측은 서로를 일정 수준 용납할 수 없다고 여길 이유가 충분했다. 기독교도에게 이교도는 자신을 홀리고 조정하는 악마의 숭배자였고, 이교도에게 기독교도는 시체에 대한 사랑으로 스스로를 모욕하는 자였다. 단명했던 이교도 황제 율리아누스는 이렇게 불평했다. "너희는 새로 죽은 많은 시체를 오래전에 죽은 시체에 계속 쌓고 있다. 너희는 온 세상을 무덤과 성묘로 채우고 있다."[3]

그러나 로마에서 이교도와 기독교도의 분쟁은 상대적으로 정중한 편이었다(다른 곳에서는 판이하게 달랐다). 싸움도 벌어졌다. 초기 로마에서 가장 사랑받던 신 비토리아를 두고 벌어진 것이 대표적이다. 원로원에는 하루 일과를 시작하기 전에 비토리아 신전의 제단에 제물을 올리는 고대 전통이 있었다. 콘스탄티누스의 아들이자 후계자인 콘스탄티누스 2세는 비토리아 여신의 석상을 치워버렸으나, 357년에 로마를 방문해 도시의 기념비들에 깊이 감명을 받고 그 신상을 다시 돌려놓도록 명령했다. 그런데 황위가 계승된 후 382년에 그라티아누스 황제는 다시 신상을 없앴다. 당시 이교도 지도자 심마쿠스는 황제에게 마음을 바꿔달라고 간청했지만, 오늘날의 밀라노 주교와 논쟁에 휘말렸을 뿐 아무런 성과가 없었다. 비토리아 신상은 다시 돌아오지 않았다.

로마 기독교인들은 아마도 심마쿠스의 노력이 측은했을 것이다. 기독교 성직자와 독실한 이교도는 타협의 여지를 찾지 못했지

← 비잔틴제국의 황제 콘스탄티누스 3세.

→ 서로마제국의 왕녀, 서고트왕국의 황후이자 섭정이기도 했던 갈라 플라키디아(오른쪽)와 그녀의 두 아이.

↓ 서로마제국의 황제 호노리우스.

만, 다수의 로마인들은 종교적 절충점을 찾고자 애썼다. 즉 기독교가 이교 신앙을 인정하지 않더라도 오래된 이교도의 방식을 향한 애국적 향수는 묵인하는 것이었다. 408년 당시 로마는 100년 동안 (이교도 율리아누스 통치하의 짧은 기간을 제외하면) 기독교인의 통치를 받았지만, 이교 신앙은 로마인의 삶에 아직 넓게 자리잡고 있었다. 독실한 밀라노 주교 암브로시우스는 기독교인을 포함한 많은 로마인이 오래된 이교도의 축제에 계속 참가하는 것이 참을 수 없었다. 루페르칼리아(루페르쿠스신의 축제)는 특히 인기가 많았다. 축제 기간 청년들은 무리 지어 도시 곳곳을 뛰어다니며 젊은 여자들을 가죽 끈으로 때리면서 '암늑대'(로물루스와 레무스를 키웠던 어미 늑대—옮긴이)를 기렸다. 그런 행동이 여자들을 다산하게 만든다고 여겼다. 인기를 끌었던 또 다른 이교도 축제는 한겨울에 열리는 농신제로, 서로 선물을 교환하고 하인과 주인이 잠시 역할을 바꾸기도 했다. 마찬가지로 로마인 대부분은 이교의 신상에 둘러싸여 사는 삶을 전혀 이상하게 생각하지 않았다. 이교 신들은 여전히 로마의 위대한 기념물을 장식했고 닫힌 신전에 그대로 서 있었다. 어린 학생들은 계속해서 베르길리우스의 「아이네이스」에 나오는 이교 신 유피테르의 애국적인 예언을 암기했다. 거기엔 로마가 영속하리라는 내용이 담겨 있었다. 이교도 신앙을 대했던 황제들조차 모순적인 태도를 보였다. 로마의 오래된 신전들을 폐쇄시킨 테오도시우스는 그 신전들을 보호하라는 법령도 내렸다. 성직자에게 이런 건축물은 악마의 작품일지 모르지만, 테오도시

↑ 서로마제국의 장군 스틸리코와 아내 세레나.
↓ 기독교 금욕주의 운동에 동참해 막대한 재산을 포기한 멜라니아.

우스에게는 로마제국의 중요한 유신이고 동시에 자신의 권위를 나타내는 상징이었다.

가장 심한 갈등은 적어도 로마 귀족정 내에서 이교도과 기독교도 사이가 아니라, 그 둘과 극단적으로 독실한 소수 기독교 그룹 사이에서 일어났다. 이 기독교 금욕주의자들은 380년대 초에 반(反)물질주의자인 사제 히에로니무스를 중심으로 모임을 결성했다. 구성원 대부분이 여성이었고, 로마 성직자들조차 극단적이라 여기는 견해를 가지고 있었다. 히에로니무스(후에 성 히에로니무스)는 로마의 부유한 기독교인들이 황제 일가의 필요를 열심히 돌보는 반면, 자신의 신념에 대해선 입에 발린 말뿐인 데에 염증을 느꼈다. 그들이 그리스도에게 딸 한 명을 바쳤다면 다른 한 명은 세속적 세계에서 굳게 지키고 있었고, 필요하면 어떠한 가책도 없이 그리스도에게 바친 처녀를 다시 데려와 좋은 혼처를 위한 시장에 내놓을 것이었다. 마찬가지로 그들은 이교도 상징으로 장식된 아름다운 골동품 접시 한 벌을 내며 호화로운 만찬회를 여는 일을 잘못으로 보지 않았다. 또한 (산 피에트로 바실리카 바깥에서 가급적 공중의 눈앞에서) 가난한 이들에게 돈을 주는 것을 기쁘게 생각하면서도, 자신의 진정한 부는 자식들에게 물려주기 위해 확실히 지키려 했다.

히에로니무스의 독려하에 모인 여성들은 그런 타협을 경멸했다. 남편이 죽으면 재혼을 거부했고, 그로 인해 유산을 물려받지 못하더라도 예외는 없었으며 자신의 재산을 교회와 가난한 이들에게 기부하려 했다. 당연히 이런 행동은 가족에게 전혀 달갑지 않았고 가장 소중한 모든 것에 대한 위협으로 간주되었다. 실제로 로마의 첫 금욕주의자 마르첼라는 380년대에 가족의 재산을 처분하지 못하도록 생모로부터 상속권을 박탈당했다. 히에로니무스의 후원자이자 보호자였던 다마수스 주교가 죽자 히에로니무스는 도시 밖으로 쫓겨나다시피 했다.

로마의 기독교 금욕주의 운동은 히에로니무스 없이도 계속되었다. 4세기가 끝나기 직전, 한 젊은 부부가 금욕주의 운동을 되살렸다. 그들은 발레리우스 피니아누스와 그의 아내 멜라니아로, 멜라니아의 할머니가 히에로니무스 모임의 일원이었다. 멜라니아는 출산 중에 죽을 뻔한 이후로 세속의 모든 재산을 포기하기로 결심했다. 그녀와 남편이 처분하려던 재산은 얼핏 보아도 후기 로마가 얼마나 놀라울 만큼 불평등한 사회가 되었는지 알 수 있다. 대부분의 로마인이 배급으로 살아갔고, 또 많은 사람이 그것마저 받지 못하던 시대에 멜라니아의 남편 한 사람의 연간 수입이 최소 금 2,000파운드나 되었다. 이것은 알라리크가 서고트인을 위해 서로마제국으로부터 받아내려던 금액의 절반에 해당했다. 피니아누스가 소유하고 있던 첼리우스 언덕의 주택은 그 가치가 상당해서 서로마 황제 호노리우스의 조카가 가진 재산을 능가했다. 멜라니아와 피니아누스 두 사람이 소유한 토지는 서로마제국을 가로질러 오늘날의 남부 이탈리아, 시칠리아, 스페인, 튀니지, 알제리, 모로코 그리고 브리튼 지역에도 있었다.

재산을 내놓겠다는 멜라니아와 피니아누스의 결정은 부분적으로 알라리크를 로마에 불러들이는 역할을 했다. 그 시도는 동료 귀족들이 관리하던 법정에 의해 저지되었다. 법정은 멜라니아가 20살임에도 아직 너무 어려서 그처럼 중대한 결정을 내릴 수 없다고 판단했다(로마제국에서 성인 여성의 법적 나이가 정해져 있진 않았지만 귀족 집안 여자아이는 대개 15세쯤에 결혼을 했다—옮긴이). 실망한 멜라니아와 피니아누스는 다른 수단을 찾기로 했다. 407년 말 또는 408년 초, 드물었던 황제의 로마 방문 중에 두 사람은 스틸리코의 아내 세레나에게 그들을 대신해 호노리우스 황제에게 호소해줄 것을 부탁했다. 세레나는 그들에게 공감하여 호노리우스 황제를 겨우 설득해냈다. 스틸리코가 알라리크에게 (그들의 금으로) 보상금을 지급하는 데에 원로원의 동의를 얻었던 의회, 그로 인해 그것은 평화가 아니라 예속이라는 그 유명한 람파디우스의 격분을 이끌어냈던 바로 그 의회가 계급을 배반하는 멜라니아와 피니아누스의 행동을 승인했다. 고위층을 적으로 돌린 세레나의 개입이 그녀의 남편 스틸리코의 몰락에 크게 기여했을 것이고, 그것은 다시 알라리크를 예측 불허의 인물로 만들었다.

멜라니아와 피니아누스는 지체하지 않았다. 피니아누스의 고급 저택을 호노리우스 황제의 조카에게 팔려다 실패한 후 이탈리아, 갈리아, 히스파니아 그리고 브리타니아의 토지 매각에 착수했고, 그러고는 아프리카로 떠났다. 이 무렵 그들은 아마도 로마에서 전혀 환영받지 못했을 것이다. 지나고 보면, 두 사람의 타이밍은 그보다 더 적절할 수 없었다. 그들이 떠나고 몇 달이 채 지나지 않아 알라리크와 그의 서고트인들이 로마를 봉쇄하고 테베레강의 통행을 모두 차단했다.

포룸이 불타고, 서고트인은 제국 내에 영토를 얻다

어마어마한 무리가 성벽 아래 나타나자 로마인들은 당황했다. 서고트인은 경고 없이 습격해 왔으며, 처음에는 스틸리코의 장군 가운데 하나가 제국에 대항해 이끌고 온 로마의 보조군이라는 착각도 낳았다. 진상을 깨달은 후에도 로마인은 낙관적이었다. 100년 전, 콘스탄티누스 황제가 악의적으로 로마의 기병대와 근위대를 해체한 탓에 자체 수비대조차 없었음에도, 제국이 구조대를 보내주리라고 확신했다. 어떻게 로마에 의해 만들어진 제국이 구조하러 오지 않을 수 있단 말인가? 로마를 운명에 내던진다는 것은 상상할 수 없는 일이었다. 로마에 누가 있었는가 하는 문제도 중요했다. 너무나 갑작스러운 알라리크의 기습에 탈출한 사람이 없었다. 제국에서 가장 부유한 몇몇 지주와 스틸리코의 미망인 세레나, 그라티아누스 황제의 미망인 그리고 호노리우스 황제의 여동생 갈라 플라키디아를 비롯한 당시의 유명인도 여럿 있었다.

그러나 그 누구도 구조하러 오지 않았다. 호노리우스 황제는 감히 개입하지 못했다. 브리타니아의 새로운 찬탈자 콘스탄티누스 3세는 이탈리아를 치고자 최근에 알프스 산맥 바로 너머에 있는 아를에 진을 쳤다. 호노리우스의 (아마도 올바른) 걱정은 자신이 로마로 군대를 보내면 콘스탄티누스에게 기회를 주는 꼴이 되리란 것이었다. 80만 명 또는 그 이상의 사람들이 포위된 채 상황은 빠르게 악화됐다. 로마 지휘관은 빵 배급을 반으로, 다시 3분의 1로 줄였다. 사람들은 굶주렸다. 800년 동안 가깝거나 먼 적을 괴롭히고 스스로를 재앙과는 무관하다고 생각했던 로마인이 이제 벼랑 끝에 서게 되었다. 그 충격은 어마어마했다. 그들은 본능적으로 먼저 희생양을 찾았다. 멜라니아와 피니아누스가 막대한 유산을 버리는 과업에 도움을 주었다는 이유로 (아직까지는) 부유한 이들의 미움을 받던 스틸리코의 미망인 세레나는 적을 로마로 끌어들였다는 죄목으로 근거 없이 고소를 당했다. 그리고 그녀가 사라지면 알라리크의 관심도 사라질지 모른다는 기대에서 그녀를 목 졸라 죽였다. 물론 알라리크는 세레나 때문에 온 것이 아니었다. 보물과 그를 따르는 무리가 정착할 땅을 찾아러 왔다. 포위는 계속되었다. 그라티아누스 황제의 미망인과 그녀의 어머니가 음식을 나눠주는 선행을 베풀었으나 수십만 명을 먹이려면 자선으로는 부족했다. 굶주림은 기근으로 바뀌었고, 결국 사람들이 약해지면서 질병이 찾아왔다. 로마 안에서는 매장을 금한 고대 법률 때문에 수많은 시체는 노천에 버려졌고 지독한 악취가 진동했다.

이 무렵 무슨 일이 벌어지고 있는지 소문이 퍼졌다. 제국은 지난 수십 년간 재앙이 닥칠 때마다 마땅한 몫을 감수해왔지만, 그 소식은 엄청난 충격을 몰고 왔다. 기독교 사상가인 히포의 주교 아우구스티누스는 처음에 그 소문을 믿지 않았다. 대조적으로 성지에 머물고 있던 금욕주의자 히에로니무스는 자신을 쫓아낸 로마인에게서 약간의 샤덴프로이데를 느꼈으며 그들의 굶주림은 지금껏 유지해온 지나치게 사치스러운 삶에 따른 벌이라고 생각했다. 그들은 분명 고통받고 있었다. 이교도 역사가인 조시무스는 이렇게 썼다. "고통은 비할 데 없이 극심했고, 서로에게 잡아먹힐 지경에 이르렀다. 그들은 인류의 눈에 혐오스러운 모든 생존 방법을 시도했다."[4] 쥐와 고양이가 남아나지 않았다. 결국 절박한 로마 당국이 알라리크에게 사절단을 보냈다. 강경 노선을 택한 당국은 로마가 전쟁에 대비한 훈련을 해왔으며 반격할 준비가 돼 있다고 주장했다. 이 조우에 대한 기록에서 알라리크의 인격을 잠깐 엿볼 수 있는 보기 드문 장면이 전해진다. 얼마나 진실에 가까운지는 의문이지만, 800년 전 브렌누스에 대한 묘사와 비슷하게 알라리크는 야만족의 오만함이 가득한 상투적인 모습으로 그려진다.

> 알라리크는 [···] 사람들이 전투 훈련을 하고 있으며 전쟁 준비가 되었다는 말을 듣고 말했다. '무성하게 자란 풀이 마른 것보다 쳐내기 쉽다.' 그러고 나서 그는 사절단을 향해 과도한 웃음을 보였다. [···] 그는 도시의 모든 금과 은, 세간 그리고 모든 야만족 노예를 받아야만 포위

> 를 풀 것이라고 선언했다. 사절단 가운데 하나가 '그 모든 것을 가져가면 시민들에겐 뭐가 남게 됩니까?' 하고 묻자, 알라리크는 '그들의 영혼이오'라고 대답했다.[5]

바로 이 순간에 로마 당국이 조금 흥미로운 행동을 취했다. 그들은 지난 과거를 떠올렸다. 조시무스는 이렇게 썼다.

> 로마 지휘관 폼페이아누스는 토스카나에서 로마에 온 몇 사람을 우연히 만나, 그들의 도시 네베이아가 어떻게 중대한 위험에서 빠져나왔는지를 들었다. 야만인들은 주민들이 기도드려온 고대 신들이 불러온 천둥과 번개가 폭풍처럼 몰아치자 물러났다는 것이었다. 이들과 얘기를 나눈 후, 폼페이아누스는 제사장의 책을 따라서 그의 재량으로 할 수 있는 모든 일을 수행했다.[6]

그러고 나서 폼페이아누스는 초조해졌다. 과거 자신의 행동 때문에 엄청난 시련에 빠질 수 있다는 사실을 깨달은 후, 그는 로마 주교 인노켄티우스의 자문을 구했다. 꽤 놀랍게도 인노켄티우스 주교는 악마의 대리인들에게 호소하는 일을 허락했다. 상황이 분명 굉장히 좋지 않았던 것이다. 그다음에 벌어진 일에 대해서는 자료마다 다른데, 제각기 자기 종교의 결백함을 보여주는 이야기만 선별되어 있다. 이교도인 조시무스에 따르면, 전통을 따르기 위해서

↑ 알라리크의 로마 입성 장면을 그린 19세기 삽화.

↓ 알라리크와 그의 추종자들을 묘사한 18세기 삽화.

는 카피톨리누스 언덕과 시장에서 공개적인 희생 제의가 요구된다는 것을 알게 된 원로원들이 심히 낙담했다. 반면 기독교 작가 소조멘은 그에 따라 실행했지만 소용이 없었다고 주장한다.

로마 당국은 할 수 없이 두 번째 사절단을 보냈다. 사절단이 돌아와 전하기를, 알라리크는 전임자 브렌누스와 마찬가지로 보상금을 받을 것인데 그 금액은 브렌누스와 비교도 되지 않을 만큼 컸다. 알라리크는 금 5,000파운드, 은 3만 파운드, 진홍색 옷감 3,000필 그리고 후추 3,000파운드를 요구했다.

또한 그는 로마에 있는 야만족 출신 노예 전부를 원했다. 거기에는 라다가이수스의 고트인 포로들도 포함되었을 것이다. 추가로 여러 제국 고위 관리들의 아들을 인질로 원했다. 로마인으로서는 요구 사항을 들어주는 수밖에 도리가 없었고, 그처럼 막대한 보상금을 마련하기 위해 로마 부유층의 토지에 긴급 세금을 부과했다. 그러자 당황한 부자들은 재산을 감추었다. 절박해진 폼페이아누스는 조시무스를 충격에 빠뜨리는 일을 벌였다.

> 당시 인류를 주관했던 악령은 그 거래에 고용된 사람들의 사악함을 최고조로 부추겼다. 그들은 부족한 것을 신상과 관련한 장식품으로 보충하고자 했다. [⋯] 그들은 신상의 장신구를 훔쳐 갔을 뿐만 아니라 금이나 은으로 만들어진 신상을 녹이기까지 했다. 그중에는 로마인이 비르투스(virtus)라고 부르는 용맹 혹은 불굴의 용기

를 상징하는 것도 있었다. 이마저 파괴되면서 로마인에게 남은 용맹과 정신력은 모두 소멸해버렸다.[7]

그러나 녹여진 동상이 효과를 발휘했다. 알라리크는 배상금을 받았고 로마는 살아남았다. 단 위기는 결코 끝나지 않았다. 이듬해 일어난 여러 복잡한 사건들 속에서 로마는 언제나 희생자였다. 알라리크는 그의 몫을 챙겼고, 풀려난 고트인 노예들로 불어난 그의 병력은 토스카나로 물러갔지만, 라벤나 황실은 여전히 공격 태세를 늦추지 않았다. 호노리우스 황제는 평화협정을 거부했고 포로들을 넘겨주려고 하지도 않았다. 409년 가을, 알라리크는 남쪽으로 진군했고 한 해에 두 번째로 로마를 포위했다. 이번에는 로마인들에게 황제를 등지고 자기편이 되어줄 것을 요청하는 새로운 전략을 펼쳤다. 그들은 또 한 번의 기근이 두려워 이에 동의했다. 결국 원로원은 동로마 출신의 야심가이자 귀족인 아탈루스를 새로운 황제로 세웠다.

잠시나마 로마는 아탈루스와 알라리크 그리고 서고트인이 라벤나의 호노리우스를 포위함으로써, 포위를 당한 쪽이 아니라 포위를 한 쪽이 되었다. 호노리우스가 도망치려던 순간에 동로마제국에서 지원군이 왔다. 늪지대 뒤에 숨은 호노리우스는 안심하여 아프리카 총독에게 로마로 오는 식량 수송선을 멈추라고 명령하며 침략자들을 압박했다. 이로써 로마는 한 해에 두 번째 혹은 세 번째로 굶주림에 시달렸지만 이번에는 그들의 황제가 자초한 셈이었다. 상인들은 곡물 사재기로 값을 올려 이문을 늘렸으며, 조시무스는 "로마가 그렇게나 극한 상황에 처했으며 어떤 이들은 인육을 원하듯 경기장에서 '사람 고기도 값을 매겨라'라고 외쳤다"[8]고 기술했다.

알라리크는 예전처럼 그가 원하는 평화협정을 맺기가 어려워졌다. 410년 7월, 꼭두각시 황제 아탈루스를 파면하고 호노리우스와 직접 담판 짓기 위해 그는 북쪽으로 갔다. 하지만 협상 대신에 기습을 당했다. 라벤나 밖에서 협상을 기다리던 중에 사루스라는 서고트인에게 공격을 받은 것이다. 사루스는 서고트의 왕좌를 노려온 오랜 경쟁자였다. 호노루스가 사루스를 사주한 것인지는 알 수 없지만, 습격에서 무사했던 알라리크는 분명 그렇게 생각했다. 8월이 되어 그는 다시 한번 로마로 진군했고 마침내 로마에 입성했다. 어떻게 서고트인이 로마가 새로 세운 높은 성벽을 넘었는지 교회 역사가 소조멘이 들려준다. "이 사건으로 분노와 공포에 휩싸인 알라리크는 로마로 발길을 돌렸고 배반 덕분에 로마를 점령했다."[9] 서고트인은 성벽을 부수거나 터널을 뚫거나 사다리를 오를 필요가 없었다. 누군가 성문을 열어 그들을 들여보냈다.

그게 누구였는지 답을 제시한 유일한 기록자는 카이사레아의 프로코피우스였다. 이 동로마제국의 역사가는 150년이 지나 일련의 사건들을 기록했다. 하지만 그는 너무 많은 답을 제시한다. 프로코피우스에 따르면 알라리크는 로마 밖에서 다시 한번 좌절을 맛본 후 교묘한 계획을 생각해냈다. 그는 용기 있고 좋은 출신에,

특히 수염이 없는 서고트인 젊은이 300명을 모았다. 그리고 로마 원로원에 사절단을 보내 의원들의 용기에 감명받아 포위를 풀기로 결정했으며 각 의원에게 수염이 없는 젊은 노예를 선물로 주겠다고 전했다. 의원들은 서고트인들이 성 밖에서 짐을 꾸려 떠나는 모습을 보면서 아무런 의심 없이 선물을 받아들였다.

> 그러나 지정한 날짜가 되자, 알라리크는 공격을 위해 무장한 전 병력을 살라리아 성문 근처에 대기시켰다. 살라리아 성문은 그들이 포위를 시작할 때부터 진을 쳤던 곳이다. 약속 시간이 되자 그 젊은이들이 성문 보초들을 기습해 모두 죽이고 성문을 열어 알라리크와 그의 군대가 여유롭게 들어오게 했다.[10]

프로코피우스는 이 이야기가 설득력이 없을지도 모른다는 생각에서 또 하나의 가능성을 제시했다.

> 어떤 이들은 로마는 알라리크가 아니라 프로바에 의해 점령당했다고 말한다. 프로바는 원로원들 사이에서 특출한 부와 명성을 지닌 여자로 굶주림과 다른 고통으로 파괴되어가는 로마에 아픔을 느꼈다. 이미 로마인들은 서로의 살을 맛보는 지경이었기 때문이다. 강과 항구가 모두 적에게 장악되면서 모든 희망이 로마에서 사라진 것

> 을 보고, 밤에 자기 일꾼들을 시켜 성문을 열게 했다는 이야기가 전해진다.[11]

이 이야기가 첫 번째보다는 사실일 가능성이 훨씬 높아 보이지만, 역시나 의문의 여지가 남는다. 당시 프로바 주변에 많았을 그녀의 적들이 꾸며낸 것일지 모른다. 아니치아 팔토니아 프로바는 로마의 가장 부유한 가문 중 하나인 아니치 사람이었다. 아니치 가문은 아탈루스를 황제로 추대하는 데 반대했다. 프로바 또한 기독교 금욕주의자였고 자기 집에 같은 신앙을 지닌 처녀들의 작은 집단 거주지를 두었다. 그녀가 멜라니아의 선례를 따라 재산을 모두 기부하지는 않을지 의심하는 사람도 있었다. 그러나 프로바가 무고하다고 하더라도 프로코피우스의 두 번째 이야기는 실제 벌어진 일에 대한 일말의 진실을 전한다. 누가 성문을 열었던 간에 또 한 번의 포위를 견딜 수 없었다.

그렇게 410년 8월 24일 여름밤, 무더위 속에서 알라리크가 이끄는 악취 나고 이가 들끓는 서고트인들이 살라리아 성문을 통해 쏟아져 들어왔다. 그다음에 무슨 일이 일어났는지에 관해서는 실제 약탈을 기술했던 기록들(저자가 모두 기독교인) 전부 점령은 불과 3일 정도 지속되었다는 데 동의한다. 한편 그것이 여러 기록자들이 공통적으로 동의하는 유일한 사항이었다. 실상 그들의 이야기는 너무나 달라서 동일한 사건에 대한 기술인지 의심스러울 정도이다.

교회 역사가인 콘스탄티노플의 소크라테스는 로마 약탈 30년 후에 남긴 글에서 많은 의원이 살해되고 로마 대부분의 기념물이 불탔다고 말한다. 마찬가지로 프로코피우스도 100년이 지나서 서고트인이 대다수의 로마인을 죽였다고 썼다. 하지만 그날의 일에 대한 가장 종말론적 묘사는 금욕주의자 히에로니무스의 것으로, 로마 약탈 후 2년 만에 성지의 자기 집에서 이 글을 썼다. 히에로니무스가 말하기를, 알라리크의 서고트인들이 로마에 입성했을 때는 이미 거주민 대부분이 기근으로 죽어 있었다.

> 굶어 죽어가는 사람들은 광란 속에서 끔찍한 음식에 의존하고 서로의 사지를 갈기갈기 찢어 그 살점을 먹으려 했습니다. 엄마도 아기에게 젖을 내주지 않았습니다. 밤에 모압이 점령되었고, 밤에 그들의 성벽도 무너져 내렸습니다. 오, 신이시여. 이교도가 당신의 유산을 침범했습니다. 그들이 당신의 신성한 신전을 더럽혔습니다. 그들이 예루살렘을 과수원으로 만들었습니다. 당신 종들의 죽은 육체는 하늘의 새를 위한 고기이고, 당신 성자들의 살은 이 땅의 야수에게 먹힙니다. 그들이 흘린 피가 예루살렘 주변을 감쌌고, 그들을 묻어주는 자는 아무도 없습니다. 누가 그날 밤의 살육을 말할 수 있겠습니까? 어떤 눈물이 그날의 고통과 같을 수 있겠습니까? 고대의 독립된 도시가 몰락했으며, 거리와 집에 생명이라고는 없으며

수많은 시체가 누워 있습니다.[12]

또 다른 출처는 오로시우스의 글로, 그는 로마 약탈 후 8년이 지나 아마도 지금의 스페인에서 기록을 남긴 듯하다. 그는 로마 약탈에서 사람의 희생이 거의 없었을 뿐 아니라, 기독교적 사랑을 보여준 훌륭한 본보기라며 전혀 다른 내용을 적었다. 오로시우스는 알라리크가 로마인, 특히 기독교도인 로마인을 위험에서 보호하기 위해 최선을 다했다고 주장한다.

알라리크는 성스러운 장소, 특히 성스러운 사도 베드로와 바울의 바실리카에 피난 온 모든 사람이 공격받지 않고 존중받도록 명령을 내렸다. 그는 자기 사람들에게 마음껏 약탈해도 좋다고 허락했지만 피 흘리는 일은 삼가라고 명령을 내렸다.[13]

오로시우스는 그다음 서고트인의 이야기를 들려준다. 어느 서고트인이 교회로 피난 가는 나이든 기독교인 여자를 보고 가지고 있는 금과 은을 내놓으라고 했다. 그녀는 상당량의 금과 은을 내놓으면서 성 베드로의 성스러운 그릇을 가져가면 신의 벌을 받을 거라고 경고했다. 그러자 서고트인은

모든 그릇을 즉시 원래대로 12사도의 바실리카로 갖다

> 놓고, 나이든 여자 역시 교회로 향하는 행렬에 동참 가능한 모든 기독교인과 함께 호위해서 그곳으로 안내하라고 명령했다. 그 교회는 성스러운 장소로부터 로마의 절반에 해당하는 상당히 먼 거리에 떨어져 있었다고 전해진다. 결과적으로 금과 은 그릇은 각기 다른 사람들에게 하나씩 배분되었다. 그릇은 잘 보이게 머리 위로 높이 들어 옮겨졌으며 구경꾼 모두가 경탄했다. 경건한 행렬은 두 줄로 늘어선 칼의 엄호를 받았다. 바로 로마인들과 야만인들의 칼이었다.[14]

교회 역사가 소조멘은 오로시우스보다 좀 더 나중에 기록한 글에서 또 다른 마음씨 착한 서고트인의 일화를 전한다. 그는 아름다운 기독교인 여자를 범하려 칼을 뽑았으나 여자가 자신의 목을 내놓자 깜짝 놀랐다.

> 법적으로 남편이 있는 몸으로서 여자는 다른 남자에게 강간을 당한 뒤 살아남느니 정조를 지키며 죽기를 원했기 때문이다. 야만인이 자신의 목적을 재차 밝히며 더욱 무섭게 위협했지만 아무것도 얻지 못했다. 여자의 정절에 경탄한 나머지 그는 여자를 산 피에트로 바실리카로 안내하고 교회를 지키는 관리들에게 금붙이 6개를 주며 남편이 올 때까지 여자를 잘 지키라고 명령했다.[15]

모두 같은 기독교인이 어떻게 이토록 다른 이야기를 남겼을까? 이는 사건을 대하는 완전히 다른 두 가지 방식을 보여주는 것이다. 히에로니무스를 포함해 잔인한 약탈의 서사를 옹호하는 쪽은 그 재앙이 로마인의 사치와 이교 신앙에 대한 천벌이라 여겼다. 히에로니무스는 그를 내쫓은 로마 부자들에게 분명 앙금이 남아 있기도 했을 것이다. 그의 시각에서 약탈은 로마인이 받아 마땅한 죗값이므로 끔찍해야 했다. 그와 반대로, 신사적인 약탈 서사에 동조하는 이들은 더 큰 정치적인 그림을 고려한 것이었다. 로마인들이 오래된 신전을 폐쇄하고 신상을 녹였기 때문에 약탈이 일어났다는 이교도의 비난을 반박하려 했다. 이 두 번째 그룹은 베드로와 바울이 훌륭하게 도시를 지켜냈으며, 그들의 중재 덕에 신이 서고트인의 마음을 누그러뜨렸다는 것을 보여주고 싶었다.

종교적 주장을 떠나 실제로는 무슨 일이 벌어졌을까? 고고학적 분석은 종교적 소속이 없으므로 좀 더 신뢰할 수 있는 답을 줄 것이다. 로마같이 살아 있는 도시에서의 발굴은 단편적일 수밖에 없지만, 그럼에도 흥미로운 사실들이 발견되었다. 콜로세움 근처에서 여러 구의 시체를 서둘러 매장한 그 시기의 흔적을 찾은 것이다. 고대 로마인이 대개 살아 있는 것과 죽은 것을 섞는 일을 질색했으며, 도시 내 시체 매장이 금지되어 있었다는 점을 상기할 필요가 있다. 그런 까닭에 이 발굴 현장에서 로마 포위의 공포가 언뜻 들여다보인다.

그렇다면 약탈은 어땠을까? 이 무렵 피해를 입었다고 알려진

↑ 테베레강 그리고 건너편 멀리 강둑에 있는 트라스테베레 구역까지 아우르는 아우렐리아누스 성벽.

↓ 알라리크는 로마를 포위하면서 아우렐리아누스 성벽 북쪽에 위치한 살라리아 성문 근처에 진을 쳤다.

콘스탄티누스 황제가 딸을 위해 세운 원형의 영묘 산타 코스탄차 내부 에칭(조반니 바티스타 피라네시, 『로마의 풍경들』, 1758).

건축물 중 하나가 포룸 로마눔에 있는 거대한 아이밀리아 바실리카다. 이 바실리카는 근처의 원로원 사무처, 템플룸 파키스(평화의 포룸)와 함께 크게 불탔다. 원로원 사무처와 템플룸 파키스는 둘 다 서고트인의 무력을 과시하려는 의도로 기록에 언급되었다. 몇몇 대저택도 크게 피해를 입었다. 첼리우스 언덕에 세워진 발레리 가문 소유의 주택도 피해를 입었고 나중에는 버려졌다. 마찬가지로 첼리우스 언덕에 있었던 가우덴티우스의 도무스는 마구간, 작업장 그리고 허름한 집 들로 바뀌었다. 마지막으로 프로코피우스는 150년 후에 남긴 글에서 살라리아 성문 바로 안쪽에 있던 제국 초기의 역사가인 살루스티우스의 집 일부가 불에 탔으며 프로코피우스가 로마를 찾았을 때에도 보수가 안 된 채였다고 전한다.

피해 목록은 이쯤 해두자. 지금까지 오로시우스를 비롯한 신사적 약탈을 주장하는 그룹이 진실에 더 가까워 보인다. 현장 모습을 상당 부분 그려볼 수 있다. 로마 입성 전에 알라리크는 서고트인들에게 행동을 조심하라고 명령했다. 그런 방식이 그의 조심스러운 성격과 어울린다. 로마를 파괴한다면 도시는 협상 카드로서 가치를 상실할 것이고 서로마제국과의 협상 가능성은 작아질 것이었다. 그의 명령에도 불구하고 살라리아 성문을 통과해 몰려 들어간 서고트인 일부가 포위 시도에 몇 번 실패한 후에 마침내 입성했다는 사실에 과도하게 흥분해서 살루스티우스의 집을 비롯해 성문 근처의 몇 집을 불태웠다.

그러고 나서 그들은 도시의 중심부로 나아가 카타르시스를 좀 더 즐겼다. 원로원 사무처는 2번이나 입장을 바꾸어(호노리우스, 아탈루스를 지지하다가 다시 호노리우스를 지지했다) 서고트인에게 좋은 인상을 주지 못했던 로마의 통치자들과 연관 관계 때문에 원로원 사무처는 고통받았을 가능성이 높다. 원로원과 가까이 위치한 아이밀리아 바실리카는 불길에 휩싸였을 가능성이 높다. 템플룸 파키스가 공격받은 이유는 명확하다. 로마 지휘관 티투스가 70년에 예루살렘 성전에서 약탈한 큰 촛대와 다른 귀중품이 300여 년간 이곳에 보관되어 있었다. 이 물건들을 서고트인이 약탈 이후 가지고 달아났다. 그뿐 아니라 그들은 떠나는 길에 대저택 몇 곳에 불을 놓고 약탈하기도 했다.

대체적으로 로마는 410년에 운 좋게 빠져나온 셈이었다. 이 시기에 약탈당했던 다른 도시들은 곳곳에서 방화를 겪었고 주민들은 노예가 되었다. 그들의 운명과 비교한다면 로마는 정말이지 가볍게 위기를 벗어났다. 물론 무슨 일이 일어났는지 과소평가해서는 안 된다. 오로시우스와 소조멘의 신사적인 서고트인 이야기는 실제와 거리가 멀 것이다. 고고학적 연구 결과 연대가 서고트인의 공격 직후로 추정되는 재건축 작업을 기록한 여러 명문이 밝혀졌다. 로마는 스스로 복구할 능력이 남아 있었다는 의미이며, 어떤 건물이나 시설의 파괴는 눈에 띄지도 않게 바로 보수되었을 것이다.

몇몇 기록에서 이 사건의 잔혹성을 보여주는 구절이 나온다. 교황의 역사를 적은 『교황 연대표』에는 야만족이 2,000파운드의 성궤를 가져간 기록이 나오는데, 그것은 착한 기독교 사마리아인이 취할 행동이 아니었다. 히포의 주교 아우구스티누스는 로마 약탈에 대해 북아프리카에서 일련의 설교를 행하는 것으로 대응했고, 이는 그의 유명한 저서인 『신국』으로 확장되었다. 그 설교 가운데 신도 중에서 로마 피난민들이 있다는 언급이 등장한다. 만약 약탈이 싱겁게 끝났더라면 그 피난민들은 결코 자신의 도시를 떠나지 않았을 것이다. 지금 보면 분명히 악의적인 대목에서 아우구스티누스는 약탈 동안 강간당한 처녀들에 대해 기술했다. 신이 그들을 오판하지 않았다거나 그들을 실망시키지 않았다고 주장하면서, 여자들이 자신의 처녀성을 과도하게 자만했기 때문에 강간을 자초했다는 뜻을 내비친다.

약탈 기간 붙잡혔던 많은 개개인들(모두 부유한 금욕주의 기독교인들)과 관련한 아주 자세한 이야기도 남아 있다. 카에리우스 언덕의 대궐 같은 멜라니아의 남편 피니아누스의 저택은 서고트인에 의해 너무 심하게 훼손되어 가치를 잃었다. 아니치아 팔토니아 프로바의 화려한 집 역시 부분적으로 폐허가 되었으며 그녀의 거주지에 머물던 처녀들도 그들이 데려갔다. 프로코피우스의 주장처럼 프로바가 서고트인을 들여보낸 것이 맞다면, 그들은 정말 배은망덕했다. 마지막으로 410년 당시 노인이었던 로마의 첫 번째 금욕주의자 마르첼라의 이야기가 있다. 이 이야기는 히에로니무스가 마르첼라의 친구 프린키피아에게 보낸 편지에 자세히 남아있지만, 그것은 분명 일반에 유통하기 위한 의도로 쓰인 글이었다. 히에로니무스가 굶주린 로마인들이 서로의 사지를 갈기갈기 찢었다는 극단적인 주장도 바로 이 편지에서 비롯된 것이다. 그러나 마르첼라에 대한 언급은 좀 더 냉정하고 신빙성이 짙어 보인다. 히에로니무스는 서고트인 한 무리가 마르첼라의 집에 침입해 어떻게 금을 요구했는지 말한다.

> 그녀는 허름한 자신의 옷을 가리키면서 묻어놓은 보물이 없음을 보여주었습니다. 하지만 그들은 그녀가 자초한 가난을 믿으려 하지 않으며 호통 치고 곤봉으로 때렸습니다. 그녀는 아무런 고통을 느끼지 않았지만, 그들 발 아래 엎드려 눈물을 흘리며 그녀에게서 당신(프린키피아)을 빼앗지 말아달라거나, 나이가 많아 두려울 것이 없는 그녀가 겪은 일을 창창한 나이의 당신이 견뎌낼 필요 없게 해달라고 간청했습니다.[16]

마르첼라는 며칠 내로 죽었다. 심하게 파괴된 그녀의 집은 끝내 보수되지 않았다. 아마도 약탈과 관련한 가장 설득력 있는 이야기는 실제로 그 자리에 있었던 몇 안 되는 저자가 쓴 글일 것이다. 그중 하나가 소박하게 살았던 펠라기우스라는 브리타니아 수도사가 남긴 이야기다. 그의 사상은 이단이 되어 히포의 주교 아우구스티누스가 그 사상을 말살하고자 깊이 관여하기도 했다. 한 로마 여성에게 보내는 편지에서 펠라기우스는 상황을 이렇게 설명했다. "모두가 함께 모여 두려움에 떨었습니다. 집집마다 슬픔에 잠기고 구석

구석 스며든 공포가 우리를 엄습했습니다. 노예건 귀족이건 같은 처지였어요. 죽음과도 같은 망령이 우리 앞에 다가왔습니다."[17]

그러고 나서 3일 후, 로마인에겐 천만다행으로 서고트인은 로마를 떠나 남쪽으로 진군했다. 알라리크는 시칠리아에 갔다가 아프리카로 향하길 희망했지만 메사나 해협을 건너지 못했다. 두 달 후 그는 코센차에서 죽었는데, 아마도 로마에서 옮은 말라리아 때문인 듯하다. 그의 무덤을 찾으려는 시도가 계속되었지만 아직까지 성과가 없었다. 혹여 발견되더라도 값싼 장신구 몇 가지 외에 무엇이 남아 있을지 의문이다. 게르만족은 약탈로 충성심과 권력을 샀고, 그렇게 얻은 전리품은 매우 소중했기에 결코 땅에 묻지 않았다.

잠시나마 서고트인의 빛이 밝게 불타올랐다. 알라리크의 처남이자 후계자인 아타울프는 서고트인을 이끌고 이탈리아를 떠나 갈리아로 갔다. 로마에서 약탈한 전리품 중 하나인 호노리우스 황제의 누이 갈리아 플라키디아와 갈리아 남부의 나르보에서 결혼해 자신의 제국을 세우려 했지만 얼마 못 가 실패했다. 그녀의 결혼 예물에 서고트인이 로마에서 빼앗은 예루살렘 성전의 보물이 있었다고 전해진다. 힘러는 시간을 허비한 셈이었다. 418년 서고트인은 마침내 알라리크가 실패한 그곳에서 로마와 협정을 맺고 제국 내 영구적인 조국으로 인정받았다. 수십 년간 그들은 로마의 확고한 우방이었고, 452년 서로마제국의 마지막 대전투였던 트리카사이 근처의 카탈라우눔 전투에서 함께 싸워 아틸라와 훈족을 몰아냈다. 수십 년이 지나 서로마제국이 세 번째로 몰락했을 때, 서고트인은 이베리아 반도 대부분을 포함하는 그들만의 제국을 세웠다. 이곳에서 현지 귀족들과 융합하여 마침내 이단 기독교를 버리고 정통 기독교를 선택했다. 그러나 711년에 이슬람교를 따르는 아랍인이 침입해 오자 그들은 모든 것을 잃었다. 마지막으로 그들의 소식이 들려온 곳은 에스파냐에서 북쪽으로 멀리 떨어진 아스투리아 산맥이었다. 그곳에서 그들은 작은 현지 저항 그룹의 일부가 되었고, 결국 에스파냐의 레콩키스타로 자라나게 되었다.

로마는 도시가 파괴되지는 않았지만 여전히 혹평에 시달렸다. 대다수 로마인이 기근으로 죽었고, 또 다른 이들은 피난을 떠나 돌아올 의사가 없었다. 돼지고기 공급 목록을 보면 419년의 인구는 약탈 전에 비해 절반이 조금 넘었던 것으로 나타난다. 로마의 명성 역시 적잖이 훼손되었다. 410년 이후, 로마의 모든 어린 학생들이 외웠던 베르길리우스의 「아이네이스」에 나오는 구절, 즉 로마는 끝없이 계속된다는 유피테르의 예언은 이 시점에서 매우 공허해 보였다. 아우구스티누스는 끔찍한 약탈에 충격을 받고 로마 권력의 전반적인 도덕적 근간을 공격하기에 이르렀다. 아우구스티누스는 로마 초기 역사의 사례들(브렌누스의 약탈을 기술했던 리비우스로부터)을 언급하며 로마제국이 앞선 다른 제국들과 다를 바 없고, 문명을 세계로 전파하려는 목적보다는 점령을 위한 단순한 갈망에서 세워졌다고 주장했다. 베이우스인들은 그의 말에 동의했을 것이다. 아우구스티누스는 하늘에서 그들을 기다리는 천상의 도시 예루살렘에 주목해야 한다고 주장했다. 로마를 비롯한 지상의 그 어떤 도시도 계속될 수 없을 터였다.

그렇지만 로마인들은 일이 그 정도로 끝난 것이 다행이라 여길 수 있었다. 다방면에서 놀라울 정도로 빠르게 로마는 재앙에서 회복했다. 로마 약탈 후 1년이 지나 알프스 산맥 건너편의 예비 황위 찬탈자 콘스탄티누스 3세가 죽자 호노리우스 황제는 마침내 라벤나를 떠날 수 있었다. 그는 로마를 방문해 경기를 축하하고 피난 갔던 사람들을 돌아오도록 독려했으며, 실제로 많은 사람이 돌아왔다. 414년 도시 지휘관 알비누스는 호노리우스에게 편지를 써서 로마인들을 먹일 곡물이 부족하니 공급량을 늘려달라고 요청했다. 인구가 반쪽 났을 텐데도, 로마는 유럽 전역은 아니더라도 서유럽에서 여전히 가장 크고 위대한 도시였다. 위대한 기념물들은 대부분 큰 훼손 없이 건재했으며 418년에 오로시우스는 사람들이 마치 아무 일도 없었다는 듯이 말하고 행동하는 데에 불만을 드러냈다.

아무렇지 않은 체하던 그 모습은 결코 오래갈 수 없었다.

455년	반달족의 가이세리크, 로마 약탈
476년	서로마제국 멸망
476~493년	동고트인 오도아케르, 이탈리아 왕국 건립(수도 라벤나)
493년	테오도리쿠스가 오도아케르에 승리, 동고트 이탈리아 왕국 건립(수도 라벤나)
535년	동로마제국의 유스티니아누스 1세, 이탈리아 공격 시작

3

더 많은 고트인

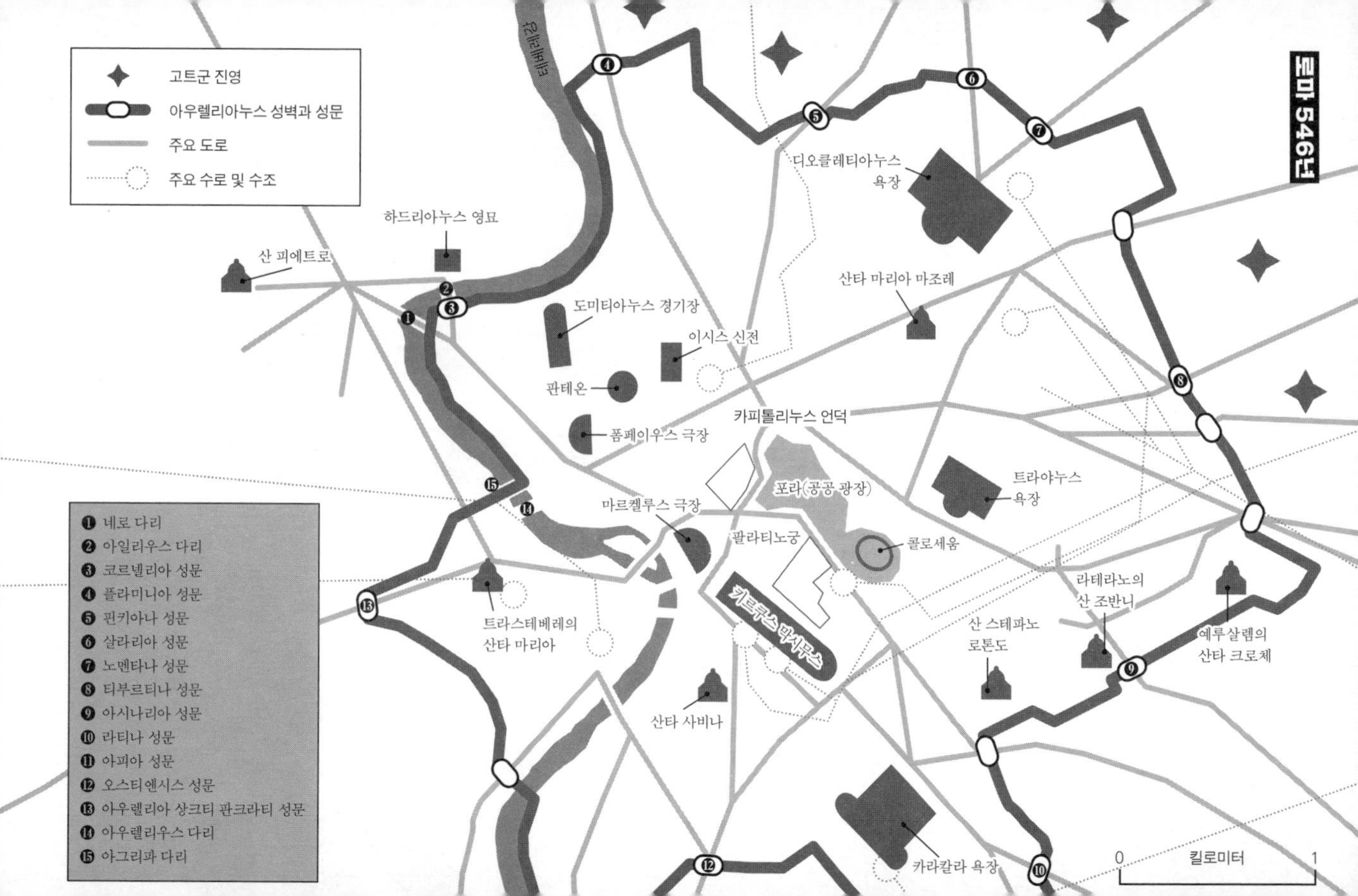

로마 546년
고트군 진영
아우렐리아누스 성벽과 성문
주요 도로
주요 수로 및 수조
테베레강
하드리아누스 영묘
산 피에트로
도미티아누스 경기장
이시스 신전
판테온
폼페이우스 극장
카피톨리누스 언덕
포라(공공 광장)
마르켈루스 극장
팔라티노궁
콜로세움
키르쿠스 막시무스
트라스테베레의
산타 마리아
산타 사비나
디오클레티아누스
욕장
산타 마리아 마조레
트라야누스
욕장
라테라노의
산 조반니
산 스테파노
로톤도
예루살렘의
산타 크로체
카라칼라 욕장
0
킬로미터
1
❶ 네로 다리
❷ 아일리우스 다리
❸ 코르넬리아 성문
❹ 플라미니아 성문
❺ 핀키아나 성문
❻ 살라리아 성문
❼ 노멘타나 성문
❽ 티부르티나 성문
❾ 아시나리아 성문
❿ 라티나 성문
⓫ 아피아 성문
⓬ 오스티엔시스 성문
⓭ 아우렐리아 상크티 판크라티 성문
⓮ 아우렐리우스 다리
⓯ 아그리파 다리

537년, 비티게스가 동고트군을 이끌고 로마 성벽 아래 모이다

요즘에는 로마에서 북쪽으로 120킬로미터 떨어진 볼세나 호수의 작은 섬 마르타나를 방문하기가 불가능하다. 위를 향한 초승달 모양의 섬은 개인 소유가 되어 유일한 주민은 섬의 몇 안 되는 건물을 지키고 정원을 돌보는 관리인이다. 섬에 대해 호기심이 일고 여유도 있어 근처 마르타 항구에서 보트를 빌려 섬 주위를 돌아보면 숲이 우거진 바위투성이의 해안을 볼 수 있다.

어디를 보아도 535년 한때 악명 높았던 마르타나의 모습은 거의 남아 있지 않다. 호수 기슭에는 동고트왕국의 왕녀인 아말라순타가 같은 해 4월 말에 섬에 끌려왔을 때 걸어 올라갔을 법한 작은 계단이 나 있다. 부서진 벽의 조각들은 그녀가 포로로 잡혀 있던 건물의 잔해일지도 모른다. 아말라순타는 섬에 도착한 지 몇 주 후에 호숫가에서 배가 출발하는 장면을 보았을까. 이탈리아 전역과 시칠리아, 발칸 반도 서부를 8년간 통치해온 아말라순타는 당대 정세에 대한 예리한 이해력을 갖추었기 때문에 배를 보았다면 그 의미를 알아차렸을 것이다. 아니나 다를까 그 배 안에는 그녀와 같은 동고트인들이 그녀를 죽이러 오는 중이었다. 아말라순타가 알 수 없었던 것은 자신의 죽음이 불러올 파장이었다. 그것은 그녀의 것이던 왕국의 침략을 정당화하는 데 이용될 것이었고, 폭력이 난무하는 이탈리아 역사에서 가장 파괴적인 전쟁 중 하나로 이어질 것이었다. 그 중심에 로마가 있었다. 아말라순타가 죽은 지 2년이 채 되지 않은 537년 3월, 그녀의 동고트인 동포들이 대군을 이끌고 로마 밖에 나타나 마땅히 자신들의 것이라 여기는 것을 되찾고자 결연히 태세를 갖추었다.

그들의 사촌 서고트인과 마찬가지로 동고트인은 기나긴 여정을 거쳐 이탈리아까지 왔다. 아말라순타가 죽기 150년 전의 동고트인에 대해서는 앞서 간략히 살펴보았다. 서고트인 조상이 도나우강 옆에 진을 치고 로마제국에 훈족을 피할 수 있는 피난처를 제공해달라고 간청할 때, 동고트인 조상은 중부 유럽의 로마제국 국경 밖에서 기회를 엿보고 있었다. 일이 순조롭게 풀리지는 않았다. 알라리크의 추종자들이 햇볕을 즐기며 지중해 곳곳을 습격한 반면, 그들의 사촌 동고트인은 헝가리 고원을 점령한 훈족에 정복당했고 70년 이상 훈족에 예속되어 그들의 작물을 키우고 그들의 전쟁을 치러야 했다.

훈족의 제국이 450년대에 마침내 붕괴되자, 그들에게 예속되었던 민족들이 풀려났다. 동로마제국의 변두리인 오늘날의 불가리아와 구 유고슬라비아 일대에 살면서 그들은 서고트인이 겪었던 것과 동일한 융합 과정을 거쳤고, 여러 부족들은 동로마제국에 충분히 대항할 수 있을 만큼 하나의 큰 세력으로 성장하여 동로마에 식량과 금을 내놓으라고 위협했다. 480년대에 그들은 단일 지도자 테오도리쿠스를 중심으로 뭉쳤다. 동쪽의 고트인을 뜻하는 이름인 '오스트로고트'(Ostrogoth)는 그들 스스로 정한 이름이 아니라, 로마 당국이 서고트인과 구별하기 위해 붙인 것이었다. 당시 동로마제국의 황제 제노는 자신의 문 앞에 다가온 이 새로운 연합 세력을 무시할 수 없었고, 황제의 그런 초조함이 다시 테오도리쿠스를 불안하게 만들었다. 테오도리쿠스는 동로마제국이 고트인을 이간질하는 데 얼마나 능수능란한지를 알고 있었다. 제노가 새로 결성된 약한 연합을 깨버릴지도 몰랐다. 무엇보다도 테오도리쿠스는 제노가 자신의 암살을 사주하지 않을까 두려웠다.

488년 제노와 테오도리쿠스는 양측의 이해가 맞아떨어지는 타협책에 동의했다. 테오도리쿠스는 동고트인을 데리고 이탈리아로 가기로 했다. 제노의 판단에 이탈리아는 누구나 차지할 수 있는 수월한 상대였다. 10년 전인 476년에 (이제는 거의 모두 야만족으로 구성된) 이탈리아 황제군 잔여 세력의 게르만족 지도자 오도아케르는 이미 유명무실화된 서로마제국을 최종적으로 멸망시키기로 결정했다. 제노의 암묵적 승인 아래, 그는 서로마제국의 마지막 황제 로물루스 아우구스툴루스를 퇴위시키고 현재의 나폴리 부근으로 유배를 보냈다. 그러자 제노는 테오도리쿠스에게 오도아케르를 축출하고 점령 가능한 서로마제국의 영토를 테오도리쿠스와 자기 자신, 총독이 나눠서 지배하는 방식을 제안했다. 알라리크가 80년 앞서 했던 것과 같이 테오도리쿠스는 엄청난 규모의 전차부대를 조직해 발칸 반도를 건넜고, 그들의 길을 막는 또 다른 야만족인 게피다이족과 전투를 벌인 다음, 율리안 알프스 산맥을 거쳐 파두스 계곡으로 갔다. 오도아케르를 제거하는 일은 쉽지 않아 보였다. 그러나 라벤나에서 오도아케르를 3년간 포위한 후에 테오도리쿠스는 휴전 협상을 함으로써 마침내 문제를 해결한 다음, 축하연에서 직접 그를 베었다. 그다음 33년간 테오도리쿠스는 이탈리아를 비롯해 통치 영토를 넓혀갔으며, 동고트인의 왕이자 동로마제국의 총독으로서 그 과정을 지난 수 세기 동안 어떤 동로마 황제보다 더 효율적으로 수행했다.

그러나 문제가 하나 있었다. 테오도리쿠스에게는 딸만 둘이고 아들이 없었다. 게르만족은 로마인보다 여성 통치자라는 아이디어에 개방적이었지만, 제한적인 경우에 한했다. 테오도리쿠스는 자신이 할 수 있는 일을 했다. 그는 딸들이 충분히 교육을 받아(아말라순타는 고트어, 라틴어, 그리스어에 유창했다) 좋은 혼처를 구하기를 바랐다. 아말라순타의 남편은 높은 지위의 동고트인 전사인 유타리크였다. 아말라순타는 곧 아들 아탈라리쿠스를 낳았다. 불행하게도 이 아이가 성년이 될 때까지 지도자 역할을 대신했어야 할 유타리크가 그 무렵에 죽었다. 526년 아말라순타의 부친인 테오도리쿠스 왕 역시 죽었다. 아말라순타는 분명히 뛰어난 정치가였다. 8년간 그녀는 어린 아들을 대신해 섭정을 펼쳤으며, 불평하는 동고트인 귀족들과 자신만의 정치적 야망을 품었던 사촌 테오다하드의 계략에 맞섰다. 그리고 나서 534년에 재앙이 터졌다. 14살이던 그녀의 아들 아탈라리쿠스가 죽었다. 왕국 통치자로서 그녀의 지위가 심각하게 약화되었다.

최악의 시점에 입은 큰 타격이었다. 이전 세기에 파멸을 맞이할 뻔했던 동로마제국 또는 비잔틴제국이 마침내 좋은 시절을 누리며 지난 황제들의 재위 기간보다 강해진 때였다. 동로마제국 황제인 유스티니아누스는 잃어버린 서쪽 땅을 되찾음으로써 부분적이나마 과거의 제국을 다시 건설할 때라고 생각했다. 533년 그는 자신의 가장 유능한 장군 벨리사리우스를 오늘날의 튀니지로 보내 게르만족의 일파인 반달족을 공격해 너무나도 쉽게 승리를 얻었다. 이에 용기를 얻어 동고트인이 통치 중이던 이탈리아로 눈을 돌렸다.

그다음에 일어난 일에 대해선 주로 카이사레아의 프로코피우스가 쓴 『전쟁사』라는 기록을 바탕으로 한다. 알라리크가 턱수염이 없는 젊은이들로 구성된 특공대를 이용해 로마에 입성했다고 이야기한 바로 그 프로코피우스이다. 다행히도 직접 목격한 자기 시대의 중요한 사건들은 훨씬 더 사실에 가깝게 기록한 것으로 보인다. 콘스탄티노플에서 법률가이자 수사학자로 일했던 그는 벨리사리우스가 아프리카와 이탈리아에서 군사작전을 펴는 동안 그의 개인 비서로 있었다. 그 이후에는 콘스탄티노플로 돌아와 유스티니아누스 황제의 도시 건설 사업을 찬양하는 내용을 담은 『건축에 대하여』를 썼다. 그 아부가 효과를 발휘해 그는 일루스트리스(Illustris, '고귀한 사람'을 의미하는 라틴어 — 옮긴이)의 고위직에 선출되었다. 그렇지만 프로코피우스는 위태로운 삶을 살았다. 세 번째 저서는 현명하게 비밀리에 집필했고, 『비사』로 더 잘 알려진 『일화』에서 동로마제국의 상류층, 특히 황제와 황후에게서 받은 실망감을 토로했다.

프로코피우스의 은밀한 기록에서 유스티니아누스 황제는 "불성실한, 교활한, 위선적인, 자신의 분노를 숨기는, 겉과 속이 다른, 약삭빠른, 어떤 의견을 지니고 있는 척 가장하는 데 명수"로, 그리고 "변덕스러운 친구, 휴전을 모르는 적, 암살 심취자, 강도 같은" 인물로 묘사된다.[1] 유스티니아누스에 대한 평가는 그래도 아내 테오도라의 것에 비하면 양호한 편이다. 프로코피우스는 테오도라가 유스티니아누스의 눈에 처음 띈 것이 콘스탄티노플에서 매춘부로 이름을 날리던 때라고 주장한다.

> 그 여자는 겸손이라고는 몰랐고, 창피해하는 경우도 없었거니와 조금도 주저하지 않고 수치스러운 짓을 벌였다. 이를테면 머리에 매질을 당하더라도 그에 대해 농담을 하며 크게 웃음을 터뜨릴 부류의 여자였다. 또한 상대를 막론하고 마주치는 모두에게 벌거벗은 앞뒤 모습을 전시할 여자였다.[2]

『전쟁사』에서 찬양받았던 벨리사리우스조차 비난을 벗어나지 못했다. 프로코피우스는 특히 그가 행실이 나쁘고 삐뚤어진 주술사이자 황후 테오도라의 가까운 친구인 아내 안토니나에게 끌려다닌다며 비난했다. 그러나 『전쟁사』와 『비사』는 전반적으로 벨리사리우스가 재치 있고, 용감하고, 당시 황제군의 다른 지휘관에 비하면 욕심이 없다는 인상을 준다.

벨리사리우스의 로마 입성을 묘사한
19세기 후반의 삽화(에드워드 올리에르,
『카셀의 일러스트레이션 세계사』, 1890).

프로코피우스는 아말라순타가 아들이 죽고 난 후 어떻게 자신의 정치적 입지를 지켰는지 설명한다. 그녀는 야심이 큰 사촌 테오다하드를 데려와 공동 통치자로 삼았는데, 당시 그는 토스카나 지역에 세력 기반을 두고 있던 사람들로부터 땅을 불법으로 빼앗아 평판이 좋지 않았다. 아말라순타의 계획은 짐작하기 어렵지 않다. 그와 공동 통치함으로써 여성 통치자를 불안해하는 동고트인을 진정시키고, 최대 정적의 적개심을 가라앉히려는 것이었다. 그러나 심각한 오판이었다. 프로코피우스는 아말라순타가 테오다하드에게 자신이 동고트왕국의 실세로서 위치를 유지할 것이라는 비밀 서약을 맺게 했다고 주장한다. 그것이 사실이라 해도 서약은 효력이 없었다. 테오다하드는 새로운 자기 지위를 이용해 그녀에게 맞섰다. 몇 개월 지나지 않아 그의 추종자들이 그녀를 붙잡아 라벤나에서 마르타나섬으로 데려갔고, 몇 주 후 테오다하드는 그녀를 죽이라고 명령했다.

프로코피우스에 따르면, 아말라순타는 동로마제국 황제 유스티니아누스의 친구이자 동맹이었고, 아말라순타의 죽음을 전해 들은 그는 크게 분노해서 벨리사리우스 장군에게 테오다하드의 왕국 공격을 준비시켰다. 유스티니아누스의 속셈은 아마도 딴 데 있었던 것 같다. 그의 아내 테오도라는 테오다하드의 아내 구델리나와 비밀리에 서신을 교환하고 있었다. 프로코피우스는 『비사』에서 그녀가 구델리나를 이용해 비잔틴의 묵인을 약속하며 아말라순타를 처형하도록 테오다하드를 부추겼다고 악의에 찬 주장한다.

또한 테오도라에게 미모와 지성으로 유명했던 섭정에게 남편을 빼앗길지 모를 두려움이라는 적절한 악의적 동기도 부여했다. 가능성이 적어 보이는 이야기이지만 일말의 진실을 담고 있을지 모른다. 유스티니아누스가 아말라순타의 죽음을 사주해 동고트왕국을 공격할 명분을 찾으려 했던 것은 아닐까. 이론적으로 총독을 두어 통치 중인 자신의 영토를 공격하려면 명분이 필요했다. 그는 또 테오다하드가 아말라순타보다 덜 위험한 적이라 판단했을지도 모른다.

유스티니아누스의 생각이 그러했다면, 그것이 옳았음이 곧 밝혀진다. 여러 면에서 테오다하드는 동고트왕국의 왕이 될 가능성이 적었다. 이 시기에 게르만족은 학문을 쌓는 것에 회의적이었고, 특히나 그들 지도자에 대해서라면 더욱 그랬다. 학식을 쌓는 것이 그들의 호전적 본능을 해친다고 생각했기 때문이다. 테오다하드는 상식이 풍부했고 플라톤과 라틴 문학에도 학식이 높았으며, 스스로 철학자라 여겼다. 그에 관해서는, 게르만족의 편견이 옳았다. 535년 벨리사리우스가 시칠리아를 점령했고, 이듬해에는 이탈리아 본토에 진출해 나폴리를 차지했다. 병사들을 수로로 몰래 침투시키는 작전으로 나폴리 점령에 성공했으며, 그의 병력은 그곳에서 마음껏 살상하고 약탈했다. 테오다하드는 로마에 틀어박혀 망설일 뿐 어떤 조치도 취하지 않았다. 이탈리아는 아프리카보다 훨씬 쉽게 함락할 것 같았다. 그러나 그들의 철학자 왕에게 염증을 느낀 동고트인들은 그의 목을 베고 보다 호전적인 비티게스를 새로운 지도자로 선출했다.

비티게스는 그의 전임자인 알라리크나 브렌누스와 마찬가지로 안타깝게도 별로 알려진 것이 없다. 동고트인 엘리트 집안에서 태어난 그는 테오도리쿠스 왕의 경호원으로 일했고, 발칸 반도 서부에서 동고트군을 성공적으로 지휘했다. 능숙한 전략가는 아니었지만 그가 왕으로서 처음 내린 결정은 매우 영민했다. 남쪽의 벨리사리우스 군대와 마찬가지로 그는 유스티니아누스 황제의 부추김으로 알프스 산맥을 넘어 습격하러 온 프랑크족 전쟁 집단과 맞붙었다. 비티게스는 우선 프랑크족을 처리하기로 결심했다. 로마인의 충성심을 기대하며 수천 명의 동고트인 수비대를 로마에 남겨두고 북진했다. 하지만 로마인들은 얼마 전 나폴리 시민들이 벨리사리우스 병사들에게서 당했던 것과 같은 살육과 약탈의 위험을 감당할 수 없었으므로, 벨리사리우스에게 사절단을 보내 그를 로마로 초청했다. 또한 약삭빠르게 동고트인 수비대를 겨우 설득해 떠나보냈다. 그렇게 536년 12월 9일 동고트인들이 로마의 북쪽 플라미니아 성문을 통해 열 지어 나갈 때, 벨리사리우스의 군대는 아시나리아 성문을 통해 남쪽으로 진군했다. 로마인들은 더할 나위 없이 깔끔하게 일을 처리했다. 아무런 소동 없이 서로 위치를 바꾸었다. 그들의 전쟁이 끝난 듯했다.

그렇게 쉽지는 않았다. 비티게스왕은 프랑크인과 재빨리 화친을 맺었다. 벨리사리우스 군대가 생각보다 훨씬 작다는 사실을 듣고는 이 작은 침략군을 쳐부수고 그의 병력을 남쪽으로 진군시키려 했다. 100여 년 전의 알라리크 무리와 다르게 그들은 이동 중이던 전체 부족(전사들의 아내와 아이 들은 북부 및 중부 이탈리아에 남아 정착했다)이 아니라 군인 집단이었다. 다른 면에서는 알라리크의 병력과 유사하게 일부는 보병이었고, 다른 일부는 기마병이나 전차를 끄는 전차병이었을 것이다. 다양한 무기를 가지고 다녔지만, 서고트인처럼 소수의 귀족계급이 하층계급의 수하들보다 눈에 띄게 잘 무장하고 있었다. 늘 그렇듯이 그들은 냄새가 고약하고 이가 들끓었다. 그리고 그들은 수가 많았다. 프로코피우스는 비티게스의 군대가 15만 명에 달했다며 과장된 주장을 하지만, 엄청난 규모의 병력이었음은 분명하다. 537년 3월, 로마가 스스로의 목숨을 구했다고 믿었던 날로부터 불과 3개월 뒤에 동고트인이 로마 성벽 아래에 보이기 시작했다.

6세기, 전제정 치하 로마는…

어떤 로마가 그들을 맞이했을까? 기독교도 로마인 귀족 한 명이 알라리크의 약탈이 있기 직전인 지난 세기에서 537년으로 옮겨 왔다고 상상해보자. 도시의 상태를 보고 충격받을 것이다. 무엇보다도 을씨년스럽게 텅 빈 로마를 발견했다. 530년 무렵 로마의 인구는 408년 인구수의 10분의 1 또는 20분의 1로 줄어든 수만 명 수준으로 추산된다. 한때 사람으로 넘쳐났던 거리들은 거의 황량했고,

로마인이 가득했던 집합 주택 단지는 1층에서 세간살이 없이 지내는 가족만 남아 황폐해졌다. 위층은 썩어가는 목재와 부서진 계단, 비가 새는 지붕, 새둥지 등으로 엉망이 된 터라 사람이 거주할 수 없었다. 그리고 대다수 건물이 통째로 버려졌을 것이다.

로마의 입지는 더욱 변방이 되었다. 길거리에서 10여 가지 언어가 들리던 지난날은 가고 없었다. 537년 로마인 대부분은 한 가지 언어, 즉 이탈리아어의 초기 형태로 기울고 있던 거친 라틴어만 사용했을 것이다. 고트계 게르만어 사용자도 더러 있었겠지만, 두 가지 언어가 통용되던 로마제국의 전성기는 오래전 일이었고 학식이 높은 로마인들만 그리스어를 잘 알았을 것이다. 그렇지만 벨리사리우스의 군대가 로마로 진군해 왔을 때 가능한 한 빨리 그리스어 문법을 다시 공부하는 로마인도 분명 있었을 것이다. 그들에겐 그리스어가 필요했다. 100년 넘게 라틴어는 동로마제국의 공식 언어로 사용되지 않았고, 대다수의 고위 관리 더 이상 그리스어를 사용했다.

100년 사이 로마는 뭔가 톡톡히 잘못되었다. 지난 세기 본 로마는 알라리크의 소규모 약탈에서 회복되어 시민들은 아무 일도 없었던 양 행동하고 있었다. 답은 카피톨리누스 언덕에 있었다. 1,000년 동안 독보적으로 서 있던 유피테르 옵티무스 막시무스 신전은 신전 지붕의 청동 기와가 벗겨진 채 완전히 폐허가 되어 있었다. 포룸 로마눔에서 더 많은 단서를 찾을 수 있었다. 한때 석상들이 가득했던 곳에는 빈 대리석 주춧돌만 남았다. 455년 6월, 알라리크의 공격 이후 40년이 지나 로마는 다시 약탈당했으며, 이번에는 훨씬 더 잔혹했다. 주범은 가이세리크가 이끄는 아프리카에서 온 반달인 전쟁 집단이었다. 반달인은 2주 동안 머무르며 로마 여기저기를 파괴했으며, 특히 유피테르 옵티무스 막시무스 신전의 지붕 기와를 훔치고 석상도 무더기로 끌고 갔다. 그로부터 17년이 지나 서로마제국의 마지막 내전 중 하나의 전쟁터가 되면서 로마는 다시 한번 시련을 겪었다. 이 전쟁에서 군사령관인 리키메르는 안테미우스 황제를 붙잡아 로마 교회에서 참수했다. 거주민 대부분이 자신들의 도시를 버리고 떠나는 것도 무리는 아니었다.

로마는 전쟁 피해만 입은 것이 아니었다. 당시 기록들은 로마가 로마 거주민의 손에 의해서도 얼마나 고통받았는지 기술한다. 458년 황제 마요리아누스는 로마의 고대 건물들이 해체되고 그 뼈대가 다른 곳의 사사로운 보수에 사용되는 데 문제를 제기했다. 그는 로마의 부패 척결을 위해 효과 없는 포고령을 내린 길고긴 황제 리스트에 가장 최근에 오른 황제였다. 고대 유물은 종종 당국의 묵인하에 파헤쳐졌으며, 마요리아누스도 너무 심하게 훼손된 유물은 아예 치워버리는 것이 낫겠다고 인정했다. 비티게스 도착 전 수십 년간 사크라 거리의 청동 코끼리들은 노후되었고, 수로는 (아마도 수로의 물을 빼낸 후) 다른 용도로 쓰였다. 공공건물의 청동 및 납으로 만든 장식품을 정기적으로 도난당했다. 식량을 배급하던 옛 곡물 저장소는 상태가 심각했고, 예전 포룸에 있던 곡선이 우아한 포르티코 역시 마찬가지였으나 개인 주택으로 바뀌면서 겨우 보존되었다.

고고학으로 당시 암울한 광경을 그려볼 수 있다. 알라리크 약탈 이후, 폼페이우스 극장과 마르켈루스 극장 사이에 있는 발부스의 지하실 일대는 무너진 포르티코와 기둥, 도난당한 포장재로 불모지 상태였다. 한동안 이곳은 약탈한 대리석을 보관하는 창고로 쓰였던 것 같다. 로마인들의 약탈뿐 아니라, 당시에 잦았던 지진 때문에도 피해를 입었다. 건물을 지탱하는 석재 그리고 석조물을 고정해주는 금속 점쇠가 함께 도난당한 상태라 피해가 배로 커졌을 것이다. 500년이 지나도록 주택과 집합 주거 단지는 쓰레기로 가득 차 있었고, 공원과 광장은 황폐하게 텅 비어 있었다. 벨리사리우스가 얻은 정보에 따르면 로마 성벽 안에 기병대의 말을 모두 먹일 수 있는 목초지가 있을 정도였다. 이처럼 몰락한 시대에 로마의 몇 안 되는 성장 산업 가운데 하나가 출현했다. 포룸을 비롯한 여러 곳에서 석회 가마가 지어졌고, 그곳에서 대리석 기둥, 플린, 조각상 그리고 건축 자재가 구워지거나 회반죽으로 판매하기 위해 해체되었다.

하지만 피해가 아무리 심각했다 하더라도 로마는 대부분의 다른 이탈리아 도시보다 여건이 좋은 편이었다. 수로와 목욕탕은 여전히 제 기능을 했고 여전히 방문객들에게 감명을 주는 매력적인 도시였다. 동고트의 통치자들 밑에서 수상으로 일했던 카시오도루스는 "로마 전체가 진정으로 하나의 경이라고 할 만하다"고 언급하며, 로마를 "속주(provincia)만큼 거대한 크기로 지어진 목

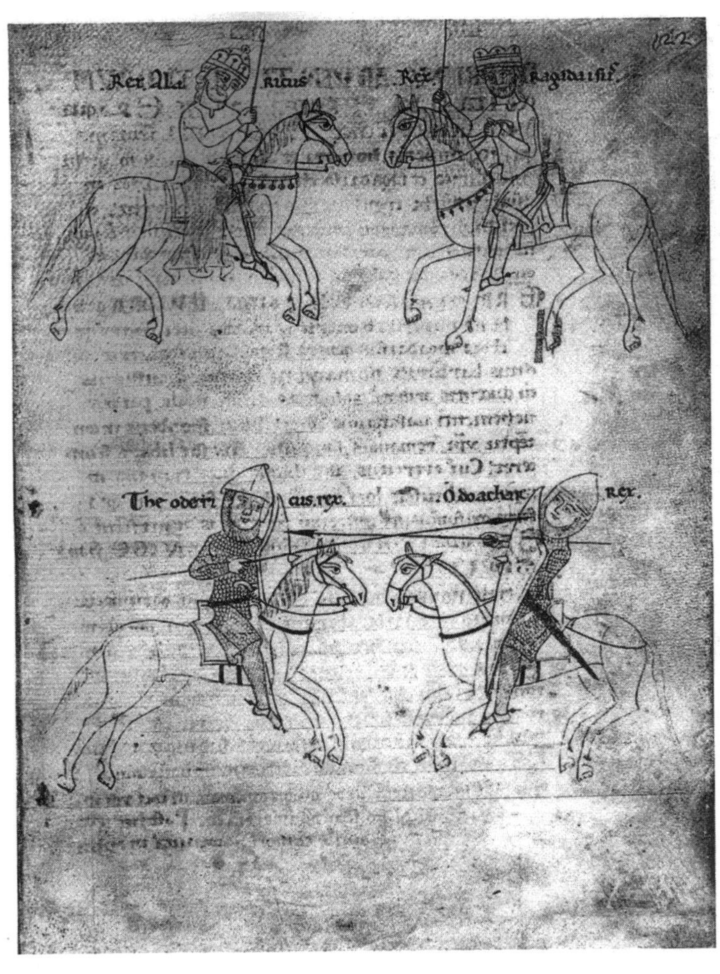

오도아케르와 결투를 벌이는 테오도리쿠스. 12세기 초에 편찬된 『테오도리쿠스 연대기』의 삽화.

욕탕, 꼭대기까지 시야가 잘 닿지 않는 거대한 콜로세움 그리고 높고 아름다운 돔을 지닌, 도시 전 지역만큼이나 커다란 판테온"을 비롯한 "건축물들의 경이로운 숲"으로 묘사했다.[3] 그리고 당시 로마는 추측컨대 예전보다는 조금 덜 해로운 도시였다. 말라리아가 여전히 창궐했을 테지만 도시 인구가 줄어들고 길거리가 훨씬 덜 붐비면서 홍역 같은 질병이 더 이상 풍토병이 아니었을 것이기 때문이다.

또한 이 도시의 경이로운 유물들을 보존하려 애쓴 예찬자들이 있었다. 그 가운데 가장 열성을 보인 사람은 뜻밖에도 동고트인을 이끌고 이탈리아로 진격해 자기 라이벌을 만찬 중에 베어버린 테오도리쿠스였다. 30년의 통치 기간에 그는 적어도 1~2번 로마를 방문해 팔라티누스 언덕의 낡은 궁전에서 200년 동안 어떤 황제보다 길게 6개월간 체류했다. 그곳에서 지내기가 편안하지 않았던지, 나중에 궁전 보수를 위해 금 200파운드를 따로 준비했다. 그리고 2만 5,000장의 기와를 제작해 카라칼라 욕장, 포룸 로마눔의 불에 탄 아이밀리아 바실리카의 유적, 캄푸스 마르티우스의 도미티아누스 황제의 낡은 경기장 그리고 100년 넘게 신녀들이 자리를 비운 베스타 신전을 포함한 여러 건물을 수리했다. 그리고 하수관 청소 및 보수를 지시했으며, 수로 역시 손을 보고 건축가를 감독관으로 보내 낡은 건물들을 보존했다.

테오도리쿠스는 건축에만 관심이 있는 것이 아니었다. 그는 로마의 고대 전통 보존에도 힘을 썼다. 옥수수 배급을 되살리고 밀

100만 리터를 주문해 돼지고기와 함께 주민들에게 나누어주었다. 검투사 경기를 도덕적으로 혐오스럽게 여겼지만 로마인의 오락거리로 부활시키고, 곡예사들을 고용해 경제적인 새 오락거리를 도입했다. 곡예사들은 야생동물을 죽이는 대신 훌쩍 뛰어넘으며 조롱했는데, 투우의 초기 형태와 비슷한 오락이었다. 마지막으로 테오도리쿠스는 오랫동안 찾아볼 수 없었던 방법으로 로마 원로원에 경의를 표했다. 동전과 공식 명문에 '원로원의 법령으로'(Senatus Consulto)라는 뜻의 오래된 약자 "SC"와 로마가 아직 공화국임을 의미하는 (500년이나 된 허구이기도 한) "Res Publica"를 새겨 넣는 방법이었다. 더불어 그는 "Invicta Roma", 즉 '정복되지 않은 로마'라는 문구도 사용했다. 하지만 이미 2번이나 약탈을 당한 후였기에 공허한 낙관적인 표현에 지나지 않았다.

테오도리쿠스의 좋은 의도가 효과가 있었는지는 의문이다. 기와 2만 5000장은 낡아가는 기념물에 별다른 영향을 미치지 못했을 것이고, 고대 칭호를 되살린다고 과거와 같은 로마를 만들 수는 없었다. 예전처럼 전통은 귀족 계층에 의해 유지되었지만 6세기 무렵에는 그것마저 제대로 되지 않았다. 과거 408년에서 온 부유한 기독교 귀족이라면 그들의 안락한 세상이 거의 사라져버렸다는 것을 알아차릴 수 밖에 없었다. 408년 무렵 2,000여 명이던 원로원은 50~80명으로 줄었고, 그 대부분이 재산 자격 요건을 맞추려 안간힘을 썼을 것이다. 대다수의 로마 명문가는 반달인의 약탈 이후 시칠리아나 콘스탄티노플로 피신했으며, 그들의 저택은 폐쇄

되거나 폐허가 되었다. 로마는 아니치가(알라리크의 서고트인에게 도시의 성문을 열어줬다고 비난받은 프로바의 가문)라는 단일 가문에 의해 장악되었고, 그 일가가 갈리아부터 콘스탄티노플에 이르는 지방의 고위직을 차지하면서 국제적인 일족을 형성했다.

로마의 전통은 귀족과 함께 쇠퇴했다. 오늘날까지 전해진 바에 따르면, 원로원이 경기에 돈을 아낌없이 썼던 마지막 시점이 알라리크의 공격 후 10년이 지난 424년이었다. 다시 말해 반달인의 약탈 이후로는 값비싼 경기에 돈을 쓸 수 있는 사람이 없었다. 게다가 반달인이 장악한 아프리카에서 이국적인 동물들을 구하기도 어려웠다. 5세기 말에는 값싼 경기조차 드물어져 원로원들이 콜로세움의 자기 좌석에 굳이 이름을 새기지 않았다. 경기 개최를 담당하는 고대 공화정의 직책들도 따라서 사라졌다. 우리가 알 수 있는 사실은, 523년 이후로 집정관이 개최하는 경기가 없었고 534년 이후에는 집정관 역시 사라졌다는 점이다.

대부분이 쇠락해가는 이런 어려운 시기에도 새롭게 성장하는 영역이 있었다. 로마에서 가장 아름다운 몇몇 교회가 이 시기에 생겨났다. 웅장한 산타 마리아 마조레 바실리카는 430년대에 지어졌고, 아벤티누스 언덕의 우아한 산타 사비나 바실리카도 같은 시기에 완성되었으며, 첼리우스 언덕에 있는 산토 스테파노 로톤도는 5세기의 후반부에 지어졌다. 베드로, 바울 그리고 라우렌티우스의 위대한 순교자 교회 주변으로 순례자를 위한 수도원과 호스텔이 생겨나면서 도심 바깥의 정착지가 확장되었다. 동고트왕국의 평화

↑ 로마 문화가 쇠퇴해가던 5세기 후반 유일하게 새로 지어진 건축물은 교회뿐이었다.
그 당시의 교회 중 하나인 산토 스테파노 로톤도.
↓ 병을 치료하는 성인을 모셨던 산티 코스마 에 다미아노 바실리카.

로운 40년 동안 상당히 많은 순례자가 방문했다. 500년경에는 산 피에트로 바실리카 앞에 순례자를 위한 커다란 간이 공중변소가 설치되었다.

이것은 또 다른 큰 변화를 가져왔다. 408년에서 넘어온 우리의 기독교 귀족은 537년의 로마에는 이교도가 거의 없는 것을 깨달았을 것이다. 당시 기독교는 완전한 승리를 거두기 직전이었다. 애석하게도 이것이 곧 로마의 종교적 통일을 의미하지는 않았다. 여러 측면에서 분열의 양상이 전보다 복잡해졌고 기독교인 사이에서 갈등이 발생했다. 498년에서 506년까지 로마 교회는 교황 후보들 간의 경쟁으로 최악의 분열을 겪었는데, 계급적·국제적 차원이 모두 개입되었기 때문이다. 이 시기에 비잔틴제국은 예수의 인성과 신성에 관하여 이견을 지닌 두 기독교 운동의 대립, 즉 단성론자(Monophysites)와 양성론자(Dyophysites) 간의 치열한 다툼으로 크게 동요했다. 비잔틴제국의 아나스타시우스 황제는 중도적인 교리를 담은 헤노티콘(Henotikon) 화합 칙령을 도입해 갈등을 극복하려 했으며, 이에 동조한 교황 후보 라우렌티우스를 지지했다. 대중은 아나스타시우스의 개입을 콘스탄티노플보다 위에 있는 교황의 최고 지위에 대한 도전이라 여겨 분노했다. 귀족과 고위 성직자는 라우렌티우스를 지지했고, 하위 성직자와 가난한 사람들은 그의 경쟁자인 심마쿠스를 지지하면서 계급 갈등이 발생했다. 로마의 전차경주팀들도 이에 연루되어 심마쿠스를 지지하는 대중주의적인 녹색팀과 라우렌티우스를 지지하는 귀족적인 청색팀으로 나뉘었다. 가장 큰 폭동은 귀족들이 노예를 시켜 심마쿠스 추종자들을 공격해 로마의 중심지에서 내쫓으려 함으로써 시작되었다. 시가전이 벌어지고 사제들이 살해당하고 수녀들은 수도원에서 쫓겨나 옷이 벗겨지고 구타당했다. 이런 다툼이 길어지면서 건축물에도 영향을 끼쳤다. 로마 중심지 출입을 금지당한 심마쿠스가 교외에서 교회 건설을 시작하면서 야니쿨룸 위로 산 판크라치오 같은 바실리카들이 생겨났다. 이때에도 도시 밖에 서 있었던 산 피에트로 바실리카는 웅장한 계단, 분수대, 공중변소까지 새로 얻게 되었다.

분쟁 내내 신중하게 중립을 지킨 유일한 인물이던 테오도리쿠스 왕 역시도 결국 종교 갈등에 휘말리게 되었다. 알라리크의 서고트인과 마찬가지로 대부분의 동고트인은 예수의 인성과 신성의 본질을 새로운 시각으로 바라보는 호모에안파(현재는 보통 아리우스파로 불린다) 기독교를 따랐는데, 단성론자와 양성론자가 하나같이 이것을 이단으로 간주했다. 일면 현대적이고 유연한 종교적 입장을 취하며 자신이 지지하는 기독교 종파의 우위를 구한 적 없는 테오도리쿠스였지만, 적어도 그에 대한 인정을 기대했다. 테오도리쿠스의 통치가 끝나갈 즈음, 유스티니아누스의 삼촌이자 전임자였던 유스티누스 황제가 비잔틴제국에서 아리우스파 기독교도와 유대교도에 대한 박해 운동을 시작했다. 설상가상으로 이런 종교적 편협성이 서방으로 퍼져나갔다. 523년 로마 교황 요한이 여러 아리우스파 교회를 다시 봉헌하려 하자 폭도들이 라벤나, 베로나, 로마의 유대교 회당에 불을 질렀다. 테오도리쿠스는 이에 대한 보복으로 주동자들을 채찍질하고 베로나의 한 교회를 불태웠다. 분쟁은 테오도리쿠스와 로마인 다수 사이에 험악한 균열을 만들어 내며, 이를 제외하면 매우 성공적인 테오도리쿠스의 통치 기간의 마지막 몇 년을 어그러트렸다.

벨리사리우스가 그 10년 후에 로마로 진군했을 때는 종교적 분쟁이 더 커질 조짐이 보였다. 유스티니아누스는 전임자인 아나스타시우스처럼 새로운 중도 교리인 신(神)고난설(Theopaschism)을 지지함으로써 제국의 분열을 극복하고자 했다. 그는 개인적으로도 해결책이 필요했다. 제국의 수도 콘스탄티노플의 대중과 마찬가지로 유스티니아누스가 양성론자였던 반면, 그의 아내 테오도라는 단성론자를 지지했다. 유스티니아누스가 명령한 벨리사리우스의 첫 임무 중 하나는 황제의 계획에 협력하지 않을 것 같은 고트인 출신의 교황 실베리우스를 퇴위시키는 것이었다. 실베리우스는 팔마리아섬에 유배되어 곧바로 고통을 겪지 않고 죽었다. 그의 뒤를 이어 유스티니아누스파이자 전(前) 콘스탄티노플 교황 특사인 비질리우스가 신고난설을 지지할 만한 인물로서 즉위했다. 그러나 비질리우스가 실베리우스보다 더 오래 교황 자리를 지킬 수 있을지는 금방 석연치 않아졌다. 비질리우스는 비티게스와 엄청난 동고트인 대군이 로마시 밖에 나타났을 때 가까스로 자리를 유지하고 있었다.

동고트인이 8년 만에 로마에 입성하다

로마는 첫째로 편리를 잃었다. 비티게스는 로마시를 포위하고 로마 북쪽 방면에 요새화된 7개의 진지를 구축했으며 수로를 차단했다. (나폴리를 직접 공격한 후 수로의 위험성을 익히 알고 있던) 벨리사리우스는 수 톤 분량의 석조물로 도시 내부 구획을 막아 수로를 더 공고히 차단했다. 도시의 욕장들이 제 기능을 못 하게 되자, 600년 넘도록 공중 목욕탕을 이용했던 로마 거주민들은 샘과 우물 또는 테베레강에서 씻고 마실 물을 알아서 길러야 했다. 식량이 부족했고 벨리사리우스의 명령으로 성벽 야간 보초를 서야 해서 잠도 부족했다.

그러나 편리함은 로마인들의 최대 관심사가 아니었다. 비티게스처럼 그들 역시 벨리사리우스 군대가 아주 소규모인 것에 놀랐다. 처음 시칠리아에 도착했을 당시 어느 정도 되었던 병사 규모는 이후 점령한 도시마다 수비대를 남겨두면서 줄어들었다. 로마에 남은 병력은 5,000명이 채 안 되었다. 앞서 언급했듯 비티게스의 동고트인 병사가 15만 명이나 되었다는 프로코피우스의 주장과 달리 실제로는 2만 5,000명~3만 명 정도로 추정되지만, 그렇더라도 벨리사리우스의 군대와 상대가 안 될 만큼 큰 규모였다. 로마인들은 그를 초대한 것을 후회하기 시작했고 이탈리아 침략은 요청한 적이 없다고 불만을 터트렸다. 비티게스는 그 불평을 듣고 사절을 보내 그들의 사기를 더욱 꺾어놓았다. 프로코피우스에 따르면, 비티게스는 먼저 로마인의 배신을 비난한 다음, 그들이 "이탈리아에 유입된 비극, 무언극의 그리스 배우 또는 도둑질하는 그리스 뱃사람을 제외하면 그리스 민족의 군대에 대해 전혀 알지도 못하면서, 고트인 병력을 스스로 방어할 능력도 없는 그리스 군인 병력으로 대체했다"[4]고 꾸짖었다.

홍미롭게도 비티게스의 병력에 포위된 이들 중 일부는 알라리크의 첫 번째 포위 당시 자기 조상들과 똑같이 두려움에 반응했다. 그들은 과거에 매달렸다. 한참 전에 로마가 전쟁을 치를 때 야누스 신전의 문이 열려 있었다는 점에 집착했다. 포룸 로마눔의 원로원 건물 옆에 위치했던 야누스 신전은 여전히 건재했는데, 신전을 직접 본 프로코피우스는 야누스 동상이 충분히 들어갈 만큼 큰 정사각형의 청동 건물이라고 묘사했다. 비티게스의 포위가 계속되면서, 로마인 중에는 몰래 이곳을 찾아 문을 열려고 한 이들도 있었다. 경첩이 많이 녹슬었던 탓에 실패했지만 시도했다는 증거는 남겼다. 문이 원래대로 닫히지는 않았다. 프로코피우스의 말로는 "이런 일을 시도한 자들은 밝혀지지 않았다. 대혼돈의 시기인 만큼 지휘관들에게 보고되지 않았거나 극히 소수를 제외한 대중에게 알려지지 않아서 조사가 이루어지지 않았다".[5] 알라리크가 약탈하러 온 날 이후로 시대가 변했다. 당시 로마의 최고 권력자들 중에는 이교 신앙을 대수롭지 않게 여긴 이들이 있었지만, 더 이상 그들이 몰랐기 때문에 운 좋게 처벌을 받지 않았다.

그러나 로마인들은 비티게스 가문과 마찬가지로 벨리사리우스를 과소평가했다. 동고트인의 전략과 무기가 알라리크 시대 이후 거의 변하지 않았던 반면에, 동로마제국의 상황은 완전히 달랐다. 재정적으로 어려운 이 시기에 비잔틴 사람들은 예전의 엄청난 대군을 배치할 수 없었지만, 소유하고 있는 최소한의 자원을 최대한 이용하는 데 최적화되어 있었다. 벨리사리우스의 군대는 중무장한 옛 로마제국의 보병부대와 공통점이 거의 없었고, 훈족의 전쟁 집단과는 여러 면에서 비슷했다. 그의 군대는 훈족과 더불어 슬라브족, 게르만 헤룰리족, 게피다이족, 랑고바르드족 그리고 산악 지형이 많은 소아시아 출신의 사나운 민족인 이사우리아족으로 구성되었다. 서로 다른 부족들은 한 가지 공통점을 가지고 있었다. 그들은 활쏘기 명수였다. 벨리사리우스 자신도 그랬다. 포위 중에 일어난 첫 접전에서 벨리사리우스는 동고트인의 공성탑(攻城塔)을 끄는 황소를 겨냥해 한 번에 쏴 죽였다.

벨리사리우스는 포위군을 훈족 방식으로 공격했다. 그것은 소수의 기마궁수 분대들을 보내 상대 병사들을 그들의 진영에서 유인한 다음에 한바탕 소나기처럼 쏟아지는 화살을 날려 많은 사상자를 낸 후, 희생자 없이 달아나는 전략이었다. 그의 군대는 독창적인 장치들도 사용했다. 발리스타(ballista)는 엄청난 힘으로 커다란 금속 화살을 먼 거리까지 발사했으며 한 발에 거인 같은 고트인을 나무에 꽂아버리기도 했다. 오나거(onager, 일종의 투석기)는 바위를 던져 올렸다. 끝이 삐죽삐죽한 쇠창문처럼 생긴 프레임인 울프(wolf)는 흉벽(胸壁) 위쪽에 매달려 있다가, 사다리로 성벽을 기어오르는 적을 향해 아래로 떨어지면서 그들의 등을 찔렀다. 수비군은 손에 잡히는 것이면 무엇이든 사용했다. 동고트인 부대 하나가 산 피에트로 바실리카로 이어지는 (순례자들이 비를 피하도록 만들어놓은) 긴 포르티코 아래로 잠입해 간신히 하드리아누스 무덤의 방위 거점에 들키지 않고 접근했다. 이에 수비병들은 무덤 꼭대기에 있는 거대한 조각상을 부숴 그 조각들을 적의 머리에 던져 물리쳤다.

벨리사리우스는 비티게스의 실수에서 덕을 보기도 했다. 무엇보다도 비티게스는 7개 진지를 모두 로마 북쪽에 구축하여 도시 전체를 둘러싸는 데 실패했다. 남쪽에는 2층으로 된 수로의 아치들을 막아 만든 요새 한 개만이 설치되어 있었다. 이로써 도시에 공급되는 물량은 차단했지만, 로마의 항구인 포르투스(portus)를 손에 넣지 못했다. 로마인들은 한동안 야생초를 먹는 상태로 전락했지만, 이후 동쪽을 통해 돈이나 병사와 함께 보급품을 몇 차례 은밀히 공급받았다. 밀가루를 빻아 빵을 만들기도 했다. 수로에 의해 움직이던 제분기가 멈췄을 때는 벨리사리우스의 기지로 테베레강에 물에 뜨는 제분기를 설치해 강의 물살을 동력으로 사용하기도 했다. 비티게스의 병사들이 굶주림, 질병, 기마궁수와의 작은 접전으로 서서히 그 수가 줄어든 반면에, 벨리사리우스 군대는 병사를 증원해서 병력을 보강했다. 마침내 그는 병력 일부를 로마시 밖으로 빼내 대다수 동고트인 가족들이 무방비 상태로 살고 있던 곳으로 보냈다. 비티게스는 겁에 질렸고 538년 3월 거의 1년을 꼬박 채운 포위 끝에 동고트인들은 자기들 막사를 불태우고 회군했다. 2년이 지나 비티게스는 추종자들을 잃고 라벤나에서 벨리사리우스에게 항복했다. 파두스강(지금의 포강) 북쪽에 자리 잡은 동고트인만이 계속해서 저항했다. 전쟁은 거의 끝난 듯 보였다.

단 축하주를 들기에는 일렀다. 비잔틴제국은 전쟁에서 이겼지만, 승리로 얻은 것을 고스란히 반납한 것과 같았다. 비잔틴제국이 페르시아와 치른 또 다른 전쟁이 크게 잘못되어 벨리사리우스가 동쪽으로 소환돼 가면서, 이탈리아에는 성질이 고약하고 게으르며 무엇보다 욕심 많은 인물이 지휘관으로 남았다. 유스티니아누스 황제는 이탈리아가 반드시 해방에 대한 보상금을 지불해야 한다고 생각해서 황제의 재무담당관 또는 로고테타(logotheta, 사무장)인 알렉산더를 보냈다. 자기 손을 거치는 모든 동전의 가장자리를 잘라내는 버릇 때문에 '클리핑'(Clippings)이라는 별명이 붙은 사람이었다. 알렉산더는 형편이 어려운 이탈리아 주민들을 최대한 쥐어짜고 재산까지 빼앗았다. 이탈리아 황제군으로서 지급받는 보수가 대폭 줄어든 군인과 지휘관은 결국 그의 착취에 동참하게 되었다(탐욕에 관한 한 따로 교육이 필요 없었다). 프로코피우스는 이탈리아인이 곧 야만족을 그리워하게 되었다고 말한다.

6세기를 거치며 이미 충분히 고통받았던 이탈리아인들에게 훨씬 더 큰 재앙이 덮쳐 왔다. 800년 뒤 유럽 전역을 휩쓸게 되는 흑사병과 동일한 페스트가 이탈리아를 강타했다. 이 무렵 프로코피우스는 벨리사리우스와 함께 이탈리아를 떠났으므로 로마가 겪은 일을 기록하지 못했지만, 대신 콘스탄티노플에서 벌어진 일을 생생히 들려준다. 당시 콘스탄티노플은 로마와 달리 여전히 번영을 누리는 인구가 밀집된 도시였다.

> 처음에는 죽는 이들이 평소보다 조금 많은 정도였으나, 이내 사망자 수가 크게 치솟았다. 후에는 전체 사망자 수가 날마다 5,000명에 이르렀고, 1만 명으로 늘었다가 그조차도 다시 갱신하고 말았다. 초반에는 각자 자기 집에 매장하던 시체를 시간이 흐르면서 다른 사람의 무덤에 몰래, 심지어 폭력까지 써가며 버려야 했다. 시간이 흐르면서 여기저기 혼란과 무질서가 극에 달했다. 노예는 주인을 잃었고, 한때 번영했던 이들은 하인이 병에 걸리거나 죽어서 시중을 받지 못했으며, 대다수의 집은 사람이 완전히 거주하지 않는 곳이 되었다.[6]

페스트가 흑사병만큼 치명적이었다면(그럴 가능성이 높으며 실제로 같은 질병이었다) 3분의 1에서 절반에 달하는 이탈리아 인구가 사망했을 것이다.

두 전선에서 패하고 시민 수만 명이 죽어가는 상황에서 황제는 해야 할 일을 알았다. 그는 종교적 개입을 강화했다. 마지막으로 단성론자와 양성론자 사이에서 타협점을 찾으려던 시도가 아무런 성과가 없자 다른 대책을 강구했는데, 그것은 삼장서(三章書)로 알

고대 로마에서 쓰인 전투 무기들.

↑ 활의 원리를 이용해 커다란 발사체를 쏘아 보내는 발리스타.

↓ 오나거는 발사 시 반동하는 모습이 당나귀가 뒷발을 차는 동작과 닮았다 하여 붙여진 이름.

려진 기독교의 세 문서를 공식적으로 비판하는 것이었다. 불행하게도 비질리우스는 유스티니아누스 덕에 로마 교황 자리에 앉았음에도 이 새로운 교리에 따르기를 거절했다. 545년 11월 비질리우스는 트라스테베레의 산타 체칠리아 바실리카에서 미사를 올리던 중 황제군의 분대에 체포당해 테베레강에서 대기하던 배로 끌려갔다. 이 시기에 비질리우스에 대한 평판이 나빴던 데다가 그가 자기 비서와 조카의 남편을 죽였다고 믿는 사람들이 많았다. 영문을 몰라 어리둥절한 로마 군중은 끌려가는 그를 뒤따랐고 배가 출발하자(비질리우스는 그때까지도 중단된 미사를 이어가며 마지막 축복을 읊조리고 있었다) 그에게 돌을 던지며 역병으로 죽으라고 외쳤다.

비잔틴제국이 이탈리아 점령을 마침내 풀었던 이유는 유스티니아누스의 종교 개입이나 탐욕스러운 세금 징수, 또는 역병이 아니었다. 흐리멍덩한 벨리사리우스의 후임자들이 한 번도 정복하려 들지 않았던 파두스강 북쪽의 동고트인은 비티게스보다 훨씬 강력한 통솔력을 보여준 새로운 지도자를 선택했다. 그가 바로 토틸라였다. 간략하지만 그의 품성이 드러나는 기록이 있다. 프로코피우스에 따르면, "토틸라는 놀라울 정도로 신중하고, 힘이 극도로 넘치며, 고트인들이 매우 존경하는 뛰어난 사람"[7]이다. 그러한 토틸라는 그가 이끄는 동고트인의 전략적 열등함을 보완할 해답을 찾았다. 기습을 이용하는 전략이었다. 즉 매복으로 적들을 곤경에 빠뜨리고 그 틈에 전사들이 빗발치는 화살을 피해 가까이 다가가 타격을 가할 수 있었다. 비잔틴제국은 페르시아의 동쪽 전선에서 고전 중이었기 때문에 이탈리아 병력을 강화할 수 없었다.

토틸라는 또한 정치적으로 영민했으며 정적들에 비해 이탈리아 사람의 마음을 얻는 수완이 좋았다. 북부에서 벨리사리우스의 후임자들을 압도적으로 물리친 후 로마를 우회해서 나폴리를 포위했으며, 나폴리가 항복하자 굶주린 시민들을 세심하게 보살폈다. 시민들은 너무 약해진 상태라서 공포에 질려 나폴리를 떠났더라면 대다수가 목숨을 잃었을 것인데, 토틸라가 그들을 나폴리 안에 가두고서 도시 밖으로 나갈 수 있을 정도로 기운을 차릴 때까지 식량을 들여 보냈다. 그의 경호원 하나가 나폴리 여인을 범하자 동고트군에서 인기가 높은 군인이었음에도 불구하고 사형을 고집했다. 그는 이탈리아 농부들이 안심할 수 있게 내버려두는 한편, 밭을 갈아 탐욕스러운 관리 대신 자기에게 세금을 내도록 했다. 농부들은 대부분 그런 조치를 환영했을 것이다.

나폴리 점령 후에 토틸라는 로마로 눈을 돌렸다. 하지만 그는 비티게스의 실수를 되풀이하지 않기 위해 주의했다. 그는 우선 로마와 가까운 오늘날의 티볼리를 비롯하여 북쪽의 여러 도시를 점령했다. 그러고는 작고 빠른 배로 동고트 해군을 조직해서 나폴리와 아이올리아 제도에 주둔시키고 동쪽에서 오는 수송선을 가로챌 준비를 시켰다. 먼 곳에서부터 봉쇄하는 그의 전략이 비티게스의 불완전한 포위보다 훨씬 효과가 뛰어났다. 545년 말, 비티게스가 떠난 지 7년 만에 토틸라는 마침내 로마로 진군할 준비가 되었다. 당시 로마에 있었던 고트인 출신의 비잔틴제국 지휘관인 베사스는 벨리사리우스의 전략을 모방해 기마궁수 부대를 보내 포위군을 괴롭혔지만, 매복하고 있던 토틸라의 함정에 빠져 크게 사상자를 내고 말았다. 그것이 베사스가 위험을 무릅쓰고 시도한 마지막 공격이었다.

포위 공격의 효력이 나타나 로마의 식량난이 심해질 즈음 기대하지 않던 곳에서 도움을 주었다. 그 출처는 비질리우스 교황이었다. 앞서 로마 군중이 던진 욕설과 돌을 맞으면서 테베레강을 타고 남쪽으로 끌려가는 모습을 보였던 비질리우스는 시칠리아에 감금되어 삼장서를 비난했다는 이유로 종교적 양심을 심의받는 중이었다. 그런데 당시 (때마침) 시칠리아는 비교적 풍족한 식량을 바탕으로 평화로운 시기를 보내고 있는 그 일대에서 몇 안 되는 곳 중 하나였다. 비질리우스는 로마 교구민을 돕기 위해 곡물을 실은 배를 몇 척 보냈다. 그러나 로마의 운이 다했던지 포르투스에 다다르는 그 배를 그곳에 들어와 숨어 있던 몇몇 동고트인이 보았던 것이다. 흉벽 위에 있던 황제군은 망토를 흔들며 경고 신호를 보냈지만, 선원들은 황제군이 자신들이 반가워 흥분한 것이라 오해하고 그대로 항구로 들어왔다. 결국 모두가 붙잡혔다. 토틸라는 평범한 이탈리아 사람들에게 친절을 베풀었지만, 자신에게 저항하는 사람들에게는 일말의 자비도 보이지 않았다. 붙잡은 선원 전부를 처형했으며, 선단에 주교 1명이 타고 있다는 정보를 알고 나서 그를 잡아 심문한 후 완전히 거짓말쟁이라고 결론짓고 그의 양손을 잘라 버렸다.

비질리우스가 보낸 식량이 무사히 도착했더라도 대다수 로마인에게 돌아갔을지는 의문이다. 콘스탄티노플의 지휘관 베사스는 포위 공격을 재산을 모을 기회로 여겼기 때문이다. 베사스와 그 아래 지휘관들의 행태는 프로코피우스의 기술에서도 드러난다.

> 로마시 성벽 안에 어마어마한 양의 곡물을 자신들의 식량으로 비축해두었다. [⋯] 그들은 병사들과 더불어 자기 할당량을 끊임없이 빼내 부유한 로마인에게 높은 가격에 팔았는데, 곡물 약 1부셸(곡물이나 과일을 세는 단위로 약 46리터에 달한다—옮긴이)의 가격이 금화 7냥에 달했다.[8]

로마인들은 베사스에게 대표단을 보내 식량을 줄 수 없다면 자신들을 죽이거나 아니면 로마를 떠날 수 있게 해달라고 호소했다. 베사스와 그의 관리들은 그들에게 식량을 주는 것은 불가능하고, 그들을 죽이는 것은 불경한 일이고, 놓아주기는 너무 위험하다고 답했다. 가난한 로마인들은 쐐기풀을 끓여 먹었고 부자들은 금으로 터무니없이 비싼 베사스의 곡물을 샀다. 결국에는 수비대조차 식량이 떨어져 (베사스를 제외하고) 모두가 쐐기풀에 의존할 수밖에 없었다.

> 그러나 이 먹을거리로는 부족했다. 결코 쐐기풀로 허기를 채울 수 없었으므로 몸은 완전히 말라 비틀어졌고, 피부는 점차 납빛으로 변해 유령이 따로 없을 정도였다. 쐐기풀을 씹으며 걸어가다가 갑자기 죽음이 찾아와 땅에 쓰러지는 일도 비일비재했다. 그리고 이제는 서로의 배설물까지 먹기 시작했다. 기근의 두려움으로 제 손으로 파멸을 택하는 자들도 많았다. 잡아먹을 개나 쥐 또는 어떤 종류의 죽은 동물도 아예 찾아볼 수가 없었기 때문이다.[9]

다섯 아이를 둔 한 아버지가 어느 다리에서 아이들이 보는 가운데 뛰어내려 죽자, 결국 베사스는 마음이 약해져 로마인들에게 로마시를 떠나는 것을 허락했고 실제로 많은 이가 떠났다. 하지만 너무 약해져 있던 그들은 대다수가 피난 중에 죽었고, 일부는 포위 병사들에 붙잡혀 살해당했다.

모든 것이 끝장났다고 보이던 바로 그때, 희망을 걸어볼 일이 생겼다. 벨리사리우스가 포르투스에 새로운 군대를 이끌고 상륙했다. 지독히 인색하고 자기 장군을 의심했던 유스티니아누스 황제는 그에게 형편없는 군대를 주었음에도 벨리사리우스는 최선을 다하겠다는 결의를 다졌고 로마를 구해낼 기발한 계획을 생각해냈다. 토틸라가 프로투스와 로마 사이의 테베레강을 사슬 하나와 높은 목조탑 2개로 차단해놓은 사실을 알고 있던 벨리사리우스는 중무장한 배로 선단을 만들었다. 배 하나에는 고트인들의 것보다 더 높은 목조탑을 세우고, 그 꼭대기에 역청, 유황, 송진 및 기타 가연성 물질로 채운 조그만 배를 올려두었다. 벨리사리우스는 포르투스에 (군사작전에 데려온) 부인을 남겨두고, 지휘관 이삭에게 어떤 경우에도 함부로 성벽 밖으로 나가지 말라고 지시한 후 선단과 함께 출발했다.

벨리사리우스는 곧 강을 막은 사슬을 걷어 올렸으며, 방화용 배를 이용해 고트인들의 탑 하나를 불태웠다. 한편 지휘관 이삭은 벨리사리우스의 성공을 듣고 그 영광을 함께 나누려고 포르투스에서 배를 끌고 나와 고트인 진영을 공격했지만 복병을 만나 잡히고 말았다. 무슨 일이 일어났는지 이상한 소문이 벨리사리우스의 귀에 들어갔고, 그는 "대경실색해서 어떻게 이삭이 잡혔는지 내막도 알아보지 않고, 포르투스와 그의 아내 모두를 잃었다고 생각한 나머지 그만 말문이 막혀버렸다".10

벨리사리우스는 서둘러 포르투스로 돌아갔다. 그는 자신의 실수와 기회를 놓쳐버린 것을 깨닫자 병이 들어(역병이나 말라리아로 추측된다) 거의 죽은 목숨이 되었다.

로마에서는 베사스가 사리사욕을 채우기에 바빠 로마시의 방비 점검에 소홀했다. 장교들은 성벽의 야간 순찰을 돌지 않았고 (대부분의 로마인이 죽거나 떠나서 얼마 남지도 않은) 파수병들은 졸기 일쑤였다. 라테라노의 산 조반니 바실리카 근처의 아시나리아 성문을 책임지던 이사우리아족 병사 4명은 그들만의 돈벌이를 개발했다. 그들은 성벽 밖으로 밧줄을 내려 아래로 내려간 다음, 토틸라 진영으로 가서 그를 로마시로 들여 보내주겠다고 제안했다. 토틸라는 후한 보상을 약속했고 며칠 후인 546년 12월 17일, 아틸라의 군대가 근처에 모여 있는 가운데 고트인 4명이 이사우리아인들이 내려준 밧줄로 성벽을 올랐다. 고트인 병사가 성문을 잠그는 거대한 나무 빗장과 철제 잠금장치를 도끼로 박살내자 성문이 열렸다. 1년간이나 포위되었던 로마는 공격이나 기근이 아닌 배반으로 다시 함락되었다.

> 당연히 로마는 소란과 혼란에 휩싸였다. 대부분의 로마 병사가 그들의 지휘관과 함께 서로 다른 문을 통해, 각자에게 쉬운 경로를 택해 도망쳤고, 소수의 병사는 나머지 로마인들과 함께 피난처로 몸을 옮겼다. 귀족들 중에서는 데키우스와 바실리우스가 (운 좋게 타고갈 말이 있어서) 몇몇 다른 사람과 함께 베사스를 데리고 탈출할 수 있었다. […] 하지만 일반인의 경우 도시 전체를 통틀어 겨우 남자 500명만 남았으며 이들은 어렵게 피난처를 찾았다.[11]

동고트인들은 8년이나 시도한 끝에 로마로 들어오게 되자, 흥분한 나머지 로마인들을 닥치는 대로 죽였다. 이런 만행은 펠라기우스라는 성직자가 토틸라를 설득해 중단시키기 전까지 계속되었다. 대신에 그 이후로는 약탈이 시작되었다. "그(토틸라)는 귀족들의 집에서 값나가는 물건들을 한껏 찾아냈는데 무엇보다도 베사스가 지냈던 집에서 가장 큰 성과를 올렸다. 이 비열한 인간은 앞서 말한 것처럼 곡물값으로 어마어마한 금액을 챙겨왔는데, 불운하게도 토틸라를 위해 모은 셈이 되었다."[12]

1,500년 동안 그리고 3번의 약탈 동안 로마인들이 지금처럼 나락으로 떨어졌던 때가 없었다. 노예나 시골사람이 입던 옷을 입고, 적에게 빵이나 다른 먹을 것을 구걸하는 곤궁한 처지가 되었다. 토틸라가 병사들이 여자들을 건드리지 못하게 해서 "기혼이든, 미혼이든 또는 과부든 단 한 사람의 여자도 개인적으로 욕을 보는 불운을 겪지 않았다". 하지만 그는 도시 자체에 대해서는 조금도 가차 없었다. 이곳저곳에 불이 일었다. 강에서 멀리 떨어진 제방에 있는 트라스테베레 전 구역에서 불길이 솟았다. 토틸라는 나머지도 파괴할 준비를 했다. 고트인에게 배은망덕했다는 이유로 붙잡은 원로원들을 꾸짖은 후 "여러 곳에서 방어벽을 파괴해 전체 성벽의 3분의 1이 파괴되었다. 그는 가장 아름답고 가장 뛰어난 건축물들을 불태워 로마를 양들의 목초지로 만들려던 참이었다".[13]

그러던 그가 마음을 바꾼 것은 벨리사리우스 덕분이라고 프로코피우스는 말한다. 토틸라의 의도를 알게 된 벨리사리우스가 그에게 쓴 편지 전문이 인용되어 있다. 이것은 분명 벨리사리우스가 아니라 프로코피우스가 썼을 것이다. 그렇더라도 대단히 놀라운 글이다. 프로코피우스는 첫 번째 포위를 로마에서 직접 겪으면서 큰 인상을 받았을 것이다. 로마에 대한 그의 언급은 그것이 쓰인 1,500년 전보다 오늘날의 도시에 더 정확한 표현처럼 느껴진다.

> 이제 태양 아래 모든 도시 가운데 로마가 가장 위대하며 가장 뛰어나다는 사실에는 아무런 이견이 없습니다. 로마는 한 사람의 능력으로 만들어지지 않았기 때문입니다. 그 위대함과 아름다움은 단기간에 얻어진 것이 아니라 수많은 군주, 수많은 유능한 인재, 유구한 세월, 엄청난 부의 풍요로움이 이 세계의 모든 다른 것들 그리고 숙련된 노동자들을 함께 로마로 불러들였기 때문입니다. 그리하여 그 모든 것이 조금씩 귀하께서 보시는 바와 같은 이 도시를 세웠으며, 미래 세대에게 그 모든 것의 능력이 집적된 기념물들을 남겼습니다. 그러므로 이 기념물들에 대한 모욕은 분명 역대 모든 남자에 대한 중범죄로 여겨질 것입니다.[14]

프로코피우스가 말하기를, 편지를 여러 번 읽은 토틸라는 마음을 누그러뜨리고 결국 도시를 불태우지 않기로 동의했다. 로마는 살았다. 하지만 아직도 절망적인 상태였다.

> 그렇지만 로마인들의 경우, 그는 원로원의 모든 의원을 직접 데려갔고 다른 남자들은 아내, 아이 들과 함께 캄

↖ 테오도리쿠스의 딸이자 동고트 여왕 아말라순타.
↗ 아말라순타와 함께 동고트왕국의 공동 지배자에 오른 테오다하드.
← 아말라순타의 사위이자 동고트왕국의 4대 왕 비티게스.
→ 동고트왕국의 6대 왕 토틸라.
↙ 비잔틴제국의 황제 유스티니아누스 1세.
↘ 537년 선출된 교황 비질리우스.

> 파니아로 보냈으며, 단 한 사람도 로마로 들여보내지 않아 로마는 이제 완전히 텅 비었다.[15]

건국 이래 처음으로, 150년 전에는 거주자가 100만 명에 육박하며 지구상에서 가장 크고 위대했던 로마가 텅 비었다.

기록에 따르면 그런 상태가 40일 동안 지속되었다. 그때까지도 충격은 끝나지 않았으며, 이후 5년간 로마의 주인은 3번이나 바뀌었다. 로마 점령에 수년을 보냈던 토틸라는 목적을 이루자 로마를 버리고 남진했다. 기회를 노리던 벨리사리우스는 포르투스에서 서둘러 돌아와 소수 주민들의 귀환을 식량을 제공해 유도하고, 병사들을 시켜 성벽이 무너졌거나 뚫린 곳에 돌을 쌓아올렸다. 실수를 눈치챈 토틸라는 빨리 돌아왔으나, 벨리사리우스는 문이 달려 있지 않은 성문을 병사들로 채우고, 고트인 기병대를 물리치고자 마름쇠를 네 방향으로 흩어놓음으로써 가까스로 동고트인을 격퇴했다. 하지만 승리는 잠깐이었다. 2년이 지난 549년에 토틸라는 다시 1년간 로마를 포위했고 이번에도 배신 덕분에 로마 입성에 성공했다. 이번에는 더 많은 이사우리아인이 배신으로 큰 부를 얻은 동포들의 이야기에 고무되어 그 선례를 따르기로 결심했던 터다.

적어도 이번에는 로마를 파괴할 계획은 없었다. 대신 토틸라는 로마를 수도로 삼았다. 결혼하고 싶은 프랑크족 공주의 마음을 얻기 위해 모든 피해를 지체 없이 복구하라는 명령을 내렸다. 하지만 거주민이 거의 없는 도시에서 명령이 어떤 성과를 냈으리라고 보기는 어렵다. 토틸라는 남아 있는 원로원을 모두 소집했고 키르쿠스 막시무스에서 말타기 경주도 열었다.

이 승리의 순간에 동고트인들은 자신들의 시절이 거의 끝났음을 전혀 짐작하지 못했을 것이다. 비잔틴제국이 페르시아와 벌인 동방전쟁에서 전세를 마침내 회복해, 551년 유스티니아누스는 연로한 환관 나르세스의 지휘하에 비교적 큰 군대를 새로 조직해 이탈리아로 보냈다. 2년에 걸친 전쟁을 치른 후 동고트 병사의 수가 크게 줄어, 한때는 제국의 병력보다 수가 적었다. 더욱이 토틸라는 매복을 잊은 지 오래였다. 522년 초, 움브리아의 타기나이에서 그의 기병대는 나르세스 군대를 기습하려 했지만 실패했다. 제국 군대의 기마궁수들이 그들을 궤멸했으며 토틸라도 살해했다. 엘리트층인 자유 동고트인들은 이리저리 고군분투하다가 인원이 너무 줄어 종족 유지조차 어렵게 되자, 561년에 결국 스스로 파멸을 맞았으며 정치 세력으로서 존재 불가능해졌다. 이후 수 세기 동안 고트인의 이름은 이따금 이탈리아의 기록에 나타나지만, 빈도는 계속 줄고 몇 세대가 흐른 후에는 아예 사라지게 된다.

로마는 살아남았다. 그러나 고트 전쟁을 통해서 복합적으로 바뀌었으며, 그 정도는 알라리크의 서고트인이나 반달인의 약탈이 야기한 변화보다 훨씬 컸다. 알려지기로는 토틸라의 경마가 키르쿠스 막시무스에서 열린 마지막 경기였으며, 수십 년이 채 되지 않아 키르쿠스 막시무스는 잡초가 무성한 황무지로 변했다. 로마가 과거 제국 수준의 영광을 되찾게 하려던 동로마제국의 황제 유스티니아누스의 노력은 오히려 로마의 쇠락을 가속하는 결과를 초래했다. 전쟁 동안 그리고 전쟁 후에 마지막으로 남은 로마의 옛 길들이 서서히 사라졌다. 유스티니아누스는 제국 영토에 대한 이탈리아의 새로운 계획의 요지를 보여주는 황제 조칙에서 포룸 로마눔, 강 제방, 항구, 수로를 보수하겠다고 발표했다. 그러나 제대로 된 것은 하나도 없었다.

전쟁이 피해를 끼친 영역 중 하나는 청결이었다. 로마에 한때 공중목욕탕이 800개가 넘게 있었지만 불과 수십 년 뒤에 제 기능을 발휘하는 마지막 공중목욕탕에 대한 언급을 만나게 될 것이다. 이것은 단지 자원 부족에 따른 결과가 아니라, 공중목욕탕이라는 개념이 시대의 유행을 따르지 못했다는 의미였다. 기독교의 시각에서 물은 마시기 위한 것이지 목욕하기 위한 것, 특히나 음탕한 느낌의 쾌락적인 목욕을 위한 것이 아니었다. 고트 전쟁 200년 후에 수로 2개가 복구되어, 산 피에트로 바실리카와 산 로렌초 바실리카 외부의 단순한 목욕탕으로 물이 공급되었다. 이는 성직자와 새로 도착한 순례자(로마에 도착할 즈음이면 온몸을 깨끗이 씻어야 했을 것이다)를 위한 것이었다. 다만 비누는 거의 제공되지 않았다. 이제는 더러움이 깨끗함의 새 기준이었다. 개인 목욕탕의 경우 고트 전쟁 후에 단지 하나만 제대로 작동하고 있었다. 유일무이하고 독특한 것이 된 이 목욕탕은 기능을 유지했다. 그것은 교황들의 집인 라테라노궁에 있던 목욕탕이었다.

공중목욕탕은 사라졌고 국가의 식량 배급도 없어졌다. 고트 전쟁 후 수십 년에 걸쳐, 예전의 배급 제도는 가난한 이들에게 베푸는 교회의 배급으로 대체되었다. 교회의 무료 배급은 곡물 저장소에서 실시되는 경우도 있었다. 이것은 교회가 국가를 대신하는 새로운 시대의 신호였다. 동고트인을 패퇴시켰음에도 이탈리아에 대한 비잔틴제국의 지배력은 한때뿐이었다. 568년 동고트인의 마지막 저항을 격퇴한 지 7년밖에 지나지 않았을 때, 새로운 게르만인들이 이탈리아에 몰려 들어왔다. 이들은 비잔틴제국 군대의 병사로 있으면서 이탈리아에 처음 알려진 랑고바르드족이었다. 제국의 지배력은 바다와 인접한 조그만 지역으로 줄어들었다. 비잔틴의 통제력이 약해지면서 권력의 중심은 교회로 이동해갔다. 교황은 제국과 이교도와 관련한 과거에는 관심이 없었고, 정치권력으로부터 자유로웠으므로 적극적으로 과거를 지웠다. 6세기 말 교황 그레고리우스는 로마의 이교 석상들의 제거에 착수했다. 로마의 위대한 이교 기념물은 지진에 흔들렸고 그것들을 돌보아줄 테오도리쿠스 왕이나 마요리아누스 황제도 없었으므로 부식과 절도로 수난을 당했고, 저지대에서는 홍수로 피해를 입었다. 테베레강의 제방이 훼손되어 로마는 100년에 2~3번씩 재앙에 가까운 범람으로 고초를 겪었다. 589년에 일어난 최악의 범람 중 하나를, 200년이 지나 부제(副祭)이자 역사가인 파올루스가 신뢰할 만한 이야기로 기록했다.

홍수로 물이 급격히 불어나는 가운데, 로마시 테베레강

> 의 수위가 너무 높아지면서 강물이 도시의 성벽을 넘쳐 흘렀고, 상당한 지역이 침수되었다. 그러고는 바로 그 강바닥을 통해서 엄청난 수의 뱀과 무시무시하게 커다란 용 한 마리가 도시를 지나쳐 바다로 내려갔다.[16]

로마의 기념물 중에는 이 힘겨운 시절 덕분에 실상 보존된 경우도 있었다. 고트 전쟁 후 150년 동안 이례적으로 로마에서 어느 크기의 교회도 거의 새로 지어지지 않았다. 그 까닭은 교황들이 기존의 교회를 유지하기도 힘겨운 형편이었으며, 특히 웅장한 산 피에트로 바실리카는 끊임없이 보수해야 하는 골칫거리였다. 새 건물을 지을 수 없게 되자 예전 건물들을 다시 사용하는 방법을 택했다. 6세기 후반에 옛 황궁의 베스티불룸(vestibulum, '입구 안쪽'을 뜻하는 라틴어로 더 큰 공간으로 이어지는 저택의 현관 내지 대기실, 연결 통로의 역할을 하는 공간—옮긴이)이 안티쿠아의 산타 마리아 교회로 개축되었고, 로마 지휘관의 옛 집무실은 산티 코스마 에 다미아노 바실리카로 바뀌었다. 8세기에 옛 원로원 건물은 산티 마르티노 에 루카 교회가 되었다. 무엇보다 7세기 초, 로마에서 가장 아름다운 이교도의 신전인 판테온이 산타 마리아 순교자 교회로 변환되었고, 그로 인해 서서히 쇠락해간 다른 위대한 신전들과 달리 온전히 살아남을 수 있었다.

로마 기관들은 운이 좋은 편이 아니었다. 앞서 본 것처럼 공화정

옛 황궁의 베스티블룸을 개축해 지은
안티쿠아의 산타 마리아 교회 안에 위치한
테오도리쿠스 예배당.

의 관직들은 고트 전쟁 전에 사라졌지만, 그 속에서 살아남은 고대 기구가 하나 있었다. 바로 원로원이었다. 554년 유스티니아누스는 원로원을 재편해 원로원의 재산 자격을 금 100파운드에서 30파운드로 낮췄다. 당시 부유한 지주들이 거의 사라짐에 따라 어쩔 수 없는 선택이었다. 지주들은 대부분 시칠리아나 콘스탄티노플로 달아났거나 랑고바르드족에게 포로로 잡힌 친족들의 몸값으로 남은 재산을 탕진했다. 이런 타협안으로는 원로원의 쇠퇴를 막을 수 없었고, 너무나 조용히 사라진 나머지 원로원이 언제, 어떻게 종국을 맞았는지조차 정확히 알 수 없다. 원로원은 570년대 후반 콘스탄티노플로 대사를 보내 당시 동로마 황제에게 랑고바르드족에 대항하기 위한 도움을 간청했다. 603년에는 (의심스러운 주장이긴 하지만) 원로원들이 로마를 잠시 방문한 비잔틴제국의 황제 포카스를 교황 및 성직자들과 함께 맞이했다고 전해진다. 바로 이듬해에 죽음을 맞이한 교황 그레고리우스는 "원로원은 이제 끝이다"라고 선언했다고 한다. 원로원은 호노리우스 교황의 재임 기간인 625~638년 중에, 그가 원로원 건물을 산타드리아노 교회로 개조하면서 사라졌다는 데에는 의문의 여지가 없다. 한때 지중해를 호령했고 1,200년 전 로마의 왕정시대에서부터 이어져온 의회가 사라졌다.

그러나 일단의 기구들이 사라지자 그것을 대신하는 또 다른 기구들이 생겨났다. 야심 차고 연줄 있는 로마인들은 돈을 따라다녔다. 한동안 로마인은 동로마제국을 위해 일하는 관리나 군인 같은 직책을 탐했다. 그러나 제국의 영향력이 줄어들자 교회로 눈을 돌렸다. 교회는 천국에 가기를 바라는 부유한 기독교인들의 기부로 빠르게 유럽 최대의 지주가 되어갔다. 고트 전쟁 이후 100년이 채 안 되어 로마는 새롭고 약간은 친근한 힘의 질서에 지배되었다. 율리우스 카이사르 시대 이래로 황제들이 맡았던 직책(사제장 또는 폰티펙스 막시무스[Pontifex Maximus, 로마 교황])을 채택함으로써 권력의 꼭대기에는 교황이 있었다. 그 아래로 원로원과 똑같이 비단 슬리퍼를 신는 고위층 성직자들이 있었다.

(마지막은 아닌) 최악의 상황에 처했을 때 로마는 다른 이들의 불행에서 도움을 받았다. 랑고바르드족의 이탈리아 침략이 크나큰 파괴를 불러오면서 사람들은 안전한 로마 성벽으로 모여들었다. 로마에 다시 사람들이 늘어났으며, 6세기 말에는 로마 거주민의 수가 4~5만으로 불어난 것으로 추정된다. 40년이 지나 비잔틴 제국은 아라비아의 이슬람 군대가 튀니지에서 시리아에 이르는 땅을 점령해 영토의 반을 빼앗아 가자 옛 모습으로 돌아갔다. 636년경에 예루살렘이 함락되어 순교자들의 방문이 어렵게 되었다. 이 무렵에 순례자들을 위한 로마의 첫 안내서 『성스러운 장소들에 대하여』가 등장했으며, 예전엔 예루살렘에만 있었던 종교 기념품인 조그만 성유(聖油)병을 로마에서 팔기 시작했다. 로마는 가장 큰 경쟁자를 잃고 기독교인 최고의 순례지가 되었다.

535~554년	동고트인과 동로마제국이 이탈리아 전역에서 고트 전쟁을 벌임
568~774년	게르만 랑고바르드족의 이탈리아왕국
757년	프랑크왕국의 피핀, 로마와 라벤나 일대 영토를 교황에게 기증. 교황령의 성립
774년	프랑크왕국의 샤를마뉴, 랑고바르드족의 이탈리아왕국 점령
800년	샤를마뉴, 산 피에트로 바실리카에서 신성로마제국의 황제 대관식을 치름
10세기	노르만인, 예루살렘으로 성지순례를 떠나기 시작하면서 남부 이탈리아에 도착

4
노르만인

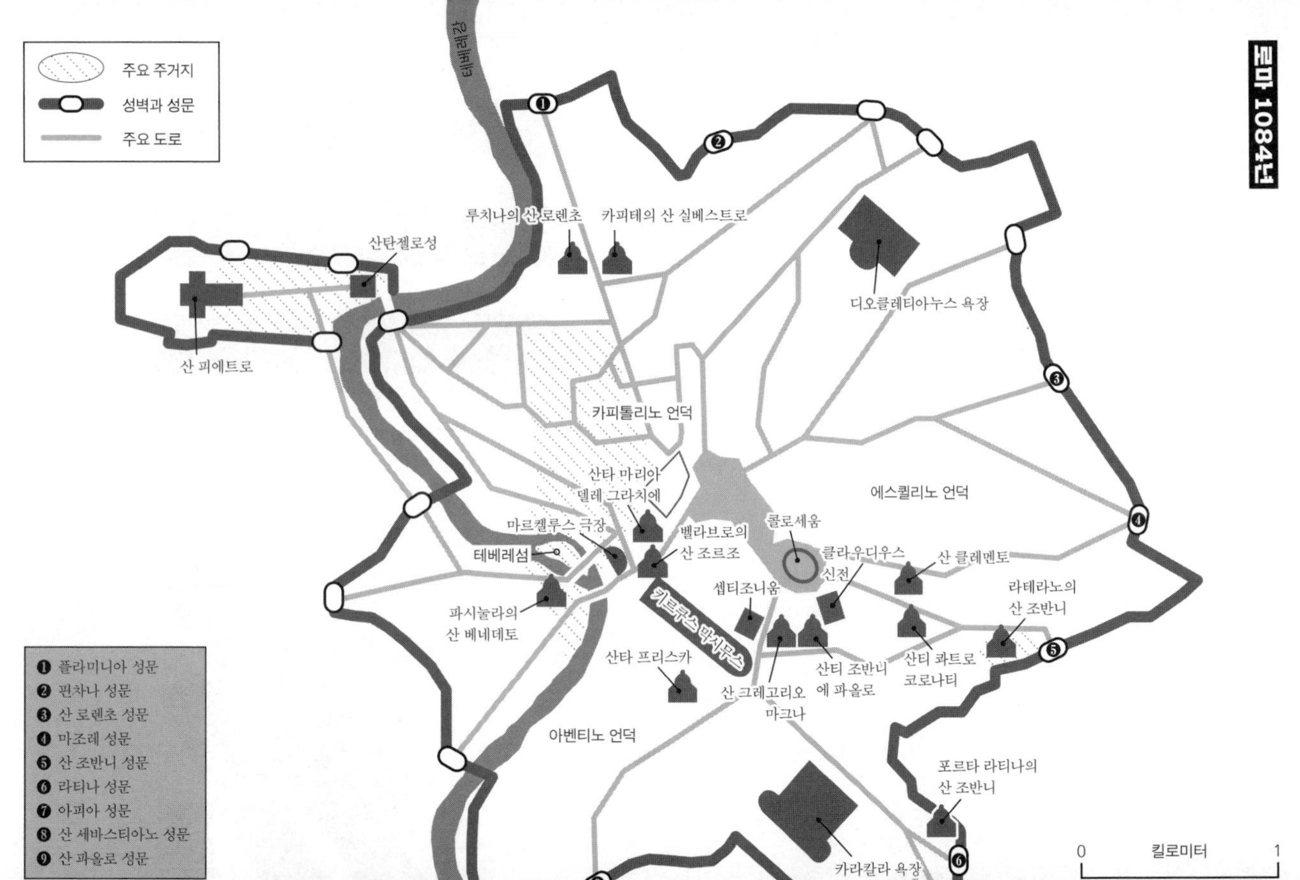
로마 1084년
주요 주거지
성벽과 성문
주요 도로
테베레강
❶ 플라미니아 성문
❷ 핀차나 성문
❸ 산 로렌초 성문
❹ 마조레 성문
❺ 산 조반니 성문
❻ 라티나 성문
❼ 아피아 성문
❽ 산 세바스티아노 성문
❾ 산 파울로 성문
루치나의 산 로렌초
카피테의 산 실베스트로
산탄젤로성
산 피에트로
디오클레티아누스 욕장
카피톨리노 언덕
산타 마리아 델레 그라치에
마르켈루스 극장
테베레섬
벨라브로의 산 조르조
콜로세움
에스퀼리노 언덕
클라우디우스 신전
산 클레멘토
라테라노의 산 조반니
셉티조니움
파시눌라의 산 베네데토
키르쿠스 막시무스
산타 프리스카
산 그레고리오 마그나
산티 조반니 에 파올로
산티 콰트로 코로나티
아벤티노 언덕
포르타 라티나의 산 조반니
카라칼라 욕장
0
킬로미터
1

1081년, 카노사의 굴욕을 견딘 하인리히 4세가 로마 북서쪽에 진을 치다

이탈리아 북부 에밀리아로마냐주의 오르락내리락하는 아름다운 언덕들 사이, 험한 바위투성이 벼랑에 자리 잡은 카노사성은 방문객들에게 인기 있는 장소이다. 대부분이 현지인이지만 카노사성에 특별한 관심을 갖고 독일처럼 먼 곳에서 오는 이들도 있다. 사실 그리 구경할 만한 것은 없다. 벼랑 꼭대기는 넓지 않을뿐더러 산사태로 더욱 좁아졌다. 성탑의 일부와 성당의 둥그런 벽이 아직 남아 있으나 방문객들은 현대적인 박물관에서 주로 시간을 보낸다. 또한 이곳에서 관리인이 극적으로 연출해놓은 지역의 지형지물, 역사 속 인물들의 인형과 카노사성의 커다란 석고 모델을 구경할 수 있다. 버튼을 누르면 교회 음악이 크게 울리고 카노사성의 일부가 기계 장치로 구동되는 산사태 속에 사라진다.

카노사성은 적어도 한 번 파괴되었다 복구되었고, 최고의 명성을 누리던 11세기의 모습이 거의 남아 있지 않다. 당시 이탈리아에서 가장 견고한 요새 중 하나였으며 아래로는 북서 유럽으로 가는 주요 루트가 내려다보였다. 성의 주인은 직접 자신의 군대를 이끌고 전장에 나가는 것으로 유명했던 강력한 현지 통치자인 토스카나의 마틸다였다.

1077년의 추운 겨울 동안 마틸다의 카노사성에 한 손님이 묵고 있었다. 교황 그레고리우스 7세였다. 마틸다는 그의 열렬한 지지자였고 적들은 두 사람이 연인이라고 주장했다. 1077년 1월 25일, 누군가 그레고리우스 교황을 찾아왔다. 그는 몇 주 동안이나 얼어붙은 유럽을 서둘러 건너올 정도로 애타게 그레고리우스를 만나려 했다. 당시 연대기 편자인 헤르스펠트의 람베르트는 어떻게 그와 소수의 추종자가 얼음에 뒤덮인 알프스를 넘고자 고군분투했는지 기록한다.

> 남자 일행들은 이 위험한 상황을 이겨내기 위해 최선을 다했다. 어떤 때는 손과 발로 기어 올라가고, 어떤 때는 안내인들의 어깨에 기대어 가고, 때로는 아슬아슬한 얼음 바닥에 미끄러지고 넘어지고 구르며 […] 안내인들은 왕비와 왕비 집안의 여자들을 소가죽 위에 앉히고 길을 안내하며 그들을 끌고 갔다. 몇 마리 말을 썰매에 태우거나 보폭을 줄이도록 다리를 묶어 끌고 갔지만, 대다수가 끌려가던 중에 죽었으며, 나머지도 대부분 상태가 매우 좋지 않았다.[1]

일행을 이끌고 온 사람은 서둘러야 할 이유가 있었던 독일과 부르고뉴공국, 이탈리아의 왕인 하인리히 4세였다. 그레고리우스 교황이 그를 파면하고 봉건영주들과 성직자들을 이용해 반란을 조장했으며, 최종적으로 그를 퇴위시키기 위한 회의를 주재하러 독일로 가고 있었기 때문이다. 하인리히는 왕좌를 지키려 싸우는 중이었다. 그레고리우스는 자신의 우월한 위치를 십분 이용했다. 헤르스펠트의 람베르트는 하인리히가 도착했을 때 그레고리우스가 따듯한 카노사성에서 얼마나 편안하게 앉아 있었는지 기술했다.

> 성이 세 겹의 성벽으로 둘러싸여 있어 그(하인리히)는 모든 수행원을 밖에 둔 채 두 번째 성벽 안으로 들어가야 했으며, 그곳에서 왕의 의복을 모두 벗고 왕의 지위를 드러내는 그 어떤 것도 없이, 아무런 의전 없이, 맨발로 서서, 금식한 채, 아침부터 저녁까지 교황의 처분을 기다렸다.[2]

헤르스펠트의 람베르트는 하인리히를 확실히 적대시했고 그에게 망신을 주고 싶어 했던 인물이라 당시 상황을 과장했을 확률이 높다. 하인리히는 추운 바깥에서 맨발로 3일 낮과 밤을 버티지 못했을 것이다. 현지인들은 그 3일 동안 하인리히가 근처의 비아넬로성에서 협상을 하며 지냈으며, 그레고리우스가 만남을 허락하자 그때서야 돌아왔을 가능성이 크다고 생각한다. 그렇다 해도 이것은 틀림없이 커다란 사건이었고, 중세 중기의 매우 충격적인 순간 가운데 하나였다. 교황이 유럽에서 최고로 강력한 군주를 꺾어 이처럼 권력을 휘두를 수 있으리라고는 누구도 상상하지 못했다. 하지만 그레고리우스 교황의 승리는 오래가지 못했다. 4년 후인 1081년 5월, 하인리히 왕은 군대를 맨 앞에서 이끌고 성벽 밖에 나타나서는 약간의 복수를 고대했다.

그런데 뭔가 적합하지 않아 보인다. 이번 장의 제목은 독일인이나 하인리히가(家) 사람, 또는 친제국파가 아니라 노르만인이다. 다시 살펴보겠지만, 이것은 성격이 너무나도 다른 세 인물이 연루된 삼파전의 복잡한 위기였다. 난관에 처해 당황한 하인리히 4세, 강압적인 순수주의자인 그레고리우스 7세, 그리고 로베르 기스카르 공작에게 로마인의 운명이 달려 있었다. 기스카르는 전설적인 노르만 군사 정복자로 무척 뻔뻔했고 크게 성공한 인물이었다.

먼저 순수주의자 교황. 교황에 오르기 전에는 힐데브란트로 알려진 그는 토스카나 남부에서 태어나 아벤티노 언덕에서 수도원을 운영하던 삼촌의 권유로 어렸을 때 로마에 온 것 같다. 그는 곧 이 시기에 프랑스로부터 유럽 전역을 휩쓸었던 교회 개혁 운동의 열렬한 지지자가 되었다. 초기 기독교의 겸손, 금욕, 순수함의 덕목에서 멀리 떨어져 표류해온 교회에 대대적인 개혁이 필요한 것은 분명했다. 서유럽 최대 지주로서 교회는 부와 권력을 좇는 사람들을 끌어당기는 자석이 되었다. 주교들은 정치 일선에 나섰고 성직매매가 일상이었다. 사제와 수도사는 농부들이 내는 십일조로 먹고 입으며 그들보다 훨씬 윤택한 삶을 누렸다. 그들은 침실에서의 쾌락도 거부하지 않았다. 9세기 무렵 대가족을 거느린 기혼 사제들이 흔했으며, 11세기 초에는 교회 개혁 운동에 압력을 받아 사제의 결혼에 대한 공개적인 인정은 이전보다 줄었지만 어디까지나 겉치레에 불과했다.

로마만큼 성직자답지 않은 행동이 명백히 드러나는 곳은 없었다. 힐데브란트는 교회가 최악의 상태에 처해 있던 교황 베네딕트 9세 시절 로마에 도착했다. 베네딕트 9세는 강간과 살인, 흑마술에 이르기까지 온갖 기괴한 행동으로 연대기 편자의 비난을 받은 인물이다. 중세 저술가는 흔히 진실보다는 자신의 후원자를 좋게 평가하고 적의 명성을 실추시키는 데 관심이 많았기에 그들의 주장을 곧이곧대로 믿을 수는 없지만, 베네딕트 9세의 경우에는 실제로 심각하게 잘못된 부분이 있었다는 단서가 있다.

투스쿨룸의 언덕 꼭대기 마을에서 한 세대 동안 교황 자리를 석권했던 세도가 출신(그의 사촌 형제 둘이 그에 앞서 교황을 지냈다)의 베네딕트는 12살 또는 14살이라는 어린 나이에 가톨릭 교회의 지도자 자리에 올랐다. 집권 12년 차인 1044년, 로마 대중은 수 세기 동안의 정치적 순종을 끝내고 무장 반란을 일으켜 그에게 항거했다. 이 반란은 귀족 가문의 새로운 세대에 세인들의 관심을 집중시키는 획기적인 사건이었다. 이로 인해 로마인의 어설픈 기준에서도 엄청난 대혼란이 일어났다. 반란군은 새로운 교황 실베스테르 3세를 지지했으나 베네딕트는 교황 자리를 고수했다. 1년 후 마침내 교황직을 다른 후보 그레고리우스 7세에게 넘겨주었지만('팔았다'는 것이 보다 정확한 표현이겠다) 마음을 바꿔 다시 교황직을 빼앗았다.

이 혼란은 하인리히 4세의 아버지인 하인리히 3세가 (36년 후 그의 아들과 마찬가지로) 신성로마제국의 황제에 즉위해 자신의 지위를 공고히 함으로써 정리되었다. 황제 대관식은 250년을 거슬러 올라가 샤를마뉴 대제 때부터 시작된 전통이었지만, 그럴듯한 교황이 필요했다. 적합한 인물을 '찾지' 못한 하인리히 3세는 스스로 그에 맞는 교황을 '만들어'냈다. 1046년 그는 로마 바로 북쪽에 있는 수트리로 찾아가 교회 협의회를 소집했으며 3명의 교황 후보를 모두 묵살하고 개혁 운동을 열렬히 지지하는 게르만족 출신의 자기 후보를 교황에 앉혔다.

상전벽해와 같은 순간이었다. 이후 50년 동안 교황 자리는 교회를 단호하게 초창기 시절의 가치관으로 되돌리려는 사람들의 손에 넘어갔으며, 그들은 볼셰비키 혁명과 견줄 만한 열정을 갖고 노력했다. 로마의 명문가들은 교황직에 대한 소유권을 잃게 되었다. 수 세대에 걸쳐 거의 모든 교황이 로마인이었으나 이후 80년 동안은 교황과 대부분의 고위 성직자가 이탈리아나 독일 등 다른 지방 출신의 이방인이었다. 힐데브란트는 곧바로 개혁파의 기수가 되었으며, 1073년에 그 자신이 교황이 되었다. 교회를 정화하고 유럽 전체의 도덕적 개혁을 감행하고자 작정하고 교황에 오른 그는 자신이 용인하지 않는 결혼을 금지하려 했다. 순수주의를 관철하려는 그의 노력은 불운한 한 개인에게 집중되었다.

그 인물은 바로 삼파전의 두 번째 참가자인 독일과 부르고뉴 공국의 왕이자 이탈리아 왕인 하인리히 4세였다. 힐데브란트가 교황에 오른 1073년에 하인리히는 22살에 불과했지만 이미 힘든 삶을 살아왔다. 아버지의 갑작스러운 죽음으로 5살의 어린 하인리히는 역시나 교회 개혁 운동의 열렬한 지지자인 어머니 아그네스의 섭정 아래 왕좌에 올랐다. 11살 때에는 독일의 거물인 쾰른 대주교 안노에게 납치되었고(안노는 강의 바지선을 보여준다고 하인리히를 꾀어낸 후 그대로 출발했다), 안노는 아그네스를 대신해서 왕국을 통치했다. 15살이 되어 마침내 스스로 왕위에 오른 하인리히가 처음 한 일들 가운데 하나는 중매로 결혼한 베르타와 이혼하기로 발표한 것이다. 베르타에 대해 특별히 불평한 적은 없었기에 단순히 그녀를 좋아하지 않았던 것이 이유인 것 같다. 그러나 이는 불행한 결정이었다. 베르타는 영향력이 대단한 가문 출신이었고 대다수 독일 대공이 하인리히의 결정에 반대했다. 로마의 교회 개혁가들 역시 유력한 군주가 새로운 도덕적 풍조에 흥분해서 그런 행동을 한다면 전체 기독교인에게 오점이 될 것이라고 선언하며 반대했다. 하인리히는 어쩔 수 없이 이혼을 포기하고 아내와 결혼생활을 유지했다. 그는 이 사건으로 크게 타격을 입었다. 이런 위기 속에서 그의 적들은 하인리히가 첩을 들여 사생아를 낳고, 근친과 어린이 성폭행에 이르기까지 온갖 성적 악행을 저지르고 다닌다고 비난했다.

늘 그렇듯이 이런 비난들이 사실이었는지 확인할 방법은 없다. 의도와 상관없이 소문이 힐데브란트의 귀에 들어갔고, 그가 그 내용을 믿었다는 점이 중요하다. 하인리히보다 35살가량 많았던 힐데브란트는 못마땅한 아버지 역할을 맡았고, 이 역할은 하인리히의 어머니 아그네스가 로마로 옮겨 가 힐데브란트와 교회 개혁론자들을 열렬히 지지했기 때문에 더욱 설득력을 얻었다. 아그네스는 힐데브란트만큼이나 아들에게 실망했다. 하인리히의 사생활은 차치하고라도 교회 개혁에 대한 그의 태도 때문이었다. 하인리히는 교회 개혁을 지지하기는 했지만 그의 아버지가 보여준 열정에 비하면 미온적이었다.

이미 틀어져버린 교황과 독일 왕실의 관계는 힐데브란트가 1073년 교황에 오르면서 더욱 나빠졌다. 둘은 권력을 두고 싸웠다. 그레고리우스는 하인리히의 자국 내 주교 임명과 고문 선정을 반대했다. 하인리히가 선정한 고문은 아그네스와 그레고리우스가 싫어하는 인물들이었다. 1075년 후반기 두 사람 간의 승강이가 몇 차례 있은 후, 그레고리우스는 '그리스도의 제국'에(다시 말해 자신에게) 복종할 것을 요구하면서 그러지 않을 경우 하인리히를 결코 신성로마제국의 황제로 앉히지 않겠다고 경고했다. 이에 격분한 하인리히는 그레고리우스의 불법 선출을 주장하며 교황 사임을 요구하는 것으로 맞대응했다. 1076년 하인리히가 위트레흐트에서 독일 성직자 회의를 소집했고 회의에 참석한 성직자들은 그레고리우스가 거짓 수도사라고 선언하며 그를 파문했다. 그런데 한 달 후 부활절에 위트레흐트 대성당은 번개에 맞아 잿더미가 되었고, 대다수 독일인은 그 재앙이 최근 두드러진 논란에 대한 신의 판결이라 믿었다. 승리를 직감한 그레고리우스는 하인리히를 파문하고 독일 대공들과 공모하여 그중 슈바벤의 개혁주의자 루돌프가 왕을 대신할 인물로 대기하기까지 했다. 그레고리우스는 아그네스와 함께

하인리히 4세가 카노사의 산 니콜라 성당에서
토스카나의 마틸다와 클뤼니 수도원장에게
교황과의 중재를 간청하는 모습을 묘사한
동시대의 삽화.

독일로 가서 아이를 벌하는 부모처럼 독일 대공들의 회의를 주재하고 하인리히의 운명을 결정할 것이라고 선언했다. 이에 하인리히는 앞서 본 것처럼 카노사에서 그레고리우스와 담판을 지음으로써 그의 계획을 겨우 막았다. 하인리히는 그레고리우스 교황을 독일 정치의 중재자로 받아들인다고 맹세해야 했다. 이 맹세는 교황이 군주로서 하인리히의 미래를 결정할 수 있다는 뜻이었다.

카노사 사건은 하인리히에게 아픈 굴욕이었지만 한편으로 약이 되었다. 위기를 벗어난 하인리히는 독일로 돌아와 자신의 맹세를 대부분 무시하고 상황을 반전시켰다. 그는 중요 인물들을 자기 편으로 끌어들이는 새로운 수완을 발휘했다. 슈바벤의 루돌프가 독일 왕좌를 빼으려 했고 그레고리우스가 하인리히를 다시 파문했지만, 이번에는 대부분의 독일 대공들과 성직자들이 왕의 편에 섰다. 슈바벤의 루돌프는 1080년 10월 호헨묄젠 전투에서 손 하나, 이어 목숨을 잃게 되면서 더 이상 문제가 되지 않았다. 하인리히는 마침내 정치적 공작을 펼 수 있는 여유를 찾았으며, 카노사의 굴욕을 취소하고 정치적 입지를 최종적으로 굳히기로 결심했다. 그는 로마를 행진하고 신성로마제국 황제에 오를 계획이었다. 다행히도 3년 전에 세상을 뜬 어머니의 못마땅해하는 표정을 참을 필요가 없었다.

1081년 겨울, 하인리히는 독일인과 보헤미아인으로 구성된 다소 작은 군대를 모아서 브레너 고개를 넘었다. 이탈리아에 도착해 이탈리아인으로 병력을 보강한 후 라벤나로 우회해서 개혁에 찬성하는 라벤나의 주교 비베르트를 데리고 갔다. 비베르트는 하인리히의 대안이었다. 그레고리우스가 자신의 설득에도 마음을 바꾸지 않거나 자신을 신성로마제국 황제로 즉위시키지 않으려 한다면, 하인리히는 그를 퇴위시키고 비베르트를 그의 대립교황으로 세울 생각이었다.

이제 궁지에 몰린 쪽은 그레고리우스였다. 그는 하인리히의 작은 군대를 비웃었다. 아무도 식량을 제공해주지 않을 것이므로 그의 군대가 결코 로마에 들어오지 못하리라 예상했다. 하지만 대립교황 비베르트(군 관리에 탁월함을 보여주었다)의 관리하에 하인리히의 군대는 순조롭게 남하했다. 그레고리우스는 이탈리아의 우방인 두 사람에게 도움을 청했다. 그중 첫 번째는 토스카나의 마틸다였다. 그레고리우스를 확고하게 지지하는 마틸다는 할 수만 있었다면 그를 도왔을 테지만, 지난 10월에 그녀의 군대가 랑고바르드에서 온 하인리히 지지자들의 군대에 대패했던 탓에 힘이 남아 있지 않았다.

이로써 그레고리우스의 우방은 하나만 남게 되었다. 삼파전의 세 번째 참가자이자 노르만인인 로베르 기스카르였다. 노르만족은 11세기 유럽에서 쓰인 훌륭한 성공 스토리의 주역이었다. 알라리크의 서고트인과 비티게스의 동고트인이 이탈리아까지 오기 위해 먼 길을 여행했듯이, 로베르 기스카르의 노르만인 역시 그랬다. 그들의 이야기는 200년 전 스칸디나비아에서 시작되었다. 당시 수많은 덴마크 바이킹이 특히 프랑스 북부를 공격하기 시작했다. 바이킹의 공격을 상대하기 힘들었던 프랑크족 통치자들은 북쪽 사람들의 땅 또는 노르망디로 알려진 일부 영토를 바이킹에 내주었고, 이곳에서 이 침략자들은 현지인과 융화하여 프랑스어와 프랑스 방식을 배우고, 반목과 불화에 맞서 싸웠으며, 자신들의 통치자인 노르망디 공작들로부터 박해받으며 지냈다. 일족의 수가 크게 불어나 결국 수많은 노르만족 젊은이는 다른 곳에서 기회를 찾아야 할 형편이 되었다.

이들은 이탈리아 남부에 자주 나타났다. 1066년 이후로 잉글랜드에 정착한 노르만인과 달리 남쪽 노르만인은 거창한 침략 계획의 일환이 아니라 조그만 정복 집단으로서 온 것이었다. 예루살렘 순례길에 그 지역을 발견하고 곧잘 출몰하게 되었을 가능성이 있다. 1020년대에 노르만인들은 분열되고 정치적으로 복잡한 이탈리아의 이 지역에서 온갖 현지 세력의 용병으로 일했다. 그런 현지 세력으로는 랑고바르드 왕족, 비잔틴제국 그리고 당시 교황이었던 베네딕트 8세가 있었다. 노르만인은 처음에는 소수의 이민자였으나 노르망디에서의 싸움과 정치적 박해로 인해 엄청난 숫자로 커졌다. 1030년 일단의 노르만인이 나폴리 근처의 아베르나에서 영토를 (여러 곳 중에서 첫 번째로) 할양받았으며 이후 여러 마을을 점령하고 성을 지어서 그 영토를 확장했다.

노르만인은 잔혹성과 욕심 때문에 여러 곳에서 혐오의 대상이었지만 그들을 없애려는 시도는 없었다. 독일의 개혁주의자 교황 레오 9세는 최선을 다해 랑고바르드의 대공들과 비잔틴제국을 포함한 반(反)노르만 연합을 크게 조직했으나, 1053년 시비타테 전투에서 처참하게 패하고 레오 자신도 포로가 되었다. 이즈음 교황 측은 이탈리아의 주도 세력이 노르만인이라는 사실을 인정하고 그들과 화친을 맺었으며 곧 그들이 쓸모 있다는 사실을 알게 되었다. 개혁을 반대하는 로마 가문들의 오랜 수호자를 위협하고 그들이 자체적으로 교황 후보를 세우지 못하도록 하기 위해 노르만 병사들이 동원되었다. 이렇게 해서 이상을 좇는 순수주의 교회 지도자와 이기적인 노르만 정복자 사이에서 뜻밖의 협력이 시작되었다.

이 모든 정복자 가운데서 로베르 기스카르만큼 빨리 출세한 이는 없었다. 오트빌의 잘 알려지지 않은 노르만 마을의 영주였던 그의 아버지 탕크레는 두 아내와의 사이에서 열두 아들을 두었고 그중 여섯째가 로베르였다. 그리 순조로운 삶은 아니었다. 1040년대 중반에 고향에서 아무런 기회를 찾을 수 없었던 로베르는 이탈리아로 갔다. 한동안 칼라브리아에서 보잘것없는 집단의 우두머리로 어렵게 지내던 그는 노르만인 상속녀 알베라다와 결혼을 계기로 돌파구를 찾았다. 알베라다는 혼수로 기사 200명을 데려왔다. 이들을 등에 업은 로베르는 곧 자기 능력을 발휘했다. 로베르는 몸집이 건장해 위협적이었으며 추종자들을 감동시킬 재능이 있었고 매우 영리했다. 노르만인들은 당대의 연대기 편자들 사이에서 교활하기로 유명했다(맘즈베리의 윌리엄은 그들은 "성공 가능성으로 배신을 고려한다"[3]고 인상적으로 말한 바 있다). 로베르 드 오트빌이라는 성명의 소유자는 같은 노르만인 사이에서도 교활한 사람으로 이름났고 그의 별명 기스카르는 '교활하고 약삭빠르다'는 의미였다.

하인리히 4세가 로마로 진군을 시작할 무렵 로베르 기스카르는 이탈리아에서 35년을 살았으며 지중해에서 가장 강력하고 무서운 통치자 중 한 명이었다. 또한 남부 이탈리아 대부분을 지배했고 동생 로제는 시칠리아 대부분을 자기 이름으로 통치했다. 기스카르도 마찬가지로 화려하게 출세했다. 그는 이제 공작에 올랐으며 그에게 출세의 발판을 마련해주었던 아내를 버리고 랑고바르드족 공주 살레르노의 시켈가이타와 재혼했다.

기스카르는 당연히 교황과 제휴를 맺고 있었다. 짐작하겠지만 도덕관념이 희박한 탐욕스러운 정복자와 강압적인 순수주의 성직자 사이는 순조롭지 않았다. 1073년 그레고리우스가 교황에 오른 후 곧바로 가진 첫 만남에서 로베르는 수상한 마피아 거물처럼 그레고리우스가 제안한 회의 장소를 자신의 영토 밖에 있다는 이유로 거절했다. 그 이후로 두 사람 사이가 이상하게 흘러갔다. 로베르의 불신과 그레고리우스의 자존심이 서로 맞붙었으며, 연대기 편자 몬테카시노의 아마투스가 기록한 바에 따르면 "둘 사이의 불화가 커져 적의와 분노로 이어졌다".[4] 후에 로베르가 자기 조카의 교회 영토 공격을 승인하자 그레고리우스는 그를 파문했고, 이듬해에도 다시 한번 파문했다. 그러나 로베르는 별로 신경 쓰지 않았던 것 같다. 하인리히 4세와 대조적으로, 그레고리우스의 계획은 로베르의 정치적 입지를 약화하는 데 별 효과가 없었다. 입지가 흔들린

교황 니콜라오 2세가 로베르 기스카르의
아풀리아, 칼라브리아, 시칠리아 공작 임명을
승인함으로써 열성적인 개혁 교황과 무자비하고
잇속에 밝은 노르만 정복자의 어울리지 않는
동맹이 결성됐다. 각각 가톨릭 내부 개혁와
주변국과의 대립에서 힘을 얻기 위한 선택이었다.

쪽은 그레고리우스였다. 1080년 6월, 하인리히 4세와의 관계가 악화되자 그는 남쪽에도 적을 두어선 안 된다는 사실을 깨닫고 자존심을 버리고 로베르와 만나 화친을 맺었다. 로베르는 그레고리우스에게 충성을 맹세하며 약간의 금을 주었고, 그레고리우스는 이에 화답해 로베르의 파문을 취소하고 그가 최근에 점령한 영토들에 대한 소유권을 승인해주었다.

그레고리우스는 자신이 가진 것보다 더 많은 것을 주었다. 로베르가 그레고리우스의 문제에 아무런 관심도 없음이 곧 분명해지면서 그는 도움을 구할 우방조차 얻지 못한 셈이었다. 1081년 봄, 하인리히 4세는 이탈리아를 가로질러 남진했다. 당시 로베르 기스카르는 여태껏 그의 가장 야심찬 계획인 비잔틴 정복을 위해 아드리아해 반대편에서 비잔틴 황제 알렉시우스 코멤누스와 전쟁을 치르고 있었다. 그레고리우스 교황은 자신을 도와줄 친구가 없었다. 하인리히의 군대는 도시 성벽의 바로 북서쪽인 '네로의 들판'에 안심하고 진을 쳤다. 아무도 그들을 방해할 자가 없다는 사실을 알았기 때문이다.

하인리히 4세와 그의 군대를 맞이한 로마의 상황은 어땠을까? 이 책이 다루는 로마라는 도시의 7번에 걸친 환생 중에서 1081년의 사건이 확실히 가장 이상하다. 로마는 광활한 폐허 가운데 조그마한 집들이 존재하는 『걸리버 여행기』의 마을 같았다. 많은 로마 사람들이 실제로 '크립타'(crypta)라 부르는 폐허 안에 살았다. 1,000년이나 된 낡은 공동주택 건물의 부서진 잔해 속에, 오랫동안 말라 있는 목욕탕에, 버려진 극장과 경기장의 창고와 복도에 집을 짓고 살았다. 콜로세움은 이제 로마에서 가장 큰 주거 단지였다.

고트 전쟁 직전인 530년대에서 온 로마인이 있다면 그들의 도시가 얼마나 생기 없는 변두리(심지어 시골)처럼 변했는지 충격을 받았을 것이다. 1081년에 도심 한복판인 판테온을 중심으로 한 직사각형 구역마저도 한산할 정도였다. 집은 기껏해야 2층짜리 건물이 가끔 등장할 뿐 대개 단층이었고, 집과 거리 사이에 조그만 안뜰이 있었고 뒤로는 정원이 있었다. 이 직사각형 중심지 밖으로는 거주지가 한층 더 흩어져 있었고 농지와 떨어져 있는 작은 촌락과 마을이 있었다. 그리고 트라스테베레의 대부분 지역을 포함한 도시 외곽 지역에는 대개 과수원과 포도밭이 들어서 있었다.

로마는 이제 작은 도시였다. 1081년의 인구는 2~3만 명 사이로 추정되며, 고트 전쟁 전보다 상당히 작아져서 제국의 전성기에 비하면 50분의 1에서 30분의 1 정도 크기였다. 브렌누스와 갈리아인들이 찾아왔던 때, 그리고 새로운 도시에 속하던 기원전 387년보다 별로 크지 않았을 것이다. 그러나 로마 혼자만 쪼그라든 것은 결코 아니었다. 비록 규모가 줄어들었어도 1081년부터 수 세기 동안 로마는 여전히 서유럽에서 가장 큰 도시였다.

로마는 하나의 도시가 아니라 도시 3개가 모인 곳이기도 했다. 중앙의 직사각형 구역 좌우로 위성도시가 하나씩 있었다. 그 두 도시는 각각 교회의 중심이었고, 치열한 경쟁 관계에 있었다. 서쪽에는 산 피에트로 근처까지 커진 레오니나시가 있었다. 이곳은 '순례자들의 도시'라는 이름을 지니고 있을 만큼 모든 순례자가 머물러야 하는 곳이었다. 그 시대 가장 큰 권력을 쥔 순례자도 예외가 아니었다. 하인리히 4세처럼 신성로마제국 황제의 자리에 오르기 위해 남쪽으로 온 독일 왕들도 마찬가지였다. 독일 왕들은 플라테아 상크티 페트리(Platea Sancti Petri, 산 피에트로 광장)와 마주하는 곳에 궁전을 소유하고 있었는데, 그곳은 왕족의 방문이 (자주 그러하듯) 폭력적으로 변할 때 왕의 추종자들과 로마인들 간의 격전이 벌어지는 장소가 되었다. 로마와 완전히 별개의 존재였던 레오니나시는 다른 곳보다 바쁘고 더 밀집돼 있고 모든 상점이 모여 있는 지역이었다. 거대한 유적 없이 낮고 붐비는 거리가 중세 방문자에게는 마음이 놓일 정도로 친근해 보였을 것이다.

동쪽 끝에는 교황의 정치적 본부인 라테라노가 있었다. 도시의 다른 지역과 벌판을 사이에 두고 분리되어 있는 지역으로 일종의 고위 성직자 마을을 이루고 있었다. 교황의 집인 라테라노궁 주위에는 그들의 권위가 느껴지는 고대 유물이 전시되어 있었다. 그 중에는 청동 암늑대 상이 있었고, 궁전 앞의 트인 공간인 캄푸스 라테라누스에 기독교 부흥의 핵심 인물인 콘스탄티누스 황제로 여겨지는 기마상이 있었다. 하지만 실제 형상의 주인은 이교도 황제 마르쿠스 아우렐리우스였다. 중세 로마인들은 그들의 과거가 흐릿했을 것이다. 다른 한편엔 거대한 조각상의 머리와 손도 전시되어 있었다. 그것이 실제로 콘스탄티누스였음에도 많은 사람이 성서에 나오는 삼손이라고 믿었다.

라테라노는 중세 로마의 심장부에 위치한 종교 행렬의 출발점이었다. 황제가 로마 신민들과 원형극장에서 만났다면, 교황은 길을 걸으면서 만났고 그 어떤 유럽 군주보다도 자주 신민들과 만났다. 1년에 30번씩 교황은 도시 주위에서 진행되는 성대한 행렬에 참여했다. 어떤 때는 말을 타고 어떤 때는 맨발로 걸으며, 고위 성직자들과 진홍색 비단 옷을 입은 귀족들, 평민들, 심벌즈와 하프와 트럼펫을 연주하는 연주단을 대동하고, 길을 따라 미사를 올리며 수 킬로미터를 행진했다. 이 대행렬 가운데 어떤 것은 기독교보다 더 오래된 것이었다. 가장 큰 행렬은 4월 25일에 열리는 대연도(Major Litany)로 로비고 신을 기리는 고대 이교의 도보 경로를 따라갔다. 대다수 교황의 행렬과 마찬가지로 대연도는 상당히 먼 거리를 걸어가는 행사였다. 대연도는 라테라노가 아니라 캄푸스 마르티우스에 있는 아우구스투스의 부서진 거대한 해시계에서 출발해 북쪽으로 수 킬로미터를 걸어 밀비오 다리를 건너고, 다시

(오늘날 로마와 라치오의 수많은 축구 팬들이 스타디오 올림피코에 모여 자기 팀을 응원하는) 테베레강의 서쪽 강변을 따라 되돌아가 마지막으로 산 피에트로에 도착했다. 행렬이 밤에 진행될 때에는 횃불로 길을 밝히고 지붕에 등을 매달고 거리엔 샹들리에를 걸었다. 이런 행렬을 동반하는 가장 큰 축제 가운데 하나가 8월 15일에 열리는 성모 승천 대축일이었다. 이 행렬이 열리는 그 계절과 시간을 생각해보면 실제로 축제를 즐긴 것은 말라리아 모기들이었을지 모른다.

이런 행렬들은 교황이 신민을 만날 기회일 뿐 아니라 신민에게 보상을 주는 기회이기도 했다. 교황은 자신이 미사를 올린 교회에 큰 금액을 내놓았으며, 황제가 경기장에서 관중에게 동전을 뿌린 것처럼 행렬의 경로를 따라 선택된 주택 소유자들에게 돈을 나누어주었고, 성직자와 평신도 관계자들에게도 돈을 주었다. 물론 가난한 사람들에게도 돈을 주었다. 가장 큰 금액은 부활절과 성탄절에 나왔으며, 그때는 로마의 성직자와 평신도 관계자들이 수입, 경비 그리고 보너스를 모두 합한 금액을 한 번에 받았다. 새로운 교황은 새로운 황제와 마찬가지로 집권했을 때에 보통 선심을 베풀었다.

교황은 종종 권력을 얻으려면 돈을 써야 했다. 예전처럼 교황은 자주 경합을 벌여서 선출되었다. 1058년, 살인을 저지른 베네딕트 9세를 반대한 반란이 있기 전에 도시를 장악했던 엘리트 가문의 보수파들은 개혁파를 저지하고 자신들이 지지하는 베네딕트

10세를 교황 후보로 세우며 재기를 시도했다. 그것은 시험의 순간이었다. 새로운 비(非)로마 교회 교계제도가 도입되면 많은 이들이 분개할 것이고, 하위 성직자들은 당시 하인과 침대의 즐거움을 빼앗긴 것에 아마도 화가 났을 것이다. 이후 교황 그레고리우스 7세가 되는 힐데브란트는 적극적으로 반격을 주도했다. 그는 노르만 왕자 카푸아의 리카르도를 설득해 기사 300명을 빌려 왔으며 로마의 유력한 투자가 중 하나인 레오네 디 베네데토 크리스티아노의 도움을 받아 로마인들에게 엄청난 뇌물을 나누어주었다. 힐데브란트의 당근과 채찍 전략은 결실을 보았다. 베네딕트 10세는 로마에서 추방되었으며 개혁 운동가 니콜라오 2세가 즉위했다.

이것은 로마 보수파 가문들의 마지막 순간이었지만 교황 분열이 종식된 것이 아니었다. 4년 뒤에 니콜라오 2세가 죽자 또 다른 위기가 찾아왔다. 이번에는 로마의 옛 귀족들이 아니라 독일 왕실에서 문제가 발생했다. 당시 독일 왕실은 어린 하인리히 4세를 배로 납치한 쾰른의 대주교 안노가 좌지우지했으며 교황 후보로 파르마의 주교 카달로를 내세우기로 결정했다. 힐데브란트는 밤을 새워 로마인들에게 독일 후보를 반대하도록 돈을 뿌렸고 이런 그의 노력이 다시 성공을 거두었다. 카달로가 더 빨리 돈이 떨어지자 지지자들은 그를 버렸고, '개혁주의자의 사람'인 알렉산데르 2세가 교황 자리에 앉았다. 성직 매매를 단호하게 종식하려 했던 힐데브란트가 보인 행동이 놀랍게 느껴질 수 있지만, 그는 뇌물을 목적을 위한 정당한 수단으로 여겼다. 개혁주의자가 교황 자리에 대한 통제권을 잃었다면 교회 혁신의 모든 희망을 잃었을 것이다.

게다가 그레고리우스는 현금 외의 다른 것도 조금 줄 수 있었다. 유럽의 다른 군주들은 땅이나 봉건제 직위를 줌으로써 지지자를 얻었지만 로마 교회는 (로마시뿐 아니라 주변 반경 25킬로미터 내의) 많은 땅을 소유했음에도 교황은 땅을 조금도 내줄 생각이 없었다. 그들은 땅이 필요했다. 과거 황제들과 마찬가지로 중세 교황들은 로마를 먹여 살려야 할 책임을 안고 있었다. 과거에는 황제가 지중해 전역에서 로마로 식량 수송을 주선했지만, 인구가 감소한 중세 로마는 브렌누스와 갈리아인들이 공격해 온 1,500년 전과 마찬가지로 주로 근처 농지에서 직접 식량을 조달받았다.

현금이 많은 교황에게 뇌물은 쉬운 방법이었다. 도시의 관문, 강의 항구, 시장에서 거두어들인 사용세로부터 교황에게로 돈이 흘러 들어갔다. 유럽인이 교황에 바치는 '베드로 헌금'(Denarii Sancti Petri)으로 불리는 세금으로도 충당되었다. 군주나 독실한 개인이 주는 헌금도 들어왔다. 그레고리우스가 최근에 구축한 국제교회법정에 지불하는 수수료와 뇌물도 있었다. 앞서 살펴본 대로 그레고리우스 7세와 평화협정을 맺으며 금을 건네준 로베르 기스카르처럼 교황에게 우호적인 통치자에게서도 돈이 들어왔다. 하인리히 4세처럼 신성로마제국의 황제에 오르기 위해 남쪽으로 온 독일 통치자에게서도 돈이 들어왔다. 이 모든 것들보다도 로마의 가장 큰 돈벌이 수단인 순례자들이 있었다.

그레고리우스가 통치하는 로마에서는 순례자 교역이 성행했다. 개혁주의자 교황들의 통치 아래 청렴했던 로마는 분명히 한층 더 매력적이었다. 장님, 귀머거리, 자식 없는 이들이 저명한 로마 성인들의 도움을 받으려 수천 명씩 몰려들었다. 무엇보다도 순례자들은 성인들이 신과 중재에 나서 그들의 죄를 용서해주고 천국에 자리를 마련해주기를 바랐다. 산 피에트로 바실리카의 천국으로 가는 열쇠는 그 어느 때보다 강렬하게 사람들의 마음을 움직였다. 로미페타이(romipetae)로 알려진 로마의 순례자들은 자기 지역 교회에서 승인을 받고 증표(가죽 지갑)와 지팡이를 사서, 로마로 가는 길고 때로는 위험한 여정을 출발했다. 고행이 죄를 씻어준다고 믿었던 독실한 순례자는 맨발로 걸어가기도 했지만 대부분은 말을 타고 편안하게 이동했다. 순례길을 가면서 그들은 성모마리아의 의복이 보관된 샤르트르 대성당이나 세례자 요한의 손가락이 보관된 모리엔느 성당과 같은 성지에 들러 천상의 공덕을 쌓을 수 있었다.

마침내 로마에 도착한 순례자는 로마의 위대한 교회만 방문하지 않았다. 관광을 하며 로마의 고대 유적지도 둘러보았다. 마르쿠스 아우렐리우스의 동상에서 보았듯 이런 유적지의 유래가 항상 정확할 수는 없었다. 삼손으로 여겨지는 동상과 더불어 부정확한 유적 가운데 가장 압권인 것으로, 로물루스의 무덤, (그 위에 산 피에트로 바실리카가 지어졌다고 주장하는) 율리우스 카이사르 궁전 유적들, 그리고 성 베드로가 개인적으로 숨겨둔 곡물을 네로 황제가 경솔하게 빼앗아 가려 하자 그것이 돌로 변해버리면서 생겨난 오래된 돌더미 등이 있었다. 콜로세움은 한때 광대한 돔으로 덮였던 태양의 신전이라고 주장하기도 했다.

교황들 중에서도 특히 개혁 교황들이 순례자의 주머니를 동전까지 탈탈 털었다. 교회는 순례자가 묵는 숙소에 세금을 부과했고, 산 피에트로 바실리카(동고트인이 하드리아누스에서 벨리사리우스의 군대를 공격했을 때 방어 거점으로 사용되었던 바 있다)로 들어가는 거대한 포르티코에 빽빽이 들어선 상점에도 세금을 부과했다. 그곳에서 순례자들은 장화 수리에서 치아 발치에 이르기까지 모든 서비스를 받을 수 있었고, 침대에 사용할 짚, 말, 기념 묵주, 그리고 성 베드로의 무덤 위에서 불타는 램프의 기름을 담아갈 작은 유리병 등을 살 수 있었다. 무엇보다도 순례자들이 산 피에트로 바실리카의 제단에 던져놓은 동전이 교황의 몫이었다. 이는 막대한 수입의 원천이었고 개혁 교황은 수익금의 반을 빼돌린 중간 징수원을 털어서 자기 몫을 크게 늘렸다.

교황은 심지어 죽은 순례자에게서도 돈을 챙겼다. 순례를 하는 동안 사람이 죽으면 그 사람이 소유한 모든 재산의 소유권을 교회가 가져갔다. 길고 험난한 여행에 지친 데다가 여름철에는 말라리아가 유행했기 때문에 순례 도중에 죽는 경우가 잦았다. 개혁 교황은 이 지역에서 수입을 극대화하려 했다. 1053년에 레오 9세는 대칙서를 내려 병자와 그의 소유물을 숨기는 것을 막았으며, 그들에게 로마를 떠나라고 충고하는 일도 금지했다. 그런 조치들 때문에 로마는 욕심 사납고 부패한 도시라는 악명을 얻었다. 일설에 의하면 '로마인'이라는 단어는 유럽에서 '악용'을 의미하는 용어였으며, 로베르 기스카르의 전기 작가인 가우프리더스 말라테라가 남긴 로마인에 대한 통렬한 묘사가 예외적인 것이 아니었다.

> 당신의 법은 거짓으로 가득 찼고 사악합니다.
> 당신 안에는 타락한 영욕과 탐욕만이 번성합니다.
> 충실함이 없고, 질서가 부재하며, 성직 매매라는 병에 걸렸습니다.
> 이 모두가 당신의 영토를 짓누르고 온갖 것이 판매 중입니다.
> 예전의 성스러운 질서는 (솟구쳐 나오는 물처럼) 당신에게서 흘러나왔습니다.
> 이제 교황 하나로는 부족합니다. 당신은 그런 구별로 둘을 두는 것을 즐깁니다.
> 당신의 신의는 호화로운 과시로 살 수 있습니다.
> 이분이 당신에게 주면 당신은 다른 분을 공격합니다.
> 이분이 당신에게 주는 것을 그만두면 당신은 그 다른 분을 다시 초대합니다.
> 당신은 이분을 저분으로 위협하고, 그로써 당신의 지갑을 채웁니다.[5]

여러 측면에서 이 글은 정확한 평가다. 그러나 로마인의 입장에서 자신들은 아무런 잘못을 저지르지 않았다. 로마인은 단지 자신의 도시와 통치자들이 제공해준 불로소득을 잘 걷어 들이고 항상 해오던 방식대로 활용해서 견딜 만한 삶을 살아가려 한 것이었다. 1,000년이 넘도록 이렇게 기생하며 존재해온 로마가 그 생존 방식을 바꿀 것이라고 기대하기는 어려웠다. 1081년의 로마는 무료 배급과 건축으로 세워진 도시로서 금으로 된 수도꼭지에 물이 쏟아졌을 때, 또는 메말랐던 때를 정확히 반영했다.

고트 전쟁 이후 침체된 200년의 시간 중에서 황금 수도꼭지의 물줄기가 약해져 물이 똑똑 떨어지던 때에는 보여줄 것이 거의 없었다. 이 황량한 시기의 주요 유적은 판테온처럼 교회로 개조된 고대 건물들과 방치되고 붕괴된 건물들이었다. 그러한 유적으로는 8세기에 무너진 로마의 다리 아그리파가 있었다. 콜로세움도 비슷한 시기에 외벽의 절반이 무너지는 피해를 입어 거대한 크기의 돌무더기를 남겼다. 원래 이 사고의 원인을 지진이라고 추정했지만 지금은 콜로세움이 자체적으로 무너진 것으로 본다. 2개의 서로 다른 지반 위에 지어진 콜로세움이 육중한 무게를 이기지 못하고 점차 내려앉으면서(또한 다수의 금속 죔쇠를 도난당해서) 몸체가 떨어져 나간 것이다.

8세기 후반과 9세기 초반에는 건축물이 훨씬 더 많았다. 로마에서 교회들이 새로 세워지거나 개축되었다. 교회는 주로 도시 중심부에 있었고, 순교자 유골을 카타콤에서 가져와 더욱 안전하게 보관하기 위해 지어졌다. 그중에는 트라스테베레의 산타 체칠리아,

(왼쪽 위부터) 하인리히 4세와 대립교황 비베르트
(1080년 클레멘스 3세로 교황에 선출됨).
로마에서 추방되는 그레고리우스. 주교들과 함께
하인리히의 파문을 협상 중인 그레고리우스 7세.
마지막으로 그의 죽음 (오토 프라이징의 연대기,
12세기).

카피톨리노 언덕 아래에 있는 산 마르코, 정교한 비잔틴 양식의 모자이크로 장식된 산타 프라세데가 있었다. 나아가 이때에 아쿠아 비르고를 포함한 3개 정도의 수도관이 복원되었다. 유럽 전역이 호시절을 보내며 게르만족의 대이동 및 침입으로 겪은 거대한 붕괴에서 마침내 회복될 조짐을 보였고, 로마는 특히 교황과 강력한 프랑크왕국의 동맹 덕분에 혜택을 보았다. 이들의 특별한 동맹 관계는 800년 성탄절에 교황 레오 3세가 샤를마뉴 대제에게 신성로마제국 초대 황제의 왕관을 씌워줌으로써 정점에 달했다.

반면 9세기 후반 로마에서는 새로운 건물을 거의 볼 수가 없었다. 황금 수도꼭지의 물줄기가 다시 조금씩 느리게 흘러내릴 정도로 약해졌다. 그 이유는 바티칸의 강 저편에 있었는데, 530년대에서 수백 년을 건너 온 로마인이라면 그곳에서 도시의 가장 큰 변화 하나를 알아챌 것이다. 산 피에트로 바실리카 주변 구역이 아우렐리아누스 성벽 이후 로마에서 처음으로 지어진 새로운 도시 성벽 안에 위치해 있었다. 이 성벽은 그럴 만한 이유가 있어 서둘러 지어졌다. 846년 8월 23일, 아랍에 점령된 시칠리아 군대가 테베레강의 어귀에 상륙했다. 로마 민병대와 외국인 거주자들이 그들을 막기 위해 보내졌지만 곧바로 패퇴했다. 로마의 주요 부분은 성벽 뒤에서 안전했지만 산 피에트로 바실리카는 그렇지 못했다. 아랍 침략자들은 산 피에트로 바실리카의 여러 보물을 약탈했고 심지어 청동 문까지 가져갔다. 교황 레오 4세는 바로 2달 뒤에 새로운 성벽 공사에 착수했다. 이 공사는 지난 수백 년을 통틀어 로마 최대의 역사였고, 프랑크왕국의 국왕 로타르가 그의 제국 전역에서 특별 세금을 거둬 원조해주었다. 로마인으로 구성된 작업반이 폭풍으로 침몰한 두 번째 공격 함대에서 붙잡힌 무슬림 포로들과 함께 성벽 건설에 고용되었고, 도시의 여러 석회 가마가 열심히 고대 대리석 조각들로 석고를 구웠다. 4년 뒤에 마침내 새로운 레오 성벽이 완성되었다. 레오 성벽은 좁다란 편자 모양으로 길이 3킬로미터에 성문이 3개였다. 이것은 한편 로마의 건축 기준이 지난 400년 동안 어떻게 추락했는지 보여준다. 새 성벽은 높이가 아우렐리아누스 성벽의 절반밖에 되지 않았다. 앞으로 보게 되겠지만 이 성벽은 여러 사건에서 로마의 약점이었다.

이 시기에 어려움을 겪은 곳은 로마뿐만이 아니었다. 유럽 대부분이 새로운 침입자 3인방(아랍인, 바이킹 그리고 헝가리 기병대)에 시달렸으며, 통치자들은 자기 왕국의 안위를 도모하느라 로마를 위해 쓸 금이 거의 없었다. 수입이 고갈되면서 로마 가문들이 얼마 남지 않은 수입을 두고 다툼을 벌였으며 도시에 험악하고 무법천지인 시절이 찾아왔다. 처음으로 교황이 살해되는 일이 벌어졌고(심지어 비일비재해진다), 최악의 사건은 897년 교황 스테파누스 6세가 죽은 전임 교황 포르모수스를 여론 조작용으로 공개재판하면서 탄생했다. 스테파누스는 포르모수스의 유해를 파내 교황 예복을 갖춰 입힌 후, 의자에 앉히고 종교 회의를 열어 재판했다. 교황직을 불법으로 취득했다는 혐의에 포르모수스의 시체가 답변을 못 하자 축도의 손(benediction hand)인 오른손에서 세 손가락을 자르고 옷을 벗긴 후 테베레강에 던졌다. 그러나 포르모수스의 유골은 곧바로 복수했다. 몇 달 지나지 않아 스테파누스 6세는 폐위되고 교살당했다.

다음 시대인 10세기의 전반부는 몇몇 기도원과 판테온 북쪽의 세라피스 신전 유적지에 새로 지은 궁전 등 로마에 여러 기념물을 남겨주었다. 이 새로운 건축 열풍은 도시에 대한 지배력을 유지하고자 여러 인상적인 수단을 이용해 권력을 휘둘렀던 테오필라티 가문의 작품이었다. 로마 정치계의 주요 인물이었던 이 귀족 가문의 시조인 테오필라토는 교황 요한 8세를 협력자로 만듦으로써 자기 입지를 강화했다. 전투에서 자기 군대를 직접 지휘했던 성직자인 요한 8세는 아랍인 침략자들을 중앙 이탈리아에서 영원히 쫓아냈으며, 테오필라토가 죽자 로마가 자기 것이 되리라 생각했다. 하지만 그는 테오필라토의 딸 마로치아를 잊고 있었다. 마로치아는 사람을 시켜 요한 8세를 교살했으며 남부 유럽에서 가장 강력한 군주 2명과 잇달아 결혼해 자신의 세력을 강화했다. 마로치아를 권좌에서 밀어낼 수 있는 유일한 사람인 그녀의 아들 알베리쿠스는 자기 어머니를 하드리아누스 무덤의 요새에 가두고 20년간 로마의 왕으로 군림했으며, 낡은 세라피스 신전에 새 궁전을 지은 후 자기 아들을 교황에 앉혔다. 테오필라티가는 친절한 통치자들이 아니었지만 그들의 집권기 로마는 서유럽 최고의 도시로 명성을 날렸다.

그들의 영광스러운 시절은 963년 새롭게 부상한 게르만 왕

오토 1세가 남진해 와서 스스로 신성로마제국 황제의 자리에 오르면서 끝이 났다. 그리하여 점점 더 많은 이상주의적인 게르만 통치자들이 로마 정치에 개입하는 새로운 시대가 시작되었으며, 그들 덕분에 교황직은 개혁주의자들이 좌지우지하게 되었다. 개혁적인 교황들은 교회 건설보다 도덕적 변화에 더 많은 관심을 두었기 때문에 1081년 로마 건축에 거의 자취를 남기지 않았지만, 그들이 집권한 35년 동안 새로운 건물이 다수 등장했다. 이것은 11세기에 유럽 전역으로 확산된 유행의 일부로 높은 지위와 이웃 국가로부터 보호를 제공해주는 성채탑(城砦塔)이었다. 1081년 무렵 로마의 주요 가문 13개는 여러 개의 성채탑을 지었으며 그중 몇 개는 강 건너 트라스테베레에 있었다. 고대 유적에도 성채를 지었는데 유적의 두꺼운 벽체가 성채탑보다 방어력이 훨씬 더 뛰어났다. 프란기파니 가문은 옛 포룸 지역을 기반으로 권력을 잡았고, 콜로세움의 동쪽 부분에 성채를 가지고 있었다. 코르시 가문은 카피톨리노 언덕의 옛 로마 기록 보관소를 개조한 요새 형태의 집을 소유했다. 테베레섬에 기반을 둔 금융업자 레오네 디 베네데토 크리스티아노가 속한 피에르레오니 가문은 옛 마르켈루스 극장을 요새로 만들었다. 팔라티노 언덕을 확장해 만든 거대한 신전 건물인 셉티조디움은 요새로 개축되었다. 그렇지만 도시 로마의 최대 거점은, 1081년에는 크레셴티성으로 알려진 하드리아누스의 무덤(오늘날의 산탄젤로성)이었다.

로마의 13개 주요 가문 사람들은 성채탑과 고대 유적에 지은 요새에서 어떤 삶을 살았을까? 고고학 작업과 법률 문서 연구에서 나온 증거를 통해 530년대에서 온 방문객이라면 참담하게 여겼을 한 도시의 모습을 그려볼 수 있다. 고대 후기 로마의 즐거움은 오래전에 사라졌다. 정확히 어떤 것이 언제 작동했는지는 알 수 없지만, 1081년에는 로마시의 원래 11개 송수로 중 오직 하나만이 작동했던 것으로 보인다. 그 이름은 아쿠아 베르기네로 오늘날의 트레비 분수 일대에 물을 공급했다. 바티칸은 그보다 작은 4세기의 송수로인 아쿠아 다마시아나를 통해 물을 공급받았다. 로마 거주민 대부분은 씻고 마시는 물을 얻기 위해 우물이나 강수량이 많은 계절에만 흐르는 작은 샘물, 또는 테베레강을 사용했다. 즐거움을 위한 목욕은 옛 추억이 되었다.

부유한 로마인조차도 11세기에는 과거에 비해 검소한 삶을 살았다. 로마시의 주택은 여전히 유럽 최고였지만, 고대와 비교하면 기본만 갖춘 정도였다. 가장 이상적인 주거지 중 하나는 판테온 바로 왼쪽에 위치한 알렉산데르 욕탕의 유적지이다. 이곳의 집들은 대리석 계단과 사과나무, 무화과나무를 심은 조그만 정원을 갖추고 있었지만, 역시나 비좁았고 다른 데 쓰였던 벽돌과 돌로 지어져 조악했다. 좀 더 밖으로 나가보면, 중심지 주변의 교외 촌락에서 부유한 로마인들이 농부처럼 살고 있었다. 이들은 정원에 채소를 길렀고, 외부에 설치된 나무 계단으로 올라가는 2층 방에 살림을 꾸렸으며, 바로 아래에서는 가축을 키웠다. 제국의 귀족들은 상

11세기에 콜로세움은 로마에서 가장 큰 주거 단지가 되었다. 12세기까지 주택, 상점으로 이용된 기록이 있고 이후 유력 가문이 사적으로 소유하기도 했다. 그림 속에 표현된 콜로세움 내부는 17세기까지 꾸준한 약탈을 겪고 건설 재료로 쓰이는 한편 몇 차례 생산 시설로의 변경 시도를 버텨낸 후의 모습이다 (피에트로 프란체스코 가롤리, 1690).

상도 하지 못했을 상황이다. 가난한 로마인들은 내구성이 떨어지는 나무로 지은 너비 2~3미터 정도의 작은 거주지에 살았으며, 최초의 로마인이 2,000년 전에 살았던 오두막보다 조금 더 안락한 정도였다.

물론 일정 수준 발전이 이루어진 영역도 있었다. 1127년의 한 문서는 1081년의 로마 가정에 이미 있었을 가능성이 높은 중세의 새로운 발명품, 즉 아늑한 벽난로를 설치한 주택을 기록하고 있다. 로마의 집은 단순하기는 했지만 내부를 잘 갖추어놓은 곳을 어렵지 않게 볼 수 있었다. 당시의 혼수품이나 유서에 나타난 물품 목록을 보면 부엌 용품, 혼수 의복, 침대, 침구류, 정교한 벽걸이 장식품, 호두나무 편지꽂이 등이 있었다. 그중에는 양피지 책(동방에서 종이가 아직 전해지지 않았다)도 있었는데, 이것이 바로 로마인이 다른 많은 유럽인보다 앞선 또 다른 분야였다. 11세기 유럽에서는 성직자 외에 글을 아는 사람이 아주 드물었던 반면, 대다수 엘리트 로마인은 글을 읽을 줄 알았다.

한편 로마인의 건강 상태는 예전보다 조금 나아졌을 것이다. 성가신 것들은 전에 없이 더 많아졌다. 일상적으로 목욕을 할 수 없게 되었으니 끊임없이 벼룩이나 이에 물린 곳을 긁었겠지만, 도시 인구가 상당히 줄어들면서 홍역 같은 질병의 유행 빈도는 감소했다. 1081년의 로마는 500년이나 1,000년 전보다 평균수명이 늘었을 것이다. 언제나 그렇듯이 말라리아가 극성인 시기에 로마시를 벗어날 정도로 여유 있는 부자들이 제일 오래 살았다.

옛 마르켈루스 극장은 11세기에 요새가 되었고 16세기 들어 궁으로 개조되기도 한다. 19세기 판화에서는 1층에 상점이 빼곡히 들어서 있는 것을 볼 수 있다(아래, 1884). 고대 건축물은 도시의 상황에 따라 용도가 계속 변화했다.

병에 걸리면, 11세기 로마인은 우선 죄책감부터 느꼈다. 기독교인의 의학적 사고방식은 도덕적 비난이나 혐의를 제기하는 것이었다. 전염병이나 정신이상을 죄악의 증거로, 그리고 나병을 성적 부정행위의 증거로 생각했다. 그러나 기독교의 부상은 여러 면에서 일반적인 기대만큼 큰 변화를 가져오지는 않았으며, 로마인의 건강 관리법은 이교도 시절과 기본적으로 다르지 않았다. 병에 걸린 조상들이 그랬던 것처럼 중세 로마인들도 종교적인 치료나 전문 의료인의 치료를 받을 수 있었다. 병원이 몇 군데 있었지만 성직자에 의해 운영되는 기도 차원의 치료를 행하는 곳이었다. 병원 역시 주요한 감염지였으므로 독실한 로마인들은 알아서 병원을 피하고 교회로 갔을 것이다. 병자들이 주로 찾아갔을 법한 교회 중 하나가 병을 치료하는 두 성인이 있는 포룸 로마눔의 산티 코스마 에 다미아노 성당이었는데, 이곳은 병을 치유해주는 이교도의 신 카스토르와 폴룩스의 옛 신전 위에 지어졌다. 이교도 아스클레피우스와 같은 중세의 성인들은 모든 의사를 난감하게 한 질병을 앓는 환자들을 어떻게 치료했는지 자랑스럽게 선전했다.

전문적인 의료인을 찾았던 로마인은 대부분의 유럽인보다 더 나은 치료법을 접할 수 있었다. 게르만족의 침략 이후로 의료와 관련된 많은 것이 사라지고 잊혀서 유럽의 의술은 고대 이후로 크게 쇠퇴했지만, 로마와 이탈리아 남부 지방의 사정은 그나마 나았다. 그곳의 의사들이 다른 지역보다 해를 끼친 정도가 덜했고, 1081년에는 거의 1,000년 전과 같은 수준의 실력은 갖추고 있었다. 당시 최고의 이탈리아 의사들은 대부분 유대인으로, 그들은 신앙과 의료 행위를 좀 더 분명히 구별했던 이슬람 세계에 보존된 의료 지식을 많이 갖추고 있었다.

1081년 로마에 거주하는 유대인이 꽤 많았으므로 선택할 수 있는 유대인 의사도 충분했다. 1081년 이후 3세대가 지나 로마를 방문한 유대인 벤자민 투델라는 당시 유대인 공동체의 규모가 200명 정도였다고 썼다. 로마는 기독교 세계의 중심인 동시에 이상하게도 유럽 유대교의 중심이기도 했다. 로마 유대인이 높은 지위를 누렸던 것은 공동체의 역사가 매우 오래되었고(그때까지 존속한 가장 오래된 공동체였다), 로마의 유대 성찬식이 예루살렘 성전이 아직 제 기능을 할 때 그곳에서 직접 들여온 것이라는 믿음에서 비롯되었다. 로마의 유대인들은 흔히 교황과 밀접한 관계를 유지했으며(투델라 시대에 알렉산데르 3세의 집사가 유대인이었다), 때로는 교황을 설득해 기독교 세계의 다른 곳에서 학대받는 유대인들을 중재해줄 것을 요청하기도 했다. 11세기 말, 로마의 유대인들에게는 레오네 디 베네데토 크리스티아노라는 강력한 후원자가 있었다. 그는 그레고리우스 7세가 교황 선거에서 로마인들에게 뇌물을 주는 데 도움을 주었으며, 이름이 보여주듯이 기독교로 개종한 유대인 후손이었다.

그러나 유대인 공동체를 제외하면 로마는 다양성이 큰 곳이 아니었다. 레오니나시는 거리마다 순례자들의 여러 언어가 뒤섞여 울려 퍼졌을 테지만, 테베레강 반대편에서는 약간의 라틴어와 이탈리아어, 라테라노에서 몇몇 고위 성직자가 쓰던 독일어 외의 다른 언어는 잘 들리지 않았다. 11세기의 로마는 적어도 고트인이 들어와 있던 530년대와 비교해보면 문화적으로 단조로워 보인다.

이러한 가운데 로마의 음식만은 더욱 다양해졌다. 고대에 테베레강 옆에 있다가 카피톨리노 언덕의 경사로로 조금 자리를 옮긴 로마 시장은 식초, 와인, 머스터드 오일을 비롯한 온갖 종류의 생선과 고기, 야채와 과일을 판매하며 활기를 띠었다. 시장에는 먼 동방에서 온 검정 후추 열매도 있었는데, 때때로 돈 대신 사용되기도 하는 귀한 재료로서 고대에서만큼 인기를 누렸다. 치즈도 판매되었고, 수백 년 전에 랑고바르드족이나 비잔틴제국이 이탈리아로 들여왔던 버팔로 모차렐라도 있었을 것이다. 가지, 시금치, 석류, 아몬드, 쌀과 사프란, 사탕수수와 레몬 등 아랍인이 시칠리아로 들여온 이국적인 식자재도 찾아볼 수 있었다.

1081년 무렵 로마의 요리는 이미 고대에 유행한 태국 스타일의 전형에서 벗어나 보다 뚜렷이 이탈리아다운 특징을 찾아가고 있었다. 11세기 로마인은 파스타 소스와 피자 토핑의 조상 격인 풀멘타리움(pulmentarium)이란 야채 소스를 좋아했다. 하지만 고대에 있었던 생 파스타가 11세기에 특별히 인기를 누렸다는 증거는 없고, 건 파스타는 미래의 것이었고 토마토 역시 아메리카 대륙에서 아직 발견되기 전이었다. 그러나 1081년이면 로마의 식탁에서 이미 혁명이 하나 일어난 후였다. 그에 대한 최초의 기록은 10세기 베네치아였고 세련된 비잔틴제국의 공주가 사용하여 한바탕 큰 화제를 불러왔다. 화제의 주인공은 포크였다.

또한 이 시기에는 도시 로마가 오랜 시간 겪어왔던 것보다 빈부격차가 크지 않았다. 로마의 주요 13개 가문은 과거에 엄청난 부를 누렸던 귀족과는 전혀 달랐다. 그들은 지주도 아니었고(로마 교회가 땅을 거의 전부 차지한 상황에서 지주가 가능했겠는가?) 다만 다시 세를 놓는 세입자였다. 누구도 몇 세대를 거슬러 올라가 선조를 바꿀 수 없기에 가문의 위엄이 부족한 그들은 벼락부자 엘리트층이었고, 그들 자신이 소유한 요새, 금, 인맥에서 권력을 확보했다.

그 아래로는 일반 대중 전체가 신분 상승을 바라며 치열하게 경쟁하고 있었다. 1081년의 로마엔 중산층이 상당히 많았다. 410년의 로마나 530년의 로마와 달랐다. 이는 도시의 역동적인 경제가 낳은 결과로 기본적인 기생적 성격에도 불구하고 11세기 로마는 생산적인 곳이었다. 벨리사리우스의 혁신을 이어받아 테베레강에는 소규모 수상용 제분기들이 떠 있었다. 도시는 장인들의 작업장으로 가득했다. 트라스테베레에는 철공들과 도공들, 테베레강 위로는 목수들과 방패 제작자들, 옛 포룸 지역에는 제화공들, 모피 가공인들, 청동 세공인들이 있었다. 로마는 유럽에서 가장 중요한 금융 중심지 가운데 하나이기도 했다. 대부업자는 교황에게, 또는 그즈음 그레고리우스 7세가 새로 설치했던 국제교회법정에서 뇌물로 승소하려는 방문객에게 금을 빌려주었다.

로마의 중류층 사무원들과 하급 성직자들, 건축업자들과 군인들, 장인들과 소매상인들은 윤택한 삶을 살았다. 임대료가 낮아서 많은 이가 집을 2~3채 빌려 쓸 수 있었고, 교외에 조그만 땅도 가지고 있었다. 이들 대다수가 말과 쇠사슬 갑옷을 소유했으며, 사순절의 첫째 일요일에 버려진 암포라(고대의 기름 항아리)로 생겨난 언덕인 테스타초로 몰려가 게임을 하고 곰, 수송아지, 수탉(각각 악마, 자만, 음란함을 상징한다)을 사냥했다. 이때 가난한 사람은 걸어 다녔지만 도살업자과 사무원은 13개 명문가 사람, 교황과 함께 말을 타고 다녔다. 물론 여전히 빈민들이 있었고, 늘 그렇듯이 그들에 대해서 알려진 바가 별로 없다. 이제 로마에는 노예가 거의 없었다. 1081년 서유럽에 아직 노예제도가 남아 있었지만 매우 드물었다. 로마의 부자들은 노예 대신 하인의 시중을 받았다. 그래도 하인의 삶은 앞선 몇백 년 동안 노예의 삶보다 조금 나아져서 적어도 결혼의 권리가 있었고 재산을 소유할 수 있었다.

마침내 도시 로마는 이전 시대보다 조금 덜 가부장적인 사회가 되었다. 중세는 보통 여성의 인권과 결부 지을 수 있는 시대가 아니지만 1081년의 로마 여성들(적어도 부유한 로마 여성들)은 생각보다 잘 살고 있었다. 이는 부분적으로 그들의 도시가 이 시기에 발효된 이탈리아의 다른 법률 제도보다 상대적으로 여성에게 관대한 로마법을 따랐기 때문이다. 로마 여성은 남자 형제와 함께 재산을 물려받을 권리가 있었다. 이들은 예전의 여성들처럼 보통 10대에 20대의 로마 남성과 결혼했기 때문에, 말하자면 미망인이 되어 부자가 될 가능성이 많았다. 11세기에 이탈리아는 여성의 토지 소유권이 절정에 달했고 로마 부동산의 상당 부분이 어머니로부터 자녀에게 전해졌다. 자신의 성을 물려주는 여성들도 있었지만 아이가 사생아이거나 아이 아버지가 성직자인 경우가 대부분이었다. 1081년 이전 100년 동안 기록소를 찾은 로마인 3분의 1 이상이 아버지 성이 아니라 어머니 성을 따랐다. 이때는 이탈리아 여성들이, 군대를 이끌고 직접 군사작전에 참여한 토스카나의 마틸다처럼 정치권력을 실질적으로 행사할 수 있었던 시기였다.

아버지들의 경우 (충분히 개연성 있는 이야기로 그들이 유서가 남아 있는 수십 년 후 제노바의 아버지들과 같았다면) 걱정이 컸을 것이다. 그들은 자신이 젊은 아내보다 먼저 죽으면 아이들이 홀대를 받다가 아내가 다른 남자와 결혼해 낳은 아이들에게 유산마저 뺏기지 않을까 걱정했다. 그런 걱정 때문에 그들은 아내의 재혼을 막기 위해 조건부 장려금을 남겼다. 그들은 죽은 자식에 대해서도 걱정했는데(이 시대에는 슬프게도 이런 일이 훨씬 많았다) 자녀가 천국에 갈 수 있도록 아이의 미사를 올릴 돈을 남겼다. 아이가 없는 경우에도 근심이 많았다. 말년에 자신을 돌보아줄 사람이 없을까 봐 입양을 하기도 했다.

아이나 건강 문제로 걱정을 하거나 사람들과 좋은 음식을 먹거나 할 때가 아니면, 로마의 13개 명문가는 서로 경쟁하는 데 힘을 쏟았고, 교황 그레고리우스 7세 치하에서 이 경쟁이 점점 더 폭력적으로 발전했다. 예전부터 지속된 이 분란의 뿌리는 1062년 하인리히를 강에서 배로 납치했던 쾰른의 대주교 안노와 독일 왕실이 서로 각자의 교황 후보를 내세우려 했던 때로 거슬러 올라간다. 앞서 보았듯이 독일 왕실은 힐데브란트의 적극적인 뇌물 공세에 무릎을 꿇었으며 이 분란으로 교황과 황제의 지지자들 사이에 쉽게 사라지지 않는 균열이 새로 생겼다. 그것은 이탈리아 도시들을 수 세기 동안 반목하게 하는 구엘프-기벨린 충돌로 발전했으며 하인리히 4세가 로마를 공격하는 빌미가 되기도 했다.

프란기파니, 코르시, 레오네 디 베네데토 크리스티아노, 피에르레오니 등 로마 명문가 대부분은 개혁주의 교황을 지지했지만, 그 밖의 3개 가문이 옥신각신 중이던 독일 황제 편을 들었다. 1075년에 교황의 관리 하나와 명문가 사람인 첸치오 디 스테파노 사이에 다툼이 일어났다. 디 스테파노는 하드리아누스 다리에 탑을 세워 통행세를 갈취하다가 교황 그레고리우스의 지휘관에게 체포되었고, 주변의 설득으로 어렵사리 사형은 면했다. 이듬해 성탄절에 그레고리우스 7세는 전통에 따라 산타 마리아 마조레 바실리카에서 미사를 집전했지만, 사나운 폭풍우로 대부분 발이 묶여 바실리카가 텅 비어 있었다. 디 스테파노는 복수할 기회라고 여겼다. 그는 무장한 한 무리의 추종자를 거느리고 교회로 달려가서 그레고리우스의 머리채를 잡아 말에 태워 납치한 후 근처에 있는 가족 소유의 탑에 데려갔다. 하지만 드라마는 짧게 끝나버렸다. 다음 날 날씨가 좋아지자 많은 로마인이 몰려가 그레고리우스를 구해주었고, 그레고리우스는 디 스테파노가 예루살렘으로 순례를 떠난다는 조건하에 용서해주었다. 디 스테파노는 이에 동의했으나 약속을 어

천연의 요새라 할 만한 바위산 벼랑에 세워졌던 카노사성.

기고 하인리히 4세의 이탈리아 수도인 파비아로 도망쳤다. 사소한 사건처럼 보일 수도 있지만 실제로는 중대한 결과를 초래했다. 무엇보다도 이 사건을 계기로 하인리히 4세는 심각한 판단 착오를 하게 된다.

하인리히 4세가 신성로마제국 황위를 얻고, 기스카르는 로마를 점령하다

1081년 5월 21일 하인리히 4세는 군대를 이끌고 로마 성벽 밖에 진을 쳤다. 이번에도 그의 군대를 정확히 설명할 수는 없지만, 앞서 살펴본 대로 독일인, 보헤미안인 그리고 북부 이탈리아인으로 구성되어 있었다. 그리고 봉건제로 징병된 병사와 용병, 보병, 궁사 그리고 유럽에 새로 나타난 슈퍼 병기인 기사가 있었다. 기사는 '등자'(鐙子)의 산물로, 몇백 년 전에 동방에서 유입되어 획기적인 변화를 가져왔다. 이 등자 덕에 기사는 말 위에서 떨어지지 않으면서 몸을 완전히 기울여 적에게 접근해 창으로 찌를 수 있었다. 쇠사슬 갑옷은 화살로부터 사람과 말을 보호해주는 중세의 탱크였으며, 쇠사슬 갑옷을 두르고 공격에 나서면 저항이 아무리 강하더라도 돌파할 수 있었다. 그러나 이 군대에만 기사가 많았던 것이 아니다. 앞서 지적한 것처럼 하인리히의 병력은 작았다. 알라리크와 비티게스의 무리보다 적었고 5,000명의 벨리사리우스 군대보다도 꽤 적었을 것이다.

하인리히는 자신의 병력이 크게 중요하다고 생각하지 않았던 것 같다. 중요한 것은 그 자신이 거기에 있다는 사실이었다. 그레고리우스를 산타 마리아 마조레 성당에서 쉽게 납치할 수 있었던 것이 그의 자만심을 부추겼고 로마 시민들이 자기만큼이나 교황을 싫어한다고 생각했다. 그 자체가 하인리히가 얼마나 한심할 정도로 준비성이 없었는지 보여준다. 대립교황 비베르트를 데려오기는 했지만, 하인리히는 포위 공격에 필요한 장비를 가져오는 데 소홀했으며 타이밍 또한 좋지 않았다. 여름 말라리아 철이 되기 전에 본격적인 포위 공격을 하기 위해서는 독일에서 가을에 출발해야 했지만, 그는 늦겨울에 출발해서 로마에 5월 21일에나 도착했다. 하인리히는 비베르트나 그레고리우스가 몇 주 뒤에 함락될 펜테코스트에서 자기에게 신성로마제국 황제의 왕관을 씌워주리라 기대했다. 하인리히는 로마 시민들이 반길 것이라는 생각에 로마로 서둘러 갔던 것으로 보인다.

하인리히는 곧 실수를 깨달았다. 독일 가문을 지지하는 로마 사람들이 살짝 빠져나와 그에게 가담하기는 했지만, 충성심 때문인지 나누어준 돈을 받았던 기억 때문인지 대다수 로마인은 교황 편에 섰다. 로마의 성문은 굳게 닫혀 있었고, 성벽은 그레고리우스의 지지자 마틸다가 보낸 얼마간의 노르만인과 토스카나 사람으로 보강된 민병대가 잘 지키고 있었다. 계획이 틀어졌지만, 긍정적으로 마음을 돌린 하인리히는 로마 사람들에게 우호적인 성명을 발표하면서 그들이 곧 신성로마제국의 황제가 될 자신을 환영하러 나오지 않은 데 짐짓 놀란 척했다. 하인리히는 이미 로마에 입성한 것처럼 성직자와 평신도 관리를 임명했으며 대립교황과 함께 성령 강림절 행렬을 열기까지 했다. 그러다가 6월 초순에 짐을 싸서 군대와 함께 떠났다.

그레고리우스와 로마인은 의기양양했다. 2주도 채 안 되어 적이 꽁무니를 빼고 달아난 셈이었다. 그러나 자축은 일렀다. 왕관을 쓰고 카노사에서의 굴욕을 어떻게든 앙갚음하겠다는 하인리히의 결의가 단호했다. 그는 이후 3년간 일련의 로마 포위를 이어갔는데, 이는 500년 전 토틸라의 포위 공격 이후로 가장 오래 지속된 것이었다. 두 사람 중에 하인리히가 원하는 목적에 한 걸음 더 다가갔다. 1082년 2월에 시작한 두 번째 포위 공격에서 하인리히는 그 지역에 남은 그레고리우스의 마지막 중요한 두 친구인 몬테카시노 수도원장 데시데리우스와 남부 이탈리아의 작은 노르만 통치자 카푸아의 요르단 대공을 떼어놓았다. 또 하인리히는 비잔틴제국의 황제 알렉시우스 코멤누스와의 동맹을 협상하기 시작했다. 코멤누스는 자신의 제국을 침략한 로베르 기스카르를 막아야 했기 때문에 하인리히에게 풀리아의 기스카르 영토를 공격하면 큰 금액을 주겠다고 제안했다. 그러나 코멤누스가 제안한 금은 하인리히에게 새로운 걱정거리를 안겼다. 코멤누스는 풀리아에서 기스카르의 부하들에게 뇌물을 주어 반란을 일으켰고, 1082년 4월 기스카르는 비잔틴 침략을 자신의 아들 하나에게 맡겨두고 아드리아해를 건너 풀리아로 돌아왔다. 당분간 기스카르는 반란에만 집중할 수 있었지만 하인리히는 다시 이탈리아 땅을 밟은 기스카르가 달가울 수 없었다.

1082년 말, 하인리히는 군대를 이끌고 와 로마 밖에서 진을 치고 장기적인 포위 공격으로 도시를 질식시키기로 작정했다. 로마 거주민은 기근에 시달리면서 그레고리우스 7세에 대한 충성심이 흔들리기 시작했다. 그레고리우스는 스스로 명분을 잃어갔다. 그가 위기에서 벗어날 해결책을 막고 있는 장본인이라는 사실이 명백했기 때문이다. 포위를 한 쪽과 당한 쪽 사이에 정기적으로 협상이 열렸는데, 출정을 마치고 자기 왕국으로 돌아가고 싶은 마음이 굴뚝같던 하인리히는 협상에 약간의 유연성을 보였지만 그레고리우스는 조금도 양보하려 하지 않았다. 굶주린 로마인들이 그레고리우스가 가진 신념의 대가를 치렀다. 그러자 하인리히의 입지는 더욱 강화되었고 돌파구를 찾게 되었다. 굶주린 로마 수비군의 기강이 흔들렸고 그 틈을 노려 1083년 6월 3일 튀링겐의 비그베르트가 이끄는 밀라노와 작센 병력이 레오니나시의 낮은 성벽을 기어올라 침입한 후 성문 하나를 열었다. 산 피에트로 주위에서 이틀 동안 전투가 벌어졌으며, 전투에 승리한 하인리히는 기사, 주교, 로마의 협력자 들과 대립교황을 이끌고 성문을 통해 의기양양하게 입성하여 산 피에트로 옆 황궁을 차지했다.

그의 승리는 제한적이었다. 레오니나시가 수중에 들어왔지만 강 건너 로마의 나머지 지역은 여전히 문을 굳게 닫고 있었다. 감질날 정도로 거리가 가까웠기에 하인리히는 그레고리우스 7세가 못마땅하게 노려보는 것을 얼핏 보았을지도 모른다. 레오니나시가 함락되자, 그레고리우스의 협력자인 피에르레오니 가문은 그를 산 피에트로 바실리카에서 몇백 미터밖에 떨어져 있지 않은 산탄젤로성으로 재빨리 피신시켰다. 그레고리우스는 무사했지만 입지가 약화되었고 레오니나시를 잃음으로써 충성심도 잃었다. 하인리히는 새로운 비잔틴 협력자인 코멤누스 황제에게서 금을 받자마자 로마인들에게 뿌려 인기를 늘렸다. 교회와 순례자 사업으로 들어오는 수입이 없었던 로마인들은 이를 매우 반겼을 것이다. 이듬해에도 로마는 계속 포위 공격을 받았고, 여전히 고집을 꺾지 않는 교황(교황은 하인리히가 카노사에서처럼 자세를 낮추어야 한다고 고집했다)을 향한 충성심이 혐오로 변하기 시작했다.

하인리히 왕은 그들의 마음에 변화가 생긴 것을 몰랐다. 또다시 왕관 없이 독일로 돌아가야 한다는 생각에 침울해진 그는 알렉시우스 코멤누스와의 약속을 지키고자 로베르 기스카르의 풀리아 영토를 공격하기 위해 로마를 떠났다. 그런데 군사작전을 채 시작하기도 전에 로마 사절이 찾아와 그에게 로마로 올 것을 청했다. 베르됭의 테오도리쿠스 주교에게 보내는 편지에서 하인리히는 그때 느낀 놀라움을 자세히 썼다.

주께서 우리를 사역하여 로마에서 10명으로 이룬 일은

레오 성벽은 아랍의 공격을 받은 후 바티칸을 보호하고자 846~850년에 지어졌다. 한편으로 이는 당시 로마의 건축 기준이 과거에 비해 낮아졌음을 보여준다.

> 우리 선임자들이 수만 명으로 해냈더라도 누구나 기적으로 생각했을 것입니다. 우리가 독일 영토로 돌아가려 생각하고 있었을 때, 보십시오, 로마인들이 사절을 보내와 우리가 로마에 들어가기를 청했으며, 모든 면에서 우리에게 복종하기로 약속했습니다. 그리고 그들은 그렇게 했습니다.[6]

마침내 1084년 3월 21일, 거의 3년간의 시도 끝에 하인리히는 화려하게 로마에 입성했다. 모든 선례를 깨고, 하인리히는 황궁 대신 그레고리우스의 집인 라테라노궁에 이혼하려 했던 아내 베르타와 대립교황 비베르트와 함께 거처를 마련했다. 며칠 지나지 않아, 로마 의회가 소집되어 그레고리우스 7세를 퇴위시켰으며(그레고리우스는 산탄젤로성에서 무사했지만 분노했다) 비베르트가 교황 클레멘스 3세로 선출되었다. 부활절 다음 날, 클레멘스 3세는 아주 화려한 대관식에서 하인리히와 베르타를 신성로마제국의 황제와 황비로 추대했다. 하인리히는 그토록 원하던 이탈리아에 온 목적을 이루었다.

그것으로 끝이 아니었다. 하인리히는 카노사성에서 당했던 굴욕을 어떻게든 되갚아주고 싶었다. 하인리히가 로마에 도착하자 그의 군대는 곧바로 산탄젤로성을 공격하기 시작했다. 그러나 하드리아누스의 옛 무덤은 성벽이 높고 강하고 매끈해서 500년 전에 비티게스의 고트인 군대도 어려움을 겪었듯이 하인리히 군대는 많은 사상자를 내며 공격에 실패했다. 하지만 아직 위험한 말라리아 철이 돌아오기까지 충분한 시간이 남은 4월 초순이었다. 하인리히는 산탄젤로성을 포위하고 식량 공급을 차단해서 그레고리우스의 항복을 받아내려 했다. 한편 그레고리우스는 로마 명문가들(프란기파니, 코르시, 피에르레오니)의 요새로 눈을 돌렸다. 이들은 여전히 그레고리우스에게 충성하며 자신들의 요새로 물러나 있었다. 하인리히는 카피톨리노 언덕에 위치한 코르시가의 요새를 포위해서 점령했다. 팔라티노 언덕의 요새 셉티조니움에서는 하인리히에게 별로 운이 따르지 않았다. 셉티조니움은 그레고리우스의 조카 루스티쿠스가 점령 중이었고, 하인리히는 이곳에서 아름다운 고대 주랑을 일부 파괴했을 뿐 아무런 성과를 얻지 못했다. 그의 병력은 콜로세움에 있는 프란기파니가의 요새 역시 공격했고, 이때 생긴 것으로 밝혀진 화재 흔적이 남아 있다. 반면 마르켈루스 극장에 있는 피에르레오니가의 요새는 하인리히의 공격을 받지 않았던 것으로 보인다.

이렇게 하인리히의 복수 기회는 사라져버렸다. 5월 초에 괴로운 소식이 도착했다. 로베르 기스카르가 로마로 진군해 오고 있었다. 2년 전에 이탈리아로 돌아온 뒤 그레고리우스에게 관심을 보이지 않던 기스카르가 그를 구하기로 결정한 것이다. 마침내 반란을 일으킨 부하들에 대한 응징을 마친 것도 그 결정에 한몫했을 것이다. 기스카르는 이전에 자신을 파문했던 자가 산탄젤로성에서 고초를 겪는 것이 흐뭇하긴 했지만 그를 영원히 잃는 모험은 하고 싶지 않았다. 협력자로서의 교황, 특히 자신에게 빚이 있는 교황은 쓸모가 있었다.

하인리히는 그곳에 머무르면서 새로운 친구인 로마인들을 방어할 생각이 없었다. 그는 이미 여기에 온 목적을 모두 이루었다. 굳이 로베르 기스카르에 맞서 전투를 벌이거나, 말라리아 철에 포위될 이유가 무엇인가? 결국 1084년 5월 21일 하인리히는 아내와 대립교황 그리고 군대를 이끌고 조금 서둘러 로마를 떠났다. 그들은 제때에 떠났다. 3일 뒤, 로베르 기스카르의 군대가 산 로렌초 성문 밖에 진을 쳤다. 기스카르가 그레고리우스 지지자들의 안내를 받아 안으로 들어가기를 바랐다면 실망했을 것이다. 요새 안에 포위된 채 여전히 그레고리우스에게 충성을 보이는 가문을 제외하면, 로마인들은 교황에게 단단히 적개심을 품고 있었다. 이것이 싸움의 발단이 되었다.

하인리히 4세의 반복된 포위 공격을 최근까지 견뎌내고 로마인들은 자신감이 있었을 테지만, 로베르 기스카르 역시 자신에 차 있었다. 로마 성벽 밖에 진을 쳤던 그의 군대는 11세기 유럽 최강의 군사 기계였으며, 로베르는 시칠리아의 이븐-알하와스, 베네치아인 그리고 비잔티움 황제 알렉시우스 코멤누스에 이르기까지 지중해의 주요 강자들을 모조리 물리쳤다. 이제 그는 신성로마제국의 황제마저 도망가게 만들었다.

그다음에 일어난 일에 대해서는, 다시 한번 매우 편파적인 연대기 편자들의 기록에 의존할 수밖에 없다. 이들은 기스카르 군대

1084년, 3년 만에 로마에 입성한 하인리히는 화려한 대관식을 열어 신성로마제국의 황위에 오르는 데 성공했다.

의 크기에 대한 의견이 서로 다르다. 두 기록자(페라라의 구이도 주교와 아풀리아의 윌리엄)는 그의 군대가 3만~3만 6,000명에 이르는 대군이라고 주장하는 반면, 가우프리더스 말라테라는 로베르 기스카르의 전기에서 그의 군대가 4,000명에 불과했다고 말한다. 누구를 믿어야 할까? 페라라의 구이도 주교는 분란을 겪던 황제 편이었으므로 그의 도주에 명분을 주기 위해 기스카르의 힘을 과장할 필요가 있었다. 게다가 수만 명의 병력은 군대가 대체로 크지 않았던 시대임을 감안하면 불가능해 보일뿐더러, 기스카르 군대의 주요 병력은 아직 아드리아해 저편에서 알렉시우스 코멤누스의 비잔틴제국과 교전을 벌이던 중이었다. 가우프리더스 말라테라가 주장하는 작은 군대가 좀 더 설득력 있다.

기스카르의 병사들이 로마에 들어간 방법에 대해서는 의견이 별로 다르지 않다. 가우프리더스 말라테라에 따르면 기스카르는 군대를 3일간 산 로렌초 성문 밖에 진을 치게 하고 그동안 로마를 자세히 정찰했는데, 이에 대한 기록만은 모두 일치한다. 기스카르의 병력은 성안의 도움 없이 입성에 성공했다. 단순한 주장이지만 대단한 일이 아닐 수 없다. 알라리크의 공격부터 서고트인, 하인리히의 공격에 이르기까지, 로마의 방비와 성벽 정비가 잘 갖추어진 상태에서 이루어진 모든 공격은 포위가 길어지고 효율적이지 못했다. 알라리크는 2년 만에 로마를 손에 넣었고, 토틸라는 1년 만에 (2번이나) 그리고 하인리히는 4년 만에 로마를 점령했다. 비티게스는 1년을 꼬박 포위했음에도 결국 실패했다. 알라리크, 토틸라, 하인리히 모두 성안의 도움을 통해서만 로마를 점령할 수 있었다. 이에 반해 로베르 기스카르는 내부의 도움 없이 단 4일 만에 로마를 점령했다.

어떻게 가능했던 것일까? 몇 가지 사료와 로마 전승은 기스카르의 군대가 로마 동쪽에 진을 쳤으며 성문 한 곳을 통해 입성했다고 이야기한다. 그러나 '어느' 성문이었는지가 불분명하다. 기록들은 로마시 북쪽의 핀차나와 플라미니아에서 동쪽의 산 로렌초 성문까지 여러 가능성을 제시하지만, 어떤 것도 정답이 아닐 가능성이 가장 높다. 화재 피해와 보수 작업 모두 이 시기부터 완전히 다른 장소, 즉 남쪽 라티나 성문에서 발생했다는 사실이 고고학적 연구로 밝혀졌다. 라티나 성문이 가장 타당한 후보다. 현재에도 남아 있는 라티나 성문은 얼핏 보아도 아우렐리아누스 성벽의 다른 구역보다 높이가 낮다는 사실을 금방 알아차릴 수 있다. 가우프리더스 말라테라의 이야기에 따르면, 기스카르는 우선 군대의 본진을 로마시 동쪽에 남겨서 로마군의 주의를 묶어두었다. 그리고 야음을 틈타 1,400명 규모의 병력을 이끌고 몰래 성벽을 돌아간 후 날이 샐 무렵이 되자 한 지점에서 공격을 개시했다. 그 지점은 기스카르가 "방어가 가장 허술하다고 판단한 곳으로, 그 누구도 그 곳에서 무슨 일이 벌어질 것이라고 예상하지 못했다".[7] 11세기 후반에 라티나 성문은 로마시의 인구가 집중된 지역에서 멀리 떨어져 있어 조용했다. 말라테라는 노르만인들이 어떻게 로마에 들어왔는지 기술했다. "일단 여러 사다리가 조용히 놓이자, 그가 성벽을 기어 올라갔다."[8] 기스카르는 아주 단순한 전술을 썼다. 바로 야음과 기습이었다. 그러나 그의 전략은 너무나 효과적이어서 어째서 하인리히는 시도하지 않았는지, 알라리크나 토틸라가 왜 그렇게 하지 않았는지 의문이 들 정도다. 성벽을 기어오른 노르만 병사들은 라티나 성문을 열어 동료들이 들어오게 했다. 로마는 이토록 간단히 적에게 개방되었다.

로베르 기스카르. 이름만으로 지중해를 떨게 한 정복자가 로마를 손에 넣었다. 기스카르는 협력자 그레고리우스 7세를 직전에 배신한 로마인에게 처절한 복수를 했을까? 이에 대해서도 연대기 편자들은 서로 다른 여러 이야기를 들려주지만, 한 가지 점에 대해서는 모두 같은 목소리를 낸다. 바로 방화다. 아풀리아의 윌리엄은 "기스카르가 건물 몇 곳을 불 지르고"[9] 그레고리우스 7세를 구한 후 떠났다고 간략하게 기술한다. 『교황 연대표』는 기스카르가 판테온 북쪽에 위치한 루치나의 산 로렌초 바실리카 일대에 큰 피해를 입혔다고 주장한다. 레오 마르시카누스는 기스카르가 계획적으로 산티 콰트로 코로나티 바실리카에 불을 놓은 후, 로마인들이 불을 끄려고 정신이 팔려 있을 때 도시를 빠르게 가로질러 그레고리우스를 구했다고 주장하며 그의 교활한 면에 주목한다. 가우프리더스 말라테라는 기스카르가 큰 어려움 없이 그레고리우스를 구해서 라테라노궁에 다시 앉혔지만, 3일 후 로마인들이 그에게 반기를 들어 봉기했고, 기스카르가 그를 지키기 위해 "도시의 상당 부분을 파괴했다"[10]고 말한다. 가장 잔혹한 기록은 페라라의 구이도 주교의 입에서 나왔다. 그는 기스카르가 도시의 대부분을 불태웠고 성당을 파괴했으며 성당 안의 피난처에 있던 많은 수의 결혼한 여자와 일반인을 잔혹하게 잡아갔다고 썼다.

다시 한번, 고고학이 유일하게 중립적인 정보를 제공해준다. 중요한 건물 8개가 크게 피해를 입었고 그중에는 완전히 파괴된 곳도 있었지만, 광범위한 파괴의 증거는 발견되지 않았다. 피해가 확인된 건물은 모두 성당이었고, 다음과 같은 중요한 곳들이 포함되었다. 포르타 라티나의 산 조반니 교회, 아벤티노 언덕의 산타 프리스카 교구, 강가에 있는 벨라브로의 산 조르조 성당, (교황 연대표에서 크게 피해를 입었다고 주장하는) 판테온 북쪽 루치나의 산 로렌초 바실리카 그리고 첼리오 언덕의 산티 콰트로 코로나티 바실리카.

교황을 구하러 온 로베르 기스카르가 성당을 불 질렀다는 점이 이상하게 보일지 모른다. 그러나 이 시대에 성당은 보통 종교적인 기능과 군사적인 기능이라는 두 가지 기능을 수행했다. (11세기에 흔하지 않았던) 견고한 석조 건물로서 성당은 천연 요새였다. 로마에 들어섰을 때 기스카르는 안전한 탈출로를 확보하는 과제에 가장 관심을 쏟았을 것이다. 만약 일이 크게 잘못될 경우, 적대적인 도시에 갇히는 악몽 같은 시나리오만은 피해야 했다. 기스카르는 자신의 퇴로를 차단할 적을 남겨두지 않기 위해 성당 입구를 불 지르거나, 아니면 (좀 더 사실적으로) 성당 지붕에 올라가 기와를 제거하고 들보 아래에 불을 놓아서 성당에 숨어 있는 적들을 밖으로 쫓아내야 했다.

불에 탄 로마 성당들은 노르만인이 선택했을 법한 퇴로를 지시한다. 성벽 위의 로마 수비군을 기습한 후, 라티나 성문 위의 탑과 바로 그 아래에 있는 산 조반니 대성당에 불을 질러 두 그룹의 저항군을 쫓아냄으로써 퇴로를 확보했다. 그다음으로 그들은 포르타 라티나 거리를 따라 북쪽으로 이동하며 폐허가 된 카라칼라 욕장을 지나서 오랫동안 버려진 전차경주 경기장인 키르쿠스 막시무스에 도착했다. 그곳에서 근처 셉티조니움 요새에서 계속 저항하던 기스카르의 조카 루스티쿠스와 콜로세움 바로 건너편에 있던 프란기파니 가문 등 로마에 남은 몇몇 그레고리우스의 지지자들과 합류했을 것이다. 아벤티노 언덕의 산타 프리스카 교구와 강가에 있는 벨라브로의 산 조르조 성당에도 불을 놓아 남은 저항군을 격퇴하고 테베레섬의 피에르레오니가와 합류한 후에, 마지막으로 강을 따라 가서 고마워하는 한편 격노한 그레고리우스 7세를 구했을 것이다.

목적을 이룬 노르만인들에겐 안전하게 빠져나가는 것이 문제였다. 그들이 루치나의 산 로렌초 바실리카를 훼손한 것이 이때쯤일 것이다. 아니면 몇몇 기록이 말하듯이 북쪽 성문 중 하나로 들어온 두 번째 침입 병력에 의해 불탔을 수도 있다. 하지만 최악의 피해는 따로 있었다. 첼리오 언덕의 산티 콰트로 코로나티 바실리카는 완전히 소실되었다. 이유는 간단하다. 성당이 군사 거점으로 사용되었다면, 산티 콰트로 코로나티의 높은 벽은 고대 도시주택

포르타 라티나의 산 조반니 성당. 연기를 피워 퇴로를 확보하려 했던 노르만군에 의해 불탄 후 대대적인 보수 작업을 거쳤다.

로베르 기스카르와 노르만군은 라티나 성문으로 도시에 진입해 최단기간에 로마를 점령한 역사적 기록을 세웠다.

의 유적에서 솟아오른 요새와 다름없었다. 더욱이 그곳이 라테라노궁으로 가는 북쪽 길을 장악하고 있었다. 산티 콰트로 코로나티 바실리카뿐 아니라 첼리우스 언덕 전체가 완전히 파괴된 것으로 보아 꽤 치열한 싸움을 떠올릴 수 있다. 그러나 이곳이 가우프리더스 말라테라가 로마인이 노르만군에게 (불운하게 끝날) 반격을 개시했다고 언급한 위치는 아니다. 기스카르의 예찬자로서 말라테라는 로마인들이 배신에 따른 벌을 받아 마땅하다고 말하고자 했을 것이다. 그레고리우스가 진정으로 승리했다는 사실을 증명하기 위해 라테라노궁을 점령해야 했던 노르만인들이 불을 질렀을 가능성이 높다. 또한 라테라노궁을 제압하면 성벽 밖에서 기다리고 있던 나머지 노르만 군대와 합류할 수도 있었다.

따라서 공격과 관련한 모든 기록 중에서도 가장 사실에 가까운 그림을 보여주는 것은, 기스카르가 특정 건물들만 불태우고 그레고리우스 교황을 구출해 떠났다는 아풀리아의 윌리엄의 가장 간결한 기록이다. 그의 기록은 확실히 현대적인 작전이 수행되었다는 사실을 암시한다. 로베르 기스카르는 분명하고 한정적인 목표를 설정하고 매우 효율적으로 그 임무를 수행했다. 그는 로마로 입성했고 그레고리우스를 구한 뒤 아주 단기간에, 아마도 몇 시간 내에 로마인의 저항을 진압했다. 그것은 현대의 특수 부대에 견줄 만한 수색과 구출 작전이었다.

로마에 닥친, 처음도 마지막도 아닌 이 피해가 훨씬 더 심각해질 수 있었던 가능성을 생각하면 비교적 쉽게 위기를 벗어난 셈이었다. 지형 덕을 보았다. 건물들이 매우 낮고 산재해 있는 교외의 전원도시였기 때문에 삽시간에 불이 번지지 않았다. 날이 비교적 습해 목재가 쉽게 타지 않는 5월에 공격을 받은 것도 행운이었다. 그렇다고 피해를 과소평가해서도 안 된다. 장인들이 활발하게 활동하던 첼리우스 언덕은 약탈 이후 대부분 폐허가 되었다. 게다가 고고학으로 밝힐 수 없는 피해도 있다. 기스카르의 공격이 특정 목표를 위한 국부 공격이었다면, 그 후로 무슨 일이 일어났는가에 대한 문제가 남아 있다. 로마 시민들이 교황을 배신했는데, 교황이 원래 자리로 돌아왔다. 교황이야 용서를 베풀었겠지만(기록에는 용서 여부에 대한 언급이 없다) 그의 지지자들인 프란기파니, 피에르레오니, 코르시 등의 가문은 그들의 요새를 포위한 적에게 큰 고통을 받았을 것이다. 보복행위가 없었다고 믿기는 어렵다.

로베르 기스카르도 성공했지만, 이 어지러운 사건을 통틀어 진정한 승리자는 하인리히 4세였다. 그는 스스로 신성로마제국의 황제에 올랐으며 교황을 통제하기도 했다. 하인리히가 서둘러 독일로 돌아가기는 했지만, 대립교황 클레멘스 3세는 근처 언덕 꼭대기에 있는 도시 티볼리에 물러나 있으면서 그곳에서 다시 한번 군사적인 통찰력을 과시하며 그를 잡으려 했던 기스카르와 그레고리우스 7세의 공격을 모두 막아냈다. 로마인 대다수가 여전히 그레고리우스에게 적대감을 품고 있었으며(로마인들은 교황에게 완전히 진저리가 나 있었다), 그는 구출되고 불과 몇 주 뒤에 자신의 국가를 떠나야 했다. 기스카르가 교황을 식객으로 두는 것이 유용하다고 판단해 그레고리우스를 수도 살레르노로 데려갔고 곧바로 교황직에 앉힌 후 새로 지은 아름다운 대성당을 봉헌했다. 무엇보다도 로마 공격이 아주 성공적인 작전이었기 때문에 그의 지위가 높아졌으며, 정당하게 세운 교황으로부터 확실한 지지를 받게 되었다.

그러나 기스카르의 승리는 길지 않았다. 1년이 채 안 되어 그레고리우스와 기스카르 모두 죽었다. 교황으로서 권위가 땅에 떨어진 그레고리우스 7세는 1085년 5월 살레르노에서 망명 중에 죽었다. 로베르 기스카르는 그 2달 후, 그리스의 케팔로니아섬에서 중단했던 비잔틴제국의 정복을 재개하려던 참에 열병에 걸려 교황을 뒤따랐다.

하인리히와 그의 대립교황은 형편이 훨씬 좋았다. 하인리히는 이후 20년을 더 통치하고 결국에는 아들 하인리히 5세의 배신으로 투옥되어 자리에서 물러났다. 클레멘스 3세는 기스카르와 그레고리우스가 로마를 버리고 살레르노로 떠난 지 몇 개월 만에 라테라노궁으로 복귀했으며, 계속 교황 후보 경쟁자들의 도전을 받았지만 1100년에 죽기까지 16년간 교황 자리를 지켰다. 그렇지만 클레멘스 3세도 종국에는 자신의 죗값을 치러야 했다. 후임 교황 파스칼 2세는 그가 죽은 후 기록말살형을 내렸고 무덤에서 그의 유골을 파내 테베레강에 버렸다.

로마는 3년간 포위 공격을 받았고 합법적인 교황을 쫓아낸 후라 안정을 찾지 못하고 있었다. 과거에 가끔 일어났던 교황이 되기 위한 자리다툼이 이제는 다반사가 되어 대부분의 현직 교황이 경쟁자들의 도전을 받았다. 종교적·정치적 환경이 그렇다 해도 평화로울 때면 보수 작업이 진행되었고, 기스카르군에 소실되었던 산티 콰트로 코로나티 등의 성당이 개축되었다.

로마의 불안한 정세 덕에 2개의 성당이 새로 지어졌다. 현직 교황이 자기가 싫어하던 전임 교황이 남긴 건물들을 제거하기 위해 건설한 것이었으니 일종의 '복수 성당'이라 부를 수 있겠다. 콜로세움에서 가까운 산 클레멘테 성당은 하인리히 4세의 대립교황이자 군사행정가였던 클레멘스 3세와 밀접한 관계가 있다. 클레멘스 3세가 죽고 (클레멘스의 유골을 테베레강에 버린) 후임 교황 파스칼 2세는 클레멘스의 성당을 흙으로 매립한 후 그 위에 산 클레멘테 성당을 새로 지었다. 수십 년이 지나 트라스테베레에 위치한 아나칼레투스 2세의 성당이었던 산타 마리아 성당이 같은 운명을 맞았다. 그의 후임자이자 적이었던 인노첸시오 2세가 교황에 오른 후에 성당은 완전히 철거 및 개축되었다. 이렇듯 복수심 덕분에 로마에는 매우 아름다운 성당들이 생겨났다.

한편 그렇지 않아도 복잡했던 로마 정치에 한 가지 요소가 덧붙었다. 이 시기 다른 이탈리아 도시들처럼 로마의 중산층 시민들도 교황권에 대한 세속적인 대안으로서 그들만의 정부(의회)를 만들었다. 신설된 이 의회는 로마 초기의 향수를 불러일으키며 카피톨리누스 언덕 위 옛 로마의 요새 위에서 소집되었고, 고대의 표어 'SPQR'(로마 공화정의 정부)을 되살렸다. 의회는 훼손할 시 사형

시킬 수 있다는 위협으로 트라야누스의 기둥을 보호했으며, 의회 직속 관리직인 '도로 및 건물 관리관'(maestri delle strade e degli edifici)을 만들어 고대 기념물을 보호했다. 의회는 교황 인노첸시오 2세가 카라칼라 욕장에서 석재를 약탈해서 그의 복수 성당인 산타 마리아를 트라스테베레에 짓기 시작한 지 3년이 지나 처음 모였으므로, 파괴된 고대 유적들에 대한 시민들의 분노가 계기가 된 것일지도 모른다.

당연히 교황 측은 새로운 권력기구가 전혀 마음에 들지 않았고, 곧 황제와 교황, 의회가 권력을 다투는 변화무쌍한 삼각 구도가 생겨났다. 이런 혼란으로 제일 타격을 입은 것은 순례자 사업이었다. 로마의 무질서한 폭력과 탐욕에 지친 순례자들이 다른 곳을 찾아나섰기 때문이다. 1081년이 되기까지 수 세대를 거치면서 로마에는 에스파냐의 산티아고 데 콤포스텔라라는 새로운 경쟁자가 생겼다. 콤포스텔라의 순례자는 로마를 찾는 이와 마찬가지로 여러 높은 산을 넘어야 하는 모험적인 여행을 즐겼다. 콤포스텔라에 베드로와 천국으로 가는 그의 열쇠는 없었지만, 대신에 말라리아도 없었고 순례를 무사히 마치면 집에 돌아가 자랑할 배지(가리비 껍질)도 살 수 있었다(로마에는 그런 것이 전혀 없었다).

콤포스텔라로 충분하지 않았는지, 로베르 기스카르의 공격 후 몇 년 만에 로마는 만만치 않은 두 번째 경쟁자를 맞아야 했다. 놀랍게도 이번 경쟁 상대는 주로 교황들에 의해 생겨났다. 1097년 클레멘스 3세의 앙숙이었던 교황 우르바누스 2세는 그레고리우스

7세가 시도한 아이디어를 실현했으며, 동쪽으로 십자군을 불러왔다. 2년이 지나 예루살렘이 이슬람 통치자로부터 탈환되었고, 접근이 차단된 지 600년이 넘어서야 기독교인에게 개방되었다. 예루살렘은 모든 면에서 로마를 능가했다. 순례자들은 예루살렘에서 모든 죄를 용서받았다. 실제로 예수 앞에 서 있는 것처럼 느껴졌고, 종려잎 모양의 배지도 살 수 있었다. 순례자들이 동쪽으로 몰려가면서 로마는 손님을 잃고 밀려나게 되었다.

로마가 어려운 시절을 보내면서 성당들 사이에서 경쟁이 더욱 치열해졌다. 순례자들은 산 피에트로 바실리카에서 실망했는데, 성당 아래 깊이 매장된 베드로의 유해와 멀리 떨어져 있어야 했기 때문이다. 게다가 천 조각을 내려뜨려 축복으로 적실 수 있었던 무덤 위쪽의 장소도 VIP 순례자들 외에는 출입이 금지되었다. 그 때문에 라테라노의 산 조반니 바실리카가 더욱 매력적인 장소로 떠올랐다. 그곳에는 언약의 궤, 동정녀 마리아의 모유, 예수의 유해와 피와 포피, 예수가 만든 오병이어의 잔존물, 가장 인기 있는 성 베드로와 성 바울의 머리처럼 직접 볼 수 있는 흥미로운 성유물이 다양했다. 라테라노 바실리카에는 성 누가와 천사들이 그렸다고 전해져 아주 유명한, 예수 그림이 그려진 천 조각(우로니카[Uronica])도 보관되어 있다. 우로니카를 본 사람은 일시적으로 눈이 먼다고 해서 항상 조심스럽게 덮여 있었다. 우로니카는 8월 중순 대행렬을 따라 로마를 순회했으며, 아랫부분을 씻긴 후 산타 마리아 노바(산타 프란체스카 로마나의 또 다른 이름—옮긴이)에서

당시 성장한 중산층이 로마 공화정의
가치를 되살리고자 자치 의회를 신설하고
'트라야누스의 기둥'을 보호, 관리했다.
트라야누스 황제의 정복을 부조로 묘사한
기둥이 잘 보존되어 있다.

마리아 형상과 상봉시키는 시간도 있었다. 산 피에트로 바실리카의 사제들이 반격에 나섰다. 이곳에는 이미 성십자가 조각이 하나 있었는데, 이것은 교황 세르지오 1세의 지시로 7세기에 복구 작업을 하던 중에 갑자기 나타났다. 이번에는 사제들이 성 베드로가 주교로서 왕관을 썼던 의자를 발견했다(의자는 실제 프랑스 북부에서 온 것으로 프랑크왕국을 통치하는 대머리왕 샤를이 자신의 신성로마제국 황제 대관식에 쓰려고 가져왔을 것이다). 무엇보다 유용했던 성과는 그들만의 예수 형상(성 베로니카의 베일)을 갖게 된 것이었다. 베로니카가 예수의 이마를 닦을 때 사용했던 천 조각에 나타난 형상이라고 전해진다.

곧이어 이 두 성당에는 순례자들의 금이 넉넉히 들어왔다. 노르만인의 약탈 이후 수십 년 만에 금이 넘쳐났으며, 로마는 문화적 성과를 이루며 최대의 전성기를 맞이했다. 새로운 성당들이 지어졌고 이탈리아 전역에서 예술가들이 찾아와 아름다운 모자이크, 프레스코화, 동상을 제작했다. 로마는 또 천국에 이르기 전 지옥에서 보내는 시간을 줄여준다는 매력적인 순례 상품(사면)을 새로 내놓았다. 무엇보다도 1187년 예루살렘이 살라딘에게 함락되어 로마의 경쟁자가 사라진 것이 최고의 호재였다. 그레고리우스 7세가 상상했던 것보다 훨씬 큰 교황권을 거머쥐었던 강력한 교황 인노첸시오 3세는 로마의 행운을 활용했다. 그는 레오니나시에 순례자를 위한 병원을 지었으며 산 피에트로 바실리카에 보관 중이던 베로니카의 예수 형상으로 매주 행렬을 열어 큰 인기를 끌었다. 그리

인노첸시오 2세는 경쟁자와 결탁한 전임 교황이 지은 성당을 철거한 후 '복수 성당'으로서 로마에서 가장 아름다운 성당 중 하나인 산타 마리아를 세웠다.

고 마침내, 로마를 순례하는 이들에게 칼을 든 성 바울과 그가 쥔 천국의 열쇠가 담긴 배지(시그나 아포스톨로룸)를 주었다. 인파로 가득한 레오니나시는 마치 거대한 시장 같았고, 가판대는 산 피에트로 바실리카의 본당까지 숨어 들어왔으며, 여관 주인들은 손님을 뺏으려 순례자를 잡아끌었다.

이런 호시절은 1300년에 절정에 달했다. 그해 2월, 강력한 권력을 행사했던 또 다른 교황 보니파시오 8세가 연내에 로마에 도착해 고해성사와 참회를 하고 최소 15일 체류한 순례자는 전대사(全大赦), 즉 '모든 죄의 사함'을 받을 것이라고 발표했다. 로마가 그때까지 예루살렘의 전유물이던 것을 제공하기로 한 것이다. 이렇게 로마의 첫 번째 성년(聖年)이 시작되었고 결과는 대성공이었다. 한 연대기 편자는 남녀노소, 빈부를 떠나 마치 전 세계가 로마에 쇄도해 오는 듯했다고 기록했다. 성탄절 무렵에는 인파가 너무나 몰려서 운이 없는 여러 순례자가 깔려 죽기도 했다.

그러고 나서 앞으로 무슨 일이 벌어질지 아무도 상상할 수 없었을 것이다. 몇 년 만에 로마의 모든 건축 계획은 취소되었고, 예술가는 더 나은 고객을 찾아 다른 도시로 떠났으며, 순례자 사업은 예전의 모습으로 돌아갔다. 로마는 라이벌 가문들이 벌이는 시가전으로 침울한 도시가 되었고, 인구가 반으로 줄어 1만 7,000명 정도가 되었다. 당시 유럽을 휩쓴 흑사병의 영향도 있었지만, 그것이 로마가 쇠퇴한 진짜 이유는 아니었다. 훨씬 더 친근한 존재가 로마에 커다란 타격을 입혔다. 1309년 프랑스 왕의 요청으로 프랑스 출신 교황 클레멘스 5세는 교황청을 아비뇽으로 옮겼다. 교황들이 떠나갔다.

1095년	십자군 시작
1130년	시칠리아왕국 성립(1816년까지 존속)
1309~1377년	교황청, 아비뇽 유수
1454년	베네치아공화국, 피렌체공화국, 밀라노공국이 프랑스에 대항해 이탈리아 동맹 결성
1494년	나폴리왕국과 밀라노공국의 왕위 갈등을 둘러싸고 이탈리아 전쟁 발발
1517년	루터의 「95개조 의견서」로 종교개혁 시작
1516년	카를 5세, 에스파냐왕국 왕위에 오름
1519년	카를 5세, 신성로마제국의 황위 계승자가 됨

5

에스파냐인과 루터교도

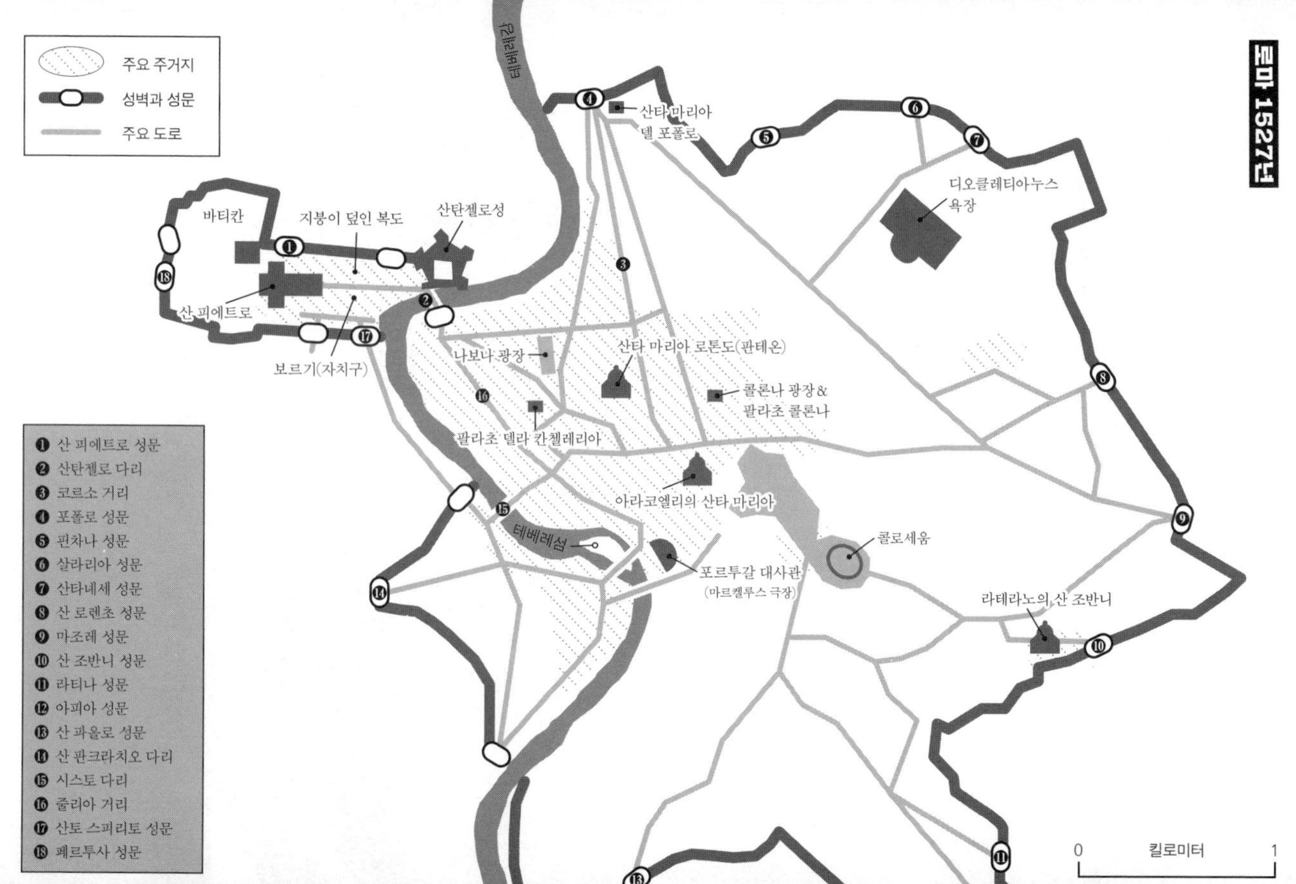

로마 1527년
주요 주거지
성벽과 성문
주요 도로
테베레강
산타 마리아
델 포폴로
디오클레티아누스
욕장
바티칸
지붕이 덮인 복도
산탄젤로성
산 피에트로
보르기(자치구)
나보나 광장
산타 마리아 로톤도(판테온)
콜론나 광장&
팔라초 콜론나
팔라초 델라 칸첼레리아
아라코엘리의 산타 마리아
테베레섬
콜로세움
포르투갈 대사관
(마르켈루스 극장)
라테라노의 산 조반니
1 산 피에트로 성문
2 산탄젤로 다리
3 코르소 거리
4 포폴로 성문
5 핀차나 성문
6 살라리아 성문
7 산타네세 성문
8 산 로렌초 성문
9 마조레 성문
10 산 조반니 성문
11 라티나 성문
12 아피아 성문
13 산 파올로 성문
14 산 판크라치오 다리
15 시스토 다리
16 줄리아 거리
17 산토 스피리토 성문
18 페르투사 성문
0
킬로미터
1

1527년, 카를 5세의 에스파냐군과 독일 용병 1만 명이 로마로 쇄도하다

바티칸 박물관을 비수기가 아닌 때에 가거나, 몇 시간씩 줄을 서고 싶지 않다면, 요즘에는 온라인 예약을 이용하는 편이 가장 좋다. 그렇더라도 박물관에 가는 것이 번거로운 업무가 되어 문화적 향연보다는 출장에 가깝게 느껴지기도 한다. 미술품은 엄청난 관광객과 셀카봉, 가이드가 머리 위로 휘두르는 지휘봉에 묻혀 보이지도 않는다. 입구마다 북새통을 이루어 경비원들이 "서지 말고 계속 가세요"라고 끝없이 중얼댄다. 말할 것도 없이 최악의 장소는 최고로 인기 있는 곳이다. 바로 시스티나 예배당이다. 성당 입구에 들어서면 경비원들이 "조용히 하세요", "사진 촬영 안 됩니다" 하고 소리치며 이미 방을 잔뜩 메운 군중 속으로 당신을 안내한다. 사람들은 위쪽을 주시하기도 하고, 머리에 오디오 가이드를 쓰고 있거나, 이어폰을 통해 가이드의 설명을 듣는다. 그러나 밀치고 들어오는 사람들 사이에서 당신의 자리를 조금만 붙들고 있으면 여전히 눈부시고 압도적인 광경이 시야에 들어온다.

1523년 11월 중순에는 그와 전혀 다른 광경이 보였다. 당시 미켈란젤로의 천장화는 불과 몇 년 전에 완성된 신작이었고, 엄청난 크기의 「최후의 심판」은 아직 훗날의 얘기였다. 성당 내부 벽면에는 오두막 모양의 목조 방 10여 개가 있었다. 일부는 붉은색으로 다른 일부는 녹색으로 칠해져 있었고, 각각이 서로 떨어져 있어서 그 안에서 내는 소리가 새어 나가지 않았다. 그곳에서 이루어지는 대화는 은밀하고 조심스러웠기 때문에 조용히 하라고 주의를 줄 필요가 없었다. 이것은 교황을 선출하기 위한 모임, 즉 추기경들의 콘클라베(conclave)였다.

콘클라베는 교착상태에 빠져 있었다. 6주 동안 중도파 후보자들이 올라왔지만 모두 기각되어(첫 번째 탈락자는 잉글랜드의 추기경 울지였다) 성과가 없었다. 두 경쟁 파벌의 완강한 대치로 진전이 없었고, 그들은 이탈리아의 패권을 차지하기 위해 큰 싸움을 벌이던 유럽의 2대 강자로부터 각각 지원을 받았다. 붉은색 방 그룹은 황제 카를 5세의 지지를 받는 줄리오 데 메디치를 후보로 내세웠고, 녹색 방 그룹은 프랑스 왕 프랑수아 1세의 지지를 받았다. 데 메디치는 추기경들 사이에서 지지자가 적었다(39명 중에 15명에 불과했다). 그렇지만 중립을 지키는 다른 추기경들이 있어서 상대의 승리를 충분히 저지할 수 있었다. 그를 지지하는 추기경들도 믿을 만했다. 대부분이 그의 친척이었고, 2년 전 죽음을 맞을 때까지 재임했던 그의 사촌인 교황 레오 10세가 임명한 사람들이었다.

반면에 상대 파벌은 줄리오 데 메디치 저지라는 공동 목표로 똘똘 뭉친 사람들이었다. 프랑스 추기경들, 인기 있는 로마 교황 후보자 알레산드로 디 파르네세의 지지자들, 또한 추기경 폼페오 콜론나가 이끄는 그룹 등이 그 구성원이었다. 콜론나는 카를 5세의 지지자였으나 무척이나 혐오하는 데 메디치를 저지하기 위해 프랑스인 편에 섰다. 메디치 가문은 콜론나의 숙적인 로마의 오르시니

가문을 지지했던 데다가 폼페오는 메디치가에 개인적인 원한이 있었다. 줄리오의 사촌인 레오 10세가 자신을 죽이려는 음모를 꾸몄다는 누명을 씌워 콜론나의 친척인 소데리니 추기경을 수년간 투옥했고 소데리니는 막 감옥에서 출소한 상태였다.

콘클라베가 6주라는 긴 시간 동안 계속되었고, 초조함과 조바심이 특히 시스티나 예배당 밖에 있는 사람들을 사로잡기 시작했다. 추기경들이 결정을 내리기 전까지 교황령은 모든 공무가 중단되는 마비 상태에 처했다. 국가도 안정을 찾지 못했다. 페라라 공작이 이미 북부 국경 지역을 공격해 두 도시를 점령했다. 예전부터 콘클라베가 길어지면 로마인들은 추기경들에게 누구나, 아무것이나, 나무토막이라도 상관없으니 빨리 뽑으라고 외치면서 폭동을 일으켰다. 콘클라베 감시인들은 추기경들이 결정을 하지 못하면 식사로 빵과 물만 제공될 것이라고 경고하면서 최대한 압박하라고 종용받았다. 만토바 대사는 추기경들이 콘클라베로 겨울을 나기로 작정한 것처럼 보였다고 실망감을 토로했다.

그러나 결정은 그의 생각보다 빨리 이루어졌다. 11월 6일 황제 반대파 중 한 명이 마침내 고집을 꺾고 줄리오 데 메디치 지지로 입장을 바꾸었다. 조금 놀랍게도 그 사람은 줄리오 데 메디치를 가장 싫어했던 폼페오 콜론나였다. 그의 양보를 받아낸 것은 주로 메디치가의 교묘한 전략 덕분이었다. 교착상태에 지쳐가는 프랑스 추기경들은 새로운 중도파 후보자인 오르시니 추기경을 지지했는데, 이를 기회라고 생각한 줄리오 데 메디치 역시 그를 지지한다고 말했다. 폼페오 콜론나는 메디치가의 또 다른 교황이 끔찍했지만 교황 오르시니에 대한 전망이 훨씬 더 암울했다. 콜론나와 줄리오는 공식적으로 화해했으며, 8일 후에 줄리오는 교황에 선출되어 클레멘스 7세라는 이름을 받았다.

로마 사람들은 환호했다. 교황이 생겼고 전도 유망하기까지 했다. 레오 10세는 굉장히 인기가 많았는데, 주로 아낌없는 씀씀이 때문이었다(재임 기간이 짧았고 인색하고 미움을 많이 받았던 네덜란드 출신의 후임자 교황 하드리아누스 6세와 사뭇 대조적이었다). 누구나 클레멘스 7세가 그의 사촌처럼 씀씀이가 좋으리라 생각했다. 또한 그가 레오의 재임 당시 실세였다는 사실이 잘 알려져 있어서 유능한 교황이 될 것이라 기대가 높았다. 끊임없이 메디치가를 지지했던 카를 5세가 파견한 로마 대사인 세사 공작 역시 기뻐했다. 그는 자랑스럽게 마드리드에 있는 군주에게 편지를 썼다. "교황은 완전히 폐하의 창조물입니다. 폐하의 힘은 실로 거대해서 바위마저 순종적인 아이로 만드실 수 있습니다."[1] 그러나 불과 3년 6개월 후, 상상조차 할 수 없던 일이 벌어졌다. 엄청나게 크고 굶주린 카를 5세의 군대가 자신의 지지하에 있었던 클레멘스 7세를 응징하기 위해 로마에 진군해 왔다.

무엇이 어떻게 잘못된 것인지 답은 클레멘스에게 있었다. 클레멘스는 수 세기에 걸쳐 평판이 좋지 않았으며 그의 교황직 수행은 역대 최악 중 하나로 여겨진다. 하지만 그에게 호감을 갖지 않기도 쉽지 않았다. 클레멘스는 교류가 적은 사람이었고, 종교와 국가의 지도자로서는 어울리지 않는 자질의 소유자였다. 그의 사촌이 어릿광대를 불러 화려한 연회를 열었다면, 그는 학자들을 불러 조용한 행사를 열기를 선호했다. 한편 그는 이탈리아 전역에서 최고의 뮤지션 가운데 하나로 널리 받아들여졌다. 또한 미켈란젤로의 열렬한 지지자로서 그에게 여러 가지 프로젝트를 맡겼으며 그와 정기적으로 서신을 교환했고, 미켈란젤로의 농담을 크게 읽어 궁정을 즐겁게 하기도 했다.

클레멘스 7세는 교황에 어울리지 않는 인물이었다. 그는 사생아였다. 어머니는 출신이 천한 피렌체 여자였고 아버지는 피렌체의 통치자인 로렌초 데 메디치의 동생이었다. 메디치 가문의 일원이라는 것은 이점도 있었지만 가문에 적이 많은 데 따른 위험도 감수해야 했다. 그의 아버지는 그가 태어나자마자 살해되어 그는 삼촌인 로렌초 집에서 어린 시절을 보내야 했다. 그러다가 재앙이 메디치 가문 전체를 덮쳤다. 줄리오가 14살이던 때 메디치가는 권좌에서 쫓겨나 피렌체에서 추방되었고 거의 20년이 지나 카를 5세의 할아버지인 막스밀리안 1세의 도움으로 돌아올 수 있었다. 전 생애에 걸쳐 줄리오의 첫 번째 관심사는 가문과 그들의 도시 피렌체의 이익을 높이는 것이었다.

1523년 11월 이후 클레멘스에게는 걱정해야 할 관심사가 두 가지 더 생겼다. 가톨릭교와 로마시였다. 로마 교회에서 그의 경력은 모두 그를 처음 등용한 사촌 덕분이었지만, 클레멘스는 교황보다는 로마 황제에 가까웠던 레오의 방식을 따를 생각이 없었다. 레오는 화려한 연회와 행렬을 개최했고, 교황 군대를 이용해 우르비노의 공작을 폐위시키고 또 다른 사촌 줄리아노를 위해 새로운 국가를 세우려 했지만 실패했다. 1517년 레오는 메디치가의 숙적이었던 추기경 5명에게 모반 계획을 세웠다는 누명을 씌웠다. 그로써 그는 가문의 묵은 원한을 갚았고(추기경 중 하나는 독방에서 교살당했다), 추기경 공석 5개를 매각함으로써 얼마간의 현금을 챙겼다(5명의 추기경 중 1명은 폼페오 콜론나의 친척인 소데리니였다). 이미 살펴본 대로 친족 등용에 거리낌이 없었던 레오는 친척 4명을 추기경으로 임명했으며, 그중 하나가 줄리오였다. 레오는 줄리오의 난감한 출생에 관련된 문제를 그의 부모가 비밀리에 결혼했다는 증거가 기적적으로 밝혀지도록 꾸며내서 해결했다.

이와 달리 클레멘스는 좋은 교황이 되기 위해 노력했다. 경건하게 금식을 지켰고 사순절 동안에는 빵과 물만 먹었다. 조금이라도 교회를 정화하려 노력했으며, 교황 자리에 오르면서 사촌의 사치로 크게 구멍 뚫린 살림을 물려받았지만 추기경 자리를 팔지도 않았고, 새로 추기경을 임명하지도 않았다. 지출을 줄이기 위해 애쓰면서 로마에서 지지자도 조금 확보했다. 그러나 그의 교황권을 흔들어놓은 재앙과 같은 사건은 다른 곳에서 (외교 정책에서 옳은 일을 하려 할 때) 일어났다.

외교 정책은 결코 순탄치 않았다. 클레멘스가 교황에 오르기 전 30년 동안 이탈리아는 유럽 강대국의 각축장으로 쓰이며 폭력과 파괴로 얼룩진 시절을 보냈다. 이탈리아가 그 대상이 된 것은 우연이 아니었다. 이 시대 유럽의 통치자들은 국가가 감당할 수 있는 것보다 크고 비용이 많이 드는 군대로 싸움을 벌이는 경우가 많았고, 그 경비를 충당하기 위해서는 약탈을 할 수밖에 없었다. 이탈리아는 유럽에서 가장 부유한 곳인 만큼 쉬운 돈벌이 수단이었다. (클레멘스의 사촌인 레오 10세를 포함해서) 일련의 강력한 교황들이 싸움을 통해 교황령을 확장하고 자기 친척을 위해 새로운 이탈리아의 나라를 만들려 했으므로 이제까지 로마는 침략자이지 희생자가 아니었다. 이탈리아의 다른 도시들은 파괴되었지만 로마는 건재했다.

적어도 그때까지는 그랬다. 1523년의 콘클라베에서는 프랑스 국왕 프랑수아 1세와 황제 카를 5세 사이의 새로운 위기가 다가오고 있었기 때문에 매우 치열한 경합이 펼쳐졌다. 두 사람의 성격은 천양지차였다. 프랑수아는 낭만적인 면이 있어서 전쟁을 거의 중세적인 관점에서 용기를 보여주고 명예를 얻는 기회로 생각했다. 카를 5세는 야망이 훨씬 컸다. 그는 주로 건강이 좋지 않은 친척들 덕에 1인 초강자가 되었다. 이 시기 유럽의 패권을 쥐고 있던 가문들은 그들끼리 혼사를 맺어 인척 관계가 복잡하게 얽힌 왕가를 이루었기 때문에 그들 중 어린 나이에 요절하거나 후세를 보지 못하는 수가 일정 정도에 이르면, 여러 왕가가 일종의 연쇄반응을 겪게 되었다. 그 사례가 바로 카를이었다. 네덜란드에서 태어나 19살이 되었을 때 삼촌과 숙모, 사촌, 아버지, 결혼을 통해 왕좌를 차지하려던 삼촌, 큰 영향력을 행사했던 조부모가 세상을 떠나자 카를은 현대 네덜란드의 대부분과 벨기에, 오스트리아, 독일의 대다수 지역, 아라곤왕국과 그 부속령(시칠리아와 남부 이탈리아 포함), 마지막으로 당시 아메리카를 정복하는 중이던 카스티야의 통치자가 되었다. 게다가 그는 신성로마제국 황제 자리에도 올랐다.

유산을 받은 카를이 행복했으리라 생각하겠지만, 그렇지 못했다. 그의 어머니는 우울증(조현병이었을 가능성이 있다)을 앓아 에스파냐의 한 성에만 틀어박혀 있었고 카를은 어머니의 우울한 시각에 영향을 받았던 듯하다. 그는 기형에 가까울 정도로 큰 턱과 진지함으로 유명했다. 사실 그는 근심이 많았다. 여러 곳에 산재한 많은 영토를 통치하다 보면 다양한 문제가 따르기 마련이었다. 걱정거리 중 하나인 투르크족은 발칸 반도와 지중해 동부를 꾸준히 점령해나갔고 유럽 전역이 긴장하고 있었다. 카를은 자신을 샤를마뉴 대제 이후 유럽 최강자로 만든 광활한 영토들을 살펴본 후, 이 영토들이 우연이 아니라 신의 의도에 따라 주어진 것이라고 판단했다. 이에 따라 자신이 달성해야 할 단기 목표를 정했다. 첫째, 그는 자신의 친척이기도 한 프랑스 왕 프랑수아를 물리침으로써 유럽 전역을 통합해야 했다. 둘째, 로마 교회에 도전하는 이단인 루터교의 지지자들을 굴복시키거나 회유함으로써 기독교를 통합해야 했다. 마지막으로 그는 투르크족을 물리침으로써 기독교를 구해야 했다. 프랑스를 굴복시킨다는 첫 번째 임무는 이탈리아에서 시작되었다.

클레멘스 7세가 이 지뢰밭을 헤쳐 나가려면 행운과 더불어

교황 레오 10세(가운데)가 조카인 추기경 줄리오 데 메디치(왼쪽, 후에 교황 클레멘스 7세)와 함께 콘클라베를 이끌고 있는 모습(라파엘로, 「레오 10세 교황과 줄리오 데 메디치 추기경, 루이지 데 로시의 초상화」, 1518).

빠른 판단력이 필요했다. 그러나 두 가지 모두 심지어 그가 교황에 오르기도 전에, 그를 저버리기 시작했다. 1523년 콘클라베에서 미래의 클레멘스가 선출되려는 열망에 그를 지지하던 카를 5세를 배반하고 프랑스인들에게 미래에 어떤 전투에서든 중립을 지키겠다고 제안한 것을 베네치아 대사가 폭로했다. 또 프랑스를 전적으로 지지하고 있을 가능성도 내비쳤다. 이 거래는 교황이 되지마자 클레멘스가 취한 많은 행동을 설명해준다. 우선 중립 문제에 있어 그는 교황에 오른 지 1년이 안 되어 프랑스와 비밀동맹을 맺었다.

그는 결코 혼자가 아니었다. 1524년 무렵 광활한 제국과 신이 내려준 운명이라는 카를의 생각이 이탈리아 전역을 뒤흔들어 베네치아와 밀라노(두 도시도 황제의 동맹이었다)는 비밀동맹을 맺고 교황 편에 서게 되었다. 불행히도 불과 몇 주 후인 1525년 1월에 이 비밀동맹이 탄로 났다. 카를은 특히 자신의 도움으로 교황에 오른 클레멘스의 배반에 분개했다. 그는 "저 겁쟁이 교황"에 대한 복수를 다짐했으며 "언젠가 마르틴 루터가 득세하게 될 것이다"라는 불길한 말을 덧붙였다. 이렇게 새로 맺은 반황제 동맹은 곧바로 와해되었다. 몇 주 지나지 않아 프랑수아 1세는 파비아 전투에서 참패하고 그 자신도 포로가 되었다. 짧은 기간이지만 재난은 이탈리아인들을 고무시켰다. 외세의 침략으로부터 그들의 땅을 해방해야 한다는 결의와 애국심에서 전부는 아니지만 이탈리아 국가 대부분이 프랑스와의 새로운 동맹인 코냐크 동맹에 가입했다. 그러나 낙관적인 생각은 곧바로 시들해졌다. 동맹군은 이탈리아 북부에서 카를 5세 군대와의 전투에 발목이 잡혀 기회를 잃었다.

1526년 여름, 카를은 군대를 보강했다. 이탈리아 북부에 있던 지휘관 부르봉 공작(프랑수아 왕이 자기 땅을 차지하려 하자 조국을 등진 프랑스 반역자)에게 당시 유럽 최정예 병사였던 5,000명의 에스파냐 병사를 파병했다. 알프스 너머 독일 남부에 있던 카를의 충성스러운 부하 게오르크 폰 프룬츠베르크는 배신을 저지른 교황 클레멘스를 목매달아 죽이겠다는 일념으로 자신의 도시와 성, 아내의 보석까지 저당 잡히며 사비를 털어 용병을 샀다. 그렇게 가까스로 1만 명의 란츠크네히트(Landsknechte)로 이루어진 군대를 모았다. 란츠크네히트는 용병이었지만, 집단에 대한 충성심이 매우 높아 장교를 선출하고, 동료를 배신하는 자가 생기면 군법회의에 회부했다(각 중대마다 자체 집행관이 따로 있었다). 이런 부대는 군대 공화국이라 불렸다. 그들은 종교적인 주관도 뚜렷했다. 최근에 일어난 교황권에 대한 마르틴 루터의 공격으로 마음이 움직인 대다수의 란츠크네히트가 앞다투어 성직자들을 죽이려 했으며, 성직이 높을수록 좋았다.

설상가상으로, 클레멘스는 남쪽에서 쳐들어온 적과도 싸워야 했다. 로마 남쪽에 많은 땅과 성을 소유했던 폼페오 콜론나는 당연히 자기 것이라고 생각했던 교황 자리를 눈앞에서 빼앗긴 것을 복수하고 싶었다. 콜론나는 (아직 카를 5세의 영토인) 나폴리왕국과 동맹을 맺고 클레멘스를 선제공격했다. 그것이 가능했던 것은 순전히 매우 똑똑하지만 쉽게 남을 믿어버리는 클레멘스 자신의 탓이었다. 1526년 여름, 폼페오는 클레멘스가 좋아하고 또 어리석게 믿었던 사촌 베스파시아노를 시켜 폼페오가 원하는 것은 단지 평화뿐이라고 믿게 했다. 사촌이 구멍 낸 재정 문제로 골치를 썩었던 클레멘스는 남쪽에서 로마를 지키던 군대를 철수해 지출을 줄이기로 결정했다.

1526년 9월 20일 새벽, 콜론나의 군대가 로마의 산 조반니 성문과 산 파올로 성문을 점령하고 로마로 쇄도해 오자 돈을 아끼려던 클레멘스의 결정이 얼마나 큰 오판이었는지 뼈저리게 명확해졌다. 지금껏 살펴본 다른 공격들과 비교할 때, 로마에 대한 이번 공격은 '약탈'보다는 군대 '행진'에 가까웠다. 세금을 올린 클레멘스에 분노한 로마인들은 싸우기를 거부했고 폼페오의 군대가 도시를 가로질러 산토 스피리토 성문을 통과해, 당시 보르고로 알려진 옛 레오니나시로 진군하는 것을 지켜보기만 했다. 클레멘스는 마지막 순간에 산탄젤로성으로 연결된 성벽 탈출로로 도망쳐 목숨을 건졌고, 폼페오는 클레멘스를 잡으려던 원래 목적에 실패했다. 클레멘스에게는 치욕적인 습격이었다. 더구나 자신의 약점을 드러내 보인 셈이었다. 클레멘스는 교황의 궁을 약탈하고 마구간의 말들을 모조리 훔쳐 가는 침입자들에게 속수무책이었다.

그 후로 클레멘스는 몇 달 동안 복수를 했다. 동맹국들과 더불어 군대를 모았으며 로마 남쪽 콜론나의 요새들을 파괴하고 황제령인 나폴리의 여러 도시를 점령했다. 불행히도 그의 실질적인 위협은 나폴리나 콜론나 가문이 아니었다. 1527년 2월, 부르봉의 에스파냐 군대 5,000명과 프룬츠베르크의 란츠크네히트 1만 명이 연합한 대군이 부르봉의 지휘하에 천천히 남진하고 있었다. 이 대군은 뒤따르는 비전투원과 매춘부가 병사보다 훨씬 많았다. 황제 카를 5세는 자신의 의도를 분명히 했다. 그는 로마 교회에서 교무총회를 열기를 원했고, 그것은 클레멘스를 다른 사람으로 대체하겠다는 한 가지만을 의미했다. 프룬츠베르크의 란츠크네히트가 이미 교황을 목매달지 않았다면 말이다.

하지만 이 모든 목적을 위해선 우선 군대가 로마까지 가야 하는데, 그것이 쉽지 않았다. 부르봉의 군대는 유럽에서 가장 강력한 병사들로 구성되었지만, 그 시대의 여느 군대처럼 국가의 군대라기보다는 군 자체에만 충성하며 독자적인 권리를 지닌 일종의 불량국가 같았기 때문에 불안정했다. 3월 초 교황령에 진입한 후, 군대는 극심한 늦겨울 추위를 피해 볼로냐 밖의 피난처에서 쉬어야 했다. 나태함은 곧 문제를 일으켰다. 체불 임금이 란츠크네히트보다 많았던 에스파냐 군대가 폭동을 일으켰고, 부르봉은 란츠크네히트 편으로 도망쳐 마구간에 숨어서 겨우 목숨을 부지했다. 그러자 란츠크네히트 역시 반란을 일으켰고, 지휘관 게오르크 폰 프룬츠베르크는 그들을 제압하려다가 크게 흥분한 나머지 뇌졸중을 일으켜 결국 병사들을 두고 독일로 돌아가야 했다.

군사작전의 시작이 좋지 않았다. 그렇지만 클레멘스 교황으로서는 황제의 대군이 교황령을 넘어 들어왔다는 단순한 사실만으로 사기가 꺾였다. 3월 중순에 병력이 남쪽에서 순조롭게 진군하고 있었음에도, 클레멘스는 동맹국과 상의도 하지 않고 카를 5세의 나폴리 총독인 샤를 드 라누아와 일방적으로 평화협정을 맺었다. 클레멘스의 우방은 분노했다. 클레멘스의 수락 이유를 누가 보아도 알 수 있을 정도로 조건이 좋았다. 라누아는 황제군이 즉시 교황령을 떠나고 클레멘스를 지지하는 (싸움의 중심에 있었던) 밀라노의 스포르차 공작이 빼앗긴 공작령을 되찾는 데 합의했다. 전쟁은 끝났고 로마와 피렌체는 무사했다. 클레멘스 동맹은 휴전의 일환으로 나폴리에 대한 공격을 끝내고 6만 두카트를 지불하기로 했는데, 이 돈은 란츠크네히트에게 독일로 돌아가라고 설득하기 위한 돈이었다. 더 이상 걱정거리가 없어진 클레멘스는 1년이 채 안 되는 동안에 두 번째로 군대를 철수함으로 써 돈을 아낄 수 있었다.

그러나 클레멘스가 또 한 번 속았다. 카를 5세의 위태로운 제국에서는 흔히 누가 누구에 대한 권한이 있는지가 불분명했고, 카를과 그의 지휘관들은 이런 모호함을 유용하게 써먹었다. 클레멘스가 나폴리에 있는 카를의 부하 라누아와 평화협정을 맺었다고 해도 이것이 자동으로 이탈리아 북부에 있는 카를의 지휘관 부르봉에게도 적용되는 것은 아니었다. 속임수로 유명했던 라누아는 겉으로는 신의를 보이면서도 클레멘스를 계속 속이려 했을 것이다. 그는 아직 볼로냐 밖에서 추위를 피하고 있던 부르봉의 군대에 사절을 보내 클레멘스가 준 6만 두카트를 건네며 부르봉에게 교황령을 떠나라고 명했다. 그러나 부르봉에게 철수는 있을 수 없었다. 카를 5세는 기회가 되면 로마를 점령하라고 은밀히 지시했으며, 게

1527년 로마가 상대해야 했던 공격자들.
↖ 신성로마제국 황제 카를 5세.
↗ 폼페오 콜론나 추기경.
↙ 부르봉 공작이자 에스파냐군 지휘관 샤를 3세.
↘ 황제군의 지휘관 게오르크 폰 프룬츠베르크.

다가 교황이 준 두카트로는 군의 체불 임금을 충당할 수 없었다. 부르봉은 대도시를 약탈해야 병사들이 만족하리라는 것을 알았고, 그 대상은 피렌체나 로마면 충분했다. 따라서 그는 병사들을 시켜 두 번째 반란을 꾸며낸 다음 라누아의 사절에게 군대가 통제불능 상태라 교황령을 떠날 수 없다고 밝혔다.

마침내 4월 초, 병력이 줄고 그에 따라 군부대를 따라온 비전투원도 감소해 중대 하나에 매춘부가 셋밖에 안 되었을 때, 부르봉은 군대를 이끌고 남진을 재개해 작은 도시들을 약탈하고 불을 질렀다. 날씨는 이전처럼 사나워서 폭설과 폭우로 강물이 불어나 가장 무거운 대포 3개를 버려야 했다. 4월 15일 그는 또다시 비자금을 가지고 온 나폴리의 음흉한 총독 라누아와 마주했다. 그것은 부르봉에게 철수를 설득할 수 있을 거라는 믿음에서 성당의 보물을 녹였던 피렌체 사람들에게서 뜯어낸 것이었다. 결국 침략에 필요한 자금을 희생자가 대주는 꼴이었다. 부르봉은 돈을 챙긴 후 계속 진군했으며, 그의 군대는 약탈을 노리는 수천 명의 이탈리아 용병이 합류함으로써 그 어느 때보다 커졌다.

4월 25일 마침내 라누아와의 휴전협정이 소용없음을 알게 된 클레멘스는 마음을 바꾸어 코냐크 동맹에 재가입했다. 군대를 거의 전부 철수하기는 했지만 부르봉 군대에 완전히 굴복한 것은 아니었다. 클레멘스의 기만적이고 일방적인 평화협정에도 베네치아는 우르비노 공작이 지휘하는 동맹군에 부르봉 군대를 좇아 남진하도록 명령했다. 클레멘스에게 좋은 소식이기는 했지만 큰 도움이 되지는 않았다. 폭력적이고 성격이 급한 우르비노 공작은 21살에 두 사람을 살해하기도 했는데 그중 하나는 추기경이었다. 낭비벽이 심한 클레멘스의 사촌 레오 10세가 공작령을 빼앗으려다 실패했던 바로 그 우르비노 공작이었다. 동맹군의 총사령관인 그는 결코 메디치가에 우호적인 사람이 아니었다.

우르비노 공작은 곧 자신의 우선순위를 내보였다. 4월 말, 부르봉의 군대는 피렌체 근방에 도달했으며, 피렌체에는 많은 반메디치 세력이 그들을 맞이할 준비를 하고 있었다. 우르비노 공작은 가까스로 황제군보다 앞서 피렌체에 도착해 반메디치 반란군을 위협하고 부르봉의 군대가 접근하지 못하도록 했다. 그러나 그의 조치는 클레멘스가 아닌 자신을 위한 것이었다. 우르비노의 도움에 대한 대가로 메디치가를 지지하는 피렌체 사람들은 레오 10세의 강탈 시도 이후 되찾지 못했던 조그만 영토를 그에게 돌려주었다. 우르비노 공작은 동맹군의 사령관이더라도 철저히 자기 자신을 위해 움직였다.

더욱이 피렌체를 구하려면 로마는 큰 위험을 감수해야 했다. 부르봉은 동맹군에게 다시 패할 것이 두려워 서둘러 강행군을 시작했다. 황제의 우방이었던 시에나에서 더 많은 비전투 인원을 내보내고 남은 대포를 모두 버림으로써 다시 한번 규모를 줄였다. 몸집이 가벼워진 군대는 전속력으로 남진했다. 기상은 여전히 최악이었고 파글리아강이 크게 불어나 병사들은 떠내려가지 않기 위해 서로 어깨동무를 해야 했다. 이런 악천후에도 군대는 빠르게 진군해 하루에 30~50킬로미터씩 나아갔다.

로마에 가까워지고 있던 부르봉은 클레멘스의 또 다른 적인 폼페오 콜론나의 전갈을 받았다. 둘이 힘을 합쳐 로마를 치자는 제안이었다. 5월 9일 밤, 콜론나는 로마의 자기 지지자들이 클레멘스에 대한 대중의 반란을 선동하고, 다음 날 새벽에 포폴로 성문을 열어 부르봉 군대를 들여보내도록 했다. 계획은 그럴듯했다. 부르봉의 전략은(그런 것이 있었다면) 이상하게도 시대의 흐름과 맞지 않았다. 이탈리아에서 전투가 벌어진 지난 30년 동안에, 유럽의 전쟁 양상이 바뀌었다. 기사와 파이크(pike, 15~17세기 유럽에서 보병이 기병을 상대하기 위한 무기로 사용한 창의 일종—옮긴이) 보병대를 중심으로 한 중세의 전략이 사라지고, 포병대와 화승총(arquebus gun)으로 무장한 병사가 승리의 관건이었던 나폴레옹 시대의 전법이 이때부터 시대를 앞서 사용되었다. 전쟁의 승패는 견고한 보루, 참호와 대적 참호, 지하 갱도와 대적 갱도 등 공격군보다 수비군에 훨씬 유리한 새로운 기술이 발전하고 있던 포위 작전에 의해 결정되었다. 따라서 도시가 순식간에 점령당하는 일은 더 이상 찾아보기 어려웠다.

대포가 없었던 부르봉에게 다른 방법은 없었다. 그의 군대는 비테르보로 내달려 브라차노 호수를 지나 이졸라 파르네세에 다다랐으며, 굶주림과 추진력과 동맹군이 바짝 뒤좇고 있다는 두려움으로 나아갔다. 5월 5일 오후, 군대는 콜론나가 반란을 일으키기로 제안한 날짜보다 나흘 앞서 로마에 도착했다. 병사들은 추위와 배

피터르 브뤼헐이 그린 1527년의 약탈은 극적인 분위기를 전하지만 실제 사건의 공포는 거의 전하지 못한다. 「로마 약탈 1527」(부분).

고픔으로 녹초가 되었지만 부르봉은 지체 없이 한 부대를 테베레 강 건너로 보냈으며, 또 한 부대는 레오니나시의 성벽에서 전투를 벌이게 했다. 두 곳 모두에서 성과가 없었고 많은 사상자만 났다. 부르봉은 어쩔 수 없이 병사들에게 마리오 언덕 근처에 진을 치게 하고, 자기가 직접 말을 타고 레오 성벽의 약점을 샅샅이 수색했다. 그리고 이내 한 곳을 발견했다.

16세기, 교황령 로마는 …

어떤 로마가 그를 기다리고 있었을까? 앞서 부분 부분 흐릿하게 보였던 초기 로마와 달리, 1527년의 로마는 세밀하게 들여다볼 수 있다. 이전까지는 고고학적 발견과 법률 문서 또는 편지나 풍자시에서 단서가 될 만한 구절에 의존했지만, 이제는 도시를 담은 그림, 스케치와 지도 그리고 여러 언어로 쓰인 도시 안내 책자 등 참고할 만한 자료가 풍부하다. 오랜 세월 동안 비교적 훼손되지 않고 그대로 보존된 건물도 많다. 그리고 중세에는 전례가 없고, 고대에도 드물었던 새로운 형태의 저술인 '개인의 기록'도 참고할 수 있다. 한 세기 전에 인쇄술이 발달하고 점점 더 많은 사람이 읽고 쓸 줄 알게 되면서 이 '문학적 셀피'가 등장했다. 때때로 누구나 중요한 사건들에서 자신의 역할을 과장하고 적을 비방하기 위해 자기만의 기록을 만들어냈던 것으로 보인다.

1081년의 로마에 살던 사람이 450년이 지난 미래로 넘어왔다면, 그들이 살던 도시가 옮겨졌다는 사실에 가장 놀랄 것이다. 1527년 무렵이면 로마는 테베레강과 성 베드로 무덤의 자석에 이끌려 1,000년이 넘는 시간 동안 천천히 서쪽으로 이동해가는 과정을 끝마쳤다. 16세기에 로마인은 고대 심장부(일곱 언덕)를 버리고 말라리아가 흔한 테베레강 옆 저지대로 떠났다. 이 변화는 또 다른 변화를 가져왔다. 11세기의 교외 전원도시가 두 갈래의 뚜렷한 풍경으로 대체되었다. 옛 도시 성벽 내 지역 대부분이 이제는 시골이 되었다. 디사비타토(disabitato, 거주민이 없는 지역을 의미했다)는 이따금씩 보이는 성당과 농가, 부유한 로마인의 시골 별장과 함께 들판과 포도밭으로 이루어졌다. 프란기파니 가문의 세력 기반이었던 포룸은 이제 캄포 바치노(Campo Vaccino, 암소 들판)라고 불렸으며, 카피톨리노 언덕의 남쪽 부분인 타르페이아 절벽은 몬테 카프리노(Monte Caprino, 염소의 언덕)라고 불렸다.

더 작고 사람이 거주하는 구역인 아비타토(abitato)의 경우, 1081년에서 온 방문객에게는 숨 막힐 정도로 번잡해 보일 것이다. 거리는 1,000년 동안 도시가 수용했던 것보다 많은 로마인으로 가득했다. 교황이 1420년대에 아비뇽에서 돌아온 이후로 로마는 번성을 누렸다. 1527년 5월, 그 몇 주 전에 때마침 로마 사상 최초의 인구조사가 실시되어 정확히 얼마나 사람이 많았는지 알 수 있다. 1527년 초에 유아를 제외하고 총 5만 4,000명이 로마에 거주

중이었다. 6년 전, 여러 문제(앞으로 살펴볼 것이다)가 발생하기 전 로마 인구는 이보다 훨씬 더 큰 8만 5,000여 명에 이르렀을 것이다. 물론 중세처럼 상주하는 순례자들도 있었다. 기념주년이 되는 해에는 주민보다 많은 순례자가 로마 보르고로 몰려들어 수백 개의 숙박소에서 머물렀으며, 늘 그랬듯이 밀짚을 사서 산 피에트로 광장에 잠자리를 만들었다. 산 피에트로 광장 자체는 실망스러웠지만(단순한 건물 부지였다) 부활절과 예수승천일 또는 성탄절에 오면 성당 입구 위쪽 포르티코에 나타나 베로니카의 베일을 축성하는 교황을 볼 수 있었다. 그곳에는 유명한 성유물이 있는 또 다른 훌륭한 성당들도 있었다. 산 조반니 대성당은 2번이나 화재로 소실되었지만 여전히 베드로와 바울의 머리를 전시했다.

그러나 로마는 수백 년 전보다 커졌다고는 해도 다른 도시들에 비하면 뒤처져 있었다. 기계식 시계가 있고 시간과 정밀성을 새롭게 지각한 북유럽의 도시나 이탈리아 북부에서 온 방문객에게 로마는 구닥다리로 보였고, 경제적으로도 뒤떨어졌다. 유럽의 다른 훌륭한 도시나 중동과 다르게 로마에는 장인의 수가 상대적으로 적었다. 대부분이 상점 주인, 여관 주인 등 순례자 대상 사업에 종사하거나 은행가, 보석 세공업자, 메달 제작자나 은세공업자 등으로 일했다. 모든 사람이 직간접적으로 교회를 위해 일했다.

로마 교회는 보수가 좋았고 교회에서 나오는 금은 도시 인구에 현저한 영향을 끼쳤다. 16세기 초의 로마 거주민 중에서 진짜 로마인의 비율은 매우 낮았다. 로마와 교황령까지 합쳐도 그곳에서 태어난 사람이 로마 인구의 4분의 1이 채 안 되었다. 1527년에 로마는 유럽에서 가장 국제적인 도시였으며, 그곳에 사는 사람들은 1,000년 전 제정 시대 이래로 그 구성이 가장 다양했다. 인구의 절반 이상이 이탈리아의 다른 나라 출신이었고 20퍼센트에 가까운 사람이 이탈리아 반도 외부에서 왔다. 로마에는 롬바르디아 출신의 건설자, 건축가, 장인, 일반 노동자가 있었다. 로마를 흐르는 강의 항구에는 제노바 출신 선원이 일했다. 토스카나 출신의 은행원, 보석 세공업자, 소매상인, 판화가, 화가와 조각가, 독일 출신의 은행가와 요리사 그리고 독일과 프랑스 출신의 여관 주인이 있었다. 에스파냐 성직자의 뜨거운 밤을 위해 성업 중인 에스파냐 매음굴도 있었는데, 그곳의 한 매춘부는 에스파냐에서 크게 인기를 끈 연극의 소재가 되기도 했다. 잉글랜드는 딱히 두각을 나타내지 못한 유럽 국가 중 하나였지만, 100년 전부터 로마에는 상당한 크기의 잉글랜드 거주지가 있었다. 그들은 이미 가톨릭 교회와 단절을 준비하는 것처럼 보였다.

경제 이주민뿐 아니라, 로마는 폭력을 피해 탈출한 망명자를 위한 안식처였다. 롬바르디아인은 밀라노를 두고 유럽 열강들이 벌이는 끊임없는 전쟁에서 도망쳤다. 알바니아인과 발칸 반도의 슬라브인은 터키의 점령을 피해 달아났다. 유대인은 포르투갈, 에스파냐, 에스파냐 점령하 시칠리아와 남부 이탈리아에서 새로 고조되는 박해를 피해 달아났다. 이들에게 로마는 대체로 따뜻한 피난처였다. 메디치가 출신의 두 교황인 레오 10세와 클레멘스 7세는 관용으로 유명했다. 1527년 로마에서 거의 2,000개에 달하는 유대인 공동체가 번성했고, 이들은 의사, 은행가, 음악가와 랍비에서 제일 가난한 장인과 상인에 이르기까지 온갖 직군에서 활동했다. 미켈란젤로는 시스티나 예배당에 그림을 그릴 때 구약성경의 등장인물로 유대계 로마인 모델을 찾았다. 로마 유대인들의 삶은 특정 계절이 되면 위태로워지기도 했다. 부활절에 콜로세움에서 상연하는 예수 수난극은 기독교인들을 흥분시켜 폭동으로 이어지기도 했고, 사순절 전에 열리는 마지막 며칠간의 축제 역시 위험했다. 길게 뻗은 코르소 거리에서 열리는 경주에서 유대인은 노소를 불문하고 반(半)나체로 뛰어야 했으며, 군중은 뛰는 사람들에게 돈을 걸었고 쓰레기를 던지며 야유했다. 유대인만이 코르소 거리에서 군중 사이를 경주해야 했던 것은 아니다. 젊은 기독교인, 나이 든 기독교인 그리고 당나귀와 물소의 경주도 있었다. 본명이 로드리고 보르자인 교황 알렉산데르 6세는 매춘부들이 참여하는 새로운 경주를 열기도 했다.

로마 이주민 대부분은 11세기의 방문객에게도 어렴풋이 친근할 지역에 살았다. 이런 지역들은 중세의 도시계획 탓에 중세에 머물러 있었고 주민들은 내내 뒤죽박죽인 곳에서 다닥다닥 붙어 살았다. 1527년의 집은 고대의 집보다 비교적 작았다(4층인 경우도 있었지만 대부분 2층이었다). 하지만 여유 공간이 조금이라도 있으면 그곳에 발코니, 외벽 계단, 돌출부와 포르티코를 설치했다. 그 아래로는 미로 같은 안마당, 아치길, 어둡고 구불구불한 골목이 펼

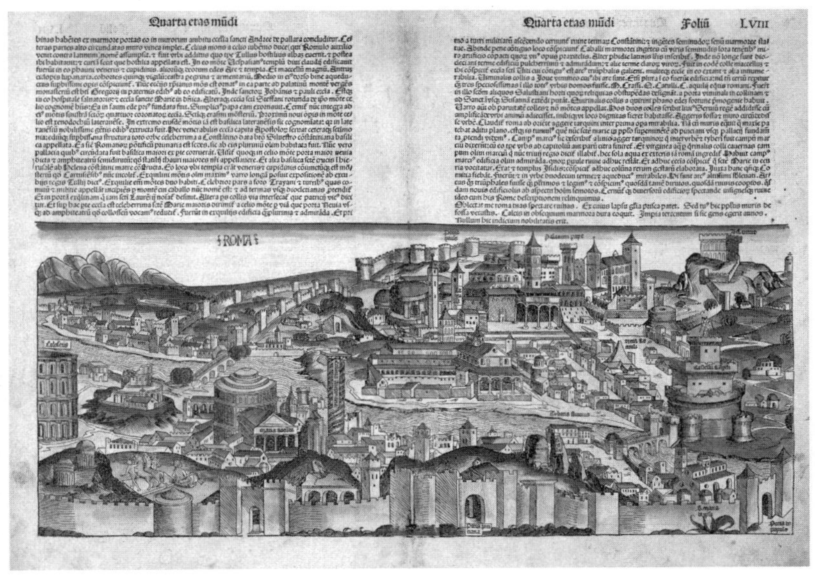

1527년의 약탈이 있기 30년 전 로마의 모습이 담긴 목판화. 몇 가지 고대나 르네상스 시대의 요소를 제외하면 대체적으로 중세적인 풍경의 도시였다(하르트만 셰델, 『뉘른베르크 연대기』, 1493).

쳐졌다. 골목은 장애물로 혼잡했고 무엇보다도 사람이 혼잡의 주범이었다. 골목에서 빨래를 하거나 동물의 사체를 조각내고, 상품을 팔고, 저녁을 요리했다. 1527년 로마는 제국의 영광스러운 시절 이후로는 없었던 악취가 풍겼다. 그 악취는 쓰레기, 동물 내장, 생선뼈, 제혁 작업장과 염색 작업장에서 배출되는 오수, 동물과 사람의 똥냄새였다.

또한 로마는 가장 중세적인 건축물인 요새탑의 도시였다. 1081년 12개에 불과했던 요새탑이 이 당시에는 수백 개에 달해 바늘꽂이나 고슴도치처럼 보였다. 중세 전성기 동안 권위와 이웃 나라로부터 안전을 제공해주는 탑은 누구에게나 필수였으며, 심지어 상점 주인도 탑을 세웠다. 고대 개선문 위에 세워진 탑도 있었다. 로마 교회도 곧바로 동참했고 캄파닐리(campanili)라고 부르는 뾰족하게 뻗은 종탑이 로마 전역에서 성당 옆에 세워졌다. 판테온의 포르티코 위에도 종탑이 세워졌다. 로마의 스카이라인이 새로워졌다. 한때 카피톨리노 언덕 위에서 로마를 굽어보던 유피테르 옵티무스 막시무스 신전은 채석장으로 변했고, 1250년대부터는 카피톨리노 언덕 북쪽 끝에 거대한 아라코엘리의 산타 마리아 성당이 새로 우뚝 솟아났다.

요새탑은 홀로 세워지는 것이 아니라, 안마당과 외부 계단, 비를 피할 수 있는 지붕이 있는 중세 궁전에 세워졌다. 이런 중세 성기 로마인의 집은 허물어진 폐허에 임시로 세운 11세기의 집에 비하면 엄청나게 개선되어 있었다. 고대 건물을 활용한 주거는 오래전에 유행이 지났으며, 교황의 요새인 산탄젤로성을 제외하면 1527년에도 여전히 사람이 사는 유일한 고대 건물은 구 피에르레오니 요새인 마르켈루스 극장으로, 얼마 전에 궁전으로 개조되어 당시엔 포르투갈 대사의 집이었다.

1520년대 무렵 유행이 다시 바뀌었다. 많은 로마 부자들이 작은 창문들, 어둡고 좁은 방들이 있는 자기 가문의 중세 궁전에서 여전히 머물렀다고 해도, 그렇게 살고 싶어 사람은 거의 없었을 것이다. 사람들은 방이 널찍하고 채광이 좋은 새로운 르네상스 궁전(아직 드문 편이었으나 그 수가 꾸준히 늘고 있었다)에 살고 싶어 했다. 로마의 새로운 주택은 상습적으로 침수되던 1층의 창고와 마구간에서 살기 좋은 2층(피아노 노빌레[piano nobile])의 홀, 식당, 주인 침실, 그리고 고대 로마 저택에서처럼 지붕 아래의 푹푹 찌는 하인들의 숙소에 이르기까지 층마다 뚜렷한 용도를 할당해서 전과 다르게 이성적 감각으로 설계되었다.

로마에 새로 생긴 첫 궁전들 중 하나는 1455년에 지어진 팔라초 산 마르코로 나중에 붙은 이름인 팔라초 베네치아(거의 500년 후 무솔리니가 발코니에 나와서 그를 지지하는 거대한 군중에게 연설한 곳)로 더 유명하다. 20년 후에 궁전 붐이 본격적으로 시작되었고 교황 식스투스 4세는 그때까지 고위 성직자가 궁전을 세우면 교회에 증여해야 했던 것을 친척들에게 물려줄 수 있도록 새로운 법을 내놓았다. 로마의 아름다운 건축물이 미심쩍은 자금으로 번영한 것은 그때만이 아니었다. 궁전과 대저택이 로마 전역에 세워졌다. 규모가 가장 큰 것들 중 하나는 식스투스의 조카인 라파엘레 리아리오 추기경이 지은 것이었다. 식스투스의 후임자 인노첸시오 8세와 벌인 도박에서 큰돈을 벌어 자금이 넉넉했던 그는 4세기의 성당을 철거하고 새로운 대저택인 팔라초 델라 칸첼레리아를 세웠다. 1523년에 줄리오 데 메디치는 콘클라베에서의 지지를 약속받고 폼페오 콜론나에게 팔라초 델라 칸첼레리아를 주었다.

로마 최고의 주택은 당연히 바티칸에 있었다. 1520년대에 바티칸궁은 유럽에서 규모가 가장 큰 궁전이 되어가고 있었다. 바티칸궁이 이런 호사를 누리기까지는 복잡한 여러 단계를 거쳐야 했다. 13세기가 시작되면서 궁전 하나가 이곳에 지어졌고, 이것이 점차 라테라노궁을 대신해 교황의 주 거처로 사용되었다. 1480년대에 교황 인노첸시오 8세는 바티칸 언덕에 수수한 두 번째 궁을 지었는데, 몇백 미터 아래로 중세 교황의 거처가 내려다보이는 그곳엔 전망이 좋다는 의미에서 벨베데레(Belvedere, 전망대)라는 이름이 붙었다. 20년이 지나 매독에 걸린 전사였던 교황 율리우스 2세는 건축가 브라만테에게 2개의 궁을 거대하고 긴 부속 동 2개로 연결하는 설계를 지시했다. 1527년에는 한 개의 동이 이미 완성되었고, 이것은 후에 3개 층에 해당하는 거대한 규모가 될 안뜰을 내려다보았다.

르네상스 궁전들 아래로 새로운 르네상스 거리들이 들어섰다. 거리는 곧고 널찍하고 여유로워졌으며, 그 거리를 따라서 높고 잘 정돈된 건물이 늘어서 있었다. 로마의 고대 폐허가 되살아난 듯했다. 어떤 면에서 그것이 정확히 맞는 말이었다. 1527년에 절정기를 맞은 이탈리아 르네상스에서는 고대 로마 디자인이 크게 찬양받았다. 이 시기 로마에 신축된 건축물은 1,500년 전 로마의 건축 양식을 모방했다.

새로운 거리와 특히 그 거리의 이름은 로마의 폭력적이고 족벌주의적인 최근 역사를 다루는 책처럼 읽혔다. 황제들이 목욕탕을 정비하거나 새로운 포룸을 남겼던 방식을 (로마 황제와 다를 바 없이 행동할 수도 있었던) 르네상스 교황들은 좀 더 실용적인 차원에서 따랐다. 이런 관례는 한 재앙에서 비롯했다. 1450년 성년의 해 어느 날 밤, 산탄젤로 다리가 보르고를 떠나 강 건너 여관으로 가려는 사람들로 넘쳐났을 때 노새 한 마리가 갑자기 날뛰기 시작했다. 겁에 질린 200명에 가까운 순례자들이 깔려 죽거나 테베레강에 빠져 죽었다. 이후로 로마시 최악의 병목 지역을 없애고 순례자들이 강을 쉽게 건너갈 수 있도록 본격적인 여러 조치가 시행되었다. 1475년 성년의 해에 맞춰 식스투스 4세(세속 권력을 추구했으며, 그의 조카가 줄리오 메디치의 아버지를 암살했다)는 산탄젤로 다리의 부담을 줄이려는 의도에서 약 1,000년 만에 처음으로 로마에 새로운 다리를 세웠다. 이름은 당연히 식스투스 본인의 이름을 따 시스토 다리(Ponte Sisto)로 불렸다.

시스토 다리를 따라 새로운 도로들이 생겼다. 1500년 성년의 해에 교황 알렉산데르 6세(본명은 로드리고 보르자)는 레오니나시를 가로지르는 알레산드리나 거리를 건설했다. 알렉산데르 6세의 후임자인 교황 율리우스 2세는 여러 방면에서 전임자보다 훨씬 놀라웠다. 그는 시스토 다리를 세웠던 식스투스 4세의 조카이자 비열한 성격의 소유자였고, 매독에 걸렸으며, 갑옷을 입고 전투에서 군대를 지휘했다. 율리우스는 산탄젤로 다리를 삼촌의 시스토 다리와 연결하는 줄리아 거리를 건설했다. 강 건너에 또 다른 도로 룬가라를 건설해서 바티칸과 트라스테베레를 연결했는데, 원래는 두 지역이 각자 성벽을 두르고 있어서 당시까지만 해도 강을 2번 건너고 로마의 주요 구역을 거쳐야만 한쪽에서 다른 쪽에 도달할 수 있었다. 마침내 율리우스의 전임자이자 클레멘스의 사촌인 레오 10세는 로마시의 절반까지 뻗어 있는 레오니아 거리를 건설함으로써 북쪽의 포폴로 성문에서 로마시의 중심부까지를 연결했다.

르네상스 시대 로마 교황은 이렇듯 다리와 궁전과 거리를 새로 건설했지만 교회를 세우는 데에는 비교적 게을렀다. 1470년대에 교황 식스투스 4세는 산타 마리아 델 포폴로 성당을 전통적인 르네상스 디자인(작은 돔과 팔각형)으로 지었고, 그의 이름을 딴 시스토 다리처럼 순례자를 염두에 둔 것이어서 대부분의 순례자가 로마에서 처음으로 발 들이게 되는 로마시의 북쪽 성문 바로 안쪽에 있었다. 또한 나보나 광장 근처에 아름다운 산타 마리아 델라 파체 성당을 짓기도 했다. 그렇지만 이 시대 성당의 대부분은 교황이 아니라 전문 길드나 외국인 신도회에서 세운 것이었다. 로마의 독일인 공동체는 현재 나보나 광장 부근에 산타 마리아 델라니마 성당을 세웠으며, 에스파냐인들은 자니콜로(고대의 야니쿨

롬) 언덕에 몬토리오의 산 피에트로 성당를 지었다.

1520년대 로마에 있었던 대다수의 성당은 여전히 중세풍이었다. 다시 말해, 성당 대부분이 로마가 번성했던 시기이자 피에트로 카발리니에서 야코포 토리티에 이르기까지 이탈리아 최고의 예술가를 데려와 화려한 모자이크, 프레스코화, 동상을 제작했던 12세기와 13세기의 영광스러운 시절에 지어졌다. 그런데 로마의 중세 성당에는 조금 이상한 데가 있었다. 이들이 지어졌을 당시 주류 양식은 고딕이었고 유럽 전역의 성당이 높고 뾰족한 아치 형태로 솟아 있었다는 사실을 상기해본다면, 로마가 얼마나 예외적인지 알 수 있다. 로마의 성당 건축자들은 유행에 굴하지 않고 독특한 보수 성향을 고수했다. 아치는 로마네스크 양식이었고, 모자이크는 기독교와 관련 없는 형상들(양치기, 돌고래, 농촌 풍경 등)을 담은 로마 초기 성당의 장식과 유사했다. 이 성당들을 찾는 오늘날의 방문객은 이상할 만큼 서로 닮은 장식들을 보면서 시간의 변천을 알아채지 못할 수도 있다.

16세기 초 교황이 성당을 거의 짓지 않은 데에는 적어도 그럴 만한 까닭이 있었다. 그들은 유럽 최대의 건설 프로젝트였던 한 성당 건설에 집중하고 있었다. 1527년에 1,000여 년 동안 유럽 전역에서 순례자를 불러들였던 로마에서 가장 크고 유명한 산 피에트로 성당의 절반이 파괴되었다. 산 피에트로 광장을 마주한 성당 전면부와 중앙 통로의 동쪽 부분만 남았다. 나머지는 아수라장이었고 건물 터에 거대한 기둥들만 새로 우뚝 솟아 있었다. 이런 와중에 임시 건물 하나가 제단과 그 아래 성 베드로의 무덤을 보호하기 위해 세워졌다.

한편으로 산 피에트로 성당은 그것이 달성한 성공의 희생자였다. 산 피에트로 성당은 300년 전에 인노첸시오 3세가 "모든 성당의 어머니"(라테라노 성당이 오랫동안 자처했던 그 이름)라는 문구를 커다란 글자로 성당 중앙 복도의 아치에 써 넣으면서 경쟁자였던 라테라노 성당을 완전히 굴복시켰다. 라테라노 성당은 마치 이런 강등에 충격을 받은 듯이, 1308년과 1361년에 2번이나 소실되었다. 압도적인 승리의 관건이던 성 베드로의 유해는 도시 전체를 유해가 있는 서쪽 방향으로 끌어당겼다. 반면 라테라노 성당에 있던 그의 머리는 중심과 점점 더 멀어져서 대성당 하나, 궁전 하나 그리고 빈 들판에 둘러싸인 한 마을에 머물게 되었다. 르네상스 시대 교황들은 당연히 성 베드로의 유해 옆에, 적절한 방식으로 묻히고 싶어 했다. 많은 사람이 중대한 반달리즘 행위라 생각했던 산 피에트로 성당의 파괴는, 매독에 걸린 전사였고 오래된 건물이 안전하지 않다고 주장했던 교황 율리우스 2세에 의해 처음 시작되었다. 기울고 있는 중앙 복도 벽면이 걱정스러운 것은 사실이었지만, 율리우스의 속마음은 따로 있었다. 성당을 부수면 자신을 위한 호화로운 무덤을 지을 수가 있었다.

산 피에트로 성당 자리에 대신 들어설 건물은 16세기 초에 새로 건축된 많은 건물처럼 브라만테에 의해 설계되었다. 브라만테는 후기 로마제국의 최대 건물 중 하나인 막센티우스 바실리카

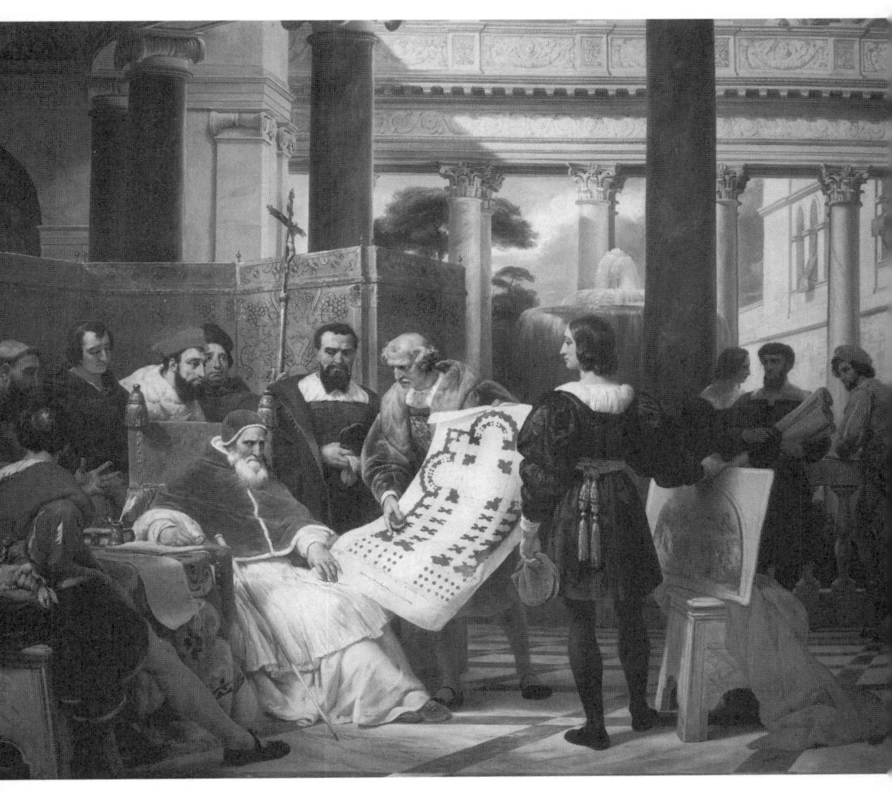

교황 율리우스 2세가 브라만테, 미켈란젤로와 라파엘로에게 바티칸궁과 산 피에트로 성당 건설을 주문하는 장면. 1527년 이전 수십 년간 로마는 이탈리아의 위대한 예술가들을 끌어들인 문화적 요충지였다(에밀 장 오라스 베르네, 1827).

가 판테온의 돔에 1등 자리를 내주었던 것과 같은 일이 벌어질 것이라고 선언했다. 로마 사람들은 그를 브라만테 뤼난테(Bramante Ruinante, 파괴자 브라만테)라고 부르며 응대했다. 이런 규모의 건물이 고대 후기 이후로 시도되지 않았던 것은 우연이 아니었다. 브라만테는 1,000년 동안 잊히거나 잘못 알려져 있던 콘크리트를 틀에 찍어내는 기법을 사용했다. 르네상스 학자들의 연구로 1세기경 로마의 건축가 비트루비우스가 기술해둔 방법들을 다시 사용할 수 있게 된 것이 불과 몇십 년밖에 되지 않은 때였다.

물론 교황들은 시스티나 예배당이라는 또 하나의 위대한 성당을 완성했다. 하지만 로마인을 위해서가 아니라 철저하게 자신들의 사적 용도를 위한 것이었다. 1477~1481년에 비교적 서둘러 세워진 시스티나 예배당의 벽들은 당대 최고의 예술가인 산드로 보티첼리, 피에트로 페루지노와 필리피노 리피의 그림들로 꾸며졌다. 성당 천장의 경우 이 건물이 좀 더 잘 지어졌다면 손댈 일이 전혀 없었을 테지만, 1504년 제단 위의 지붕에 커다란 금이 드러났다. 안전을 위해 큰 금속 지지대가 바닥과 지붕 아래에 설치되었다. 교황 율리우스 2세는 삼촌인 식스투스의 성당을 흉한 상태로 둘 수가 없어 큰 금액을 들여 미켈란젤로 부오나로티라는 33세의 화가를 고용해 엉망이 된 천장에 그림을 그리기로 했다. 처음에 교황은 12사도 그림을 주문했으나 미켈란젤로가 그림이 '하찮을 것'이라고 불평하자, (적어도 미켈란젤로의 말에 의하면) 그가 좋을 대로 그리게 했다. 12년 후에 나타난 결과물은 크기가 1,200제곱미터에 이르는 경이로운 이미지이자, 그 대부분을 미켈란젤로가 직접 그린 작품으로 서양 미술에 혁명을 일으켰다.

르네상스 교황들이 자신들의 자원을 사적인 예배당에 바친 것은 놀라운 일도 아니다. 로마 신민들과 끊임없이 교류하던 중세 교황들과 비교하면, 르네상스 교황들은 쌀쌀하고 도도했다. 교황들이 로마 군중 사이에서 말을 타거나 맨발로 걸었던 중세 시대의 대행렬은 그들이 로마를 버리고 프로방스를 선택했던 아비뇽 시절에 대부분 사라졌다. 1527년경에는 성체 성혈 대축일이나 복음사가 마가 축일 같은 축제를 기념한 행렬이 1~2번 있었을 뿐이었다. 가장 호화로운 행렬은 제일 드물었던 포세소(possesso)였으며, 이때는 새로운 교황이 시내를 행진하며 로마시에 대한 자신의 점유권을 천명했다. 마찬가지로 교황이 주재하는 의식 대부분은 이제 고위 성직자과 외국 대사로 선별된 청중 앞에서 비공개로 열렸다. 중세에 교황들은 빈번하게 미사를 올리고 설교를 했지만 르네상스에 들어와서는 점점 벙어리가 되었다. 이제 설교는 대체로 수도사가 했고, 예배는 교황에게 예복을 입히는 절차처럼 번잡한 의식이 주를 이루었다.

시스티나 예배당 건설과 장식에 많은 비용이 들긴 했지만 산 피에트로 성당의 개축에 들어간 비용에 비하면 새 발의 피였다. 1527년 로마가 끔찍한 곤경에 처하게 된 주원인은 사실상 막대한 비용 탓이었다. 율리우스 2세의 후임자인 레오 10세는 이 건축을 위한 모금 캠페인을 시작했다. 하지만 그는 이미 연회와 코끼리 행렬에서 약탈 전쟁에 이르기까지 지불해야 할 다른 경비가 많았다. 1517년 레오 10세는 요한 테첼이란 수도사를 시켜 독일을 순회하며 면죄부를 판매했는데, 이 면죄부는 죽은 친척들을 연옥에서 구하거나 그곳에서 지내야 하는 시간을 줄여주는 힘이 있다고 알려졌다. 테첼의 판매 전략(그는 "헌금함에 동전 하나가 짤랑 떨어지는 순간 연옥에서 영혼이 튀어나온다"는 인상적인 캐치프레이즈를 썼다)은 마르틴 루터라는 수도사의 눈길을 끌었고, 루터는 크게 분개해서 로마 교회의 부패를 비난하는 글인 「95개조 의견서」를 썼다. 이 글은 인쇄술 덕분에 간결하게 핵심을 찌르고 격분을 담은 일련의 팸플릿 중 최초로 독일 전역에 급속도로 퍼졌다. 앞서 살펴본 대로 루터의 저술은 란츠크네히트에게 로마 교회에 대한 혐오감을 심어주었다. 루터는 또한 로마가 신의 의지대로 반드시 파괴될 것이라고 예언함으로써 신성한 운명에 대한 감각을 알려주었다.

루터의 분노는 테첼의 마케팅 전략 때문만이 아니었다. 1510년, 이상에 부풀어 로마를 찾은 루터는 완전히 환멸에 차서 떠났다. 놀랄 일도 아니었다. 로마 사람들은 독일의 수도사는 물론 온갖 방문객에게서 돈을 뜯는 데 선수였고 로마 황실은 루터가 찬양하던 기독교적 단순성과는 거리가 멀었다. 로마는 허상과 유행의 도시였고, 온전한 사람을 꾀거나 라틴어로 즉흥시를 짓는 재주가 있는 사람에게 성공이 찾아가는 곳이었다. 로마 교회의 정점에 서 있는 삶 역시도 사치스러웠다. 교황의 두 식당에는 와인 담당 사환 1명, 제빵사 3명, 주 요리사 5명, 식품 담당자와 보조 요리사 6명이 있었다. 바티칸궁에는 교황과 더불어 수십 명의 고위 성직자가 거처했는데, 이들에게는 각자 딸린 하인이 많았다.

교황은 해외에서도 사치스럽고 호화로웠다. 이 시대의 유럽 대공들과 마찬가지로 교황들은 돈을 많이 썼고 권위에 맞게 의복을 갖춰야 했다. 교황직은 대사(nuncio)와 특사(legate) 그리고 수입을 챙기는 징수관으로 이루어진 조직망을 운영했다. 이들은 유럽 구석구석을 돌아다니며 깊은 인상을 남길 수 있게 계산된 생활 방식을 따랐다. 이들의 생활은 남들에게 번듯하게 보이도록 계산된 것이었다. 심지어 자체적인 우편국까지 갖추고 있었다. 최소한 르네상스 기준에서는 매우 빠르고 효율적인 우편 서비스 덕분에 로마가 유럽의 교신 중심지가 되었다.

이런 모든 체제를 유지하려면 당연히 큰 비용이 들었다. 그레고리우스 7세 같은 11세기의 교회 개혁가가 후임자들이 어떻게 돈을 모았는지를 알게 된다면 무덤을 박차고 나왔을 것이다. 이런 부패는 교황청이 아비뇽으로 옮겨 갔던 시절 후반기부터 시작되었다. 교회의 대분열 시기 유럽에는 경쟁 관계에 있는 교황이 3명이었는데, 이들 모두 자금난에 허덕였다. 16세기 무렵에는 매우 의심스러운 자금 조달 방법이 일반적이었다. 르네상스 시대 교황들은 교황령에 철저하게 세금을 부과하는 것은 물론이고 막대한 금액을 은행가(그들의 친척을 추기경으로 지명했다) 인맥에서 빌렸고, 르네상스 대공들처럼 교회의 직책을 훌륭하게 매매해서, 종교적인 자리든 관료적인 것이든 판매되지 않는 직책이 하나도 없을 정도였다.

주교와 추기경 자리도 일상적으로 거래되었다. 벌이가 좋은 수도원과 대성당과 교회에서 나오는 수입도 마치 연금처럼 판매되었다. 교황에게 효율적인 우편 서비스가 필요했던 한 가지 이유는 먼 곳의 어느 주교가 사망하면 그 자리를 교황이 지지자에게 주거나 판매할 수 있었기 때문이다. 현금이 부족할 때에(항상 부족했다) 교황은 새로운 직책을 만들어 현대의 연금처럼 매입자가 큰 금액을 지불한 후, 시간이 지나면서 지속적인 연간 수입으로 상환받는 형식으로 판매했다. 소액 투자자를 끌어들이기 위한 낮은 직급도 있었고, 교황의 경찰대에는 로마의 대장장이와 제빵업자, 이발사에게 판매되는 세르비엔테스 아르모룸(servientes armorum)이라는 직책도 있었다.

교황청에 있는 거의 모든 이가 수도원이나 대성당, 교회 한 곳의 수입에 대한 권리가 있어서 재정적으로 버틸 수 있었다. 총애받는 고위 성직자의 경우 24곳에 대한 권리를 소유해 어마어마한 금액을 벌어들이기도 했다. 성직을 사들인 조신들은 그 성직을 팔거나 친족에게 증여할 수 있었다. 이것은 중세 교회 개혁가들의 심기를 크게 불편하게 했을 뭔가 다른 것이 있었다는 뜻이다. 11세기에 로마 교회가 사제 배출에 어려움을 겪었다면, 르네상스 시대에는 교황 배출에 어려움이 있었다. 1480년대 인노첸시오 8세 시절에는 교황이 사생아를 낳는 것을 허용했을 뿐 아니라, 공개적으로 자신의 후계자로 인정하고 지원하기까지 했다. 교황 알렉산데르 6세(본명은 로드리고 보르자)는 자신의 사생아 아들 체자레를 정식으로

교황청의 면죄부와 그 판매 전략에 분개한 마르틴 루터는 로마 교회를 비판하는 「95개조 의견서」를 작성했다(페르디난트 파우얼스, 1872).

호적에 올리고 추기경에 앉혔으며, 그가 소국을 정복해 하나의 이탈리아 국가를 만들도록 도와주었다(체자레의 과업 완수 전에 교황이 죽어서 실제로 그렇게 하지는 못했다). 알렉산데르의 딸 루크레치아 보르자는 최소 이탈리아 최고의 명문가 출신 셋 이상과 결혼했는데, 남편들은 조반니 스포르차, 아라곤의 알폰소 비셸리에 공작(바티칸에서 체자레에게 살해당했다), 마지막으로 페라라 공작의 아들 알폰소 데스테였다.

그와 대조적으로 아이가 없는 메디치가의 두 교황은 미덕의 본보기였다. 클레멘스 7세가 조카 알레산드로의 생부라는 주장은 분명 거짓이었고, 당시 소문은 사촌 레오 10세가 동성에 더 관심이 있었다는 점을 암시했다. 그러나 자식이 없다고 해서 족벌주의에서 안전하다는 의미는 아니었다. 레오는 가까운 친족 4명을 추기경에 앉혔고, 앞서 보았듯이 교황의 군대를 이용해 우르비노 공작을 그의 땅에서 내쫓고 사촌 줄리아노에게 주려 했다. 훌륭한 교황이 되려 했던 클레멘스는 추기경직을 1~2개 팔면 해결할 수 있을 정도의 돈이 절박할 때에도 추기경을 새로 임명하지 않았다. 그러나 큰 곤경에 처하자 그런 클레멘스마저 약해졌다.

로마 교회가 이런 기조로 흘러간 것을 옹호할 수는 없지만 서유럽의 기독교는 초기부터 언제나 동전의 양면과 같았다. 금욕적인 성직자가 있던 반면, 세속적 쾌락을 추구하는 성직자도 있었다. 이 두 세력이 번갈아 우세를 점하며 로마 교회가 지속되어왔다. 11세기와 그보다 500년 후 기독교의 실제 차이는 세력의 주체였다.

11세기에는 교회 개혁가인 황제 하인리히 3세의 개입으로 순수주의자들이 로마 교회를 장악했다. 이와 대조적으로 1520년대에는 새로운 순수주의자들(마르틴 루터와 그의 지지자들)이 로마 교회 밖에서 굳건히 버텼다. 카를 5세가 개입해 마르틴 루터를 교황으로 세웠다면, 상상조차 하기 어렵지만 종교개혁은 없었을 것이다.

로마인은 통치자에 대한 환상이 전혀 없었다. 통치자들은 흔히 로마 특유의 신랄하고 염세적인 유머의 소재가 되었다. 접근 가능한 기록 문서가 풍부해서 지금도 어렵지 않게 볼 수 있다. 1520년대에 어느 고급 매춘부는 '정직한 조신'으로 불렸다. 로마의 파리오네 구역에는 '파스퀴노'(Pasquino)라고 불리는 부서진 고대 석상이 있었는데, 여기엔 상스럽고 풍자적인 익명의 글들이 나붙었다. 파스퀴노에게서 일상적으로 욕을 먹는 대상이 교황과 교황청 사람들이었다. 예를 들어보면, 파스퀴노는 가장 모욕적인 방식으로 욕을 먹었다고 투덜댄다. 그러자 다른 말하는 동상이 무슨 욕이었냐고 묻는다. 거짓말쟁이나 도둑이라고? 마누라가 바람났다거나 위조범이라고? 유부녀를 임신시킨 놈이라고? 아니, 훨씬 더 심한 욕이었다고 파스퀴노는 답한다. 자신을 추기경이라고 불렀다고.

하지만 로마인을 화나게 한 것은 교황의 사치가 아닌 그것의 부재였다. 돈을 펑펑 썼던 레오 10세는 높은 인기를 누렸고 죽은 후에 시민적이며 반(反)교황적 로마를 대표하는 카피톨리노 언덕에 조각상이 세워진 첫 번째 교황이 되었다.

대조적으로 임기가 짧았던, 네덜란드 출신의 후임자 하드리아누스 6세는 교회를 정화하고 사치를 근절하려 했지만, 사람들은 그를 혐오했고 그가 죽자 죽음을 환영하는 로마 블랙유머의 고전이 생겨날 정도였다. 하드리아누스가 죽은 다음 날, 그의 주치의 집 문에는 나라를 구해줘서 고맙다는 쪽지가 붙었다. 이는 로마인의 관점을 보여준다. 금욕적인 교황들은 가톨릭 교회의 평판은 높였을지 몰라도 로마인들에겐 아무런 소용이 없었다. 하드리아누스의 짧은 재임 동안 로마시의 모든 건설 계획이 중단되었고, 학자와 예술가가 줄지어 빠져나갔다. 반대로 돈을 많이 썼던 알렉산드레 6세, 율리우스 2세, 레오 10세 아래에서 로마는 번영을 누렸다.

하드리아누스 6세가 죽고 나서 메디치가의 또 한 사람이 교황으로 선출됐다는 소식에 사람들은 열광했지만, 선의를 지닌 클레멘스는 이내 실망스러웠다. 사촌이 남겨준 재정상의 구멍을 알고 있던 클레멘스는 검소하게 지내고 높은 세금을 부과했으며 이전에는 세금이 면제되었던 성직자에게도 세금을 물렸다. 하드리아누스 6세와 마찬가지로 클레멘스도 엄청난 재정 적자를 떠안았다는 점에서 불운했다. 레오 10세의 8년 재임 기간에는 돌발적 재앙이 없었으나 그가 죽고 얼마 지나지 않아 일이 잘못되기 시작했다. 인문주의자 피에로 발레리아노는 하드리아누스 6세가 1522년 8월에 역병과 함께 왔다고 으스스한 농담을 던졌는데, 그의 말은 사실에 가까웠다. 역병 발생 3개월 후 그가 교황 자리에 올랐다. 역병은 2년 후 클레멘스 재임 시절에 다시 발생했고, 1525년 9월에 다시 5개월 동안 로마를 유린했다. 이런 역병은 훨씬 심각했던 과거의 흑사병보다는 덜 치명적이었지만, 특히 면역력이 낮은 아이들을 중심으로 많은 사망자가 나왔다. 설상가상으로 다른 문제들이 로마를 덮쳤다. 클레멘스가 카를 5세와 벌인 전쟁으로 1526년에 식량 가격이 껑충 뛰었고, 같은 해에 테베레강의 제방이 무너져 심각한 홍수를 겪었다. 역병과 전쟁과 기아(묵시록의 네 기사 중 세 기사)로 1527년 로마 인구는 단 몇 년 만에 3분의 1이나 급격히 감소했다.

이런 재앙은 르네상스 시대 로마의 놀라운 진실을 한 가지 말해준다. 기반 시설은 예전이 훨씬 나았다. 로마의 첫 번째 업적 가운데 하나인 하수도의 대다수가 르네상스 시대에 막혔고, 화재와 홍수로 거리의 지상 높이가 높아지면서 보수가 거의 불가능해졌다. 복개된 채 지독한 냄새를 풍겼던 산 실베스트로 하수도는 트레비 지역에서 로마시를 가로질러 테베레강으로 이어졌다. 수로의 형편 역시 좋지 않았다. 주민 수가 1,000년 동안에 훨씬 불어난 1520년대 로마에서 작동되는 수로는 단 하나(아쿠아 베르기네)뿐이었고 물줄기도 약했다. 송수로의 보수가 수포로 돌아간 것은 로마인들이 지하 수로가 어디에서 시작하는지를 잊어버렸기 때문일 가능성이 높다.

수로가 노후하면서 로마인이 식수를 얻는 방법도 옛날로 돌아갔다. 2개의 수원지에서 레오니나시로 물이 공급됐고, 운 좋은 소수는 우물을 가지고 있었지만, 1527년에 대부분은 씻고 요리하고 마실 물을 테베레강에서 길어 왔다. 물은 일주일 정도 담아두고 침전물이 생기면 깨끗한 것이라 여겼다. 이탈리아의 다른 지역 사람이 들으면 소스라치게 놀랄 만했다. 테베레강은 로마 제일의 하수도였고, 쓰레기장이자 시체안치소였기에 고대 로마인이라면 꿈속에서조차 마시려 하지 않았을 것이다. 그러나 르네상스 시대 로마인들은 그 물을 마실 뿐 아니라 심지어 맛을 즐기는 사람도 있었다. 클레멘스 7세는 1533년 마르세유를 방문할 때 현지의 물을 마시지 않으려고 일부러 테베르 강물을 몇 통 담아갔다.

그러자 위생 문제가 발생했다. 단순히 말해 르네상스 시대 로마인에게서 악취가 났다. 고대 로마인이 집에서 부리던 노예의 냄새가 훨씬 나았을 정도라서 그들이라면 비위가 상했을 것이다. 1527년 무렵에는 대부분의 로마인이 (대부분의 유럽인과 마찬가지로) 일생의 큰일이 있을 때에만, 즉 태어났을 때와 결혼 전날 밤 그리고 죽었을 때에만 전신 목욕을 하는 것이 일반이었다. 다른 모든 행사에서는 필요한 부분에만 물을 잠깐 찍어 바르는 정도가 다였다. 빨래 역시 목욕 횟수보다 많지 않았고, 외출복은 1년에 딱 한 번 말끔히 세탁했다. 1527년의 로마인은 1081년의 조상만큼 몸이 가려워 끊임없이 긁어댔을 것이다.

르네상스 시대 로마인은 11세기 조상보다 수명이 짧았다. 홍역과 티푸스, 결핵과 더불어 16세기 로마인은 언제나 전염병에 취약했고 치명적인 말라리아에 늘 노출돼 있어서 늦여름에 도시를 떠나지 못하는 가난한 로마인은 특히 위험해졌다. 테베르 강물을 즐겨 마신 것이 여러 수인성 질병의 원인으로 보인다. 설상가상으로 완전히 새로운 건강의 적으로 '큰 두창', '프랑스 두창' 또는 (프랑스인들이 전염시킨) '나폴리 병'으로 알려진 매독까지 등장했다. 아메리카 대륙에서 발원한 것으로 추측되는 매독은 1495년 나폴리를 포위했던 프랑스군에서 환자가 생긴 후 처음으로 유럽에 알려졌다. 몇 달 지나지 않아 이탈리아 전역이 매독으로 불안에 떨며 크게 동요했다. 매독에 걸리면 고무 같은 종기가 성기에 생겨 롤빵 크기만큼 자라기도 하고, 부스럼이 생겨 피부와 뼈가 삭고, 또 얼굴에는 특유의 진홍색 발진이 생겼다. 매독에 걸린 유명인으로는 교황 율리우스 2세를 포함하여 체자레 보르자, 페라라 공작의 세 아들, 카를 5세의 조부, 막시밀리안 황제 그리고 많은 수의 추기경이 있었다. 당시 사람들은 매독이 유독 성직자를 따라다녔던 점에 주목했다.

500년 전보다 1527년에 진단되는 질병의 종류가 늘었다면 의학이 발달한 것이라 생각할지도 모른다. 당시 의학은 분명 더 인상적이었다. 1527년, 환자는 전문 성인들에게 기도를 하거나, 엉터리 약을 팔던 거리의 상인, 약이 가득한 상점을 운영하던 약제상, 상처를 임시로 치료해주던 외과의사(이발사도 겸했다)와 같은 다양한 전문가에게 도움을 청할 수 있었다. 여유 있는 사람은 다른 사람들을 모두 업신여기던 부유하고 학식 높은 엘리트 전문 내과의사에게 도움을 받았다.

그러나 이 전문가들은 비웃을 자격이 없었다. 이탈리아의 의학이 하나의 산업으로 발전했을지는 몰라도 사고방식은 1081년 이후로 바뀐 것이 거의 없었고, 그 점에서는 408년과도 크게 다르지 않았다. 르네상스 의사들의 사고는 여전히 고대 히포크라테스와 갈레노스에서 벗어나지 못했고 아비센나 같은 아랍 의학 저술가의 지혜가 조금 더해졌을 뿐이었다. 여전히 그들은 병의 근원이 네 가지 기질의 불균형 탓이라고 생각했다. 사람들은 대부분 질병이 죄악이나 사악한 주술에 의해 발생하고, 여자는 결함 있는 남자라는 아리스토텔레스의 주장에 의문을 갖지 않았다. 1527년에 의사를 찾아가면 500년 또는 1,500년 전보다 치료 가능성이 결코 더 높지 않았고, 1527년 로마에는 1081년보다 병원이 많았지만 병균이 너무나 득실대서 보통은 집에 있는 편이 오히려 현명했다.

로마는 확실히 거리로 나가는 것보다 집에 있는 편이 안전한 도시였다. 이 시기의 다른 이탈리아 도시들과 마찬가지로 로마의 살인율은 범죄가 들끓었던 1980년대 후반 뉴욕보다 4배나 높았다. 중대한 범죄은 흔히 명예를 우선하는 사회에서 발생했는데, 모욕을 받게 되면 곧바로 폭력적인 보복으로 이어질 가능성이 높았다. 지중해 전역에 퍼져 있던 그런 사회는 전혀 새로울 것이 없었고 로마의 긴 역사 전반에 계속 존재해왔다. 1527년에서 새로운 점은 로마 치안판사가 범죄 용의자를 심문한 내용이 자세히 기록되었다는 것이다. 그 기록들은 아직도 남아 있다. 처음으로 로마의 범죄에 대한 선명한 그림을 갖게 된 것이다.

최악의 명예살인은 보통 여성의 유혹과 관련되어 있었다. 명예를 중시하는 사회에서는 성별 평등에 대한 개념이 없어서 남자의 문란한 성생활은 비난받지 않았지만, 밤의 유혹에 빠진 미혼의

교황에게도 굴하지 않았던 파스퀴노는 여전히 말하는 중이다.

여동생이나 딸은 집안 전체의 수치로 여겨졌다. 만일 유혹한 남자가 상대 여자와 결혼을 하면(그리고 특히 사과하는 의미에서 돈을 주면) 큰 변고가 생기지 않았지만, 남자가 그렇게 하지 않거나 또는 최악의 경우 유부녀를 유혹한 경우라면 상해나 살인이 뒤따를 가능성이 높았다.

다행히도 대부분의 명예범죄가 그다지 극적이지 않았다. 로마 사람들은 일상적으로 서로를 모욕했으며(기민하고 재치 있는 대답은 칭찬을 받았다), 이런 모욕은 테베르 강가에서 빨래하는 여자들의 말다툼에서 매춘부에게 거절당한 손님이 여자의 대문에 똥칠하는 짓까지 온갖 종류의 골치 아픈 다툼의 단초가 되었다. 명예 체제는 광분한 황소 때문에 생긴 부상 관련 소송을 낳기도 했다. 전통에 의하면 여자에게 잘 보이려는 르네상스 시대 남자는 도축장에서 황소 한 마리와 특별히 훈련된 개 여러 마리를 빌려야 했다. 일이 잘되어 개들이 애꿎은 황소의 귀를 물면 기가 꺾인 황소는 밧줄에 매여 온순하게 여자의 집으로 끌려갔고 여자는 (구혼자가 바라던 대로) 창문에서 박수를 보냈다. 하지만 일이 잘못되면 로마시 당국은 화가 난 상점 주인과 다친 행인들의 고소를 처리해야 했다.

그러나 로마인들은 당국을 두려워하지 않았다. 로마에서 경찰은 이탈리아 전역에서 그러하듯 힘없는 사람 위에 군림하고 강자에게 아부하는 쓸모없고 부정직한 집단으로 경멸을 받았는데, 이런 시각은 어느 정도 사실이었다. 치안판사도 두려움의 대상이 아니었다. 치안판사는 용의자를 고문할 수 있었지만 노예들을 채찍으로 때려 상처를 내고, 고문 틀에서 사지를 찢고, 불에 달군 뜨거운 철판으로 지지던 고대 로마에 비하면 르네상스 로마의 고문 방법은 약한 편이었다. 남자들은 등 뒤로 손이 묶인 채 밧줄에 당겨 올려진 다음, 잠깐 정지했다가 아래로 떨어뜨려졌다(이 과정을 스트라파도[strappado]라고 했다). 여자들은 손가락이나 발가락을 꼬집는 경우가 대부분이었다. 범칙자들은 종종 고문을 받고 나서 그것을 일종의 자랑으로 여기기도 했다. 로마의 감옥은 처벌을 가하는 곳이기보다는 평화를 깨거나 성가시게 구는 사람들, 예를 들면 불치병 환자, 절름발이, 방랑자, 주정꾼, 정신질환이나 간질병 환자 등등을 제거하기 위한 방편이었다. 이들은 대개 테베르 강가의 고대 항구 유적에 세워진(아래쪽 감방의 죄수들은 때때로 익사하기도 했다) 토르 디 노나 교도소에 갇혔다. VIP 죄수들은 로마에서 경비가 가장 삼엄한 감옥인 산탄젤로성에 갇혔다. 극단적인 경우에 한해서 로마 초기에 시민들이 던져진 장소인 타르페이아 절벽에 (안성맞춤으로) 설치된 시 교수대로 끌려 올라가는 사람들이 있었다.

르네상스 시대 로마 당국은 돌멩이를 던지던 소년 폭도들에게 유난히 속수수책이었다. 이런 현상은 이탈리아 대다수 도시에서 골칫거리였지만, 특히 로마에서 두드러졌고 1480년대부터는 문제가 심각하게 불거졌다. 청년들과 어린 소년들은 보호용으로 무거운 코트를 걸쳐 입고 서로에게 빗발치듯 돌을 날렸다. 어떤 때는 수백 명씩 모여 지역(강을 사이에 두고 트라스테베레 지역 대 몬티 지역)이나 정치(프랑스 교황 지지자 대 황제 지지자) 또는 종교(기독교인 대 유대인) 문제로 싸움을 벌였다. 이 소년들은 자기들끼리 싸우기도 했고, 시골에서 갓 올라온 가난한 농부에서 외국인, 유대인에 이르기까지 약해 보이거나 다르게 보이면 아무나 공격했다. 어려운 시기에는 부자들 역시 공격 목표가 되었고 매춘부는 단골 재물이었다.

이런 끔찍한 폭도들은 수 세기 동안 진행되어오던 변화에 악영향을 미쳤다. 1081년에서 온 방문객이라면 거리에 여성들(최소한 점잖은 여성들)이 보이지 않는 것에 놀랐을 것이다. 고대 로마와 별반 다르지 않게 르네상스 시대 로마의 점잖은 여자들은(그들이 눈에 띌 수 있었다면) 현관의 안전한 곳에서 밖을 내다보거나 창문에서 아래를 살피고 있었다. 이들은 돌을 던지는 남자아이들뿐만 아니라 자신의 평판이 떨어질까 두려워 밖에 나가지 못했다. 로마의 거리는 이제 음란하고 뻔뻔한 매음굴처럼 보였다.

점잖은 로마 여성들은 삶의 다른 측면에서도 제한을 받았다. 르네상스 시대 이탈리아에는 마로치아 또는 토스카나의 마틸다 같은 강력한 여성 통치자가 없었다. 유명 가문 출신의 딸들은 결혼과 함께 자취를 감추고 가사와 임신으로 집 안에 들어앉았다. 영향력을 행사하려던 여자들은 비난받거나 조롱당했다. 교황 레오 10세의 누이들은 클레멘스 7세에게 남편과 아들을 부탁하는 로비(교황청에 있는 모든 사람이 연루된 로비)를 벌였는데 무척 억울하게도 클레멘스의 재정난 때문에 희생양이 되었다. 여성의 독립성이 유럽 전역에서 점점 줄어들었다. 이런 현상은 부분적으로 여성의 상속 재산이 혼수로 바뀐 탓이기도 했다. 그러나 모든 여성이 자신의 운명에 순종하지는 않았다. 흥미롭게도 눈에 띄는 반격이 시작된 곳 역시 르네상스 이탈리아였다. 세계 최초의 진정한 페미니스트 작가 2명이 그 주인공이다. 둘 다 베네치아 출신으로 모데스타 포초, 그리고 『여성의 고귀함과 뛰어남』이라는 강렬한 제목의 책을 쓴 루크레치아 마리넬라였다.

당시 자영업에 종사하며 경제적으로 독립해 생활하는 여자들도 있었지만 자의에 의한 것은 아니었다. 1527년에 700~1,000명으로 추산되는 인구가 로마에서 성매매에 종사하고 있었는데, 인구 5만 5,000명의 도시로서는 상당히 큰 숫자였다. 그들은 (고대와 마찬가지로) 남자 옷을 차려입고 있어서 눈에 쉽게 띄었고, 행인들을 큰 소리로 불렀다. 사육제 기간이 되면 이들은 잠재 고객들에게 향기 나는 계란을 던졌다. 순결과 정절을 소중히 여기는 종교인 기독교의 총본산에서 번성하는 매춘부들의 존재는 조금 놀라운 것이다. 그러나 로마는 남자들만 있는 교황청에 소속되었거나 부인 없이 이주해 온 독신 남자들의 도시였다. 로마의 남녀 성비는 3 대 2로 남자가 더 많았으며, 이 시대의 기독교는 매춘에 매우 관대했다. 매춘부를 제재한 르네상스 교황은 없었고, 그들의 거주 지역을 아우구스투스 무덤 근처로 한정하려는 시도가 있었으나 대다수가 원하는 곳을 마음껏 돌아다녔고 심지어 교회에서 손님을 찾기도 했다.

선택된 소수는 로마에서 가장 각광받는 장소들을 출입할 수 있었다. 이들은 로마에서 부자를 상대하는 상류 매춘부로 일본의 게이샤처럼 잠자리 기술, 기지와 지성(점잖은 여자들에게는 별로 보이지 않는다고 여겨지는 자질들)으로 가치를 인정받았다. 커튼으로 세심하게 둘러싸인 크고 둥근 침대로 유명했던 로마의 고급 매춘부에게는 이탈리아어와 라틴어로 아름답게 암송할 수 있는 시인과 편지 대필가도 있었다. 일부는 그 시대의 유명 인사가 되었는데, 그중 한 명인 임페리아라는 여자는 고위층 단골이 꽤 많았으며 그 리스트에는 화가 라파엘로, 토스카나의 은행가 아고스티노 키지(임페리아의 딸을 입양했다) 그리고 후에 교황 클레멘스 7세가 된 줄리오 데 메디치 추기경 등도 있었다.

매혹적이고 재치 있는 고급 매춘부와 그녀의 침대에서 함께 지내는 일만이 로마에서 찾을 수 있는 유일한 즐거움은 전혀 아니었다. 기반 시설이 노후했어도 로마는 달콤한 삶을 즐길 수 있는 곳이었다. 특히 부유한 로마인의 경우가 그랬고, 16세기 초 로마는 황금시대로 기억되었다. 부유한 로마인들이 마시던 물의 상태가 수세기에 걸쳐 나빠졌을지 몰라도 그들의 진정한 음식, 돈 있는 사람들이 즐기는 음식은 사치스럽고 세련되었다. 또한 도미티아누스의 옛 운동경기장인 키르쿠스 아고날리스(1527년경 포장되어 나보나 광장으로 발전해가는 중이었다)에서 여러 재료를 구할 수 있었다. 최근에 로마에서 제일 큰 식품 시장이 카피톨리노 언덕에서 이

르네상스 시기 부엌(위)과 조리 도구(아래).
바르톨로메오 스카피가 1570년에 펴낸 요리책
『요리예술』에 실린 삽화.

곳으로 옮겨 왔기 때문이다(생선 시장은 여전히 포르티코 도타비아의 아치들 아래 있었다). 로마인들은 여러 종류의 고기와 야채, 과일, 더불어 리코타 치즈와 버팔로 모차렐라, 버섯, 송로버섯과 돼지감자 등 오늘날까지도 사랑받는 많은 음식을 즐길 수 있었다. 생 파스타보다 비싸긴 했지만 건조 파스타도 있었으며, 생 파스타는 마카로니, 파파르델레, 토르텔리, 라비올리까지 오늘날처럼 다양한 형태로 나왔다.

재료가 다양해지면서 그것으로 만드는 요리도 다양해졌다. 11세기 로마인은 좋은 음식을 즐겼던 것으로 보이지만 메뉴가 단순해서 주로 구운 고기나 스튜에 빵을 찍어 먹었다. 반면에 르네상스 시기 연회는 로마 황제라면 음식이 조금 달다고 느꼈을지 몰라도 만족해했을 것이다. 호화로웠던 르네상스 요리에는 동방에서 온 양념이 많이 첨가되었다. 생강과 육두구, 계피, 무엇보다 새로 나온 설탕이 육류를 비롯한 거의 모든 음식에 첨가되었고, 치과가 호황을 누렸다. 가난한 사람들이 소금을 방부제로 사용했기에 짠맛은 가난의 맛으로 경시되었다. 르네상스 로마에는 고대 로마와 마찬가지로 사교계에 잘 알려진 스타 요리사들이 있었다. 그중 한 사람이 바르톨로메오 스카피다. 그는 1536년 3월에 트라스테베레에 있는 캄페지오 추기경의 집에서 그 규모로 유명했던 커다란 연회를 열었는데, 이때 나온 200가지 요리가 기록에 남아 있다. 그 가운데 하이라이트는 칠성장어 파이, 설탕과 쌀뜨물로 조리한 차가운 연어 구이, 겨자 소스를 곁들인 대구 요리였다. 맛보다 효과를 연출하기 위한 연회의 피날레로 거대한 파이가 식탁에 나왔고, 파이를 자르면 고운 소리를 내는 새들이 그 속에서 날아올랐다.

부유한 르네상스 시대 로마인은 지적인 즐거움도 누렸다. 훌륭한 저녁을 마치면 주인은 손님들에게 자신이 수집한 고대 그리스 항아리와 동상, 옛 필사본 들을 구경시켜주었다. 이때는 인문주의와 고대의 재발견이 주류를 이루던 시대였다. 인문주의자는 새로운 기술의 산물이었다. 3세대 전에 시작된 인쇄술의 혁명으로 책이 생겨났고 예전보다 적은 비용으로 교육의 혜택을 받을 수 있었다. 스스로를 지식인(literati), 즉 '글을 아는 사람'이라고 불렀던 인문주의자들은 고대의 매력과 훌륭한 라틴어로 쓰인 작품을 저술하려는 열망으로 서로 결속해 있었다. 대부분이 부유한 집안 출신이 아니어서 경제적으로 어려움을 겪었다. 요즘으로 치면 평생 학생으로 불릴 만한 사람들이었다.

16세기 초 인문주의자는 유럽 전역에서 활동했지만(가장 유명한 사람은 로테르담의 에라스무스였다) 대부분이 로마나 로마의 고대 유물에 이끌려 온 사람들이었다. 이들은 협회를 만들어 주요 멤버들의 정원에 모였고, 고대를 토론하고 라틴 문학을 소리 내어 읽었다. 이들은 또 중세에 잘못 알려진 사실들을 바로잡고 로마의 고대 지형을 재발견하겠다는 과제를 스스로 정했다. 이를 위해 이들은 여러 수도원을 뒤져 잊힌 기록들을 찾았으며, 유적지를 훑었고, 고대 명문들을 해독했다. 포기오 브라치올리니는 산 파올로 성문 옆의 고대 피라미드가 오랫동안 전해진 것처럼 로물루스의 동생 레무스의 무덤이 아니라 케스티우스라는 고대 로마인의 무덤이라는 사실을 밝혀냈다(무덤 옆에 "Cestius"라고 크게 쓰인 글자를 어렵지 않게 발견할 수 있다). 1527년 무렵 인문주의자들은 어느 황제의 기마상이 콘스탄티누스가 아니라 마르쿠스 아우렐리우스의 것이고, 폐허가 된 로마의 목욕탕이 고대의 궁전이 아니며, 콜로세움이 태양의 신전이 아니라 원형경기장이라는 사실도 밝혀냈다.

더 행운이 따랐던 인문주의자는 로마 교회로부터 일정한 형태의 수입을 받게 되었다. 홍보관이나 외교관으로 고용되기도 했고, 보르자 가문의 교황 알렉산데르 6세의 경우, 그들을 고용해 자신을 찬미하는 글을 쓰게 했다. 이들은 고대에 대한 해박한 지식을 쌓았으므로 고대 시인들이 황제에게 아첨하는 찬양의 글을 참고할 수 있었다. 이처럼 남부럽지 않은 생활을 영위한 인문주의자를 제외하면, 최저 수준의 소득으로 버티는 곤궁한 인문주의자들이 있었고 이들의 이야기는 로마 사회가 어떻게 작동했는지에 대해 더 많은 것을 밝혀준다. 베네치아에서 로마로 온 인문주의자 피에로 발레리아노는 4년간 배고픈 시절을 보낸 후에 마침내 돌파구를 찾았다. 클레멘스 7세의 돈 잘 쓰는 사촌 레오 10세가 교황에 선출되었을 때가 그 기회였다. 발레리아노에게 행운이 따랐던지 그의 옛 그리스어 선생이 새 교황의 친구였고, 그의 로비를 통해 윤택한 삶을 누리기에 충분한 성직을 맡아 수입을 얻었다. 8년이 지나 레오가 죽고 인색한 네덜란드의 하드리아누스 6세가 교황에 오르자 발레리아노는 대다수 인문주의자와 마찬가지로 로마를 떠난 것으로 보인다. 하드리아누스가 역병과 함께 왔다고 신랄하게 말한 이가 바로 그였다. 그러나 발레리아노는 곧 어려움을 극복하고 클레멘스 7세의 사생아 조카인 알레산드로와 이폴리토의 교사가 되었다. 발레리아노는 운이 좋은 편이었다. 다른 많은 인문주의자는 로마의 대학인 라 사피엔차에서 나오는 적은 수입으로 어렵게 지냈고, 흔히 그렇듯 대학이 건물 보수나 역병으로 휴교하면 그마저도 중단되었다.

적어도 성공한 예술가들은 훨씬 더 편안한 삶을 살았다. 율리우스 2세나 레오 10세 같은 교황들이 관대한 후원자였던 덕분에, 그들의 재임기에는 과거에 사회의 열등한 존재로 취급받았던 저명한 예술가들이 로마의 상류사회에서 환영받았다. 라파엘로 같은 소수의 예술가는 굉장한 부자가 되어 직접 저택을 짓고 살았다. 16세기 초 수십 년 동안, 로마는 이탈리아에서 제일 큰 예술의 중심지였다. 인색한 네덜란드 교황 하드리아누스 6세가 지출을 줄여 일부 예술가들이 떠나기도 했지만, 여전히 세바스티아노 델 피옴보와 파르미자니노를 포함한 대부분이 남아 있었다. 1527년 로마에는 지나치게 자신을 과대 포장한 자서전으로 유명한 피렌체의 은세공사이자 조각가인 벤베누토 첼리니도 있었다. 로마의 예술가들은 자신의 클럽을 갖고 있었는데, 첼리니는 자신이 주최한 한 클럽의 만찬에서 참석자 모두에게 매춘부 한 명씩을 데려올 것을 요구했다고 기록했다. 이 시대의 저명한 예술가 중 하나인 조반니 안토니오 바치는 공개적으로 자신의 게이 별명인 '소도마'(Sodoma)를 사용하기도 했다.

로마가 부자들에게 즐거움을 누릴 수 있는 장소였다면, 덜 부유한 시민들의 사정은 달랐다. 그들의 처지는 5세기나 12세기 전의 가난한 선조들보다 나을 것이 없었다. 집은 보통 부엌이 딸려 있지 않아서 여관이나 노점에서 식사를 해결했고 예전 가난한 로마인들이 늘상 먹었던 야채, 싸구려 곡물이나 콩으로 만든 죽에, 때에 따라 돼지비계와 내장 또는 족발을 얹어 먹었다. 최빈층에 속하는 로마인은 로물루스의 오두막보다 전혀 편안할 것이 없어 보이는 집에 살았다. 그런 집 중 하나가 산 피에트로 성당 바로 옆에 서 있었다. 생활이 어려운 여자들은 11세기에는 없었던 한 가지 특권을 얻었는데, 그것은 원하지 않는 갓난아기를 익명으로 남에게 주는 것이었다. 이들은 고아원 벽에 설치되어 있던 원통형 장치로 12세기 발명품인 루오타(ruota)를 이용했다. 아기 엄마가 고아원 밖 거리에서 이 장치에 신생아를 놓고 벨을 누르면 아기가 안쪽으로 옮겨지게 설계되어 있었다.

로마 부자와 빈자의 삶은 매우 달랐지만 한 가지 공통점이 있었다. 모두가 정치적으로 독립적이지 못했고 이전보다 교황에게 더욱 종속적이었다. 도시 로마의 중심이 되는 위대한 일반 시민들이 교황과 함께 말을 타고 축제의 게임을 즐기러 테스타초 언덕으로 가거나, 맨발로 교황과 함께 대행렬에 참가해 로마시를 돌았던 날들은 오래전에 지나갔다. 중세 교황권과 비교해보면, 1527년의 교황권은 초월적이고 내밀했으며 무엇보다 강력했다. 교황이 로마를 버리고 아비뇽을 선택한 암울했던 수십 년 동안 로마인이 깨달은 것이 있었다면, 그들에게는 교황이 필요하다는 사실이었다. 교황이 없는 로마는 시들시들했다. 교황이 돌아온 후 100년 동안 교황의 지배력은 꾸준히 상승했다. 로마의 명문가들이 교황권에 마지막으로 도전해보았지만 율리우스 2세에 의해 간단히 제압당했다. 이후 교황청에서 로마 명문가가 제외되었고, 11세기 후반처럼 토스카나와 독일의 이방인들이 그 자리를 채웠다. 로마에는 아직 저명한 가문들, 특히 메디치가의 우방 오르시니가와 그들의 적 콜론나가가 있었지만, 두 가문 모두 쇠퇴한 세력이었다. 콜론나가가 클레멘스에게 위협적이었던 것도 카를 5세의 신성로마제국이 배경에 있었기 때문이다.

마찬가지로 로마의 옛 가문들이 장악했던 로마 시민 정부의 권력은 꾸준히 쇠퇴했다. 중세처럼 로마시의 유적지에서 돌을 훔쳐가는 교황을 막기가 어려웠던 시민 정부 관리들은 갈수록 힘을 잃었다. 이때는 로마의 고대 유물이 대규모로 약탈되던 시대였고 콜로세움, 포룸, 팔라티노궁, 폐허가 된 고대 신전에서 빼낸 돌을 궁전과 시스토 다리, 가장 주요하게는 새로운 산 피에트로 성당을 짓는 데 사용했다. 1510년대에 파괴가 집중적으로 일어났다. 그 희생물로는 산 피에트로 성당 근처에 있는 또 다른 피라미드 형태의 고대 무덤, 디오클레티아누스 욕장 근처의 개선문, 사크라 거리의 케레스 신전, 또는 석회를 얻기 위해 불태운 포룸 트란시토룸의 일부분 등이 있었다. 이런 유물 훼손을 막을 수 있는 유일한 제재 장치는 교황의 양심뿐이었고, 이 양심 때문에 교황들은 최소한 흥미로운 유물은 보존하고자 노력했다.

"로마에 비하면 지옥도 아름다웠다"

1527년 이른 봄, 교황 클레멘스는 자신이 기울인 다양한 노력으로 로마인의 지지를 받기를 바랐을 것이다. 로마인들의 도움이 절실한 상태였다. 부르봉 군대가 로마로 돌진하는 동안, 클레멘스는 뒤늦게 카피톨리노 언덕의 아라코엘리에 있는 산타 마리아 성당에서 로마 시의회를 열어 신민들에게 호소했다. 클레멘스는 3일만 버텨주면 동맹군이 구출해줄 거라고 설득하며 싸워줄 것을 간청했다.

5월 5일 오후에 로마로 진격해 오는 대군을 보면서 로마인들은 눈앞에 닥친 위협을 실감했다. 수백 년 동안 이렇게 큰 대군이 로마에 온 적이 없었다. 적군은 창기병 700명, 경기병 800명, 이탈리아 용병 3,000명, 에스파냐군 5,000명, 독일군 1만 명으로 구성돼 있었다. 모두 합치면 병사가 거의 2만 명에 이르는 규모로 로베르 기스카르 군대의 5배나 되었다. 그러나 로마가 처한 상황은 생각보다는 나은 편이었다. 불과 8개월 전에 폼페오 콜론나의 병사들이 로마시로 입성하는 모습을 행복하게 지켜보았던 로마인들이 지금은 고대 전쟁의 신의 아들처럼 클레멘스와 생사를 함께하겠다고 선언하면서 그 요청에 화답했다. 생각을 바꾼 이유는 콜론나의 공격에 영향을 받아서일 것이다. 클레멘스가 당했던 치욕 때문에 신민들은 그에게 더욱 동정심을 느꼈다.

로마는 방비가 훌륭하게 되어 있었다. 성벽이 낡기는 했지만, 포병대가 없는 군대에는 여전히 막강한 방어벽이 되었다. 군대를 다시 한번 철수한다는 클레멘스의 재앙 같은 결정에도 불구하고 로마의 수비 병력은 규모가 상당한 편이었다. 로마의 여러 구역에서 끌어 모은 민간인들(자기 궁을 방어하려는 로마 부유층에 동원되지 않은 민간인들)과 더불어 정규군 4,000명과 스위스군 2,000명이 있었다. 가장 뛰어난 강적은 이탈리아 정예부대인 '반데 네레'(bande nere)의 추가 병력 2,000명으로, 이들은 클레멘스 7세의 사촌 줄리아노가 죽기 3달 전까지 지휘했던 집단이었다. 로마에는 또 유능한 지휘관 렌초 다 체리가 있었다. 렌초는 불과 3년 전에도 부르봉이 지휘하던 또 다른 황제군을 물리쳤다. 이때 부르봉 군대는 한 달간의 마르세유 포위를 접고 굴욕적으로 철수할 수밖에 없었다. 모든 점에서 렌초의 압승이 예상됐다. 식량과 휴식처가 없던 황제군은 성벽 밖에서 며칠 이상 버틸 수 없었고 동맹군의 도착이 임박해 있었다. 절박해진 황제군은 나폴리로 철수하지 않을 수 없었다.

렌초는 그에게 남은 짧은 시간 동안 최대한 전략적으로 수비군을 편성했다. 로마시 북쪽과 서쪽의 부르봉 군대를 비롯해 남쪽에서 올 콜론나의 공격도 막아내야 한다는 사실을 잘 알고 있으므로, 동쪽 아우렐리아누스 성벽에 민간인과 심지어 수도승, 사제도 포함된 제일 약한 병력을 배치했다. 그리고 최정예 병사들은 부르봉 군대에게 직접적으로 위협받는 보르고와 트라스테베레, 아우렐리아누스 성벽의 북쪽 지역들에 배치했다. 렌초는 보르고가 로마시에서 제일 취약한 곳이라고 보았다. 보르고 구역에 가장 가까운 산토 스피리토 성문 근처 성벽이 다른 곳보다 낮았고, 마주하는 지대는 높아서 폼페오 콜론나가 8개월 전에 침입해 들어왔었다는 사실을 알고 있었다. 또한 곳곳에 포병대를 배치해 그 사이 위험 지역이 생기지 않도록 했다. 제일 강력한 대포는 산탄젤로성에 배치했다. 렌초는 보르고와 트라스테베레가 함락되더라도 강 건너 로마시의 안전을 지킬 수 있도록 테베레강 위의 다리들을 끊으려 했지만, 자신들의 도시가 파괴되는 것을 원치 않았던 로마인들의 반대로 무산되었다. 하지만 그들은 곧 이 결정을 후회하게 되었다.

1527년 5월 5일 밤, 로마 수비군은 마리오 언덕에 주둔한 2만 명의 황제군 진영에서 모닥불이 빛나는 것을 보았다. 로마의 고대 요새인 카피톨리노 언덕에서 거대한 종이 울리며 위험을 알렸다. 그 아래 거리는 "무기, 무기!"를 외치는 소리로 가득했다. 로마의 가장 큰 두려움은 배신이었다. 로마엔 콜론나의 지지 세력이 많았기에 당연한 걱정이었다. 그러나 곧 일이 터지면서, 위험은 로마의 수비 병력이나 황제군이 예상치 못한 전혀 다른 형태로 나타났다.

성벽 밖에서는 이른 새벽부터 부르봉이 군대를 독려하는 관례적인 연설을 했다. 그는 병사들에게 울타리와 목재를 구해 성벽을 오르는 사다리를 만들도록 명령했다. 그의 바람은 450년 전 로베르 기스카르의 전략과 동일한 방법으로 로마시에 입성하는 것이었다. 병사들의 목표는 성벽을 기어올라 부르봉이 몇 시간 전에 찾아두었던 허점을 공격하는 것이었다. 그곳은 바로 레오 성벽 한쪽의 산토 스피리토 성문이었다. 성문은 어설프게 위장된 민가 주위에 지어져 있었고 창문에 나 있는 총안이 너무 커서 방어의 틈이 보였다. 그러나 부르봉과 달리 로베르 기스카르에게는 '기습'이라는 중요한 강점이 있었다. 부르봉 군대는 로마 지휘관 렌초가 공격받을 것을 예상한 바로 그 지점을 공격할 예정이었다.

역시나 황제군은 곧 고전하기 시작했다. 양쪽의 화승총 병사들 사이에서 총격에 가담한 후에, 갑옷 위에 흰 망토를 두른 부르봉은 병사들에게 성벽으로 달려들 것을 명령했다. 화승총과 대포의 화력에 맞서 싸우면서 공격군에서 많은 사상자가 발생했고 얼마 지나지 않아 수비군이 그들의 깃발 5개를 빼앗아 의기양양하게 보르고로 돌아갔다. 그러나 그 후 로마에 모든 일이 순조롭게 돌아갈 때 전장이 슬며시 바뀌었다. 당시에 메디치가를 위해 피렌체를 통치 중이었고, 후일 1527년의 로마 재앙을 기록했던 루이지 귀차르디니는 "이때쯤 짙은 안개가 나타나 땅위에 자욱하게 퍼졌고, 날이 밝아오면서 점점 더 심해졌다. 봄이 한창일 때 곧잘 나타나는 이 짙은 안개 때문에 사람들은 약 1.8미터 거리에서 서로를 알아볼 수 없을 정도였다"[2]라고 기술했다.

포연으로 더욱 자욱해진 안개 때문에 도시 성벽과 산탄젤로

성 위에 있던 수비군은 눈으로 조준하기가 불가능해졌고 그저 적의 소리가 들리는 방향으로 발사할 수밖에 없었다. 얼마 지나지 않아 황제군의 수적 우세가 효과를 나타내기 시작했다. 아우렐리아누스 성벽의 한 구획에 있던 렌초는 보르고로 서둘러 돌아가 군대를 직접 지휘하며 추가 병력 투입을 명령했지만 남아 있는 사람이 없었다. 그런데 전세가 황제군 편으로 기울고 있던 이때, 그들에게 한 가지 재앙이 닥쳤다. 이는 로마인에게 중대한 결과를 안겼다. 귀차르디니에 따르면 "몽시뇨르 드 부르봉이 병사들을 독려하기 위해 나타나 […] 왼손으로 사다리를 잡아 성벽에 비스듬히 세우고 오른손으로는 병사들에게 사다리를 오르라고 재촉하며 신호를 보냈다. 그런데 갑자기 화승총에서 탄환이 날아와 그를 관통했다".[3]

탄환에 이마를 맞은 부르봉은 즉사했다. 은 세공사이자 자서전 작가이며 훌륭한 서사를 위해선 진실도 고쳐 썼던 벤베누토 첼리니는 자신의 버전으로 이 사건에 대해 글을 썼다. 무슨 일이 일어나는지 알고 싶어 하는 한 친구의 성화에 첼리니는 전투가 한창인 캄포 산토 옆 성벽 위에 있었다. 친구는 겁에 질려 달아나려 했지만, 첼리니는 그럴 마음이 조금도 없었다.

> 나는 그를 보고 소리쳤다 "자, 네가 나를 여기 데려왔으니까, 남자가 무엇인지를 보여줘야 해." 동시에 나는 화승총을 적이 가장 빽빽이 밀집한 부분에 겨누고, 그들 중 두드러져 보이는 사람을 직접 조준했다. […] 우리 둘

샤를 부르봉이 죽은 후 로마 성벽을 공격하는
카를 5세의 황제군을 표현한 16세기 판화.

다 총을 두 발 잇따라 쏘았다. 그러고 나서 조심스럽게 성벽을 넘어다보았다. 적들은 극도로 혼란에 빠졌는데, 우리가 쏜 총알 하나에 부르봉 공작이 맞아 죽었기 때문이다. 나중에 알게 된 사실이지만 그는 내가 병사들 사이에서 두드러져 보인다고 생각했던 남자가 틀림없었다.[4]

부르봉의 사망 소식은 성벽 좌우 양 진영으로 빠르게 퍼져나갔다. 잠깐 동안 수비군은 살았다고 생각했지만, 황제군 지휘관들은 오히려 병사들의 충격을 복수의 열망으로 전환해 병력을 결집시켰다. 공격은 이전보다 더욱 맹렬해졌으며 패배의 공포를 느낀 로마인들은 필사적으로 화염 물질을 성벽 너머로 던지고 안개 속으로 총격을 가했다. 그러나 소용없었다. 10시경에 에스파냐군의 작은 무리가 성안에 모습을 보였다. 그들이 지나치게 큰 총안을 통해 들어온 것인지 성벽을 기어오른 것인지는 알려지지 않았다. 그다음에 일어난 일에 대해서는 모든 기록이 대체로 일치하지만, 누구에게 가장 큰 책임이 있는지에 대해서는 의견이 분분하다. 귀차르디니의 동생은 동맹군의 사령관 우르비노 공작 밑에서 교황군을 지휘하고 있었는데(지휘가 매우 미숙했다) 교황군의 다른 지휘관들이 유능하게 보이는 것을 원치 않았다. 그 때문에 그는 렌초 다 체리가 "적이 침입해 들어왔다! 도망쳐서 제일 튼튼하고 안전한 곳으로 후퇴하라!"[5]라고 외쳤다며 그를 무능한 겁쟁이로 묘사했다. 다른 기록자들은 렌초가 누구라도 성벽에서 도망치는 자는 죽이려 했으며 용감하게 저항했다고 보고한다. 그가 어떻게 행동했던 간에 아무 소용은 없었다. 수비군 전체가 공포에 휩싸였고 저항은 무너졌다.

오래지 않아 성문들이 열렸고 황제군이 "에스파냐! 에스파냐! 죽여라! 죽여라!"를 외치며 보르고로 쏟아져 들어왔다. 500년이 지난 지금에도 엄청난 충격이 가시지 않는 사건이 그렇게 시작되었고, 이 사건은 16세기의 9·11에 비유될 수 있으며, 모든 측면에서 로마가 겪었던 그 어떤 약탈보다 훨씬 심각했다. 물론 한편으로 이것은 다른 약탈들이 자세히 기록되지 않았기 때문이기도 하다. 어찌 되었건 1527년 5월 6일의 상황은 확실히 끔찍했다. 황제군은 절박함과 종교적 열정에서 흥분하기도 했지만 권위 있는 지휘관들의 통제도 부족했다. 게오르크 폰 프룬츠베르크는 뇌졸중에 차도가 없어 독일에 있었으며 부르봉은 죽었다. 설령 그가 살아 있었다 하더라도 로마군의 방어를 뚫어낸 후 초반 몇 시간 동안 군대를 통제할 수 있었을지 의심스럽다(아마도 나중에는 통제가 가능했을 것이다). 부르봉의 부재로 병사들은 자유로웠고 복수의 명분도 있었다.

많은 로마인은 로마가 함락되면 결과적으로 8개월 전에 콜론나 군대가 로마시로 진군하는 모습을 지켜볼 때와 크게 다르지 않을 것으로 생각했다. 그러나 보르고는 도살장으로 변했다. 처음에 혼란을 틈타 공격군에 섞여 들어가 목숨을 부지한 수비군 병사들도 일부 있었지만, 대부분에게는 그런 행운이 작용하지 않았다. 배를 타고 강을 건너 도망가려던 병사들은 대부분 익사했다. 정예 부대인 반데 네레는 소수만이 살아남았다. 스위스군은 산 피에트로 성당 앞의 오벨리스크 옆에서 저항했지만 바로 그곳에서 궤멸당했다. 황제군은 그 누구의 반대나 저항에 부딪치지 않고 보이는 사람마다 낫으로 베듯 모조리 죽이며 보르고를 통과했다. 스위스 근위대의 지휘관 뢰우스트는 큰 부상을 입고 근처 숙소로 옮겨졌지만, 부인이 보는 앞에서 난도질당했다. 산 살바토레 수도원의 수도승 하나는 "산 스피리토 병원에 있는 사람들이 가까스로 탈출한 몇을 빼고 모조리 죽었다"고 말했다. 많은 사람이 산 채로 테베레강에 던져졌다. 이 수도승에 따르면 라 피에타 고아원의 모든 고아가 살해되었고, 심지어 대다수가 "창문에서 길거리로 던져졌다".[6]

학살이 시작되면서 사람들은 안전한 산탄젤로성으로 피신하려 했으며 교황 클레멘스 7세도 예외가 아니었다. 그는 산 피에트로에서 기도와 미사를 올리며 콜론나의 공격을 받았던 때처럼 사람들의 설득을 받아들여 늦지 않게 떠났다. 클레멘스가 교황 탈출로를 따라 서둘러 산탄젤로성으로 가던 중에 그와 수행원 무리를 발견한 에스파냐군은 아래에서 그를 향해 총격을 가했다. 군인, 성직자, 상인, 귀족, 교황청의 신하, 여인, 아이 들이 곧바로 떼를 지어 빽빽이 성으로 밀어닥쳤기 때문에 성문이 닫히지 않았다. 마침내 내리닫이 쇠창살 문이 떨어졌을 때에야 겨우 많은 사람들이 안으로 들어갔다. 대주교 차라의 페사로에 따르면 상황이 클레멘스의 무자비한 면을 끌어냈다. "교황은 성안에 사람이 많고 그 대부분이 군사 목적으로는 쓸모가 없으며 곡식이 얼마 남지 않았다는 보고를 받았고, 결국 대다수 쓸모없는 사람들이 쫓겨났다."[7] 쫓겨난 사람들의 운명은 알려지지 않았다. 그러나 적합한 부류의 사람들을 위한 자리는 아직 남아 있었다. 성벽의 전투에서 침략군에게 욕을 하다 맞아 쓰러지고 공포에 떨며 짓밟혔던 나이 많은 푸치 추기경은 창문을 통해 밧줄로 끌어올려졌고, 또 다른 추기경 아르멜리노는 바구니에 담겨 총안이 나 있는 흉벽 위로 끌어올려졌다.

산탄젤로성 안으로 가까스로 들어올 수 있었던 사람 중에는 벤베누토 첼리니도 있었다. 첼리니는 자서전에서 쓰기를, 그는 언제나처럼 용감하게 대포를 향해 곧바로 다가가 그들의 지휘관인 피렌체의 줄리아노를 발견하고 "그의 얼굴에 눈물을 뿌리며 씁쓸하게 흐느끼며 울었다"고 한다. 줄리아노는 감히 대포를 발사하지 못했는데, 자칫하면 아내와 아이가 공격당하고 있는 자신의 집을 맞출 수 있었기 때문이다. 다행스럽게도 첼리니는 더 강인한 사람이었다.

> 나는 도화선 하나를 잡았다. 그런 슬픈 상황에 처한 남자들 몇에게 도움을 받았고, 무거운 대포와 경포(輕砲)를 몇 문 배치해서 도움이 필요하다고 생각되는 곳에 발사했다. 이런 방법으로 나는 수많은 적군을 죽였다. 만약 내가 그렇게 하지 않았더라면 그날 아침 로마에 침입해 온 군대는 포병대가 움직이지 않는 것을 보고 곧바로 성으로 질주해 쉽게 입성했을 것이다. [···] 아무튼 내가 말

> 하려는 것은 나를 통해서 그날 아침 산탄젤로성이 살았다는 사실이다.[8]

황제군이 보르고를 점령했지만 로마시의 다른 지역까지 점령하지는 못했다. 보르고로 연결되는 산탄젤로성 다리는 성안에 있는 큰 대포의 집중 포격을 받을 수 있으므로 통행이 불가능했다. 황제군의 지휘관들은 서둘러 회의를 소집해 보르고에서 남쪽으로 800미터 떨어진, 자체적인 방벽을 갖춘 트라스테베레에 공격을 개시하기로 결정했다. 어느덧 안개가 걷히고 방어군의 시야가 확보되었지만, 전의를 상실한 그들의 저항은 약해져 있었다. 황제군은 자니콜로 언덕의 산 판크라치오 성문으로 입성해 그 구역을 손에 넣었고 그곳에서 구한 음식으로 배를 채웠다.

트라스테베레를 로마시의 주요 부분과 연결하기 위해 새로 놓은 시스토 다리는 산탄젤로성에서 포격 범위 밖에 있었고, 황제군은 조심스럽게 진군했으며, 거의 무방비 상태였다. 때는 저녁 즈음이었고 로마 사람들은 자신의 집으로 도망쳤다. 황제군은 다리를 건너 주요 병력을 둘로 나누었다. 란츠크네히트는 캄포 데 피오리로 에스파냐군은 나보나 광장으로 진군했다. 한동안 두 부대는 대형을 유지하며 공격을 막아낼 준비를 했으나, 아무도 나타나지 않자 병사들이 빠져나갔다.

로마 심판이 진짜로 시작된 것은 바로 이때였다. 어떤 기록자는 로마에 비하면 지옥도 아름다운 곳이었다고 말했다. 또 어떤 기록자는 황제군이 "어린아이들의 시체를 문밖 길거리에 내버렸고, 여자들을 끌어내 땅바닥에서 강간했으며 […] 여자들의 울부짖는 소리가 도시 전체에 울려 퍼졌다"[9]고 했다. 또 한 기록자는 "많은 사제의 옷이 벗겨지고, 끔찍하게도 사람들의 시체, 특히 열 살도 안 된 어린아이들의 시체를 보았다". 그리고 병사들은 "잠을 못 자 탈진 상태였고 피에 취해 아무나 죽였다"고 보고했다.[10] 직접 보지는 않은 귀차르디니도 사건을 상세히 기록했다. 로마와 로마인을 아주 싫어했던 그의 글 행간에는 샤덴프로이데가 잘 드러나 있다.

> 거리에 시체가 많았다. 그곳에는 많은 귀족이 난도질당한 채 흙과 자신의 피로 덮여 있었고, 또 많은 사람이 반쯤 죽은 채로 비참하게 땅바닥에 널브러져 있었다. 가끔씩 저 섬뜩한 장면에서 아이나 사내가 창문에서 뛰어내리는 게 보였다. 어쩔 수 없이 떠밀린 것인지 탈출하려 스스로 뛰어내린 것인지 이 괴물들에게 살아 있는 먹잇감이 되어 마침내 거리에서 끔찍하게 생을 마감했다.[11]

폭력과 파괴가 얼마나 오래 계속되었는지는 분명치 않다. 귀차르디니의 이야기에 따르면, 황제군 사령관들이 병사들이 서로를 공격하게 될 것이 두려워 사흘(전통적으로 약탈에 할애되는 시간)이 지난 후에 그들을 가까스로 자제시켰다고 한다. 또 다른 기록자인 보나파르트에 따르면 사흘 후에 (부르봉 사망 후에 지휘관을 맡은) 오라녜 공이 병사들에게 약탈을 중지하고 포로를 잡으라고 명령했지만, 병사들은 부르봉이 죽었기 때문에 자신들에게는 지휘관이 없다고 답하고는 전보다 더 잔혹하게 약탈을 계속했다고 한다. 부르봉과 프룬츠베르크가 자신의 군대 통제에 어려움을 겪었던 사실을 감안하면 보나파르트의 이야기는 사실일 가능성이 꽤 높아 보인다.

이번 약탈은 성직자를 용서하지 않았다는 점이 특기할 만하다. 알라리크와 토틸라는 성직자를 존중해주었지만, 이제 성직자는 비성직자보다 더 잔인한 학대를 받는 편이었다. 코모의 추기경은 병사들이 성당 제단에서 수도승과 사제를 죽였으며 젊은 수녀를 포로로 잡거나 강간했다고 기록했다. 사제 하나는 란츠크네히트가 사제복을 입힌 노새에 성사를 하지 않았다고 살해되었다. 제대로 걷지도 못하던 80세의 가에타와 폰체토의 추기경은 란츠크네히트 모자와 제복을 입고 시내를 돌아야 했다. 일단의 란츠크네히트는 아직 멀쩡히 살아 있는 아라코엘리의 추기경을 관에 넣고 장송곡을 부르며 시내를 돌다가 성당 앞에 멈춰서는 그에게 추모사를 하면서 온갖 흉물스러운 일을 그의 탓으로 돌렸다.

성직자들의 운명에 모든 이가 슬퍼했던 것은 아니다. 앞서 보았듯이 귀차르디니는 로마인을 좋아하지 않았고 고소하다는 듯이 이렇게 썼다.

이 남자들은 대부분 옷이 찢겨 수치스러운 차림을 하고

> 있었고, 신발을 신지 못한 경우도 있었다. 찢어지고 피로 얼룩진 셔츠를 입고 있는 사람들은 무차별적으로 맞고 채찍질을 당해 온몸이 상처와 멍투성이였다. 턱수염이 덥수룩하고 기름이 반들반들한 사람들, 얼굴에 낙인이 찍힌 사람들, 치아가 없는 사람들, 코와 귀가 없는 사람들도 있었다. 어떤 사람들은 거세를 당하고 너무나 절망하고 겁에 질린 채, 일찍이 행복했던 시절에 그토록 오랜 세월 지나칠 정도로 공들여 가장했던 허영과 나약한 섬세함과 음탕함을 전혀 보여주지 못했다.[12]

성당의 신세 역시 성직자보다 나을 것이 없었다. 산 피에트로 성당의 제단에는 피난처를 찾으러 왔던 사람들의 시체가 쌓였다. 제국의 확고한 동맹이었던 율리우스 2세의 무덤조차 약탈당했다. 로마의 성당들은 은식기와 성배, 의복을 강탈당했다. 이에 대해 귀차르디니는 이렇게 썼다.

> 추기경들의 호화로운 저택, 교황의 위풍당당한 궁전, 베드로와 바울의 성스러운 성당들, 성하의 개인 예배당, 지성소 그리고 기타 성스러운 장소들이 한때는 전대사와 존경받는 유물로 가득했지만 이제는 독일과 에스파냐 매춘부들의 사창굴이 되었다.

또한 란츠크네히트는

> 가장 성스러운 장소의 제단에서 수치스러운 행동을 저질렀다.[13]

산 피에트로 성당을 비롯한 성당들은 황제군 기병대의 말을 위한 마구간으로 사용되었다. 유물이 처한 사정이 좋지 않았다. 성 베드로와 성 바울의 머리는 거리에 내던져졌다. 세례 요한의 머리는 은장식이 벗겨지고 땅바닥에 내동댕이쳐졌지만 나중에 한 늙은 수녀가 수습했다. 수백 년 동안 로마의 상징으로서 수많은 순례자가 복제품을 기념품으로 가져갔던 베로니카의 베일은 사라졌다. 어떤 기록에서는 불타버렸다고 하고, 또 다른 기록에서는 여관에 팔렸다고 말한다.

5일간의 대학살 후에 새로운 약탈자들이 나타났다. 5월 10일, 정확히 약속한 날짜에 폼페오 콜론나 추기경이 8,000명의 증원군을 이끌고 도착했으며, 곧바로 약탈에 동참했다. 콜론나는 로마시 바깥의 자기 재산을 파괴한 데 대해 밀비오 다리 옆의 클레멘스의 포도밭과 마리오 언덕의 메디치가의 별장인 빌라 마다마를 불태워 얼마간의 개인적인 복수를 했다. 하지만 다른 황제군에 비하면 콜론나와 그의 군대는 절제의 천사들이었다. 폼페오는 곧바로 군대의 약탈을 중지시켰으며 자신의 도시 로마에 일어나고 있는 일을 보고는 그 자신도 정신이 혼미해졌다.

↑ 산탄젤로성을 포위하고 있는 란츠크네히트 용병을 그린 16세기 판화.
↓ 대체로 루터의 교리를 지지했던 란츠크네히트가 교황을 조롱하는 모습
(『고트프리트의 역사 연대기』, 1619).

며칠 후, 군인들은 관심사를 바꾸어 단순한 폭력과 파괴에서 돈이 되는 일에 집중하기 시작했다. 사람들의 이야기에 따르면 에스파냐군이 맨 처음 자기 잇속을 차리기 시작했고, (세속의 때가 덜 묻었지만 더 폭력적이었던) 란츠크네히트가 곧바로 뒤를 따랐다고 한다. 그렇다고 해도 로마인들의 상황이 나아지지는 않았다. 대대적인 살육을 겪고 난 사람들은 감옥에 갇혀 고문을 받았고, 높은 몸값을 지불할 것에 동의해야 했고, 귀중품이 숨겨진 곳을 털어놓으라는 포획자의 협박을 받았다. 귀차르디니는 그들의 운명을 여전히 같은 방식으로 즐기며 기술한다.

> 많은 사람이 한 번에 몇 시간씩 팔만으로 매달려 있었다. 어떤 이들은 밧줄에 고환이 묶여 끌려다녔다. 많은 이가 한쪽 발로 거리나 하천 위에 매달려 있었으며 밧줄을 끊겠다는 협박을 받았다. 많은 이가 두들겨 맞아 크게 다쳤다. 많은 이의 몸 여기저기에 뜨거운 철판으로 낙인이 찍혔다. 어떤 이들에게는 오랫동안 물을 주지 않았고, 어떤 이들은 잠을 재우지 않았다. 아주 잔인하고 효과적인 고문은 어금니를 뽑는 것이었다. 어떤 이들에게는 자신의 귀나 코 또는 고환을 구워 강제로 먹게 했다. 그리고 어떤 이들은 듣도 보도 못한 괴이한 고문을 당했는데, 나로서는 자세한 설명은 고사하고 떠올리는 것조차 소름끼치는 끔찍한 일이었다.[14]

보나파르트는 손톱과 발톱 밑으로 꼬챙이를 쑤셔 넣거나 납을 녹인 물을 목구멍에 쏟아붓는 등 로마 사람들이 당한 잔인한 고문 내용을 들려준다. 당시에 거세는 일반적인 고문이었던 듯하다. 수많은 고환이 길거리에 나뒹구는 모습을 보았다고 주장한 기록자도 있다.

예술가와 인문주의자도 예외가 아니었다. 화가 페리노 델 바가와 줄리오 클리비오는 고문을 받고 가진 재산을 모두 빼앗겼다. 잔바티스타 로소는 모든 재산을 잃고 포획자의 전리품을 나르는 짐꾼 노릇을 해야 했다. 파르미자니노는 그나마 운이 좋은 편이었다. 황제군이 로마시에 침입했을 때, 그가 그리고 있던 성모와 아기 예수 그림에 크게 감명받은 병사들이 몸값으로 돈 대신에 자신들의 초상화를 수채화로 그리게 했다. 불행히도 그 후에는 미술에 별로 관심이 없는 병사들에게 붙잡혀 가진 것을 모두 뺏겼다.

파르미자니노의 경험은 일반적인 것이었다. 대다수 로마인이 터무니없는 몸값을 지불하고도 다른 포획자에게 붙잡혀 다시 돈을 내야 했다. 피렌체 사람인 베르나르도 브라치는 기병에게 잡혀 독일의 바르톨로메오 은행으로 끌려갔다(황제군은 은행, 특히 독일은행은 약탈하지 않으려고 조심했는데, 그래야 인질이 그곳에서 몸값으로 지불할 돈을 빌릴 수 있었기 때문이다). 하지만 시스토 다리를 건너자 황제군 지휘관 모테 후작이 그를 제지했다. 브라치가 몸값으로 5,000두카트를 빌리려는 것을 알아낸 모테는 "몸값이 아주 작군. 그가 내 구좌에 따로 5,000두카트를 지불하지 않으면 그를 즉시 테베레강에 던져 넣도록 명령할 것이오"[15]라고 엄포를 놓았다. 그렇게 브라치오는 빚이 2배가 되었다.

어떤 이들에게 고문은 견딜 수 없는 끔찍한 고통이었다. 자신의 집에서 포로로 잡힌 지롤라모 다 카메리노는 창문으로 천천히 기어간 후 창밖으로 몸을 던져 자살했다. 또 다른 포로 조반니 안살디는 몸값으로 은 1,000두카트를 지불하기로 했으나 포획자들이 은 대신 금으로 마음을 바꿨기 때문에 다시 고문을 당했다. 안살디는 감시가 소홀한 틈을 타 포획자 중 하나의 단검을 뺏어 그를 죽인 후 자신도 죽었다.

아무 탈이 없으리라 안심했던 사람들조차 안전하지 않았다. 포르투갈 왕의 조카였던 포르투갈 대사의 집인 옛 마르켈루스 극장에는 피난 중인 로마인들과 그들의 귀중품으로 가득했다. 불행히도 황제군에게 이 소식이 들어갔고, 곧 에스파냐군 대장 2명이 나타나 큰돈을 내고 집에 자신들의 깃발을 꽂아 집을 지키라고 제안했다. 그 안에 숨은 로마인 모두가 에스파냐 장교들에게 돈을 주려 했지만, 실망스럽게도 대사는 아무 깃발이나 다는 것은 왕의 명예를 실추하는 일이라고 거절하고 오만하게 그들을 돌려보냈다. 두 장교는 떠났지만 얼마 지나지 않아 대포로 무장한 에스파냐군과 많은 란츠크네히트 병사를 이끌고 돌아왔다. 그러자 대사는 저택의 문을 열었고 집이 순식간에 아수라장이 되었다. 안에 있던 모든 사람이 포로로 잡혔고 대사 역시 발가벗겨진 채 길거리로 끌려나갔다. 그와 손님들은 결국 50만 두카트라는 엄청난 금액을 뺏겼다.

친황제파라도 안전하지 않았다. 가장 먼저 약탈당한 저택 중 하나는 폼페오 콜론나의 것이었는데, 하인들이 주인을 표시하는 깃발을 잊고 내걸지 않았던 탓이다. 유명한 카를 5세의 지지자로 저택에 많은 친황제파를 보호하고 있던 추기경 4명은 포르투갈 대사의 실수를 되풀이하지 않고 안전을 확보하려 에스파냐 장교들을 궁 안에 들였지만 소용이 없었다. 날이 갈수록 이 에스파냐 손님들은 주위의 값진 귀중품을 보고는 추기경들이 아닌 피난 온 손님들에게 큰돈을 뇌물로 요구했다. 돈을 챙긴 에스파냐 장교들은 이제 그들의 동료인 란츠크네히트가 추기경들의 저택을 약탈하고자 노리고 있으며 추가로 큰 금액을 주어야만 막을 수 있다고 했다.

이 시점에서 란츠크네히트와 가까운 관계를 유지했던 시에나의 추기경은 나서야 할 때임을 결심하고 자신은 한 푼도 더 내지 않을 것이라고 선언했다. 몇 시간도 채 안 되어 그의 저택은 완전히 털렸으며 손님들은 죽거나 포로로 잡혔고, 그 자신도 두들겨 맞았다. 그리고 그들은 몸값으로 5만 두카트를 내게 하려고 그를 보르고로 끌고 갔다. 나머지 친황제파 3명은 저택에서 밤늦게 기어 나와 폼페오 콜론나의 저택으로 서둘러 갔다. 그러나 코모의 추기경에 따르면, 델라 발레 추기경과 함께 있던 여자들이 콜론나의 저택에 재빨리 들어가지 못하고 붙잡혀 비명을 지르고 울부짖으며 빌었다고 한다. 아들 페란테를 황제군의 지휘관으로 두었던 만토바의 여후작도 위기를 맞았다. 그녀의 저택에 몰려든 약 2,000명의 로마인과 함께 여후작은 에스파냐군에게 5만 2,000두카트를 지불했지만 란츠크네히트에게 다시 협박을 받았다. 아들 페란테가 에스파냐군을 2번이나 설득해 어머니를 가만 놓아두기로 했지만, 여후작은 그들의 약속을 믿지 않았고 결국 손님들과 함께 오스티아로 도피했다. 여후작이 떠나자마자 저택은 약탈을 당했다.

1527년에 일어난 사건들의 가장 고통스러운 내용은 당시를 기록한 이야기가 아니라, 놀랍게도 법률 서류에서 종종 발견된다. 로마의 공증인 기록에서 폭행과 강탈, 강간과 고문을 겪은 로마인들이 역병으로도 고통을 당한 사실을 알 수 있는데, 이 역병은 약탈의 혼란 속에서 곧장 본격적인 전염병으로 확산됐다. 약탈이 시작되기 전에도 공증인 피에트로 파올로 아모데우스는 이 역병으로 자녀를 8명이나 잃었다. 또 다른 서류에서는 파도바의 사제 파올로 데 칼리가리스가 캄포에 새로운 성당인 투레의 산타 체칠리아를 소유하게 되었지만 2층이 전염병에 걸린 희생자들의 시체로 가득 차 올라갈 수 없었던 사실을 전한다.

공증인의 문서에서는 일반 로마인들이 공포의 순간에도 평상심을 유지하려고 노력한 사실을 볼 수 있다. 로마인은 몸값을 지불했다는 사실을 영수증으로 남기려고 고문자와 법률 계약서를 꼼꼼하게 작성했다. 이런 계약서는 대부분 에스파냐 병사들과 작성한 것이고, 란츠크네히트는 서류 작업을 귀찮아했던 것으로 보인다. 한 부부는 친황제파 엔컨포이르트 추기경을 고소했고, 황제군 대장 알도네도 고발했다. 부부는 그들의 세 아이를 엔컨포이르트의 저택에 피신시켰는데, 황제군의 법률하에서 14살 미만의 아이는 포로로 잡아갈 수 없음에도, 알도네 대장이 그 저택에 피신해 있던 다른 사람들과 함께 아이들을 포로로 잡아갔다. 부부가 몸값을 지불했지만 엔컨포이르트는 세 아이를 알도네에 넘겼다. 부부가 아이들을 되찾았는지는 알려지지 않았다.

악몽 같은 사태가 내려다보이는 저 높은 곳의 산탄젤로성에서는 자신의 책임이 큰 재앙을 지켜보던 클레멘스 교황이 로마에 조의를 표하는 의미에서 턱수염을 기르기로 결심했다. 다른 성직자들도 그를 따라 했고, 오래지 않아 턱수염은 이탈리아 전역에서 새로운 유행이 되었다. 시간이 흐르면서 클레멘스에게 남아 있던 마지막 희망마저 사라졌다. 3일 후면 구하러 오리라 믿었던 동맹군은 나타나지 않았다. 늘 그랬듯 메디치가에 대한 애정이 전혀 없었던 동맹군의 지휘관 우르비노 공작은 로마로 서둘러 가는 대신 페루자로 우회했고, 그곳의 통치자 젠틸레 발리오네를 축출하기 위한 공격을 개시했다. 교황이 임명한 자인 발리오네를 우르비노는 자신의 조그만 국가의 적으로 생각했다. 나중에 우르비노 공작은 군대를 로마로 진군시켰지만, 왜 공격을 개시해서 클레멘스를 구하지 않았는지에 대해서는 스위스 병력 전체를 요청했다고 주장하면서 이런저런 변명만 늘어놓았다. 5월 27일 이후 에스파냐군이 산탄젤로성 주위를 공성보루로 둘러싸자 그는 이제 변명도 필요치 않았다. 클레멘스와 접촉할 희망이 사라졌다.

바깥세상의 나쁜 소식이 산탄젤로성으로 흘러들었다. 교황령 영토를 빼앗겼다. 페루자에서처럼 리미니에서도 교황의 권위가 사라졌다. 페라라의 공작은 모데나를 점령했고 클레멘스의 우방이라고 여겼던 베네치아는 라벤나와 체르비아를 점령했다. 하지만 최악의 소식은 교황령이 아니라 토스카나에서 왔다. 피렌체 사람들은 로마 함락 소식을 듣자 메디치가에 반기를 들고 클레멘스의 두 사생아 조카 알레산드로와 이폴리토를 쫓아냈다. 클레멘스의 8살짜리 조카 카테리네는 인질로 로마에 잡혀 있었다. 메디치가는 본거지를 잃었다.

그러나 그 모든 실망스러운 소식에도, 산탄젤로성에 숨어 있던 1,000여 명의 병사, 추기경, 고위 성직자, 대사, 상인, 은행가, 아내, 아이, 고급 매춘부의 생활은 그나마 나은 편이었다. 황제군이 처음 보르고로 침입해 들어갔을 때 근처 상점들로 식량을 차지하려는 사람들이 몰려들었고, 차라의 대주교의 말처럼 그 노력이 헛되지 않았다.

> 한 달간 지낼 수 있는 곡식과 와인이 있었다. 소금에 절인 약간의 고기와 치즈도 있었으며, 송아지 40마리도 들여왔는데 8일이 채 안 되어 모두 소진되었다. 소금에 절인 고기와 햄 조금 그리고 치즈와 약간의 쌀이 있었고, 좋은 빵과 고급 와인도 있었는데, 모두가 그리스에서 온 것이었다.

대주교는 꽤 즐겁게 지낸 것으로 보인다.

> 나는 항상 잘 지냈다. 두렵거나 기운이 빠지지도 않았고 악몽도 꾸지 않았다. 신에게 감사를! 우리는 매일 호칭 기도를 했고 밤낮으로 시편을 읽었으며 한 구절도 빼먹지 않았다. [⋯] 그리고 사실 성안에는 사람이 많아서 우리는 마치 종교와 함께하는 것 같았다. 그리고 많은 추기경과 고위 성직자가 미사를 올렸다.[16]

누구보다도 즐겁게 지낸 사람은 당연히 벤베누토 첼리니였다. 그는 이렇게 털어놓았다. "내 그림, 내 훌륭한 연구와 내 사랑스러운 음악이 포격 음악에 모두 잊혔다. 내가 저 끔찍한 지옥에서 하는 그 모든 훌륭한 일을 말하면 세계가 놀랄 것이다."[17] 첼리니는 자신이 한 에스파냐 장교를 겨냥해 쏘았는데 장교가 둘러매고 있던 칼이 곧바로 두 동강이 난 일을 언급했다. 교황은 크게 감탄해서 개인적으로 첼리니를 축복했고 그가 과거에 저질렀거나 앞으로 저지르게 될 모든 살인을 교회의 이름으로 용서해주었다. 교황은 첼리니에게 (그의 서술 중 신빙성 있는 몇 안 되는 사건들 중 하나로) 자신의 황금 삼중관과 보물에서 보석을 빼내 그의 옷의 안감을 만들도록 명령했다. 첼리니는 임시로 화덕을 만들어 나머지 금을 녹였다. 그는 잠시 쉬는 틈에 산탄젤로성 아래에 노새를 타고 가던 남자를 쏘았고 "내가 사용하는 탄환 한 발이 남자의 얼굴에 정통으로 맞았다. 다른 탄환은 노새를 맞췄고 노새는 쓰러져 죽었다. [⋯] 내가 쏜 남자는 오라네 공이었다".[18] 적어도 그의 이야기에 따르면, 첼리니는 전쟁에서 두 번째로 황제군 지휘관을 죽인 셈이었다.

오라네 공은 실제로 산탄젤로성에서 쏜 탄환에 맞았지만 뺨을 스쳤을 뿐이었다. 그는 살아남았을 뿐 아니라 바티칸 도서관의 대부분을 구하기까지 했는데, 바티칸 도서관을 자신의 옷장으로 징발했기 때문이다. 오라네 공 외에도 군대의 파괴활동을 자제시키려 노력했던 황제군 지휘관들이 있었다. 법률 문서에는 병사들이 개인적으로 호의를 베푼 사례도 담겨 있다. 두 에스파냐 장교는 캄피텔리 성당의 수녀들에게 어떤 11살짜리 고아를 위한 위탁금으로 30두카트를 주었고, 약탈이 끝난 후 양심의 가책을 느낀 에스파냐 장교 하나는 훔쳤던 몇 가지 귀중품을 산 피에트로 성당의 성직자들에게 영혼의 구원을 받기 위해 돌려주었다. 하지만 그런 행동은 애석하게도 드물었다.

첼리니는 무한정으로 포격 음악을 즐길 수는 없었다. 산탄젤로성에 식량이 떨어지고 역병이 발생하자, 성안에서 버티던 사람들은 협상이 필요하다는 사실을 깨달았다. 황제군의 사령관들도 마찬가지여서 군대가 와해되어 혼란에 빠지기 전에 결판 내기를 원했다. 둘 사이의 협상은 교착상태였다. 에스파냐군 지휘관은 클레멘스가 반드시 로마를 떠나 해안가를 따라 아래에 위치한 에스파냐령 가에타에 수감되어야 한다고 주장했다. 클레멘스는 교활하게 기도에 집중함으로써 얼버무리려 했다. 교착상태는 조금 뜻밖이지만 폼페오 콜론나에 의해 마침내 해결되었다. 6월 1일 클레멘스는 콜론나에게 알현 기회를 주었다. 이 만남에서 두 사람은 감정이 격해져 로마에 일어난 재앙에 울음을 터뜨렸고, 일주일이 채 안 되어 합의가 이루어졌다. 클레멘스는 에스파냐령으로 끌려가지 않아도 되었지만, 자신과 성에 있는 모든 사람의 몸값으로 40만 두카트를 몇 차례에 걸쳐 지불하기로 동의했다. 그리고 보증인으로 측근 7명을 넘겨주었는데, 당연하겠지만 아무도 좋아하지 않았다. 6월 7일 산탄젤로성의 수비군은 깃발을 날리며 성문을 통해 나왔으며 성안에 피난해 있던 거의 모든 성직자, 예술가, 은행가, 아내, 아이, 고급 매춘부가 뒤따랐다. 클레멘스는 동료 몇 명과 함께 남았고 황제군의 보호를 받았다.

길고 끔찍했던 한 달이 지나고 마침내 비극이 끝난 것 같아 보였다. 불행하게도 클레멘스에게는 40만 두카트나 되는 돈이 없었고, 황제군 병사들은 자주 폭동을 일으키고 통제가 거의 불가능한 상태였으며 돈을 받기 전에는 떠날 마음이 없었다. 황제군의 지휘관들은 클레멘스가 자신들이 사라지기를 바라는 만큼이나 자기들도 떠나고 싶었기에 카를 5세에게 돈을 요청했다. 하지만 황제는 군대가 스스로 돈벌이를 해야 한다고 생각해서 10만 두카트만을, 그것도 금이 아니라 환어음으로 보냈다.

7월 10일 역병이 로마에 창궐하고 식량이 떨어져가자 황제군은 병사 2,000명을 교황을 지키도록 남겨두고 근처 시골을 약탈했는데, 그 지역이 수년간 불모지가 됐을 정도로 황폐하게 만들었다. 9월, 로마에 남은 란츠크네히트가 교수대를 설치하고 클레멘스가 보증인으로 넘긴 포로 7명을 처형하려 했지만 사람들의 만류로 간신히 중지되었다. 10월 초, 시골로 약탈 갔던 황제군의 병사들이 로마의 숙소로 돌아왔고, 다시 폭동을 일으키며 지휘관들이 받아내지 못한 돈을 요구했지만 교황은 돈을 줄 수가 없었다. 황제군은 서서히 세력이 약해졌고 병사들이 전사하거나 탈영해 숫자가 거의 반으로 줄었다. 날이 추워지면서 남아 있는 병사들은 문과 문틀, 나무 패널, 집의 목재를 뜯어내 땔감으로 썼다.

가을이 한창일 때 클레멘스에게 뜻밖의 요청이 왔다. 잉글랜드 헨리 8세의 사절인 윌리엄 나이트가 아라곤의 캐서린과의 결혼 무효를 선언하는 헨리의 청원서를 가지고 왔다. 험악한 날씨를 뚫고 길고 험난한 여행을 한 나이트는 여행 막바지에 로마시 밖의 굶주린 현지인들에게 잡혀 죽을 뻔하기도 했다. 헨리의 타이밍은 최악이었다. 아라곤의 캐서린은 카를 5세와 친족 관계로, 그의 이모가 되는 사이였다. 헨리가 1, 2년 앞서 이혼을 요청했더라면 (당시 카를 5세와 전쟁 중인 잉글랜드의 우방이었던) 클레멘스는 망설임 없이 동의했을 것이다. 윌리엄 나이트는 천신만고 끝에 베네치아 추기경의 시종을 통해 헨리의 청원서를 산탄젤로성에 몰래 가지고 들어갈 수 있었다. 나이트는 클레멘스에게 두 가지 가능한 교황 칙서를 제안했다. 하나는, 헨리과 앤 불린의 결혼을 승인하는 것이었고, 또 하나는 (조금 놀라운) 타협안으로서 헨리가 캐서린을 첫 번째 왕비로 둔 채 앤을 두 번째 왕비로 맞이하는 것이었다. 이때는 루터교 세력이 부상하는 한편 기독교가 유동적이 되어 (성경에 자주 나타난) 일부다처제가 열렬한 지지를 받았다. 클레멘스는 얼버

교황 클레멘스 7세를 비롯한 로마인들이
황제군의 약탈로부터 피신했던 산탄젤로 성곽의
19세기 풍경(조지프 터너, 「산탄젤로성」).

무리는 데는 선수였고 나이트에게 서류 작업으로 시간이 조금 걸린다고 말했다.

곧 나이트는 교황과 쉽게 접촉할 수 있게 되었다. 12월 초 산탄젤로성의 교착상태는 마침내 끝이 났다. 이때까지 병사들을 두려워하며 지내던 황제군 지휘관들이 클레멘스와 공모해 그를 로마시 밖으로 몰래 빼냈던 것이다. 여러 번의 시도 끝에, 최근 새로운 협상이 타결되었다. 6월에 클레멘스가 인질로 넘겼다가 교수형으로 죽을 뻔했던 포로 7명 중 둘이 경비병을 취하게 한 후 탈출했다. 클레멘스는 탈출한 두 사람 대신 메디치가의 상속자인 이폴리토와 알레산드로를 인질로 세우겠다고 말했다. 그런데 둘 다 로마 근처에 없기에 그동안 추기경 2명을 포함하여 산탄젤로성에 남아 있던 측근 셋을 넘겼다. 사실, 클레멘스는 두 조카를 넘겨줄 생각이 없었으므로 솔직하지 못한 처사였지만 이것으로도 난국을 돌파하기에는 충분했다. 1527년 12월 6일 산탄젤로성의 경비병들은 철수했고 병사들에게 계획을 일체 함구했던 황제군 지휘관들은 한밤중에 교황을 시종의 옷으로 변장시켜 로마시 밖으로 빼냈다.

그러나 클레멘스가 떠났다 해도 로마의 고통은 끝나지 않았다. 이후 2달 동안 주둔한 황제군은 계속 폭동을 일으켰고, 인근의 도시들을 습격하고 로마시의 건물을 땔감으로 썼다. 1528년 2월, 마침내 오라녜 공과 또 다른 황제군 지휘관 델 구아스토는 나폴리의 총독에게 10만 두카트를 뜯어낼 수 있었는데, 그 돈이면 병사들에게 2달 치 밀린 급료를 줄 수 있었다. 병사들은 훨씬 더 많이 원했지만 이번만은 지휘관들이 필요했고 논쟁할 분위기가 아니었다. 프랑스 병력 하나가 동맹군과 연합하여 황제령 나폴리로 빠르게 침입해 들어갔다. 에스파냐군과 란츠크네히트는 피난 갈 만한 우호적인 영토가 없으므로 조심해야 했다.

마침내 2월 15일, 이탈리아와 에스파냐 군대가 로마를 빠져나갔다. 다음 날 아침 란츠크네히트가 떠났다. 대탈출은 놀라울 정도로 정연했다. 이들이 떠난 지 몇 시간이 안 되어 콜론나가의 숙적인 오시니가가 로마시로 쇄도해 들어가 어리석게도 아직까지 얼쩡거리던 황제군에게 복수했다. 일부 로마인은 고문자들에게 빼앗긴 재산을 되찾기도 했다. 당시의 법률 문서 중에는 베르나르디노 델 부팔로라는 사람과 몇 명의 에스파냐 장교가 산토 스피리토 병원에서 맺은 계약서가 있는데, 이 계약서에서 델 부팔로는 장교들이 안전하게 로마시를 빠져나가는 대가로 그들이 약탈한 귀중품을 받기로 합의했다. 8개월 동안 점령과 파괴와 역병, 수많은 죽음(에스파냐 병사 하나는 자신이 시체 2,000구를 강에 버렸고 1만 구는 매장을 감독했다고 주장했다)을 겪고 난 후에 마침내 로마가 자유를 찾았다.

클레멘스 7세는 언제나처럼 조심스러웠고 그해 10월 심하게 뇌우가 치는 가운데 수도로 돌아왔다. 교황 재임 동안 클레멘스의 최악의 시점은 3개월 뒤인 1529년 1월, 그가 소중히 여기던 거의 모든 것을 잃어버린 듯했을 때 찾아왔다. 교황령의 여러 도시를 빼앗겼고 로마는 폐허 속에 있었으며, 프랑스와 잉글랜드가 대립교황을 새로 선출하기 위한 아비뇽 모임을 추기경들에게 요청하면서 교황권은 새로운 분열 위기를 맞았다. 메디치가는 피렌체를 잃었다. 그리고 무엇보다도 클레멘스는 모두가 알고 있던 대로 죽어가고 있었다. 그가 독을 마셨다는 소문도 있지만 손쓸 수 없는 말라리아나 악성 감기에 걸렸을 가능성이 컸다. 절박해진 클레멘스는 꼭 피하고 싶었던 일을 감행했다. 자신의 조카인 알레산드로와 이폴리토를 결국 추기경으로 임명했다.

그러나 클레멘스는 죽지 않았고 이후 5년간 오히려 재산 상태가 크게 호전되었다. 자존심을 버리고 몇 년 전에 했으면 좋았을 카를 5세와 동맹을 맺었다. 카를은 사생아 딸 마르가레트를 클레멘스의 사생아 조카 알레산드로와 결혼시킴으로써 그의 많은 인척에 메디치가도 추가했다. 새로운 동맹 관계는 곧 서로에게 큰 득이 되었다. 카를은 나폴리왕국에서 걷는 교회 세금 형식으로 클레멘스에게 자금을 받아냈고, 로마 약탈 소식이 전 유럽에 퍼져 크게 손상되었던 평판도 회복했다. 새로운 이 협약은 1530년 2월 24일 볼로냐에서 클레멘스가 카를에게 신성로마제국 황제의 왕관을 씌움으로써 그 정점을 찍었다. 이 무렵 신성로마제국과 프랑스 사이에 평화협정이 맺어졌다. 카를은 전쟁에서 승리했고 그의 제국은 이탈리아에서 지배력을 인정받았다.

그 대가로 카를은 클레멘스가 잃어버렸던 거의 모든 것을 되돌려주었다. 클레멘스는 무력과 외교적인 압력으로 이웃에 빼앗긴 도시들을 되찾으며 교황령을 재건했다. 클레멘스의 입장에서 가장 좋았던 것은 1529년 9월 황제군이 오라녜의 지휘 아래 피렌체로 진군한 일이었다. 미켈란젤로가 설계한 기발한 방어 시설에도 불구하고 피렌체는 11개월간이나 계속된 지독한 포위 공격을 받은 후에 함락되었다. 이듬해 여름 클레멘스의 조카 알레산드로가 피렌체로 입성해 피렌체에서 최초로 공인된 세습 통치자로서 임명되었다. 메디치가는 그들의 중심지를 되찾았다.

알레산드로는 클레멘스의 다른 사생아 조카 이폴리토와 마찬가지로 훌륭한 통치자가 되지 못했고, 피렌체는 곧 코시모계의 다른 일족으로 넘어갔다. 하지만 피렌체는 여전히 메디치가의 수중에 있었다. 한편 클레멘스는 다른 가까운 친척을 통해서도 성공을 이루었다. 1533년 9월 클레멘스는 마르세유로 떠났다. 현지의 물을 마시지 않으려고 테베레 강물을 통에 담아 가면서 어린 조카 카테리네도 데려갔다. 카테리네는 피렌체공화국 반군에게 인질로 잡히기도 했었다. 그다음 달에 클레멘스는 카테리네와 프랑수아의 차남 앙리의 결혼을 직접 주재함으로써 프랑스와의 관계를 회복했다. 군주가 적절한 성혼을 통해 순탄한 길을 걷는 방법을 잘 알고 있었던 클레멘스는 둘의 첫날밤을 직접 보려 했다고 전해진다. 14년이 흘러 카테리네의 시아주버니가 갑자기 죽자 카테리네가 프랑스의 왕비가 되었다.

클레멘스는 조카가 결혼한 지 채 1년이 안 되어 죽었다. 그는 로마를 추모하는 턱수염을 기른 채 죽었다. 그의 교황 재임기는 재앙으로 기억될 것이었지만 그 정도로 끝난 것이 다행이었는지 모른다. 클레멘스는 자신이 가장 소중히 생각했던 모든 것을 지킬 수 있었다. 교황령과 피렌체, 메디치가는 되살아났다. 하지만 로마는 크게 파괴되었다. 루터의 교리는 아무런 제재 없이 계속 확산됐다. 헨리 8세의 잉글랜드 역시 로마 교회와 단절했지만 클레멘스에게 멀리 떨어져 있는 잉글랜드는 우선순위가 낮았다.

로마는 어떻게 되었을까? 약탈 이후 곧바로 로마를 찾았던 프란체스코 곤차가는 로마에는 문과 창문, 꼭대기 층이나 지붕이 떨어져나간 폐가들로 넘쳐났다고 기술했다. 약탈 이전에 그곳에서 알고 지내던 많은 사람 중에서 단 한 명도 찾을 수 없었으며, 옛 친구들의 안부를 물었지만 대다수가 죽었고, 대부분 역병 때문이라는 대답을 들었다. 로마는 2년 동안 기아에 시달렸고 주변 시골의 굶주린 시민들은 강도질을 했다. 이보다 더 나빠지리라고는 상상도 할 수 없었지만, 다시 10월에 상황은 더 나빠졌다. 사상 최악의 홍수가 닥쳐 로마시 중심부 대부분이 사람 머리 위 높이까지 물이 찼으며, 가옥 수백 채가 파괴되었고, 수천 명의 로마인이 익사했고, 결국 기아가 다시 찾아왔다. 사람들은 로마가 결국 최후를 맞는 것이 아닌가 의심했다.

그러나 로마는 살아남았고, 가옥과 성당이 보수되었다. 1536년 봄에는 한바탕 소동이 일었다. 황제 카를 5세가 마침내 그의 과제들 가운데 세 번째 것(이슬람과의 전쟁)에 착수했고, 북아프리카 해적을 진압하기 위해 튀니스를 점령했다. 군대와 함께 나폴리에 머무르고 있던 카를의 다음 목적지는 로마였다. 로마인들은 피난 준비를 했지만, 다행히도 카를의 방문은 친선 목적이었다. 클레멘스 7세의 후임자 파울루스 3세는 황제의 환심을 사려고 로마시의 웅장한 쇼를 보여주려 했다. 그는 여러 성당과 가옥 수백 채를 부수고 전망을 새롭게 구성해 로마의 유물이 눈에 잘 들어오게 했다.

파울루스의 노력은 성공했다. 일부 로마인이 9년 전 자신을 고문했던 병사들의 얼굴을 알아보고 기겁했지만 어떤 파괴 활동도 없었다. 카를은 말을 타고 새로운 사크라 거리를 따라가면서 고대 개선문과 이 행사를 위해 새로 지은 개선문을 통과할 때 특히 감명받았다. 카를은 몰랐을 테지만 그가 본 몇몇 유물은 그가 벌인 약탈로 채석되는 작업이 중단되었기 때문에 그의 도움으로 보존된 셈이었다. 파울루스 교황은 카를의 군대가 로마를 파괴하고 거주민을 강간하고 고문한 사실은 되도록 언급하지 않으며 카를에게 성대한 대접을 베풀었다. 그를 위한 르네상스식 연회가 트라스테베레에서 열렸고 바르톨로메오 스카피가 만든 200가지의 요리가 나왔다. 이 시간이 매우 즐거웠던 카를은 체류 기간을 늘리기까지 했다. 훌륭한 음식과 유산을 즐기며 로마를 두루 구경한 카를은 진정한 의미에서 로마 최초의 관광객이라 할 수 있었다.

로마는 서서히 회복했다. 교황청의 위태로운 재정 시스템을 통해 돈이 조금씩 들어오면서 재건되었다. 목재 가옥을 파괴한 약탈 탓에, 파울루스 3세가 재정을 투명하게 관리한 덕분에 로마는 르네상스 도시로 빠르게 탈바꿈했다. 예술가와 인문주의자 대부분이 1527년에 피난을 떠나거나 죽었지만 일부는 돌아왔다. 클레멘스 7세가 교황으로서 취한 마지막 조치 중 하나는 미켈란젤로에게 시스티나 예배당의 벽 장식을 맡긴 것이다. 그 결과물인 「최후의 심판」은 시대가 얼마나 바뀌었는지를 반영한다. 자신감과 낙관주의가 드러나는 천장화와 대조적으로 미켈란젤로의 「최후의 심판」은 불안하고 우울한 느낌을 주는 걸작으로 로마 약탈의 공포가 일부 반영되어 있다. 1542년에 마침내 새로운 산 피에트로 성당의 공사가 본격적으로 재개되었다. 파울루스 3세는 성년이 되는 1550년까지 성당이 완성되기를 바랐으나 그것은 그의 지나친 낙관이었다. 실제 산 피에트로 성당은 완성까지 100년이 넘게 걸렸다.

로마는 다시 성장하고 있었지만, 메디치가 교황 재임기의 태평하고 관용적이었던 도시에서 점점 더 멀어졌다. 로마 교회와 북유럽의 개신교도 사이의 분열이 더욱 커지고 고착화되면서 가톨릭 교회는 11세기 개혁주의자들의 순수주의보다 훨씬 더 위험한 새로운 순수주의의 강력한 영향 아래 놓였다. 이 순수주의에 제일 심취한 사람은 르네상스의 매카시 의원이라 할 만한 잔 피에트로 카라파 추기경이었다. 그는 자신이 대단히 불순하고 파괴적이라 여긴 교황청을 정화하겠다는 결심이 확고했다. 1542년 새로운 종교재판소 설치를 지지했고, 종교재판소의 활동이 하루빨리 시작되기를 바라며 새로운 감옥에 사용할 쇠사슬과 자물쇠를 사비를 들여 구입하기도 했다. 그 후 13년이 지난 1555년에 카라파는 파울루스 4세로 교황에 선출되었으며 교황 직권을 이용해 이단자로 의심되는 사람, 교회 성직 판매자, 동성애자를 상대로 마녀사냥에 착수했다.

1541년 완성된 미켈란젤로의 「최후의 심판」은 낙관주의가 묻어나는 천장화와 달리 1527년 약탈의 공포를 반영한 듯한 불안한 분위기를 간직하고 있다.

이 범주 중 적어도 하나는 해당되었을 많은 로마인이 밀고와 체포, 비밀 심문, 고문의 두려움 속에서 살아야 했다. 로마 교회에 금서 목록을 도입한 사람 역시 파울루스 4세였으며, 이 목록에는 르네상스 최고의 인문주의자인 에라스무스의 책도 포함되었다.

이런 공포로 부족했는지 파울루스 4세 치하의 로마는 한 세대 전에 겪었던 재앙을 되풀이할 운명처럼 보였다. 이탈리아의 열성적인 애국자 파울루스 4세는 1527년의 약탈을 절대 용서하지 못하고 신성로마제국에 대항해 프랑스와 동맹을 결성했다. 그러나 클레멘스의 동맹이 그러했듯 일이 빠르게 잘못되어갔다. 1557년 알바 공작이 지휘하는 에스파냐 군대가 무방비 상태의 로마로 진격해 왔다. 다행히 알바는 30년 전 시민들이 겪은 재앙이 반복될까 우려했고, 파울루스 4세는 자신의 판단 실수를 곧바로 알아차렸다. 9월 14일, 좀처럼 현명한 판단력을 보여주지 못하던 파울루스 4세가 평소와 달리 완전한 항복에 서명했고, 알바 공작은 로마에 아무런 해도 입히지 않았다. 그렇지만 1557년 9월의 로마는 운이 나빴다. 그다음 날인 15일 밤에 테베레강이 범람할 정도로 1530년 이후 최악의 홍수가 로마를 덮쳤다.

돌이켜보면 9월의 로마는 도시가 다시 한번 폐허가 되고, 질병이 발생하고, 성벽 밖에서는 적이 위협하고, 교황이 주도한 마녀사냥에 온 거리가 공포에 떠는 등 저주를 받았다 해도 과언이 아니었다. 로마인들은 2년 후에 새로 교황이 선출되고 다시 평화가 찾아오며, 로마 최고의 전성기 중 한 시대가 열리면서 로마가 고대 이후로 이룩하지 못했던 번영 속에서 성장할 것이라고 상상도 못했을 것이다.

1559년	카토-캉브레지 조약 체결. 이탈리아 남부는 에스파냐, 북부는 합스부르크제국의 지배 성립
1789년	프랑스혁명
1796년	나폴레옹의 프랑스군, 이탈리아 공격
1816년	시칠리아왕국과 나폴리왕국의 합병으로 양시칠리아왕국 성립
1831년	마치니, 청년이탈리아당 결성
1833년	마치와 가리발디, 청년이탈리아 당사에서 처음 만남
1848년	제1차 이탈리아 독립전쟁 시작

6

프랑스인

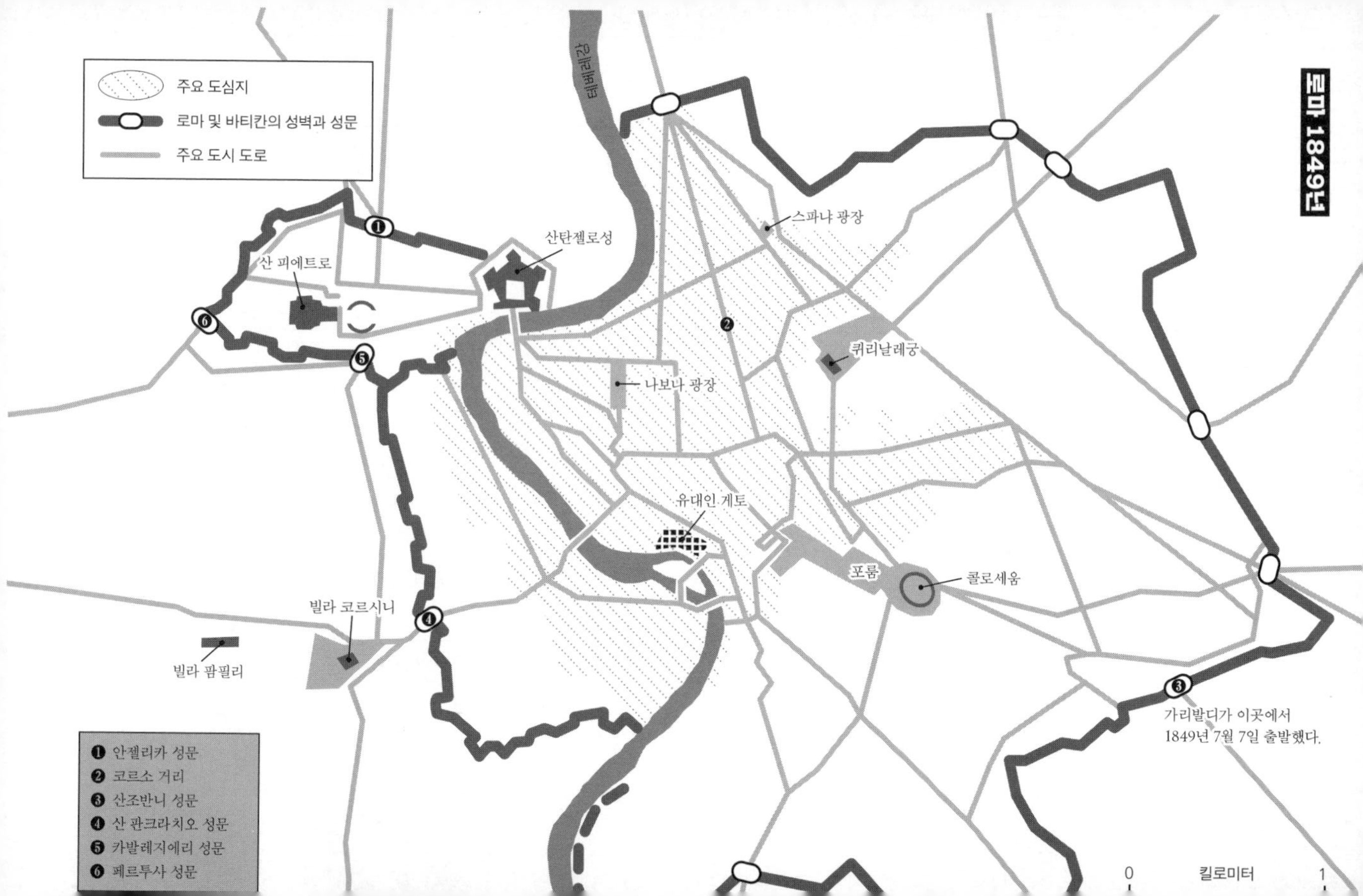

로마 1849년
주요 도심지
로마 및 바티칸의 성벽과 성문
주요 도시 도로
테베레강
산탄젤로성
산 피에트로
스파냐 광장
퀴리날레궁
나보나 광장
유대인 게토
포룸
콜로세움
빌라 코르시니
빌라 팜필리
가리발디가 이곳에서
1849년 7월 7일 출발했다.
① 안젤리카 성문
② 코르소 거리
③ 산조반니 성문
④ 산 판크라치오 성문
⑤ 카발레지에리 성문
⑥ 페르투사 성문
0 킬로미터 1

1849년, 루이 나폴레옹의 프랑스 대군이 교황 없는 교황령에 당도하다

로마 심장부에 위치한 퀴리날레궁은 분주하다. 큰 키에 유니폼을 차려입은 코라치에리(corazzieri, 이탈리아 대통령의 개인 경호원들)가 관광객과 학생 단체를 보안검사대와 접견실, 정원과 마구간으로 안내하고 그림, 샹들리에, 고대 접시와 시계 소장품을 보여준다. 운이 좋으면 해외 고위 인사를 위해 마련한 최고급 요리의 냄새를 맡아보거나, 공식 차량을 타고 안뜰을 지나가는 대통령을 얼핏 볼 수 있을지 모른다.

1848년 11월 24일 저녁, 퀴리날레궁은 완전히 다른 곳이었다. 프랑스 대사인 아르쿠르 공작이 마차를 타고 궁에 도착했다. 대통령 관저가 아닌 교황의 궁전이었던 이곳에서, 최근 궁의 중앙 현관문 하나가 검게 그을리고 상당한 유리창이 산산조각 나는 불미스러운 일이 있었다. 마차가 멈추고 아르쿠르가 모습을 드러냈다. 며칠 전이라면 교황의 스위스 근위병이 나섰을 테지만, 지금은 국가경비대 병사가 그를 맞았다. 상당한 긴장감이 감돌았다. 병사들은 군복을 입은 로마 시민들이었고 교황을 보호하기보다는 붙들어두는 데 관심이 있었다. 교황은 이들에게 감금된 상태였고, 아르쿠르는 교황의 친구였기 때문에 의심을 받았을 것이다.

그러나 병사들은 아르쿠르를 궁으로 들여보냈고 큰 계단을 올라 교황의 방까지 안내했다. 그곳에는 교황 비오 9세가 기다리고 있었다. 국가경비대는 어리석게도 배려 차원에서 문을 닫을 수 있게 해주었고 아르쿠르와 교황은 비밀리에 대화할 수 있었다. 두 사람의 대화는 이상했다. 잠시간 두 사람의 목소리가 들리는 듯하다가 모두에게 들릴 정도로 하코트의 목소리만 커졌다. 이때 비오 교황은 옆방으로 몰래 들어가 교황복을 일반 성직자복으로 서둘러 갈아입었다. 교황은 검정 안경을 쓰고 시종 베네데토 필리파니를 데리고 혼자 말하고 있는 아르쿠르를 내버려둔 채 방을 나갔다. 필리파니가 깜빡이는 작은 초로 길을 밝혔고 두 사람은 어두컴컴한 궁전 홀을 서둘러 통과했다. 몇 년이 지나 사건의 정황을 썼던 존 프랜시스 매과이어는 이후에 일어난 일을 이렇게 기술했다.

> 그들이 방 하나를 지나자 갑자기 촛불이 꺼졌고, 교황과 시종은 암흑 속에 빠졌다. 불 없이는 한 발짝도 나갈 수 없었다. 필리파니는 촛불을 다시 켜기 위해서 프랑스 대사가 일부러 남아 기다리는 방으로 돌아갈 수밖에 없었다. 필리파니가 돌아온 것을 보자 아르쿠르 공작은 예상치 못한 일로 촛불이 꺼지고 탈출 계획이 틀어졌다고 생각해서 깜짝 놀라 겁에 질렸다.[1]

그러나 걱정할 필요가 없었다. 필리파니는 초에 다시 불을 붙이고 재빨리 비오에게 돌아가 그를 궁에서 멀리 떨어진 타원형 계단으로 이끌었다. 아래쪽 안뜰에는 마차가 대기 중이었는데, 하인 하나가 그를 알아보고는 무릎을 꿇고 교황의 축복을 기다리는 바람에 다시 한번 위기가 닥쳤다. 다행히 그날 밤 국가경비대의 경비가 소홀해 들키지 않았다. 비오는 마차에 올랐고 마차는 덜거덕거리는 소리를 내며 궁을 떠났다. 그는 의심을 피하기 위해 로마 거리를 이리저리 우회한 후 다른 공모자인 바이에른 대사의 마차로 갈아탔고 대사는 비오에게 자기 주치의의 여권을 줬다. 한밤중이 되어 교황 비오 9세는 국경을 넘어 양(兩)시칠리아왕국에 도착했다. 성공적으로 자신의 왕국에서 탈출한 것이다. 불과 5개월 후에 8,000~1만 명에 이르는 직업군인으로 구성된 프랑스의 현대적 대군이 비오를 복귀시키려는 결의에 차 로마 성벽을 향해 진군했다.

19세기 중반은 유럽인들이 갈망했거나 또는 기존 질서가 급작스럽게 전복될까 두려워했던 혁명의 시대였다. 이런 꿈과 공포는 반세기 전의 프랑스혁명이 그 출발점이었으며, 프랑스혁명은 프랑스 군대의 도움으로 당시 유럽 전역에 확산되었다. 진보적이고 이성적이며 능력 위주의 세계에 대한 프랑스의 급진적인 시각이 프랑스의 새로운 스타 장군 나폴레옹 보나파르트에 의해 1796년 이탈리아에 당도했다. 나폴레옹은 최선을 다해 시대에 뒤떨어진 로마의 귀족적인 생활양식을 없애려 했다. 자유의 나무가 한 그루 광장에 심어졌고, 교황 비오 6세가 납치되어 권좌를 잃고 유배 중에 죽었다. 10년 후 이제 프랑스의 황제가 된 나폴레옹이 로마를 그 자신의 제국의 두 번째 도시이자 이탈리아왕국의 수도로 공포했다. 이탈리아는 점령되었지만 지난 1,000년 그 어느 때 보다 더욱 단합되었다.

로마인 대부분이 이 시절에 프랑스인을 좋아하지 않았으며 여전히 교황에 대한 충성심이 강했다. 1798년 트라스테베레의 빈민들이 반란을 일으켰지만 잔인하게 무력 진압되고 말았다. 하지만 프랑스인이 1814년 이탈리아를 떠나자 대다수 이탈리아인은 향수에 젖었다. 프랑스의 점령이 아니라 프랑스인들이 가져온 몇 가지 변화 때문이었다. 학식이 깊은 이탈리아 중산층은 프랑스 혁명가들이 맹비난했던 바로 그 기반이 확고한 귀족 엘리트층에 출셋길이 막혀 있었다. 정치도 역전되었다. 이탈리아인들은 다른 유럽인들과 마찬가지로 엄격하게 검열을 시행하고 조금의 반대 조짐조차 억압하던 절대군주의 지배를 받았다. 교황령 정부는 다른 이탈리아 정부들보다 반동적이어서 감옥은 정치범들로 우글거렸다. 1830~40년대에 그레고리우스 16세는 기술적인 변화마저 거부하여 전신, 가스등과 철도를 금지했고, 이런 기술들이 로마를 급격한 변화로 물들이는 '지옥의 길'(chemins d'enfer)이라고 비난했다. 이탈리아인들은 또한 국가적 치욕을 느껴야 했다. 프랑스인은 새로운 점령자인 합스부르크가의 오스트리아인으로 대체되었다. 1815년 이후 몇몇 이탈리아 국가가 합스부르크가의 통치를 받았고 1,000년 이상 독립 공화국이었던 베네치아는 밀라노처럼 오스트리아제국의 영토가 된 뒤였다. 1525년에 잠깐 반짝했던, 단결로 외세의 점령을 종식하려던 이탈리아인들의 열망이 다시 한번 불타올랐다.

이탈리아의 저항은 예술을 통해 시작되었다. 이탈리아는 낭만주의 소설, 역사, 그림, 연극과 오페라의 물결에 매료되었으며, 애국자들은 아내와 딸의 명예가 잔인한 외국인에게 더럽혀지지 않도록 이런 창작 활동으로 투쟁을 벌였다. 그다음으로 반란이 일어났다. 1820년에 이탈리아 북부에서 반란이 일어났고, 1830년대 초에도 다시 반란이 일어났다. 모두 실패로 돌아갔지만, 1847년 무렵에는 혁명적인 대격변이 오리라는 기대감이 팽배해졌다. 이런 믿음은 조금 놀랍게도 자신의 나라에서 도망치려 어두운 복도를 총총히 걸어갔던 교황, 바로 비오 9세에게서 영감을 받아 시작되었다.

비오 교황은 급진파로 경력을 시작했다. 그의 가문인 마스타이는 이탈리아의 혁명주의 민족운동을 지지했으며, 전임 교황인 반동주의자 그레고리우스 16세는 마스타이 추기경의 고양이조차 프리메이슨(자유 개혁의 지지자)이라고 투덜댈 정도였다. 성직을 로마 밖에서 시작해 바티칸 정치에 대해 아는 바가 적었던 마스타이는 상냥하고 소탈하며 신앙심이 깊고 순수한 면을 지닌 사람이었다. 1846년 6월, 두 거물 추기경 사이에서 중도파 후보로 선출되면서 곧바로 자신의 정치색을 내보였다. 정치범을 석방했으며 정치 망명자의 복귀를 허용했고 검열을 철폐하고, 선출 자문위원회를 만들고, 심지어 프랑스 혁명군의 방식과 비슷하게 로마 시민으로 구성된 국가경비대를 창설하기도 했다. 마스타이는 또 전신, 가스등, 철도를 도입해 국가를 현대화하는 계획도 발표했다.

개혁이 절실했던 로마인들은 열광했다. 정치범들을 석방하자

기쁨의 눈물을 흘렸고 많은 군중이 퀴리날레궁으로 행진하며 감사를 표했다. 이후 비오가 로마시를 지나가면 시민들은 발코니에서 꽃을 던졌고, 길가에서 무릎을 꿇었으며, 때로는 그의 마차에서 말을 떼어놓고 마차를 직접 끌기도 했다. 애국적인 열정이 도시를 사로잡아 축제가 열리고, 밴드가 혁명 찬가를 연주했으며, 성당은 이탈리아 삼색기의 조명으로 빛났다. 급진파 교황의 별난 모습에 신이 난 사람들은 로마인만이 아니었다. 1847년 무렵 교황의 개혁은 전 유럽의 기대를 모았다. 이런 희망이 헛되지 않아 1848년 초에 팔레르모, 나폴리 그리고 양시칠리아왕국 전역에서 봉기가 일어났으며, 매우 반동주의적인 경향을 지닌 양시칠리아왕국의 페르디난도 2세는 국민에게 헌법을 제시해야만 했다. 2월과 3월에 혁명 열풍이 유럽 대륙을 휩쓸었다. 파리, 빈, 베를린과 독일 전역, 이탈리아에서 정부가 흔들리고, 군주는 궁전에서 도망치고, 국민의 요구에 헌법을 제정했다. 5일간의 시가전을 벌인 후에 밀라노 시민들은 1만 9,000명의 강력한 오스트리아 수비군을 몰아냈으며 피에몬테의 카를로 알베르토 왕은 오스트리아에 전쟁을 선포했다. 로마인들은 비오 9세가 통합된 자유 이탈리아의 대통령이 되기까지는 시간문제일 뿐이라고 생각했다.

그러나 교황은 생각이 조금 달랐다. 비오는 자신이 누리던 인기를 좋아하긴 했지만 자신의 왕국을 잃으면서까지 대통령이 되고 싶지는 않았다. 또한 합스부르크가를 자극해 헨리 8세 치하 잉글랜드처럼 오스트리아가 가톨릭교회에서 탈퇴할까 두려워했다. 로

1846년 교황에 선출된 비오 9세는 곧바로 정치범 석방, 정치 망명자의 복귀 허용, 검열 철폐, 전신·가스등·철도 등의 기술 도입과 같은 개혁 방안이 담긴 성명을 발표했고, 개혁이 절실했던 로마인은 열광했다. 비오가 정치범을 석방하자 사람들은 퀴리날레궁으로 행진해 감사를 표했다(카를 브률로프, 1850).

마인들이 비오의 혁명주의에 대한 확신을 의심하기 시작하면서 긴장이 고조되었다. 1848년 4월 29일 총사퇴한 내각의 조언에 반하여 비오는 오스트리아와 전쟁을 벌이는 다른 이탈리아 국가들에 동참하지 않겠다고 발표함으로써 로마인들에게 충격을 주었다.

이보다 더 큰 실망이 뒤따랐다. 이후 몇 달 동안 이탈리아는 분열되고 전쟁에 휩쓸리면서 통합된 자유 이탈리아에 대한 희망을 잃어갔다. 7월 말 쿠스토차 전투에서 카를로 알베르토의 피에몬테 군대는 병력이 더 작은 오스트리아군에 궤멸되었고, 카를로 알베르토는 수치스럽게도 밀라노를 오스트리아에 넘겨주었다. 보수주의자들이 자신감을 회복하면서 혁명주의 물결이 유럽 전역에서 꺾이고 있었다. 페르디난도는 나폴리에서 반란을 일으킨 국민을 포격으로 굴복시켜 '포격왕'(King Bomba)이라는 별명까지 얻었다. 로마 역시 다른 모든 곳과 같은 길을 걸을 운명 같았다. 국민적인 대의를 저버리고 증오의 대상이 된 비오 교황은 자신의 지배력을 더욱 강화했다. 비오가 지명한 보수적인 수상 펠레그리노 로시는 로마 경찰에서 급진파를 제거하고 저명한 혁명가 두 사람을 추방했으며 다시 검열을 도입했다. 가을 즈음에는 로시가 쿠데타를 일으키고 비오가 최근 승인했던 헌법이 무효화될 것이라는 예측이 만연했다.

하지만 로마인은 가만히 억압당하지 않을 작정이었다. 11월 15일 이른 오후에 로시는 팔라초 델라 칸첼레리아에서 회의 중이던 교황령의 입법부를 만나기 위해 출발했다. 미국 작가 마거릿 풀러는 당시를 이렇게 기록했다.

> 로시의 마차가 다가오자 군중은 소리치며 야유했다. 로시는 미소를 짓고 태연한 척했지만, 말이 팔라초 델라 칸첼레리아 안마당에 들어선 후에야 안도했을 것이다. 하지만 로시는 자기가 그 자신의 처형 장소로 들어가고 있는 줄은 몰랐다. 말이 서고 로시가 군중 한가운데에서 내렸다. 군중이 그에게 모욕을 주려는 듯 밀치고 들어왔다. 그는 홱 돌아섰고 바로 그 순간에 치명상을 입었다.[2]

로시는 목을 찔렸고 몇 분 만에 숨을 거뒀다. 교황군은 어떤 말도 없이 살해 장면을 바라보았고, 교황군을 포함한 그 누구도 암살자를 잡으려 하지 않았으니 로시가 얼마나 인기가 없었는지를 알 수 있다. 나중에 대규모 군중과 합류한 병사들은 잔인하게도 이제 막 미망인이 된 로시 부인의 집 아래에 모여 "폭군들의 세상을 없애는 행복한 손"이라고 노래를 불렀다.

이튿날 교황의 무력함이 완전히 드러났다. 퀴리날레궁 앞 광장에 모여든 군중은 급진파의 친민족주의 정부를 승인할 것을 요구했다. 궁 안에 있던 소규모 스위스 근위대가 발포했고 부상자가 발생하자, 광장은 교황군과 로마 시민으로 구성된 새로운 국가경비대로 가득 찼다. 시민들이 퀴리날레궁의 창문을 향해 발포했고 성직자 한 명이 죽자, 교황은 패배를 인정하고 혁명군을 정부로 임명했다. 또한 스위스 근위병은 국가경비대의 대원으로 대체되었고 교황은 궁에 감금되었다. 일주일 후 교황은 나폴리 '포격왕'의 영토로 탈출했다. 1849년 1월 6일, 비오 교황이 로마인을 "분명한 중범죄와 실제 반란에 해당하는 극악무도한 행위"[3]라는 이유로 파문하면서 화해의 마지막 희망이 사라졌다.

교황 없는 교황령은 스스로가 선택한 혁명주의 노선으로 나아갔다. 제헌의회를 구성하기 위한 선거가 실시되었고, 2월 9일 새로운 로마공화국이 선포되었다. 이탈리아 삼색기가 카피톨리노 언덕의 의회 궁전에서 휘날렸으며, 마르쿠스 아우렐리우스의 기마상 목에 삼색 화환이 걸렸고 종이 울렸고 축포가 발사되었으며, 거지들도 빨간 자유의 모자(프랑스혁명 당시 시민군의 상징으로 쓰였다—옮긴이)를 썼다. 로마가 이룬 혁명은 지난해의 패배 이후로 이탈리아 공화당원들과 민족주의자들에게 새로운 희망을 주었고, 그들 대다수가 로마로 진출했다.

그 가운데 이탈리아 통일사에서 제일 중요한 두 인물인 주세페 가리발디와 주세페 마치니가 있었다. 겉으로 보기에 두 사람은 공통점이 많았다. 둘 모두 이탈리아의 같은 지방 출신이었다. 마치니는 제노바에서 태어나 자라면서 애국적인 낭만주의 소설을 읽고 문학평론가를 꿈꿨다. 가리발디는 니차(Nizza, 현재 프랑스 니스로 당시에는 반이 프랑스, 반이 이탈리아 도시로 이탈리아 사르데냐왕국에 속했다)의 해안가에서 자랐으며 그곳에서 흑해와 교역하는 범선 위에서 일하며 젊은 시절을 보냈다. 두 사람 모두 1830년

1849년 2월 9일, 카피톨리노 언덕의 발코니에서
두 번째 로마공화국의 출범이 선포되었다.

대에 (실패한) 혁명적인 봉기에 참여해서 잡혀 갔다. (언제나 더욱 드라마틱했던) 가리발디는 사형선고를 받았지만 탈출했다.

하지만 두 사람의 성격은 천양지차였고, 그 차이는 망명 생활에서 여실히 드러났다. 마치니는 곧바로 혁명주의 가담자로 두더지 같은 삶을 살았다. 마르세유의 한 아파트에 숨어 지내며 건물 밖에 나가지 않았다. 그럼에도 적에 발각되어 스위스로 쫓겨났고, 1837년에 다시 런던으로 옮겼다. 그곳에서 마치니는 런던의 더러운 빈대와 취객에 익숙해졌으며 밤낮으로 일하고 커피와 시가로 잠을 쫓으며 수도승 같은 금욕적인 삶을 살았다. 때로는 돈이 완전히 바닥나 손목시계를 전당포에 맡겨야 했고, 합승마차 요금이 없어 걸어 다녔고, 암호 편지를 붙일 우표를 사기도 어려웠다. 그럼에도 마치니는 점진적으로 혁명주의 조직인 청년이탈리아운동을 육성했다. 유럽 전역에서 정보원 및 지지자 네트워크를 구축한 마치니는 이탈리아 민족주의의 선전원이 되었으며, 영국 자유주의자들과 연락을 활성화하고 언론 기사를 연속적으로 생산했다. 마치니는 유럽 보수주의의 지도자이자 오스트리아 수상인 메테르니히 후작이 유럽에서 가장 위험한 남자로 여길 정도로 성공했다.

이와 대조적으로 가리발디의 망명 생활은 활기찬 야외 활동이 주를 이루었다. 가리발디는 새로 독립한 남아메리카로 도피해 (실패로 끝난) 분리주의 투쟁에 참여했고, 브라질에서 독립하려 했던 리오그란데 공화국을 위해 싸웠다. 가리발디는 배가 난파되어 잡혀서 고문을 당하기도 했지만 대체로 건재했다. 말 타는 법과 게릴라 전쟁 치르는 법을 배웠고, 자유롭게 생활하는 남미 카우보이 목장주에게서 영향을 받아 펠트 모자와 판초 등을 입은 독특한 모습으로 유명해졌다. 게다가 일생의 사랑인 아니타를 만나 무뚝뚝한 남편에게서 빼앗았다. 다행히 그 남편은 가리발디만큼이나 모험적이고 용감했다.

리오그란데 공화국의 투쟁에서 희망을 잃은 가리발디와 아니타는 우루과이의 수도인 몬테비데오로 갔다. 하지만 그곳 역시 부에노스아이레스의 독재자인 후안 마누엘 데 로사스와 전쟁을 벌이고 있었다. 가리발디는 뜻이 맞는 망명자들을 모아 이탈리아 의용대를 조직하고 도축장 일꾼이 입는 붉은 셔츠를 유니폼으로 정했다. 1846년 초 이탈리아 의용대는 살토 지방의 산 안토니오에서 로사스의 병력을 격퇴했다. 이후 가리발디와 추종자들은 우루과이 정부로부터 아무런 보상을 받지 않음으로써 평판이 높아졌다. 살토 전투는 가리발디 경력의 전환점이었다. 주로 마치니의 지칠 줄 모르는 언론 홍보 덕분에 가리발디의 이름이 유럽에 알려지기 시작했다. 그는 홍보하기에 적합한 인물이었다. 용감하고 금욕적인 애국자라는 그의 공적 페르소나는 이탈리아 사람들이 수십 년간 읽어온 낭만주의 소설에 나오는 영웅과 완벽히 맞아떨어졌다.

이탈리아에서 혁명이 일어났다는 소식에 가리발디와 마치니는 서둘러 고향으로 돌아왔고, 1848년 여름에 마침내 힘을 합쳤다. 둘의 협력은 불행한 일이었다. 이 무렵 이탈리아의 국민적인 대의가 흔들렸다. 피에몬테 군대가 이탈리아 북부의 쿠스토차에서 오스트리아군에 패한 후, 마치니는 스위스와 접경 지역인 마조레 호수 부근에서 합스부르크가 군대를 괴롭히고 있던 가리발디의 의용대에 합류했다. 마치니는 두더지 같은 생활을 해왔기 때문에 보병 생활에 적응하기 힘들었고 며칠간의 강행군을 버티지 못했다. 그는 서둘러 전선을 넘어 스위스로 갔다. 가리발디의 의용대는 이 끔찍했던 여름에 오스트리아 부대 하나를 격파하며 이탈리아가 거둔 몇 안 되는 승리를 달성했다. 하지만 가리발디는 곧 마치니를 따라 스위스로 갈 수밖에 없었고 그곳에서 두 사람은 전략을 두고 심한 불화를 겪었다.

교황 비오 9세의 탈출과 로마공화국의 선포로 두 사람은 모두 남쪽으로 향했고, 각자 로마의 새로운 혁명 국가에서 중요한 역할을 맡았다. 1849년 3월 혁명의 조직가라는 명성을 등에 업은 마치니는 로마공화국의 실질적인 수장이 되었고, 3인 연합 정치의 우두머리로서 대부분의 결정을 주도했다. 한편 가리발디는 자신의 의용대를 지휘했다. 두 사람 모두 로마공화국이 오래가기 어려우리란 사실을 분명히 인지하고 있었다. 1849년 4월 초에 유럽에서 혁명의 물결이 사그라들어 로마, 베네치아, 헝가리가 반동의 바다에 저항하는 마지막 보루가 되었다. 4대 강국(오스트리아, 에스파냐, 나폴리, 프랑스)은 로마공화국을 타도하고 비오 교황을 재옹립하겠다고 발표했다. 오스트리아가 북부 교황령의 도시들을 점령해가는 중이었고 나폴리의 '포격왕' 페르디난도는 남쪽과 동쪽에서 위협해 들어오고 있었다.

↖ 통일 운동에 평생 헌신했던 주세페 가리발디.
↗ 이탈리아 민족주의 운동의 선전원 역할을 맡았던 주세페 마치니.
↙ 개혁적인 교황에 대한 로마인의 기대를 폭력적으로 꺾어버렸던 교황 비오 9세.
↘ 한때 급진 운동에 가담했으나 반동주의로 돌아선 프랑스 대통령 루이 나폴레옹.

로마공화국의 운명이 밝아 보이지는 않았지만, 가리발디와 마치니는 로마공화국이 국민적 대의에 새로운 활력을 불어넣을 수 있는 고무적인 본보기로서 막대한 중요성을 띤다는 데에 의견을 같이했다. 언제나 그렇듯 두 사람은 그 본보기가 무엇인지를 두고 서로 다른 생각을 갖고 있었다. 가리발디는 로마인들이 용기를 내어 이탈리아인들이 조국을 위해 용감하게 싸우겠다는 것을 작년의 굴욕 이후 입증해주기를 원했다. 선전원이었던 마치니는 로마인들이 온건함을 보여줌으로써 국민적인 대의가 해외의 지지를 끌어들일 수 있어야 한다고 생각했다. 이런 목적에서 마치니는 성직자와 교회 재산이나 부자에 대한 공격이 발생하면 곧바로 제재 조치를 취했다. 마치니는 전통적인 가톨릭교도가 아니었지만(그의 믿음은 수수께끼였다) 그런 사실을 좀처럼 드러내지 않았고, 교황과 맞서 싸우면서도 가톨릭 자체와 싸우지는 않았다. 1849년 부활절, 교황이 없는 틈에 마치니는 친혁명주의 성직자를 찾아서 자신이 옆에 서 있는 가운데 산 피에트로 대성당의 발코니에서 군중을 축복하도록 했다.

마치니는 또한 자신의 생활 방식으로 감명을 주려 했다. 항상 방 한 칸에서 검소하게 살았고, 경호원 없이 지냈으며, 사람들에게 상냥했고, 근처 작은 식당에서 간단하게 끼니를 해결했다. 그의 노력이 유럽 열강에는 별다른 영향력을 행사하지 못했더라도 마거릿 풀러 같은 외국 작가들에게 커다란 영향을 미쳤다. 로마 사람들도 그에게 영향을 받았다. 마치니는 중요한 현지 인사이자 로마에선 치체루아키오(Ciceruacchio)로 알려진 와인 무역상인 안젤로 브루네티의 지원을 받았다(그의 아들 루이지는 수상인 로시를 암살했다). 처음에는 마치니를 의심하던 로마인들의 마음을 치체루아키오의 도움으로 얻을 수 있었다. 허약한 신생 공화국에 약간의 기반이 생겼다.

마치니는 가리발디를 부담스러워했다. 큰 인기에도 불구하고 종잡을 수 없었고 성격에 극단적인 견해를 보이기도 했다. 사제를 혐오한 가리발디는 무신론자라고 선언하기까지 했다. 하지만 이런 생각은 이 시대 유럽에서는 전혀 용납되지 않는 일이었다. 결혼관 역시 문제였다. 가리발디가 아니타를 법적 남편에게서 뺏은 일은 유명했고, 둘은 첫 아들이 태어나기 전까지 결혼도 하지 않았다. 그 때문에 마치니는 가리발디를 공화국 군대 사령관으로 임명하기를 거부했고, 대신 따분할 정도로 착실한 노력형 로마인 피에트로 로셀리를 선택했다. 가리발디는 로마에서 70킬로미터가량 떨어져 있는 언덕 도시 리에티로 파견되어 의용대를 훈련했고 나폴리의 공격을 대비해 이탈리아 공화국의 동쪽 국경을 지켰다. 자신이 왜 그곳에 파견되었는지 잘 알았던 가리발디는 악성 류머티즘까지 얻고 좌절했으며, 변덕스러워져서 한순간 흥분했다가도 의용대 병사들이 자웅동체 세대라고 투덜댔다.

그러나 위험은 동쪽에서 들이닥치지 않았다. 4월 25일, 우디노 장군이 우수한 병기로 무장한 직업군인으로 구성된 프랑스 대군을 이끌고 로마에서 겨우 60킬로미터 정도 떨어진 치비타베키아에 상륙했다. 나쁜 소식에도 마치니는 낙관적이었고 자신의 선전 재능이 아직 수완을 발휘하리라 자신했다. 프랑스는 이탈리아 공화국이 공포한 4개 적국에 포함되었지만 가장 덜 완고했다. 프랑스의 새로운 대통령 루이 나폴레옹은 마치니처럼 생애 대부분을 급진파에 가담하며 반역 모의와 옥살이로 보낸 예상 밖의 반동주의자였다. 젊은 시절에 이탈리아 민족주의 혁명정치에 잠깐 손을 대기도 했던 그를 마치니가 런던에서 만난 적이 있었다. 당시 두 사람은 같은 처지의 정치 망명자였고, 루이 나폴레옹은 전쟁을 감당할 정도로 배짱이 있는 지도자로 보이지는 않았다. 그와 가까웠지만 내연 관계가 아니었던 소수 여성 중 하나인 오르탕스 코르뉘는 그의 성격에 대해 인상적인 평가를 했다. 그녀의 말에 따르면 루이 나폴레옹은 친절하고 충직하지만 게으르고 소신이 부족한 사람이었다. “그는 모든 일을 지겨워했다.”[4] 일어나면서 지겨워했고 하루를 보내면서 지겨워했고 또 잠들면서 지겨워했다.

마치니는 프랑스 여론의 지지도 얻기를 바랐다. 1년 전만 해도 혁명의 등불이었던 프랑스는 이후로 꾸준히 우익 성향으로 나아가고 있었지만, 여전히 공화국이었고 새 의회 선거를 치를 예정이었다. 마치니는 프랑스의 새로운 공화국 헌법 제5조(“프랑스 공화국은 다른 민족의 자유를 위해하는 군대를 결코 받아들이지 않을 것이다”)가 프랑스어로 인쇄된 포스터를 제작해 치비타베키아에서 로마로 이르는 도로를 따라 부착했다.

그러나 마치니의 바람은 빗나갔다. 급진적인 파리를 제외한

1848년, 통합과 개혁에 대한 교황의 미온적인
태도에 분노한 로마인들은 시위를 벌이고
퀴리날레궁을 포위해 새로운 정부를 구성했다.

프랑스 국민 대부분이 교황을 찬양했고, 가에타로 망명한 교황이 로마는 "으르렁대는 야수들의 숲이며, 모든 나라의 외국인들, 변절자들, 이단자들, 또는 공산주의와 사회주의의 우두머리들로 넘쳐나고 있다"고 언명한 것을 믿었다(외국인들은 마치니, 가리발디 그리고 두 사람의 지지자였다). 우디노 장군의 장교들은 공화주의자도 그의 병사도 아니었으며, 대부분이 프랑스의 보수적인 시골에서 징집된 농부들이었다. 그들은 마치니의 포스터에 전혀 개의치 않고 곧장 로마로 진군했다.

19세기, 로마공화국은 …

프랑스인을 맞이한 로마는 앞 장에서 본 1527년 이후 한 가지 뚜렷한 변화를 겪었다. 우디노와 그의 군대는 16세기 초에는 존재하지 않았던 성벽 위를 진군하고 있었다. 이 성벽은 소 잃고 외양간을 고치듯 에스파냐와 루터교도의 공격을 받고 난 후 약점이 드러난 도시의 서쪽 방면을 지키기 위해 몇십 년에 걸쳐 건설되었다. 성벽은 산탄젤로성을 출발해서 바티칸과 바티칸의 부실한 레오 성벽을 두르고, 자니콜로 언덕 꼭대기를 지나 트라스테베레 구역을 감싼 후, 마지막으로 강 아래로 내려왔다. 19세기 기준에서 성벽은 이미 구식이었지만 두꺼운 흙벽이 버티고 있고 대포를 배치할 수 있는 일련의 보루가 있어서, 알라리크 시대 이후 거의 변한 것이 없는 강 반대편의 아우렐리아누스 성벽보다 월등했다. 즉 우디노는 도시 로마의 전투력이 강한 지점을 향해 행진 중이었다.

성벽 안의 로마는 팽창하거나 줄어들지 않았고 이동하지도 않았다. '아비타토'가 텅 빈 '디사비타토'를 조금 잠식했을 뿐, 로마 시 안의 절반은 여전히 푸르렀다. 그러나 도시의 크기가 거의 변하지 않았더라도 1520년대 초에서 온 방문객이라면 대체로 알아보기 어려웠을 텐데, 그 점이 무엇보다도 감명을 주었을 것이다. 로마는 엄청나게 더 나은 곳으로 탈바꿈해 있었다.

19세기 중반 로마는 분수의 도시였다. 어느 곳에서나 물이 졸졸 흐르는 소리가 들렸고, 수백 개의 길가 수도와 수십 개의 거대한 분수에서 물이 흘렀으며, 트레비 광장의 트레비 분수나 나보나 광장의 콰트로 피우미(Quattro Fiumi, '4개의 강'이란 뜻—옮긴이) 분수 같은 훌륭한 예술품도 있었다. 1840년대에는 누구나 신선하고 깨끗한 물을 마실 수 있었다. 로마는 또한 눈부신 건축의 도시였다. 새로 지은 수많은 궁전과 저택 가운데 최고의 장관은 퀴리날레궁이었다. 이곳은 퀴리날레 언덕에서 로마시가 내려다보였고 교황들이 말라리아가 창궐하던 보르고를 버린 이후, 이미 250년간이나 교황들의 주 거주지였다. 아름다운 정원이 딸려 있는 거대한 퀴리날레궁은 역사가 더 오래된 바티칸궁에 견줄 만큼 인상적이었다. 이뿐 아니라 로마는 화려하게 장식된 바로크 양식 파사드와 황금 이파리로 뒤덮인 천장이나 천국에서 내려다보는 성인들을 묘사한 그림으로 장식된 새로 지은 멋진 성당으로 가득했다. 중세 성당도 화려하게 다시 단장했고 고대에서부터 살아남은 기둥들은 화려한 대리석으로 감싸놓았다. 로마는 조그맣고 친근한 광장에서 2개의 거대한 타원형 주랑이 늘어선 산 피에트로 광장까지 온갖 형태와 크기의 아름다운 광장들을 품은 도시였다.

또한 언덕 한 곳을 올라 도시의 스카이라인을 돌아본다면 놀라움을 금치 못할 것이다. 1527년의 로마가 탑이 빽빽이 솟아 있는 바늘꽂이 같았다면, 1840년대의 로마는 돔의 도시였다. 크고 작은 돔 70여 개가 세워졌고, 그중 최대는 단연 산 피에트로 대성당의 돔이었다. 1527년에 건설 중이던 성당은 정확히 100년 후인 1626년에 완성되어 봉헌되었다. 로마는 또 길고 곧게 뻗은 몇몇 도로가 (종종 새로 만든 모조품인) 고대 이집트의 오벨리스크에서 정점을 이루는 경관(vista)의 도시였다. 이런 웅장한 전망은 세심하게 고안된 것으로 그런 면에서 포폴로 광장은 비할 데 없이 훌륭하다. 광장에 위치한 2개의 쌍둥이 성당(일란성이 아니지만 독창적인 착시효과로 똑같아 보인다)부터 카피톨리노 언덕까지 연결되는 코르소거리가 1.6킬로미터가량 완벽하게 뻗어 있다.

이런 시각적 향연을 바라보며 가톨릭교회가 그 출현 이래로 번성하고 있으리라 상상했겠지만, 실상 그 광경의 상당 부분은 로마 교회의 실패에서 비롯한 것이었다. 트렌토 공의회가 가톨릭교를 순수주의와 비관용의 길로 이끌었던 1550년대에, 교황 비오 4세와 비오 5세가 가톨릭교와 그 중심지의 쇄신을 시도하며 뒤늦게나

마 종교개혁이라는 재난에 대응했다. 이들은 오랫동안 미루어왔던 로마의 하수도 청소 작업에 착수했고 유일하게 작동하는 고대 송수로인 아쿠아 베르기네(똑똑 떨어지는 정도의 물이 나올 뿐이었다)를 보수하도록 명령했다. 1570년 수 세기 만에 처음으로 아쿠아 베르기네에 급류가 흘렀고, 당시 캄포 마르치오(Campo Marzio, 고대 로마의 캄푸스 마르티우스에 속하는 속하는 지역—옮긴이) 전역에 설치된 분수로 물이 공급되었다. 이어서 1587년에는 두 번째 고대 송수로인 아쿠아 펠리체가 복구되면서 다른 분수에도 물이 공급되었다. 테베레강 반대편의 수로인 다마시아나도 수리되었고, 그다음으로 1612년에 아쿠아 파올라가 작동되면서 트라스테베레와 보르고에 신선한 물이 대량으로 공급되었다. 이로써 로마 거주민은 테베레 강물을 마시지 않아도 되었지만, 여전히 테베레 강물을 선호하는 사람도 있었다.

지상에서도 발전이 이루어졌다. 카피톨리노 언덕이 미켈란젤로의 설계에 따라 점진적으로 개조되어, 세나토리오궁과 함께 서로 마주하는 2개의 궁이 사다리꼴 광장에 들어섰다. 17세기 로마의 변신은 특히 두 건축가의 영향으로 가속화했다. 프란체스코 보로미니는 산티보 알라 사피엔차 성당의 나선형 탑과 산 카를로 알레 콰트로 폰타네 성당의 복잡한 패턴 등을 비롯해 강렬한 디자인을 만들어냈다. 그의 최대 경쟁자인 다작의 예술가이자 건축가 잔 로렌초 베르니니는 나보나 광장에 트리톤 분수와 피우미 분수를 만들고 산 피에트로 대성당에 거대한 천개인 발다키노(baldacchino)

도 제작했다.

그러나 로마의 진정한 변신은 가톨릭에 패배감을 안겨주는 추가 처방이 필요했다. 1527년에서 온 방문객은 수많은 새로운 풍광이 1665년에서 1677년까지 겨우 12년간 재임한 교황 알렉산데르 7세 한 사람의 성과라는 사실에 놀랄 것이다. 알렉산데르 7세는 교황으로 선출되기 전 파비오 키지 추기경이던 시절에, 30년전쟁의 대학살을 끝낸 뮌스터 평화회담에 교황 협상자로 참석했다. 이때 합의된 조약에 따라 개신교 교회는 최초로 로마 종교계의 영구적인 일원으로 승인되었다. 가톨릭교의 최대 패배이자 유럽 교구민의 상당 부분을 빼앗아 간 종교개혁이 공식적으로 인정된 것이었다. 충격에 빠진 키지는 로마 교회의 권위를 되찾으려 했다. 재임 초기에 스웨덴의 여왕 크리스티나가 로마로 건너와 왕위를 포기하고 가톨릭으로 개종하는 것을 본 알렉산데르 7세는 고위층 개종자를 더 많이 끌어모을 수 있으리란 희망을 품고, 로마의 옛 영광을 재건해 가톨릭교의 본보기로 만들고자 노력했다.

알렉산데르는 로마의 가장 유명한 수로들을 깨끗이 청소하고, 중세에 파괴된 판테온의 일부 기둥들을 교체하고, 판테온이 잘 보일 수 있도록 로툰다 광장의 조경을 다시 했다. 거리와 광장을 정비하고, 집주인들에게는 건물이 바르게 정렬되도록 집 전면부의 개축을 명령했다. 옛 성당을 복구하고 새로운 성당도 지었다. 그는 로마에 새로운 전망을 만들고 기존의 전망은 코르소 거리가 시작되는 포폴로 광장의 두 쌍둥이 성당과 구도가 일치하도록 조정했다. 또한 콜레조 로마노 광장과 베네치아 광장에서 트라스테베레의 산타 마리아 광장까지 로마의 광장들을 개축했다. 알렉산데르는 미네르바 광장의 베르니니의 코끼리를 비롯한 로마에서 가장 인기 있는 명소들을 만들었으며, 무엇보다도 최고의 협력자인 베르니니와 함께 산 피에트로 광장의 거대한 타원형 주랑을 만들었다.

디사비타토 역시 바뀌었다. 1527년에 디사비타토는 성당이나 시골 별장이 간간이 들어서 있고 들판과 포도밭이 대부분인 전원 지역이었다. 1840년대에는 부자들의 별장으로서 장식용 정원으로 둘러싸인 시골 저택이 들어섰다. 그중에서 가장 큰 빌라 보르게세 안에는 호수까지 있었다. 로마 성벽 밖, 바티칸 위에 새로 지어진 (그리고 우디노 장군의 병사들이 로마를 향해 진군할 때 통과했던) 요새들 바로 건너편에 지어진 빌라 도리아 팜필리에는 각각 조그만 폭포가 있는 2개의 호수가 있었다.

알렉산데르 7세가 미래를 내다볼 수 있는 눈이 있었다면 아마도 실망했을 것이다. 그의 노력에도 다른 나라의 VIP 인사들이 몰려와 개종하는 일은 없었고 북부 유럽은 여전히 개신교를 고집했다. 그러나 알렉산데르 덕분에 아름다워진 로마는 가톨릭교도와 개신교도 모두에게 놓칠 수 없는 명소가 되어 뜻밖의 성공을 이루었다. 1840년대의 로마는 전혀 새로운 종류의 방문객들로 붐볐다. 이들은 순례자가 아니라(순례자도 여전히 많았지만) 관광객이었다. 새로운 그랜드 투어(Grand Tour)가 생겨났다.

그랜드 투어는 한동안 증가 추세였다. 앞에서 살펴본 대로 황제 카를 5세는 최초의 문화 관광객 중 한 사람으로 불릴 만했다. 카를 5세 이후로 많은 관광객이 잇달아 로마를 찾았다. 교황 비오 6세가 엘리자베스 1세 여왕을 파문했을 때나 프랑스 혁명주의자들이 이탈리아를 침략했을 때처럼 잠깐 추세가 꺾였던 경우를 제외하면, 그랜드 투어는 그 어느 때보다 부유한 북부 유럽인들에게 인기가 많았다. 이 여행이 학업을 마무리하는 당연한 코스로 여겨졌기 때문이다. 나폴레옹의 로마 점령이 끝나자 관광객들이 남쪽으로 쇄도했다. 바이런 경은 유럽 대륙이 "인색하면서도 위세를 떨고 싶어 하며 계속해서 입을 벌리고 쳐다보는 멍청이 영국인들로 몸살을 앓고 있다. 이 쓰레기들이 다시 집으로 돌아가기 전에 프랑스나 이탈리아를 여행하는 사람은 바보"[5]라고 투덜대며 이 경향을 못마땅하게 여겼다.

바이런은 오랫동안 기다려야 했다. 1846년 로마를 방문한 사람이 로마 인구의 2배인 30만 명이었다. 로마 거리에 보이는 외국인은 거의가 관광객이었다. 순례자들은 1~2주밖에 머무르지 않았지만 관광객들은 대체로 말라리아에서 자유로운 10월에서 봄까지 한 철 내내 머물렀다. 관광객들은 문화, 햇볕을 좇아서, 어떤 경우에는 돈을 절약하기 위해 로마를 찾았다. 슈루즈베리 백작은 여름을 로마에서 보내면서 (말라리아의 위험을 고려한다면 경솔하게도) 1년에 2,000파운드를 절약했다고 자랑했다. 로마는 집에서 멀리 떨어진 또 다른 집이나 다름없어서 관광객들은 명소를 구경하며 서로의 거처를 방문했고, (자신들처럼 대개 북유럽인인) 현지

화가들에게 초상화를 의뢰했고, 그림과 저술에 직접 손을 대기도 했다.

작가들은 특히 로마로 몰려들었다. 디킨스와 바이런, 러스킨과 리어, 어빙, 쿠퍼, 에머슨 그리고 너새니얼 호손 모두가 로마에서 지냈다. 엘리자베스 개스켈은 로마에서 보낸 날들이 "우리 생애에서 최고의 순간이었다. 딸아이들에겐 더 행복한 날이 있을 수 있겠지만 나로서는 다시는 그렇게 행복하지 못할 것"[6]이라고 말했다. 미국인 조각가이자 작가인 윌리엄 웨트모어 스토리는 생애 대부분을 로마에서 보냈다. 키츠는 몇 달밖에 머무르지 않았지만 로마에서 죽고 난 후 일종의 명예시민이 되었다. 이런 사례는 키츠뿐만이 아니었다. 1849년 케스티우스의 피라미드 바로 밑에 있는 비가톨릭 공동묘지에는 장티푸스, 결핵, 말라리아, 또는 승마 사고로 죽은 유명한 외국인의 유골로 가득했다.

행복한 삶을 누리던 관광객들은 진지한 업무를 대하듯 관광에 열중했다. 로마는 고대 유적이나 궁전, 성당과 더불어 회화로도 유명했다. 꼭 보아야 할 그림 중 하나는 모두가 안타까워할 만한 부당한 운명을 겪은 (현재 진위 여부가 논란 중인) 베아트리체 첸치의 초상화였다. 끔찍한 아버지에게 학대당한 베아트리체 첸치는 형제들과 함께 아버지를 죽인 후 처형되었다. 로마 안내서가 수도 없이 많았지만, 존 머리가 쓴 것은 1843년 처음 출판되자마자 영어 사용자를 위한 필수 안내서가 되었고, 윌리엄 웨트모어 스토리는 "모든 영국인이 정보를 얻기 위해 머리의 책을, 그리고 정서를 느끼기 위해 바이런의 책을 가지고 다니면서 그 책에서 한 걸음 내디딜 때마다 무엇을 알아야 하는지 또는 무엇을 느껴야 하는지를 알아낸다"7라고 말하기까지 했다.

관광 명소 안내와 함께 존 머리는 숙소와 식당, 속지 않는 법에 대한 팁까지 적어놓았다. 그의 조언은 주로 스파냐(Spagna, 스페인) 광장 주변 지역에 대한 것이었다. 비교적 새로운 이웃 구역(스파냐 광장과 트레비 분수는 전세기에 지어졌다)의 경우, 주택이 다른 구역보다 덜 비좁고, 거리는 마차가 지나갈 정도로 넓고 곧게 뻗어 있었다. 1840년대에 이 일대가 외국인(특히 영국인) 거주지가 되면서 이곳은 영국인 게토라고 불렸다. 교황청에 대한 민감성 때문에 로마시 성벽 바깥에 있던 영국 국교회를 제외하면, 영국인 신자를 위한 거의 모든 예배가 이곳에서 자주 다른 영국인에 의해 열렸다. 또한 이 구역에는 영국 말 보관소, 영국 열람실, 영국 순회 도서관, (기존 회원의 추천으로만 가입 가능한) 영국 클럽 등이 있었다. 수많은 영국 상인(머리는 현지인보다 "영국인이 시간을 엄수하고, 좋은 상품을 팔고, 정직하고" 또 "주인의 서비스를 얻기 위해 하인에게 뇌물을 주지" 않아도 된다는 점에서 이들을 추천했다8)) 중에는 재단사와 와인 판매상, 제빵사, 모자상, 부츠 및 구두 제화업자, 마구상, 양재사, 미용사와 서적 판매상, 심지어 영국인 청과물상까지 있었다. 다른 외국인 거주자와 마찬가지로 스파냐 광장에 영국인만의 산보로가 있었다. 영국인들은 팀을 짜 빌라 팜필리의 정원에서 서로 크리켓 경기를 벌였고, 로마시 밖에서 사냥을 할 때 (예약제로) 대여해주는 사냥개들도 데리고 있었다.

관광사업과 함께 기념품 상점들이 생겼다. 이 상점들이 못마땅했던 윌리엄 웨트모어 스토리는 회화와 조각이 복제와 설명으로 식상해졌고, 죽어가는 글래디에이터에서 "흰 터번을 쓰고 붉은 눈으로 모든 곳에서 사람들을 매료시키는"[9] 베아트리체 첸치까지 모든 것이 판박이처럼 똑같다고 비난했다. 특히 부활절 성주간에는 인파가 몰려들어서 호텔에 빈방이 없었고 시내 마차의 요금이 2배, 3배씩 뛰었다. 교황이 시스티나 예배당에서 파올리나 예배당까지 성례를 올리는 것을 지켜보던 디킨스는 이 엄숙한 가톨릭 의식을 지켜보던 군중 가운데 4분의 3이 영국인 개신교도라는 사실에 주목했다.

우리는 빅토리아 시대 관광객들 덕에 많은 것을 알 수 있다. 그들이 로마에서 체험한 이야기는 이전의 어떤 시대보다 훨씬 생생하게 로마의 모습을 알려준다. 로마에 대한 반응은 오늘날처럼 1840년대에도 아주 극단적이었다. 많은 사람이 로마를 혐오했다. 너새니얼 호손은 로마의 "시큼한 빵 […] 빈곤한 생활에 턱없이 높은 물가, 거지들, 소매치기들, 바닥이 오물로 더러운 고대 신전들", 그리고 로마의 "싸구려 시가를 피우는 추레한 시민들"에 대해 불평했다.[10] 존 러스킨은 젊은 시절에 로마를 혐오하고 또 사랑했다. 그는 "이 추잡하고 쓰레기 같고 더러운 시궁창을 혐오한다"며 고대 로마를 경멸했던 한편, "가까이에서 살펴보면 거리의 한구석도 아름답지 않은 곳이 없다"고 로마의 풍경을 매우 좋아했다. 그러고는 다시 로마는 "그 어느 곳보다 음산한 곳이었다. 그 안의 모든 사람이 뱀파이어처럼 보이고, 땅은 차가운 성당 같고, 성당은 해골로 가득하고, 공기는 독기를 뿜어내는 듯하고, 물은 더럽고, 태양은 성가시고, 가옥의 그 회반죽은 레위기에 나오는 모든 역병에 걸린 것처럼 보인다"며 로마를 증오했다.[11] 윌리엄 웨트모어 스토리는 로마의 모든 것을, 그 악취까지도 좋아했다. "더러웠지만 로마였고, 로마에 오랫동안 살았던 사람에게는 그 더러움마저 다른 깔끔한 곳들에서는 찾아볼 수 없는 매력이었다."[12]

무엇보다도 관광객들은 시간의 추이와 위대함의 소멸이라는 아찔한 느낌을 즐기려 로마를 찾았지만, 로마의 옛 영광들이 점차 사라지면서 감상하기가 더 어려워졌다. 1527년에서 온 방문객에게는 로마의 많은 유적이 사라지고, 석재가 재활용되고 대리석이 회반죽 제작을 위해 구워지는 것이 실망스러웠을 것이다. 새로 지은 산 피에트로 대성당이 주범이었다. 성당의 대부분이 콜로세움의 붕괴된 부분을 사용해 건설되었다. 하지만 그렇게 건축에 쓰이고 남아 있는 것이 더 눈길을 끌었다. 두 번째 수도를 통과하는 나폴레옹의 개선 행진(실현되지 않았다)을 준비하려 했던 나폴레옹 시대의 로마 통치자들 덕분에 수 세기 동안 포로 로마노와 건물에 쌓여 있던 폐기물이 치워졌고 판테온을 잠식하던 노점들이 철거되었다.

로마의 볼거리가 줄었지만 로마시 밖에서 새로운 기회가 나타났다. 모험을 좋아하는 관광객들은 에트루리아의 도시들과 무덤들처럼 전혀 새로운 종류의 유적을 탐험할 수 있게 되었다. 이 유적들이 한 세기 내내 북유럽인의 마음을 사로잡으면서 영국 귀족들은 시골 별장의 방을 에트루리아식으로 만들었고, 조사이어 웨지우드가 제작한 에트루리아 도자기(실상 대부분 그리스의 것) 복제품들이 크게 인기를 얻었다. 그는 1769년 새로운 공장의 이름을 에트루리아라고 짓기도 했다. 에트루리아에 대한 열기가 흥미로운 재발견으로 이어졌다. 1839년 엘리자베스 그레이는 로마 북쪽에 폐허가 된 한 도시를 방문했고, 그곳의 성벽이 사라져가는 것을 보았다. 당시에는 "소작농은 누구나 마음대로 그곳의 돌을 가져가거나 성벽과 건물의 잔해를 파괴할 수 있었고, 양 우리나 옥수수 농지의 울타리를 치기 위해, 또는 원뿔 오두막을 짓기 위해 고대의 공공 도로를 파헤쳤다".[13] 이 사라져가던 도시는 고대 로마의 경쟁자인 베이우스였다. 로마의 첫 번째 희생자가 마침내 다시 세상의 주목을 받았다.

로마의 문화적 명소를 화제로 삼지 않으면, 관광객들의 불만이 눈에 띌 것이다. 실제로 여행객을 성가시게 하는 요인이 많았다. 로마는 1527년 이후 짐작할 수 없을 정도로 발전했을지 몰라도, 19세기의 다른 유럽 도시들과 비교해보면 황당할 정도로 시대에 뒤떨어진 상태였다. 여행객들은 로마의 구식 관료주의와 편지를 찾으러 가야 하는 우체국에 짜증을 냈다. 우체국은 심지어 납득할 수 있는 이유 하나 없이 수시로 문을 닫곤 했다. 수두룩한 축제일마다 카페와 식당에서 간단한 음식만 팔 수 있다는 점도 불편했다(개신교도들은 때로 이 규칙을 어기기도 했다). 또한 로마의 시계가 큰 혼란을 야기했다. 시계에는 시간이 1에서 6까지만 쓰여 있었고 시침(분침은 없었다)이 시계 문자판을 하루에 4바퀴씩 돌았다. 그리고 시간 체계 역시 이해할 수 없긴 마찬가지였다. 로마에서는 하루가 아베마리아 시각(일몰 30분 후)에 시작되었고, 정확한 시간은 교황청 공식 연감인 「디아리오 로마노」(Diario Romano, 로마 교구에서 발행하는 매일의 축일표)에 몇 주마다 공표되어 있는 조정된 시간에 공식적으로 맞추었다.

개신교 관광객들은 가톨릭교의 이상한 미신으로 보이는 점들에 대해 곧잘 불평했다. 카를 5세의 란츠크네히트가 거의 없애버렸지만 아직도 상당수가 남아 있었다. 그중에는 산 피에트로 대성당의 창고에 감추어놓았다가 특별한 축일에만 공개되는 예수의 옆구리를 찔렀던 롱기누스의 창의 일부, 성 안드레아의 머리, 그리고 1527년에 불태워졌거나 여관에서 팔렸다고 했던 베로니카의 베일이 있었다. 그렇지만 이즈음에는 이 세 가지 성유물의 인기가 새로이 나타난 기적적인 물건 하나에 묻혔다. 그것은 아라코엘리의 산타 마리아 성당에 있는 밤비노로, 공단을 입히고 황금 레이스와 보석으로 치장한 아기 예수의 나무 조각상이었다. 밤비노는 치유 능력이 있다고 널리 믿어져 많은 환자를 불러들였고, 그들은 다행히도 실질적인 의학적 조언을 줄 수 있는 내과의사와 함께 방문했다. 밤비노가 전용 마차에 실려 거리를 지나갈 때면, 로마인들은 무릎을 꿇고 성호를 그었으며 여자들은 베일로 머리를 가렸다. 디

17~19세기에 성행했던 그랜드 투어는 고전적 예술에 대한 취향을 만들어냈다. 고대 건축물이나 유적지, 전경을 담은 그림의 인기를 보여주는 조반니 파올로 판니니의 18세기에 제작된 「고대 로마의 풍경이 있는 화랑」(부분).

킨스는 밤비노가 "조그만 나무 인형으로 얼굴은 미국 난쟁이인 엄지 장군과 매우 유사하다"[14]라고 적었다.

그렇지만 관광객들의 최대 불만 사항은 숙소였다. 도착한 후 하루 이틀은 호텔에서 지내기도 했지만 이후로는 대부분이 더 넓고 저렴한 아파트에 세를 들었다. 그러나 로마인이 사는 방식에 맞춰 지내는 것은 비참한 경험이 되기 쉬웠다. 조지 헤드 경은 더러운 계단, 맞지 않는 문, 불량 자물쇠, 찬바람이 들어오는 창문을 거론하면서 대다수의 집이 "문제가 너무 많아 로마가 아닌 다른 곳이라면 참지 않았을 것"[15]이라고 했다. 관광객이 머무르던 건물은 여름의 폭염을 막도록 설계되었던 탓에 가을이나 겨울철에 로마를 여행하기가 힘겨웠다. 너새니얼 호손은 그의 생애에서 가장 많은 옷을 껴입고 불기 없이 연기만 피어오르는 난롯가에 앉아 있어야 했다. 벼룩은 최하급이든 최상급이든 거의 모든 셋집에 들끓고 있는 상시적인 문제였다.

소음도 문제였다. 천장은 전혀 방음이 되지 않았고, 아파트는 종종 미로처럼 얽힌 출입구가 여럿 나 있어서 문 앞에서 만나 조용히 해달라고 말할 기회도 없이 "같은 아파트 세입자가 쿵쾅거리는 소리를 몇 주일 또는 몇 달 동안 들어야 하는 경우도 있었다". 또 로마 전역에는 물을 위층으로 끌어올리는 성가신 장치가 있었는데, 이 장치는 "비스듬한 줄 위의 고리에 매달린 구리 용기가 위층 창문으로 오르락내리락하면서 정말 시끄러운 소리를 냈다". 구리 용기는 매우 작아서 몇 번이나 반복해서 끌어올려야 했고, 광장

마다 그런 줄이 5~6개씩 있어서 "덜컹거리고 출렁대며 귀에 거슬리고 짜증나는 소음이 끊이지 않았다".[16]

물론 악취도 예외는 아니었다. 쓰레기를 버리는 자는 엄벌에 처한다는 안내문이 로마 전역에 걸려 있었지만, 쓰레기는 그보다 더 심한 오물과 함께 곳곳에 버려졌다. 로마를 찾은 유명한 인물들은 로마에서 악취가 난다는 데에 의견을 같이했고, 혹시 로마보다 심한 도시가 있다면 그곳이 어디냐에 대해서만 의견이 갈렸다. 아우구스트 폰 코체부는 나폴리를, 제임스 존슨은 리스본을, 존 러스킨은 에든버러를 최악으로 꼽았다. 레이디 모건은 로마에는 모범이 될 만한 곳이 없고, "여기가 유럽에서 가장 더러운 도시에서 가장 더러운 거리"[17]라고 단언하며 산 피에트로 대성당으로 가는 입구를 제일 혐오스러운 장소로 여겼다. 호손은 포로 로마노를 지나가는 자는 누구나 "발을 내디딜 때 조심하지 않으면 입에 담기조차 더러운 오물로 더러워질 것"[18]이라고 경고했다.

로마 거리에는 오물 외에도 골칫거리가 적지 않았다. 로마 거리는 대부분이 포장되어 있지 않았다. 어떤 곳은 하수도로 연결되는 커다란 타원형 구멍이 나 있어서 귀중품이 쉽게 떨어질 수 있었다. 하지만 조지 헤드 경의 말처럼 보통은 쉽게 해결할 방법이 있었다. "어느 조그맣고 마른 아이는 자기 몸뚱이를 그 구멍으로 밀어넣는 연습을 자주 해서 언제라도 잃어버린 보물을 되찾을 준비가 되어 있다."[19] 더운 날씨에는 하수도가 고양이 떼의 피난처가 되어 구멍을 들여다보면 위를 쳐다보는 고양이 한 무리를 볼 수 있었다.

게다가 그레고리우스 16세가 가스등을 멀리했기 때문에 로마 거리는 어두웠고, 밤에는 매우 위험했다. 강도들의 흔한 수법은 담뱃불이 있는지 묻는 것이었다. 희생자가 친절하게 다가오면 강도는 가슴에 숨겨둔 칼에 손을 가져갔다. 바티칸에 비공식 영국 대사로 머물렀던(이단이자 개신교 국가의 대표는 공식적으로 인정되지 않았다) 오도 러셀은 로마 직원에게 "공격당해도 아무런 저항도 하지 말고 돈을 줘라. 그러면 다음 날 자기가 경찰에서 그 돈 전부를 찾아올 것을 약속하지만, 내가 만일 저항하면 강도가 긴 칼로 나를 찌르고 달아날 것"[20]이라는 말을 들었다.

로마인이 외국인 관광객에게는 두렵게 느껴졌을지도 모르지만 더 넓은 세상에서 그들은 별로 위험한 존재가 아니었다. 로마는 세계 무대에서 새끼 고양이가 되어 있었다. 16세기 초 유럽 종교의 본부로서, 또한 차상이지만 중요한 군사력을 갖춘 수도로서, 그때까지도 로마는 중대한 도시였다. 반면 1840년대 로마는 환상적이고 고풍스러우며 특이한 곳이었다. 로마가 변두리에 지나지 않던 때에 브렌누스와 갈리아인들이 쳐들어 왔던 순간 이후로는 상상하기 어려운 장면이다. 세계는 계속 앞으로 나아갔으나 로마는 지방의 소도시로 뒤처졌다. 1520년대와 1849년 사이에 로마 인구가 약 8만 명에서 15만 명 정도로 2배에 조금 못 미치게 증가하는 동안 런던의 인구는 40배가 넘게 늘어 당시 200만 명이 넘었다. 로마에선 100년 내내 중요한 건물이 하나도 지어지지 않았고 어떤 것들은 1,000년 동안 하나도 변하지 않았다. 수력 제분기가 아직도 테베레섬에 매여 있었다. 예술도 그 틀을 벗어나지 못했다. 1840년대에는 로마의 예술가 대부분이 관광객의 초상화를 그려주고 근근이 살아가던 이류 외국인들이었다. 19세기의 미켈란젤로들은 프랑스, 에스파냐 또는 독일이나 영국에 있었고 로마에는 없었다.

로마 경제 역시 300년 전보다 훨씬 침체되었다. 유럽의 북부 도시들이 산업의 원동력이던 시기, 프랑스의 정치경제학자 장 샤를 드 시스몽디는 "로마에는 예술가, 호텔 주인, 마차 운전수, 관광객에게 장신구를 파는 가게 주인을 제외하면, 모두 맥이 빠져 있고, 모두가 힘들어하고, 모든 프로젝트가 실패하고, 구걸 산업을 뺀 모든 산업이 빈곤으로 치닫고 있다"[21]며 로마의 생산성을 혹평했다.

로마가 쇠퇴하면서 귀족 세력도 약해졌다. 1840년대에는 팜필리가처럼 여러 토지, 빌라, 저택, 미술 소장품을 소유하고 겉으로는 부유한 북부 유럽인처럼 보이는 가문이 겨우 12개 정도 남아 있었다. 그러나 작위를 받고 괜찮은 크기의 집을 소유하고 있어도 방 1~2개를 관광객에게 세놓고 간신히 수입을 얻는 경우가 훨씬 더 흔했다. 존 머리는 "주인이 아무리 훌륭해 보이더라도"[22] 반드시 임대차 계약서를 써두어야 한다고 경고했다.

로마 귀족 대부분의 사정이 나빠지기는 했지만, 적어도 그들의 가정생활은 선조들보다 화목했다. 과거 이탈리아의 도시 귀족은 대가족을 형성하며 살았지만, 18세기 후반부터 귀족 신혼부부는 중상층을 따라 자기들만의 가정을 꾸렸고 서로 더욱 친밀하게 지냈다. 아이를 유모에게 맡기지 않고 엄마가 직접 키웠으며, 남편과 아내, 부모와 자식 간에 좀 더 허물 없이 지냈다. 이런 이탈리아의 가정생활은 엘리트층에서도 시작되었다. 로마 귀족은 적어도 우리 입맛에는 더 좋은 음식을 먹었다. 17세기부터 유럽 부유층이 동방의 양념에 대한 흥미를 잃었는데, 값이 너무 싸져서 차별화가 안 되기 때문이기도 했다. 달고 신 소스의 인기가 떨어졌고 거의 모든 음식에 들어갔던 설탕은 디저트에 주로 첨가되었다. 1840년대 로마 부유층은 콩, 아티초크, 브로콜리, 파스타, 감자, 화이트 소스를 곁들인 생선이나 송아지 고기와 같은 담백한 현지 음식을 선호했다. 또한 파스타나 고기 모두에 토마토 소스를 사용했다. 로마 음식이 마침내 오늘날 우리가 알고 있는 요리 형태로 등장했다.

이 모든 요리는 빈민층에서도 인기가 좋았다. 이들은 역시나 토마토 소스를 다른 고기 부위에도 사용했다. 고급 부위는 부유층에게 돌아갔고 빈민층은 양과 간, 다른 부속 부위에 만족해야 했는데, 이것이 전통적인 여러 로마 요리의 기본으로 자리 잡아갔다. 로마 빈민층의 삶은 예전처럼 고달팠고 많은 사람이 이상한 일자리나 길거리 공연으로 삶을 꾸렸다. 19세기에는 이탈리아에서 사생아 출산이 급증했고, 루오타(고아원 벽에 설치되어 아기 엄마가 익명으로 아기를 두고 갈 수 있는 장치)를 사용하는 이탈리아인이 그 어느 때보다 늘어났다. 버려진 갓난아기의 미래는 밝지 않았다. 업둥이가 늘고 유모는 줄어든 탓에 19세기 이탈리아 기아보호소에서 유아 사망률이 중세보다 높았다.

문화 탐방을 잠시 멈추고 빈민층의 삶을 살펴본 관광객은 많지 않았지만, 윌리엄 웨트모어 스토리는 달랐다. 고대 로마에서 최빈민층은 아파트 제일 꼭대기에 살았으나 이제는 맨 아래층에서 거리의 소음과 악취를 바로 옆에서 견디며 살았다. 스토리에 따르면 이들은 싸구려 벽돌이 깔린 바닥, 얼룩진 벽, 허름하고 삐걱거리는 가구로 이뤄진 방에서 작은 난방용 토기 화로 위로 몸을 웅크리고 지냈지만 "아무리 초라한 곳이라도 싸구려 성모마리아 그림이 걸려 있었고, 아래에는 양파 모양의 등불이 켜져 있었다".[23]

경제 사정이 어려웠기에 과거처럼 사람이 몰려드는 일이 없었다. 로마로 이주해 오는 사람들은 장래가 더 암울했던 교황령의 시골 출신이 대부분이었다. 하지만 적어도 로마에서 아내를 구하기는 더 쉬웠다. 이민자가 줄어들면서 로마의 성비 차이도 줄어들었다. 1600년에는 3 대 2로 남자가 1.5배 더 많았지만, 1840년대 성비는 겨우 5퍼센트밖에 차이 나지 않았다. 시골에서 온 이주민은 오래지 않아 로마의 방식을 익혔고 곧 다른 시민들과 구별이 쉽지 않아졌다. 그 때문에 관광객들은 대개 로마 거주민 모두가 로마에서 태어났다고 (18세기 로마는 지중해 전역에서 온 이민자들로 넘쳐났음에도) 착각했고, 이 이주민들이 고대 로마인의 직계 후손으로 미화됐다. 이민자들의 얼굴이 고대 석상과 아주 닮았다고 주장하는 이가 많았다. 특히 기분 좋은 그림 같은 모습의 트라스테베레 원주민들에게 매료되었다. 스토리는 그들을 이렇게 묘사했다. "자기 재킷을 한쪽 어깨에 걸치고 집에 갔다. 거친 모직 드레스를 입은 여자들이 현관에 서 있고, 맨머리로 창문과 발코니에서 밖을 내다보았고, 까만 머리는 등불 아래 빛나고 있었다."[24]

관광객들은 심지어 가난한 로마인의 폭력을 낭만화하기도 했다. 여자나 명예를 두고 벌어지는 다툼이 주원인이었지만 정말 사소한 일이 도화선이 되기도 할 만큼 칼부림이 흔히 벌어졌다. 일례로 1866년에 어느 길거리 음악가에게 위층 창문에서 누가 동전 하나를 던졌다. 이를 옆에서 구경하던 남자가 동전을 발로 밟았다. 음악가가 따지며 남자의 발을 치우려 하자 다른 남자가 그의 목을 칼로 찔렀다. 관광객들은 이런 사건을 리비우스가 묘사한 공화정 영웅들의 투쟁 정신의 격화된 표출로 보려고 했지만 진짜 이유는 훨씬 세속적인 것이었다. 로마인들이 곧잘 싸움을 벌인 것은 타고난 본성 때문이 아니라 교황청의 사법 시스템을 신뢰할 수 없어서 자기 손으로 직접 해결하는 편을 선호했기 때문이다. 범죄자는 군중 속으로 사라졌고 친구와 이웃이 보호해주었기 때문에 체포되는 일은 드물었다.

로마 교회 당국은 그런 범죄에 별로 신경 쓰지 않았다. 그들이 훨씬 큰 관심을 쏟았던 다른 종류의 범죄는 간음이었다. 이런 변화는 16세기 초의 관대한 시절에 비해 특기할 만한 것이었다. 1840년대 로마 당국은 풍속을 집중적으로 단속했다. 그 뿌리는 트렌토 공의회의 규제에 깔려 있었지만, 이 새로운 접근법은 프랑스 혁명기 이후에 재임한 보수주의 교황 아래에서 본격적으로 시행되었다. 이때는 화려하게 장식된 예수와 성모마리아, 천사들의 형상이 로마의 모든 거리 구석구석에 등장하는 시대였다. 로마의 방언 시인 주세페 조아키노 벨리는 SPQR이 “여기는 사제들만이 통치한다. 그리고 침묵이다”(Solo Preti Qui Regnano, e Ssilenzio)를 뜻하는 약자라고 썼다.

반동주의는 교황 레오 12세가 고대의 끔찍한 처형 방법인 마촐라투라(mazzolatura)를 다시 도입하면서 최고조에 달했다. 마촐라투라는 사형수의 머리를 커다란 망치로 때리고 목을 자르는 형벌이었다. 그는 예방접종을 인간과 동물을 결합하는 위험한 일이라는 이유로 금지했고, 로마의 술집 문을 닫게 했으며, 식사에 곁들이는 경우를 제외한 와인을 금지했고, 카드 게임과 커피와 왈츠춤도 금지했다. (실망스러울 정도로 순례자가 많지 않았던) 1825년 성년의 해에는 매일 종교 행렬을 하도록 명령했고 모든 세속 음악을 금지했다. 그는 혼외정사를 크게 우려했으며, 스위스 근위병에게 거리 순찰 시 음란한 생각을 부추길 수 있는 꽉 끼는 옷을 입은 여자들을 단속하게 했고, 때로는 평복으로 갈아입고 직접 거리를 돌아다니며 죄악의 냄새를 좇았다.

당연히 이런 규제는 18세기 후반과 19세기 초에 악명 높을 정도로 개방적이던 로마인들, 특히 부유한 로마인들의 성생활에 큰 영향을 끼쳤다. 1790년에 로마를 방문한 프랑스 마르몽 장군은 “여성들이 믿을 수 없을 정도로 자유로워서 남편은 아내의 애인을 인정할 뿐 아니라 그 사실을 거리낌 없이 유쾌하게 말하기도 했다”[25]고 회고했다. 혼외정사는 나름의 풍습으로서 로마에서 기혼 여성은 저녁에 집과 남편에게로 돌아오기만 한다면 애인(치치스베이[cicisbei]라고 불렸다)과 낮 시간을 보내는 것이 허용되었다. 남편 역시 마찬가지로 낮에는 밀회를 마음껏 즐길 수 있으니 이런 풍습을 반겼을 것이다.

당연히 이런 풍습은 레오 12세 아래에선 불가능했다. 성매매 종사자들의 삶도 점차 어려워졌다. 우아하고 교양 있는 고급 매춘부들이 정기적으로 교황청을 찾거나, 사육제에서 여러 매춘부 중 하나가 던진 향기 나는 달걀에 누군가 맞기도 하던 때는 이미 오래전에 지나갔다. 18세기에는 매춘 여성에 대한 규제가 점점 늘어났고, 19세기 들어서 완전히 금지되었다. 비오 9세는 매춘을 죄악이며 범죄라고 비난했다. 비오가 재임하던 시절 로마에 머물렀던 프랑스 수석 군의관인 자코 박사는 매춘부들이 구속과 벌금, 고문 등 온갖 처벌을 받았지만 로마는 여전히 "악명 높은 유럽 매춘의 중심지로, 여자들이 공개적으로 거리에서, 어두운 모퉁이에서, 매음굴과 인적이 없는 포르티코 아래에서 그리고 외진 대로에서 호객 행위를 벌였다"[26]고 말했다.

당시 교황청의 주요 윤리적 관심사는 매춘부가 아니라 비행을 저지르는 로마인이었다. 그들의 범법 행위를 막기 위해 사제와 경찰, 의심스러운 개인을 밀착 감시했던 스비리(sbirri, 일종의 교황청 비밀경찰)가 매일 밤 로마 거리를 순찰했다. 사제들은 교구의 범죄 지도를 작성하고 상급 교회 당국에 보고서를 보냈는데, 1823년 5월 23일에는 이런 내용이 기록되었다.

> 밤중에 마리아 제르트루데 아르메차니의 집으로 가 그녀가 혼자 있는지 알아보고, 금지 처분을 그대로 이행하고 있는지 살펴보았다. 여자는 빗장을 잠근 채 젊은 사내와 함께 식사를 하고 있었다. 내가 다시 한번 훈계하자, 여자는 이런저런 변명을 대려고 하다가, 오히려 혼란에 빠졌고 여자가 어떤 생활을 하는지 쉽게 알아챌 수 있었다.[27]

로마 교회는 특히 '합법적인 동거 중인 양 행세하며 내연 관계'로 지내는 간통자들을 우려했다. 서류 작업의 실수는 변명이 될 수 없었고 사제들은 "의심이 가면 그들의 출신지를 집중 조사하고 만약 외국인이라면 더욱 의심을 갖고 결혼증명서를 요구하라는 지시를 받았다".[28] 교회 당국은 길거리 칼부림에 대해서는 신고를 받지 못했지만, 간통자나 매춘부 근절 과제에는 협력자가 꽤 많았다. 로마 사람들은 이웃을 엿보기를 좋아했고, 부인들은 매춘부나 자기 남편을 유혹할지 모르는 여자를 신고하는 일을 뿌듯하게 생각했다. 하지만 이런 모든 위험에도 많은 로마인이 여전히 혼인신고 없이 동거했다. 어떤 이들은 결혼할 여력이 없었고, 어떤 이들은 서류상에 문제가 있었던 반면, 어떤 이들은 단순히 혼인 신고할 시간을 못 내거나 로마 교회를 혐오했기 때문이었다. 교구 사제들은 함께 식사하고 산보를 나가면서 결혼한 부부처럼 세심하게 꾸민 커플을 색출하려 했지만, 이런 커플들은 사제가 문을 두드리면 언제든 줄

행랑을 놓을 채비가 되어 있었다.

간통, 섹스에 관한 로마 교회의 이 같은 열성적 태도는 외국인 방문객에게도 영향을 미쳤다. 단속 대상이 될 가능성은 낮았지만 외국인들은 법률을 어기지 않도록 마음의 준비를 단단히 했다. 교황청의 비공식 영국 대사인 오도 러셀은 샤프롱(chaperone, 사교계에 나가는 젊은 미혼 여성을 보살펴주는 보호자로 보통 중년 여성이 맡았고 대개는 해당 여성의 어머니였다—옮긴이)을 떠나 코르소 거리의 한 아파트로 독립한 젊은 영국 여자의 문제를 처리해야 했는데, 이 여자의 집을 정기적으로 방문하는 로마 남자가 있었기 때문이었다. 러셀은 여자를 로마 당국에 보고했고, 교황청 경찰대가 여자의 아파트를 찾아가자 겁에 질린 여자는 샤프롱에게로 돌아갔다. 외국인 범법자가 실제로 처벌받는 경우는 드물었다. 처벌에 관한 한 로마인에게도 마찬가지였는데, 여기에서 다른 곳의 정의와는 완전히 다른 원칙으로 작동했던 교황청의 별난 정의가 극명하게 드러났다. 교황청의 정의란 단순한 처벌보다 죄의 자백과 용서가 더 중요했다. 미혼 커플이 붙잡히면 보통 아무런 처벌 없이 감옥에서 강제로 결혼식을 올리게 했다. 각각 배우자가 있는 간통 커플에겐 그처럼 단순하지 않았지만 보통 가볍게 처리되었다. 약한 형량을 선고하고 고해성사를 시킨 후, 어길 경우 훨씬 형량이 늘어난다고 겁을 주고, 절대 서로에게 말을 걸지 말라는 경고를 줄 뿐이었다.

사형선고를 받은 살인자에게도 관대한 편이었다. 당시 사형은 1796년부터 오랫동안 교황령 신민들을 저승길로 보내온 로마의 장수 사형집행인 조반니 부가티가 맡고 있었다. 사형수는 그에게 넘겨지기 전에 성모마리아와 십자가에 매달린 예수의 그림으로 위로해주는 (산 조반니 데콜라토 대형제회 소속) 두 위안자와 마지막 밤을 보냈다. 다음 날 사형수가 코스메딘의 산타 마리아 성당과 가까운 강가에 설치된 로마시의 단두대(프랑스 혁명군 통치의 기념품)로 끌려 가면, 다른 위안자들이 사형수에게 좋은 생각을 품도록 격려해주었다. 사형 집행은 사형수가 고해성사를 하기 전까지 흔히 몇 시간 동안 지체되었다. 운 좋은 사형수는 사형 집행을 면하고 감옥에서 생을 보내거나 교황의 갤리선에서 노를 젓다가 시공원에서 정원사로 생을 마감할 수도 있었다. 조지 헤드 경은 핀초 언덕에서 한 사형수 무리가 병사 하나에게 감시받는 장면을 보고는 "교황의 어떤 다른 계층 신민보다 갤리선 노예들이 근심이 없어 보이고 생기 있어" 보이는 모습에 놀랐고, 또 이들의 감시병은 "모두가 웃으며 이야기를 나눌 정도로 허물없는 사이처럼 지냈다"고 썼다.[29]

로마는 다른 곳에서 가혹하게 대우받는 많은 사람에게 용서를 베풀었다. 사람들은 구걸에 눈살을 찌푸리지 않았고, 경쟁이 심할지는 몰라도 로마에서의 거지 생활이 런던이나 파리보다 편안한 편이었다. 로마 교회는 빈민층을 먹이는 고대의 책임을 계속 이어왔기에 로마 거지들은 수도원에서 끼니를 해결했다. 병이 들면 로마의 여러 병원을 이용할 수 있었다. 그 결과 로마는 부랑자로 가득 찼고, 윌리엄 웨트모어 스토리는 이들이 어떻게 자신의 장애를 이용하는지를 생생하게 묘사했다. "모든 종류의 굽은 팔, 흰 다리와 보기 흉한 절단 부위를 과시했다. 이들은 크랜베리처럼 보이는 끔찍한 눈으로 사람들을 노려본다." 그러나 이들도 특히 "30살이 훌쩍 넘은" 외국 여자들에게 "아름다운 아가씨"(bella, illustrissima), "공주님"(principessa)이라고 부르며 환심을 사려고 했다. 이들이 주로 노리는 대상은 외국인으로 "주인님, 이 가난하고 불쌍한 제게 제발 조금만 보태주십시오"(Signore, povero strappiato, datemi qualche cosa per amore di Dio) 하고 외치면서 쫓아다녔다. 스토리가 충고하는 이들을 떼어놓는 유일한 방법은 "검은 머리에, 턱수염을 덥수룩하게 기르고, 거리에서 담배를 피고 […] 거지들에게 포위를 당하면 오른손 집게손가락을 흔드는 것이다".[30] 한마디로 이탈리아 사람이 되는 것이었다. 하지만 스토리는 이탈리아인들이 그 어떤 방문객보다도 후하게 적선한다고 덧붙였다.

관광객들은 거지들이 짜증났지만 한편 재밌기도 했다. 거지들의 집요함은 끝이 없었다. 로마시 외곽으로 수 킬로미터 떨어진 시골 장터를 보러 온 관광객들을 누워서 기다리는 거지들도 있었다. 말라리아 철을 피해 토스카나로 간 어느 영국 여자의 경우, 거지 하나가 로마에서 300킬로미터 이상 떨어진 루카까지 따라왔다. 로마 거지 가운데 가장 유명했던 킹 베포(King Beppo)는 수많은 이야기에 등장한다. 다리가 불구인 것 외에는 건장했던 킹 베포는 나무 판때기를 밀며 다녔고, 때로는 사람들의 도움 없이 밧줄로 혼자

오를 수 있는 당나귀에 탄 채 구걸했다. 그는 매력 있고 위트가 있어서 마치 황제나 되듯이 로마의 모든 거지를 다스렸고 큰돈을 벌어서 거지들의 대부업자 역할을 했다고도 전해진다.

로마 교회가 거지에게 항상 후했던 것은 아니다. 17세기 후반, 소빙하기가 절정에 달해 농작물 수확량이 형편없자 곤란해진 로마 당국은 거지들을 유용한 사회 구성원으로 활용하기 위한 기관을 만들었다. 1840년대에도 여전히 존재했던 산 미켈레 아 리파는 구빈원, 수용소, 전문학교와 같은 역할을 하던 대형 시설로 트라스테베레에서 높이 솟아 테베레강을 굽어보았다. 17세기 프랑스에서 영향을 받아 설립된 이 시설은 여러 면에서 시대를 앞서갔고 영국의 감옥 개혁가 존 하워드가 1790년대에 둘러보고 크게 칭찬하기도 했다. 입소 자격은 엄격했다. 노인의 경우 적어도 5년 이상 거주한 로마인 중에서 돌보아줄 가족이 없어야 했고, 어린이의 경우 7~11세 사이에 아버지가 없어야 했고 어머니가 살아 있다면 아이가 최소 셋은 되어야 했다. 어린 입소자는 목공, 제화, 인쇄, 태피스트리, 금속 세공, 염색, 메달 제작, 양재를 비롯해 건축과 미술에 이르기까지 모든 분야의 기술을 배웠다. 유망한 어린 화가들은 로마 최고의 화가들의 수업을 받았다. 1835년 산 미켈레는 어린 입소자들의 작품으로 전시회를 열어 일반에 공개했다. 이 시설에 대한 평판이 무척 좋아서 고아가 아닌 자녀를 돈을 내고 입소시키는 부모들도 있었는데, 입소한 아이는 다른 아이들과 마찬가지로 기본만 갖춘 생활 환경에서 살아야 했다.

교황청은 빈민, 고아, 범죄자에게도 인류애를 보여주었지만 적으로 간주하거나 자기들 세계 밖에 있다고 간주한 자에게는 친절을 베풀지 않았다. 교황 비오 9세가 석방하기 전까지 정치범들은 로마에서 북쪽으로 65킬로미터가량 떨어진, 눈에 잘 띄지 않는 교황청의 강제 노동 수용소인 치비타 카스텔라나의 요새에 격리되어 있었다. 여자들의 경우 로마 교회가 이상적으로 여기는 여성성(조신하고, 성욕이 없으며, 집안을 지키며 아기를 낳는 존재)에 부합하지 않으면 대우가 좋지 않았다. 유혹이나 간통, 강간에 대해 뚜렷하게 규정된 법률이 없어서 성추행을 당한 여자는 보통 행실이 좋지 않다고 주의를 받았고, 반면에 성추행을 행한 자는 법의 심판을 받지 않았다.

로마에 거주하는 유대인은 1840년대에도 여전히 게토에 갇혀 있었다. 교황이 유대인들을 에스파냐의 박해로부터 보호했고, 미켈란젤로가 시스티나 예배당에 그릴 구약성경의 인물 모델을 유대 거주민에서 찾던 16세기 초의 로마에서 게토라는 개념은 떠올리기 어려웠다. 변화는 앞서 다루었던 교황 파울루스 4세에 의해 일어났다. 1555년 교황에 오른 파울루스 4세는 곧바로 로마에 거주하는 유대인의 삶을 제한하기 시작했다. 유대인은 재산이 몰수되었고 홍수에 취약한 테베레섬의 북쪽 저지대에 위치한 새로운 게토에서 세를 내고 살아야 했다. 담으로 둘러싸인 이 지역에서는 낮에만 밖으로 나갈 수 있었다. 유대교 회당 10개가 폐쇄되었고 예배는 한 곳에서만 허용되었다. 유대인들은 오랫동안 무시되었던 굴욕적인 중세 법률에 따라 그들만의 복장(남자는 모자, 여자는 숄)을 갖추어야 했다. 이들은 기독교인을 하인이나 유모로 고용할 수 없었고 기독교인과 상거래를 할 수 없었다. 또한 로마 최고의 내과 의사들이 포함된 유대인 의사들은 기독교인을 치료할 수 없었다. 훌륭한 사업체를 소유하고 있던 유대인은 중고나 버려진 제품만 취급할 수 있는 중고품 거래상이 되어야 했다. 게다가 파울루스 4세의 취임 직후부터 로마의 모든 유대인은 산 그레고리우스 델라 디비나 피에타 성당에서 매주 열리는 설교에 참가해서 유대교의 오류에 대한 강의를 들어야 했다.

이런 제한들은 단지 악의에서 비롯한 것이 아니라 뚜렷한 목적을 가지고 있었다. 그 목적이란 로마의 유대인 공동체를 영구히 없애는 것이었다. 강제 개종을 금지한 1,000년 전 그레고리우스 1세의 판결 때문에 교황청이 쓸 수 있는 유일한 방법은 고통을 통한 설득이었다. 실험으로서 게토는 완전한 실패였다. 중세에 유럽 유대인의 학습을 이끌었던 로마의 유대인 공동체는 꾸준히 저하되었고, 1840년대에는 이례적으로 서유럽에서 유대인 공동체가 (그 구성원 절반이 문맹이기는 했지만) 사라지지 않고 성장했다. 사순절 전 사육제 기간의 한 행사에서는 최근에 개종한 유대인들이 퍼레이드에 참여했는데, 1840년대의 관광객은 참여하는 유대인 개종자가 매해 한 명뿐이라는 사실을 재미있어했다.

하지만 실패에 아랑곳 없이 게토를 만든 사람들은 물러나지 않았다. 250년 동안 존재해온 게토는 교황의 규제 강화 또는 약화에 따라 조금씩 변화했지만, 누구도 로마의 유대인이 기독교인과 분리되어 더 굴욕적인 삶을 살아야 한다는 생각에 의문을 제기하지 않았다. 로마 유대인은 로마가 프랑스 혁명군과 나폴레옹 군대에 점령당했던 시기에 잠깐 감질나는 자유를 맛보았으나, 1815년부터 다시 옛 제한들이 시행되었다. 1830년대 들어 유대인들이 유럽 다른 지역에서 완전한 시민권을 얻었으므로 로마 게토의 존재는 점점 야만적으로 보였고, 1836년에는 프랑스, 오스트리아 그리고 로스차일드 가문 모두 개혁을 촉구했다. 철도를 지옥에 비유할 만큼 싫어했던 그레고리우스 16세는 현대 기술에 문을 열 수 없었고, 마지못해 팔라초 첸치를 게토에 포함시키며 그 영역을 조금 확장하지만 그게 전부였다.

1840년대 게토는 인기 있는 관광 명소였고, 이곳의 음산한 길과 비좁은 안뜰은 모험을 즐기는 관광객이라면 꼭 들러야 할 곳이 되었다. 몇몇 작가는 종종 교황의 잔인함을 비난하는 한편, 반유대주의 또한 조금 내비치는 글들을 남겼다. 윌리엄 웨트모어 스토리는 오랜 고통을 겪은 로마의 유대인들이 "입술이 두툼하고 독특하며, 좁은 눈이 서로 가까이 붙었고, 코는 눈썹이 만나는 곳에서 갸름하게 내려와 뭉툭하게 끝나고" 마치 "성유를 바른 듯 기름진" 모습이라고 썼다.[31] 게토가 더럽고 붐빈다는 데에는 모든 이가 의견을 같이했다. 디킨스는 "사람이 지나치게 밀집돼 있고 지독한 악취가 풍기는 비참한 곳"[32]이 게토라고 말했다. 스토리는 유대인들이 운 좋게도 홍수 위험이 큰 지역에 살았다고 여겼는데, 이것은

"조상 테베레강이 아우게이아스의 외양간을 씻어낸다"[33]('부패를 청산한다'는 뜻—옮긴이)는 의미였기 때문이다.

그러나 게토에서의 삶이 나쁘지만은 않았다. 외부의 잔인함으로 내부 주민들은 더욱 단합했고, 문화는 거칠어지고 세련됨이 덜했지만 한편으로 강해졌다. 그들은 자기들만의 고유한 이탈리아어를 개발했고, 로마 방언에 중요한 영향을 미쳤다. 많은 히브리 단어가 포함된 표현들은 이를테면 '검은 홍정'(나쁜 거래), '진짜 뱀'(긴 줄), '거울'(자기 기분에 같이 있는 사람의 기분이 반영되는 사람, 그리고 밖에서 쾌활하지만 집에서는 잔뜩 찌푸리고 있는 사람) 그리고 '궁전의 노예보다 오두막의 왕이 낫다'와 같이 시각적 형상성이 풍부하고 생생했다. 또한 유대인들은 소금에 절인 대구, 모차렐라와 멸치를 채운 애호박 꽃, 튀긴 아티초크 같은 고유한 요리를 개발하였는데, 그 모두가 로마 요리의 전통이 되었다.

놀랍게도 게토는 상대적으로 건강하게 살 수 있는 곳이었다. 청결에 대한 유대인의 종교적 관심 덕분에 게토는 관광객들의 생각보다 훨씬 덜 더러웠다. 그리고 이 주민들은 1830년대 로마를 강타한 유행성 콜레라에 테베레강 바로 옆 저지대 지역임에도 불구하고 비교적 영향을 받지 않았다. 어떻게 그런 미스터리 같은 일이 가능했는지 많은 외국인이 놀라워했다. 관광객들은 말라리아가 지구가 내뿜는 기운으로 발생한다고 생각했고, 방문객이 덥고 햇볕이 잘 드는 장소에서 시원하고 습한 곳으로 너무 빨리 이동하면(따뜻한 봄날에 지하실이나 카타콤을 방문할 때 실제로 그런 이동을 규칙적으로 하게 됐다) 위험하다고 주장했다. 따라서 윌리엄 웨트모어 스토리의 지적처럼 게토가 "끊임없는 사람들의 유입으로 공기가 순환되는"[34] 장소였기 때문에 말라리아가 유행하지 않았다고 주장하는 이들도 있었다. 스토리의 지적은 틀렸지만 완전히 틀리기만 한 것은 아니었다. 게토에 말라리아가 없었던 것은 정원을 둘 만한 여유 공간이 없었기 때문이다. 다시 말해 그곳엔 모기가 번식할 수 있는 웅덩이나 항아리가 없었다.

모든 관광객의 지적에도 불구하고 로마의 기독교인이 이웃의 유대인보다 깨끗했는지는 의문이다. 1840년대 로마엔 공중목욕탕이 몇 곳 있었으나 충분치는 않았고, 스토리는 그 욕탕들이 자기가 아는 다른 도시의 것들보다 열악하다고 생각했다. 스토리에 따르면, 보통의 로마인은 "목욕을 하지 않는 민족"이고 "매일 아침 냉수욕을 한다는 앵글로색슨인의 발상에 대해 대체로 끔찍해하는 반응"을 보였다. 또 반세기 전의 부유한 앵글로색슨인처럼 부유한 로마인조차 "개인적으로 씻었지 목욕탕에 가지 않았다. 그들은 세숫대야를 사용했지만 목욕통이나 샤워실에 대해서는 거부감을 갖고 있었다".[35]

건강 문제와 관련해 1840년대 로마인은 르네상스 시대의 조상에 비해 몇 가지 유리한 점이 있었다. 수술 기술이 향상되었고 청진기가 개발됨에 따라 진단 기술이 발전했다. 천연두가 (교황 레오 12세의 금지에도 불구하고) 예방접종 캠페인으로 크게 줄었고 도시의 개선된 하수도는 장티푸스 발병률을 낮췄으며, 수로와 분수 역시 수인성 질병을 줄였다. 말라리아는 특히 여름에 로마를 떠날 수 없는 사람들(그리고 게토에 살지 않는 사람들)에게 아직도 큰 걱정거리였지만, 적어도 돈을 낼 수 있는 사람들에게는 구제책이 개발되었다. 17세기 들어서 부유한 로마인들은 말라리아 치료에 효과를 보였던 페루의 기나피를 약으로 복용할 수 있었다.

그러나 1840년대 의학은 근본적인 면에서 1520년대 이후 또는 로마제국 시대 이후로 놀랄 만큼 발전이 더뎠다. 의사들은 여전히 병이 기질의 불균형에서 기인한다는 히포크라테스와 갈레노스의 이론을 따랐다. 1520년대의 매독과 마찬가지로, 19세기 초반 내과의사들은 콜레라라는 그 시대의 새로운 질병을 치료는커녕 이해하지도 못해서 악취 나는 공기를 원인으로 생각했다. 로마 사람이 조상보다 기대 수명이 길었던 것은 주로 행운 때문이었다. 17세기 후반부터 로마와 유럽 전역에서 페스트가 사라졌는데, 처음 등장과 마찬가지로 수수께끼처럼 사라졌다.

하지만 말라리아 철을 제외하면, 건강상의 위험에도 로마를 찾는 사람이 많았고 그 모든 불평에도 많은 사람이 로마를 좋아했다. 유적과 그림에 매료되었을 뿐만 아니라, 로마 자체의 아름다운 경치를 즐겼다. 많은 이가 언급한 판테온 주변의 길가 식당과 상점은 소문이 자자해서 사순절 막바지가 되면 로마인들이 좋아하는, 공들여 전시된 진미로 넘쳐났다. 사순절 마지막 날에는 황혼 녘에 산 피에트로 대성당이 수많은 종이등으로 밝혀지면서 로마 최고의 장관이라 할 만한 광경이 펼쳐졌다. "마치 거대한 석탄에 끓임없이 바람을 불어넣은 것처럼, 다른 곳에서 빛을 비추는 것이 아니라 안쪽 불길에서 발갛게 달아오르며 은은하게 빛나는 용광로의 불빛 같았다"[36]고 스토리는 기록했다. 부활절 순례자들의 행사에서는 대다수가 근처 시골에서 현지 의상을 입고 와 시편을 연호하며 지나갔다. 게다가 가리비 껍데기 배지를 달고 긴 지팡이와 묵주를 지니고 유포(油布)를 입은 전통적인 모습의 순례자도 많았으며, 이들은 "더러운 손을 끊임없이 내밀며 '가난한 순례자를 위한 거룩한 자선'(una santa elemosina pel povero Pellegrino)을 구걸했다".[37] 하지만 스토리가 설명하듯이 이들 대부분은 실제 순례자가 아니라 새로운 구걸 전략을 구사하는 로마의 거지 무리였다.

방문객들은 로마의 거리 생활을 끝없이 환상적이라고 생각했다. 이들은 로마를 거닐면서 고대 로마인이 했던 것과 똑같은 공경기를 구경했고, 빨래를 하는 여자들이 로마의 분수대에서 서로를 욕하며 시간을 보내고 지나가는 사람들이 시를 짓는 것도 구경했다. 찰스 디킨스는 그가 본 이상한 행렬을 기록했다. "큰 십자가를 든 남자가 앞장서고, 횃불을 든 사람과 사제가 뒤따랐으며, 맨 뒤의 사제가 걸어 가면서 기도문을 읊조렸다".[38] 이 행렬은 가난한 사람들의 시체를 수레에 가득 싣고 성벽 밖의 구덩이에 버리러 가는 중이었다. 스토리는 해적에게나 어울릴 법한 "해골과 십자로 교차된 대퇴골"이 금박으로 그려진 검은 깃발들과 "머리에서 발끝까지 흰 천을 덮어쓰고 2개만 뚫린 구멍으로 눈빛을 번득이는" 수사들이 뒤따르는 장례식을 보았다.[39]

관광객들은 로마의 여러 극장 중 한 곳에서 저녁을 보낼 수 있었다. 연극은 대중적인 인기를 누렸고, 새로운 연극이 상연되면 사람들이 몰려와 주인공을 응원하고 악당을 야유하며 몰입했다. 비오 9세가 선출될 때까지 교황청의 검열관이 모든 장면을 검토하고 체제 전복적이라고 여겨지면 삭제했기 때문에 일부 연극은 잘린 부분이 너무 많아 무슨 내용인지 알기도 어려웠다. 오페라도 훼손되기는 마찬가지였다. 종교적이거나 반란적인 주제는 교황을 사악하게 묘사한 오페라와 함께 금지되었다. 야유도 금지되었다. 레이디 모건의 설명에 따르면 야유한 사람은 "극장을 꽉 메운 군인들에게 곧바로 체포되어(교황 정부가 유럽 최대의 군사 정부였다) 나보나 광장으로 끌려가 일종의 형틀 위에서 태형을 당했다. 그러고는 다시 극장으로 끌려와 자신의 자리에 앉아 기분이 내킬지 모르겠지만 오페라의 남은 부분을 즐겨야 했다".40

물론 로마엔 항상 종교적인 구경거리가 있었다. 경험 많은 관광객들은 수사의 의복 색깔로 교단을 능숙하게 알아맞췄다. 스토리와 대부분의 로마인이 제일 좋아했던 수사인 프란치스코와 카푸친 소속 수사들은 로마의 또 다른 구걸 집단이나 다름없이 집집마다 찾아다니며 기부금을 요구했다. 스토리에 따르면 "그들은 아주 가난하고, 아주 착하고, 아주 더러웠다. 그들은 공수병이 있는 것으로 보였다". 또 다른 교단인 사콘은 가난한 삶을 살기로 선택한 부자들로 구성되었는데, 그들은 온통 흰 옷을 입고서 둘씩 짝지어 돌아다니며 기부금을 구걸했다. 또한 스토리는 이런 이야기도 들려준다. “그들은 종종 외국인을 놀라게 하며 좋아한다. […] 어머니와 다니는 많은 영국 소녀가 모자이크나 카메오(cameo, 양각으로 아로새긴 장신구—옮긴이) 가게를 들여다보다 상자에서 갑자기 나는 짤랑거리는 소리와 흰옷을 입고 상자를 흔드는 유령의 출현에 놀라 비명을 지른다.”41

사람들은 언제나 덜거덕거리며 지나가는 마차에 탄 진홍색 예복을 입은 추기경, 심지어 교황의 모습도 얼핏 볼 수 있을지 모른다는 희망을 갖고 있었다. 그러나 1520년대를 살았던 로마인이라면 교황이 얼마나 멀리 떨어져 있고 또 보기 힘들었는지를 알고는 놀랐을 것이다. 새로 선출된 교황이 말을 타고 로마 거리를 지나가며 금과 은을 나누어주던 전통도 바뀌었다. 1769년의 한 사고 이후에 교황은 마차를 타고 안전하게 이동했다. 교황은 퀴리날레궁의 발코니에서 군중을 축복했고 성탄절에는 보통 산타 마리아 마조레 대성당에서 미사를 올렸지만, 1840년대에는 교황의 행렬이 단 한 번밖에 열리지 않았다. 이 행렬은 오순절 첫 번째 일요일에 코르푸스 도미니(Corpus Domini, 성체 축일)에서 열리는 초대형 행사였다. 행렬에는 교회학자, 자선학교와 병원 참석자, (촛불을 들고 기도를 읊조리는) 로마의 수사 그리고 로마 7대 성당의 사제단과 참사회, 성가대, 이어서 주교와 추기경, 마지막으로 교황이 참여했다. 그러나 이 행렬은 중세 시대의 마라톤 행렬과 비교하면 산 피에트로 광장을 한 바퀴만 도는 아주 소박한 행사였다.

로마의 종교 행렬이 이즈음에 조금 싱거워지기는 했지만, 인기 있는 휴일로서도 유명세를 누렸다. 테스타초 언덕에서 (로마인의 중세 휴일 중에서 마지막으로 남은) 10월 축제가 열리면 가난한 로마 소녀들이 춤과 게임을 즐기려 가장 좋은 옷을 차려입고 마차를 빌려 그 안에 14명이나 빽빽이 들어앉아서 모두가 "야생 인디언들처럼 까악 소리를 지르고 탬버린을 쳐댔다".[42] 성탄절 전에 로마는 아브루초 산맥에서 온 음악가들인 피페라리(pifferari)로 가득했다. 한 명은 피리를 연주하고 다른 한 명은 백파이프를 연주했다. 성탄절에는 미사를 올린 후 자두와 레몬, 아몬드로 만든 케이크 토로네(torone)와 판잘로(pangiallo)를 먹으며 시내를 걸어 다녔다. 1월 초에 산테우스타키오 성당 주변 지역은 시끄러운 장난감을 파는 노점으로 가득 찼으며 아이들은 부모와 함께 호루라기, 탬버린, 트럼펫으로 시끄럽게 소리를 내며 즐겁게 보냈다.

성주간보다 더 큰 최대의 축제는 사육제였다. 사순절 이전 2주간 열리는 이 행사는 색과 혼돈, 19세기의 동물 학대가 혼합된 것이었다. 이때에 로마인은 그들이 얼마나 마음껏 신나게 놀 수 있는지를 보여주었고, 평소 엄격했던 북쪽 방문객도 열정적으로 합류했다. 사육제가 열리는 코르소 거리는 오전 나절이면 이미 마차와 보행자로 혼잡해졌고, 사람들은 정성스럽게 의상을 만들어 입었다. 어린 소년들은 노인 의상을 입고 다녔고, 덤불 같은 수염을 한 로마인들이 흰 드레스를 입고 밀짚 보닛을 쓰고 성큼성큼 걸어 다녔다. 조지 헤드 경은 고양이에게 노래를 가르친 음악 교수라고 주장하는 한 남자를 묘사했다. 그 남자는 어깨에 고양이 6마리가 들어 있는 커다란 나무 상자를 메고 가끔씩 고양이의 꼬리를 당겨 고양이가 카악 비명을 지르게 하면서 노래를 시작하곤 했다.

어떤 의상들은 비록 오래 유지되지 않았지만 우아했다. 코르소 거리를 가득 메운 이동식 노점에서는 꽃다발과 콤핏(comfit, 파리의 석회나 회반죽으로 만든 완두콩 크기의 알갱이)을 팔았다. 코르소 거리는 전쟁터가 되었다. 꽃다발이 날아다니고, 사람들은 콤핏을 맞아 흰 가루를 덮어쓴 채였다. 보행자들과 마차에 탄 사람들, 발코니에 있는 사람들이 사방에서 공격을 시작했다. 어떤 마차들은 나무로 만든 요새와 같았고, 안에 로마 젊은이들을 가득 태우고 사방을 계속 공격했는데, 다른 패거리가 지나가면 큰 싸움이 벌어졌다. 때때로 발코니에 있던 영국 여자아이가 교황청 경찰에게 콤핏을 한 움큼 던지는 사고도 일어났다. 화가 난 카라비니에리(carabinieri, 국가 헌병)는 발코니까지 쫓아왔다(여자아이는 이미 도망간 뒤였다). 다행히 그는 "심성이 좋은 사람이라 기꺼이 로솔리오 한 잔으로 교황의 건강을 위해 건배하고 말았다".[43]

사육제는 매일매일 경주로 절정을 이루었다. 14마리의 불운한 말이 색색의 리본과 팔랑이는 큰 은박지 조각으로 장식된 포폴로 광장으로 들어왔다. 각각의 말은 4개의 커다란 접착용 수지 조각을 옆구리에 붙이고 거기에 1.27센티미터 길이의 스파이크로 덮인 배 모양의 무거운 박차 4개를 매달고 있었다. 기수가 없는 말들은 풀어놓자마자 군중의 함성에 겁에 질리고 스파이크에 찔려서 코르소 거리를 돌진했다. 구경하려고 몰린 군중의 물결이 말이 가는 길을 열었다 막았다 했고(가끔 말들이 모두 지나갔다고 잘못 생각해서 말에 치이는 사람도 있었다), 베네치아 광장에 이르면 그곳의 사람들이 말을 골목길로 몬 후에 두꺼운 천 장막으로 정지시켰다.

마지막으로 사육제가 막을 내리는 날 저녁에는 양초 축제가 열렸다. 코르소 거리는 작은 초를 든 사람들로 붐볐고, 모두가 자기 촛불은 지키면서 다른 사람의 촛불을 끄는 게임을 즐겼다. 촛불을 끈 사람은 의기양양하게 "불이 없다!"(senza moccolo!)라고 외쳤다. 양초 다발을 묶거나 횃불을 가져와서 게임을 이기려 하는 사람도 있었다.

다툼이 격렬해졌다. 보행자들이 마차에 뛰어올라 탑승자의 촛불을 끄려 했고, 위아래 발코니 사이에서 싸움이 일어났고, 젖은 손수건을 던지거나 긴 막대기에 철사 고리를 달아서 불을 끄려 했다. 혼전의 와중에 여성들의 보닛들이 찌그러졌고, 조지 헤드 경은 이탈리아 사제, 영국 성직자, 브라운슈바이크공국의 공주가 한 발코니에 모여 격렬하게 싸우고 "아이들처럼 술래잡기를 하는"[44] 이상한 광경도 목격했다. 한편 코르소 거리는 뒤로 물러나 이 모든 난장을 지켜보는 사람들에게는 불빛들이 끊임없이 반짝이는 특별한 구경거리였다. 그 속에서 '불이 없다!'라는 외침이 들려왔는데, 이 소리는 "말로는 형언하기 어려운, 세속의 신음 소리처럼 들려서 허리케인에 휘말린 배의 돛대 밧줄 사이에서 바람이 울부짖는 것 같았다".[45]

1847년 봄, 사람들이 들떠 있던 시기 로마에서 새로운 축하 행사들이 열렸다. 비오 9세의 비서관인 추기경이 로마 교황에게 조언할 협의회 구성을 위한 선거가 열릴 것이라고 발표한 후, 횃불을 든 대규모 군중이 포폴로 광장에 모여 천천히 코르소 거리를 따라 퀴리날레 언덕으로 이동해서 불꽃놀이를 시작했다. 비오가 발코니에 나타나자 군중은 만세를 외쳤고 교황의 축복을 받기 위해 무릎을 꿇었다. 며칠 후 로물루스, 레무스, 암늑대의 조각상이 세워진 콜로세움이 내려다보이는 티투스 욕장 유적지 야외에서 인기 있는 만찬이 열렸다. 음악이 연주되었고 연설도 여러 차례 진행되었는데, 한 소설가가 자신의 차례에서 로마 역사의 사건들을 이야기하고 독일의 통치자 하인리히 4세가 카노사성에서 교황의 용서를 구하는 순간을 꼬집어 언급했다(나중에 오스트리아인들이 이를 불평했다).

그해 7월 소몰이꾼과 일부 유대인 사이에 다툼이 생긴 후에, 똑같이 주목할 만한 축하 행사가 있었다. 로마시 유대인의 오랜 숙적이었던 레골라와 트라스테베레의 주민들은 소몰이꾼의 복수를 원했지만, 그 대신에 포퓰리스트 지도자인 치체루아키오는 주민들을 설득해 유대인과 친선 조약을 맺기로 했다. 그날 밤, 전해지는 바로는 로마인 2,000명이 횃불을 들고 노래를 부르며 게토에 들어가 놀라운 화해의 순간을 맞았다. 이듬해 봄 비오가 성벽 철거를 명령한 후, 게토에서는 더 많은 축하 행사가 열렸다.

이후 몇 달 동안 로마는 정치적 동요를 겪었다. 10월에 로시 수상이 교황 비오의 통치권을 강화하자 분위기가 전환되었고 교황청의 비밀경찰이 게토를 습격해 3일 동안 약탈과 방화를 저질렀다. 몇 주 지나지 않아 로시가 죽고 교황이 도망쳤으며, 2월에 로마인들은 그들의 새로운 공화국 축하 행사에 참여했다. 2달 후인 1849년 4월 30일, 우디노 장군이 군대를 이끌고 로마로 진군하면서 다시 모든 것이 변화의 국면에 서 있었다.

오합지졸 로마 의용군의 희생이 통일 이탈리아의 포석을 깔다

프랑스는 큰 어려움이 없으리라 예상했다. 앞서 살펴본 대로 루이 나폴레옹은 교황이 가에타에서 공표한 바를 따라왔고, 가리발디와 마치니 같은 외국 혁명가들의 압제로부터 빨리 벗어나려는 로마인들이 프랑스군을 해방자로 환영할 것이라고 생각했다. 나폴레옹은 프랑스 급진주의자에 대한 적대감을 경계하여 지나치게 반동적으로 보이지 않는 반동적인 대공을 취임시킴으로써 뭔가 마법 같은 성과를 이루기를 바라면서 우디노 장군에게 낙관적인 동시에 모호한 명령을 내렸다. 우디노는 로마공화국의 집권 삼두정(1849년 3월 29일부터 7월 1일까지 지속된 카를로 아르메닐리, 주세페 가리발디, 아우렐리오 사피의 3인 연합 정권을 말한다—옮긴이) 또는 로마 공화정 의회를 인정할 뜻은 없었지만 각각의 구성원은 정중히 예우할 생각이었다. 프랑스의 과제는 복권되더라도 자신이 국민에게 승인했던 헌법을 유지해야 하는 교황과 로마인을 화해시키는 일이었다. 로마인들이 거부하면, 우디노는 무력을 사용할 생각이었다.

우디노 장군은 그의 대통령처럼 빠르고 쉽게 치안 활동을 벌일 수 있을 것으로 보았다. 혁명주의 운동은 유럽의 다른 모든 곳에서 큰 저항 없이 진압되었고 이번에도 다르지 않아 보였다. 최선의 전략은 로마인들에게 대응할 여유를 주지 않고 신속하게 공격하는 것이라고 생각했다. 그는 가능한 빠르게 치비타베키아에서 병력을 조직해서 로마를 향해 동쪽으로 진군했다. 첩보원의 보고에 따르면 보르고에 그를 지지하는 성직자가 많았다. 로마 지도에서 찾아낸 바티칸 언덕 꼭대기의 페르투사 성문으로 침입해서 로마의 지지자들과 합류하는 것이 최선으로 보였다. 문제가 생기면 프랑스 군은 첩보원의 보고대로 그들을 지지하는 성직자들이 성문을 열어주기로 한 카발레지에리 성문으로 진군할 예정이었다. 우디노는 행군을 지체시킬 공성용 사다리나 무거운 공성포를 가지고 오지 않았고 페르투사 성문을 부수기에 충분한 가벼운 야전포를 대신 사용할 생각이었다. 그는 성벽 조사를 위해 행군을 중단시키는 시간 낭비를 하지 않고 곧바로 바티칸으로 진군했다. 군사 전문가인 그는 풍부한 경험에 근거해 만약을 대비해 오른쪽 측면을 지키도록 분대 하나를 보냈다. 이 모든 과정이 몇 시간 만에 끝나고 우디노는 그날 저녁에 로마에서 식사를 하리라 기대했다.

그날 아침 성벽 반대편 로마시를 산책 중이던 미국 조각가이자 작가인 윌리엄 웨트모어 스토리 역시도 우디노의 평가에 동의했을 것이다. 그는 노트에 "마치 지독한 폭풍우라도 몰아칠 것처럼 모든 거리에 인적이 끊겨서 을씨년스럽고 음울했다"고 적었다. 여자들도 자취를 감추었고, 상점들도 모두 문을 닫았으며, "여기저기 반쯤 열린 문틈으로 병사 하나가 밖을 살폈다". 스토리는 로마 국가경비대가 "거의 만장일치로 교황의 귀환 그리고 3인 연합정권 및 공화정 폐지에 동의하고 있으며, 또 싸우지 않을 것"이라는 소문을 들었다.46

로마인들의 상황이 전혀 여의치 않았으므로 그들이 후회하는 것도 이해할 만했다. 로마의 수비 병력이 프랑스군보다 많았지만 그 차이가 별로 크지 않았고, 우디노의 잘 훈련된 정예부대에 비교하면 대부분 군사 경험이 일천하거나 전혀 없던 로마 군대는 오합지졸이나 다름없었다. 그중에는 지난해에 오스트리아와 싸웠던 1,400명의 로마 의용군으로서 그나마 약간의 전투 경험을 갖춘 이들도 있었지만 대체로 패배의 경험뿐이었다. 교황 군대와 카라비니에리 2,000명, 최근에 결성된 로마 의용군(국가경비대 1,000명[피우스 9세에 의해 생긴 시민군]과 학생 300명, 칼과 엽총으로 무장한 트라스테베레 구역 주민 수백 명)이 있었다. 전투를 할 줄 아는 자코모 메디치가 이끄는 롬바르디아 병력은 전투가 불가능했다. 치비타베키아에서 이미 프랑스군에 잡혔던 이들은 적어도 당분간 그들에 대항해 무기를 잡지 않겠다고 맹세하고 나서 풀려난 터였다.

우디노가 로마 밖에 나타나기 바로 3일 전에 도착한 또 다른 병력의 도움 없었다면, 로마 병력의 이런 요소들 중에서 어느 것이 얼마나 성공적이었을지는 의문이다. 가리발디는 마치니에게 의심을 받기는 했지만 로마공화국의 전쟁부 장관인 주세페 아베차나라는 동맹이 있었고, 프랑스군이 치비타베키아에 상륙했다는 소식이 들려오자 아베차나는 리에티에 있는 가리발디에게 서둘러 전갈을 보냈다. 이틀 후에 가리발디는 그의 의용대 1,300명을 이끌고 로마에 입성했다. 긴 머리에 턱수염을 기르고 작은 펠트 모자를 쓴 차림새의 의용대는 일반 군인처럼 보이지 않아서 논란을 일으켰다. 저 멀리 몬테비데오에서 가리발디를 따라온 몇몇 장교는 미국 안장을 갖고 있었고 그들의 유명한 붉은 셔츠를 입고 있었다. 그 가운데 가장 인상적인 것은 가리발디 자신이었다. 그는 자신의 트레이드마크인 판초를 입은 채 노예에서 자유민이 된 거구의 브라질인 아구야르를 시종이자 경호원으로 데리고 다녔다. 새로 도착한 군대가 로마 수비군에 활력을 주기는 했지만, 이들 대부분이 전투 경험이 없었고, 그중 수백 명은 학생과 예술가였다.

다행히 행운은 로마인들 편에 자리했다. 우디노가 세운 로마 공격 계획 덕분이었다. 프랑스 정찰병들은 보르고 성벽을 보면서 두 가지에 놀랐다. 첫째로 그들이 해방자로서 전혀 환영받지 못한다는 것을 뜻하는 날카로운 총성이었다. 둘째는 우디노가 야전포를 사용해 뚫고 들어가려 했던 페르투사 성문이 수 년 전부터 막혀 있었다는 사실이다. 우디노의 계획은 완전히 쓸모가 없었다.

그러나 우디노는 실망하지 않았다. 그는 분대 하나를 언덕 아

↑ 샤를 우디노 장군이 지휘하는 프랑스군이 안젤리카 성문 부근에서 로마 의용군에 첫 공격을 벌이고 있는 장면(《일러스트로 보는 런던 뉴스》, 1849년 5월 19일).
↓ 프랑스군에 마지막까지 저항했던 장소인 빌라 바셀로.

래 카발레지에리 성문으로, 첩보원의 보고에 따르면 자신들의 편인 성직자들이 열어놓기로 한 성문으로 내려 보냈다. 그리고 추가로 산탄젤로성 방향에 있는 북쪽 성벽 둘레에 또 다른 분대를 보냈다. 그의 오판이었다. 봄철 따가운 햇볕 아래 무거운 군복을 입고 오전 내내 행군하느라 이미 지친 병사들은 또다시 성벽으로부터 위협적인 포격을 받으며 야전포를 짊어진 채 조심해서 가파른 길을 따라 가야 했다. 그러나 카발레지에리 성문에 어렵게 도착한 병사들은 자기편 성직자들이 없음을 깨달았다. 성문은 여전히 굳게 닫혀 있었고 자신들은 성벽 아래 움푹 팬 곳에 빠져 북쪽과 동쪽에서 날아오는 포격에 노출되었다. 공성용 사다리가 없었던 탓에 병사 몇 명이 대못을 이용해 벽을 오르려 했지만 우디노의 귀환 명령이 떨어졌다. 공격은 한 시간도 채 지속되지 못했다.

그러나 전투는 이제 시작이었다. 로마 남쪽, 성벽 바로 앞의 빌라 팜필리 정원 안에서 가리발디는 우디노의 실패 소식을 들었고 공격을 결정했다. 지금까지 전투 경험이 전혀 없었던 300명의 학생과 화가는 정원에서 담을 기어올라가 그 아래 깊은 도로로 넘어갔다. 그들이 담을 넘자마자 우디노가 자기 군대의 측면을 엄호하도록 보냈던 1,000명의 프랑스 분대가 나타났다. 학생들과 화가들이 돌격했고 프랑스 병사들이 잠시 밀렸지만, 곧 다시 반격했고 학생들과 화가들은 도로에서 쫓겨 다시 정원으로 돌아왔다.

이렇게 격렬한 전투가 시작되었다. 가리발디 부대의 나머지 병력이 합류했지만 격퇴당했고 학생, 화가 무리도 정원의 별채로 피신해서 고군분투하며 버텼다. 전투가 불리해질 것을 깨달은 가리발디는 바로 뒤편 자니콜로 성벽에서 병사 800명을 지휘하던 갈레티 대령에게 전갈을 보냈다. 800명의 병사들은 지난해에 오스트리아와 싸웠던 로마 의용군이었다. 지난번의 패배를 몹시 만회하고 싶었던 의용군은 전투에 가담해서 투지와 인원수로 위력을 발휘했다. 군의 정신적인 지주였던 가리발디는 정원의 숲과 잡목을 헤치고 직접 공격을 이끌었다. 프랑스군은 어쩔 수 없이 도로 건너편 포도밭 지역으로 후퇴해야 했고 양측은 한동안 포격을 주고받았다. 교착상태는 로마인들이 이번 전투에서 가장 용감한 공세를 벌이면서 마침내 깨졌다. 그들은 도로로 뛰어내려 프랑스군의 빗발치는 사격을 뚫고 포도밭으로 돌격해 올라갔다. 총검으로 육박전을 벌인 후에 프랑스군은 등을 보이고 도망쳤고 수백 명이 포로로 잡혔다.

전투가 끝난 후 불화가 찾아왔다. 옆구리에 총알을 맞고 부상당한 가리발디는 프랑스군을 쫓아가 우디노를 끝장내기를 원했지만 그의 의견은 무시되었다. 마치니는 여전히 프랑스와 협정을 맺을 수 있기를 희망했기에 그들을 자극하고 싶지 않았다. 가리발디는 분개했다. 그러나 로마공화국이 큰 승리를 거두었다는 사실만은 분명했다. 오합지졸이 전문적인 군대를 물리치고 적어도 당장은 로마를 구했다. 로마인들은 의기양양했고 스스로에게 조금 놀랐다. 그날 밤 로마는 창문마다 켜놓은 촛불로 환하게 불을 밝혔고 거리는 환호하는 군중으로 가득했다. 그들에겐 자부심을 가질 충분한 자격이 있었다. 공화국이 외국인들의 독재 정권에게 넘어갔다는 교황의 주장에도 불구하고, 프랑스군을 물리친 대다수의 병사는 로마인이었다.

당분간은 마치니의 공화국이 스스로를 지켜낸 것처럼 보였다. 프랑스의 위협은 훨씬 더 큰 적군(포격왕이 이끄는 나폴리군 1만 명)이 로마로 진군해 왔을 때, 가까스로 모면했으나, 가리발디에게 2번이나 대패하고 남쪽으로 후퇴해 있었다. 5월 중순이 되면 프랑스군에 희망을 품을 수 있는 새로운 명분이 생겼다. 우디노는 휴전을 제안했고 프랑스 사절 페르디낭 마리 드 레셉스가 삼두정 인사들과 협정을 논의하기 위해 로마에 도착했다. 급진적이고 반교권주의적인 테러리스트들과의 협상을 예상했던 드 르셉스는 마치니의 온건함에 감명을 받았다. 마치니는 빌라 팜필리 정원 전투에서 잡힌 프랑스 병사들을 후하게 대우했고 로마 관광을 시킨 후 아무런 조건 없이 우디노에게 돌려보냈다. 로마 교회의 재산과 성직자들은 아무런 해를 입지 않았고 마치니의 공화정을 전복하려는 음모를 꾸민 사람들까지도 풀려났다. 2주간의 협상 후에 드 레셉스와 3인 연합정권 인사들은 합의에 이르렀다. 교황의 복귀 문제는 당분간 연기되었지만 프랑스군이 로마 주변에 진을 치고 오스트리아로부터 로마를 지키기로 합의했다.

불행히도 협상은 거짓이었다. 루이 나폴레옹은 프랑스군의 불명예를 씻는 것을 국가적 자존심의 문제로 보았고 드 르셉스에게는 알리지 않았지만, 협상은 처음부터 로마인들의 주위를 돌리기 위한 방편이었다. 그사이에 우디노는 병력 증원을 기다렸다. 드 르셉스와 삼두정 사이의 협정이 성사된 바로 그날에 우디노는 휴전 상태가 끝났음을 선언했다. 이 무렵 그의 병력은 2배로 늘어난 2만 명에 달했고, 공병과 공성포의 뒷받침을 받았을 뿐 아니라 더 많은 병사가 오고 있었다.

우디노는 다음 공격에서는 낭패를 보지 않기 위해서 로마인에게 한 번 더 속임수를 썼다. 그는 가리발디와 마찬가지로 로마의 자니콜로 방어 시설의 한 지점이 제일 중요한 급소라는 사실에 주목했다. 그 지점은 팜필리 정원 바로 안쪽에 있는 4층짜리 전원 별장인 빌라 코르시니였다. 작은 언덕에 자리 잡은 빌라 코르시니는 성벽에서 불과 몇백 미터 떨어진 곳에 있었다. 4월 30일의 승리 이후로 몇 주간의 시간을 이용해 빌라 코르시니는 토목 공사와 포 설치로 방어 시설로서 기능을 강화해야만 했으나 마치니의 점잖고 느려터진 군 사령관인 로셀리 장군의 잘못으로 시기를 놓쳐버렸다. 우디노는 휴전을 끝내면서, 6월 4일 월요일 이전에 '그곳'을 공격하지 않을 것이므로 아직 이 도시에 남아 있는 프랑스인은 피난할 시간이 있다고 고의적으로 모호하게 약속했다. 6월 2일 토요일 저녁, 로셀리는 빌라 코르시니 주변의 수비군(대포나 참호가 없었던 400명의 불쌍한 병사들)을 시찰하고 그날 밤에는 공격이 없을 것이므로 푹 자라고 말했다.

불과 몇 시간 후에 프랑스 병사들이 팜필리 정원으로 쏟아져 들어왔다. 우디노 장군은 로마인들에게 지울 수 없는 통한을 남기는 말장난을 했던 것이다. 그는 빌라 코르시니가 '그곳' 바깥에 있기 때문에 공격해도 무방하다고 주장했다. 수비군의 용감한 저항에도 불구하고 빌라 팜필리는 곧바로 점령당했다. 포격왕의 나폴리군과 전투에서 막 돌아와 4월 30일에 입은 총상으로 요양 중이던 가리발디는 자니콜로 언덕으로 서둘러 올라가 반격 작전을 계획했다. 그렇게 로마를 두고 두 번째 전투가 시작되었다. 하지만 모든 면에서 이탈리아인들에게 불리했던 전투는 사실상 시작하기도 전에 끝난 셈이었다. 공격을 위해 팜필리 정원 벽의 조그만 문으로 들어간 로마인들은 그 너머에서 자신들이 아무런 엄호도 없이 깔때기 모양 공간의 뾰족한 끝부분에 당도했다는 사실을 알게 되었다. 곧 그들은 빌라 코르시니에서 프랑스군이 퍼붓는 집중 포화를 받았다. 그곳은 살육장이나 다름없었다.

가리발디의 투입도 상황을 개선하지 못했다. 그의 기량은 이런 종류의 접전보다는 야전이나 게릴라전에서 발휘될 수 있기 때문이었다. 대포를 이용해 빌라 코르시니를 산산이 무너뜨릴 때까지 기다리는 것이 현명했지만, 그는 대신 자살 공격이나 다름없는 공격을 계속 되풀이했다. 그리고 동료들은 주저 없이 그의 명령을 따랐다. 그중에는 프랑스군에 한 맹세 때문에 이전 전투에서 싸울 수 없었던 롬바르디아 저격병들도 있었다. 빌라를 공격하면서 큰 피해를 입었지만 이들은 개활지에서 무릎을 꿇고 보이지도 않는 건물 안의 적을 향해 포격을 가했고, 희생이 너무 커져서 지휘관 마나라가 퇴각 명령을 내리기 전까지 각자 자기 자리를 지켰다. 몇

↖ 빌라 팜필리 근처에서 대치 중인 가리발디 의용군.

↗ 1849년의 전투로 폐허가 된 빌라 보르게세.

↓ 바티칸 정원을 둘러싸고 있는 성벽에서 공격 중인 프랑스군.

차례 프랑스군을 빌라에서 몰아내기도 했지만 빌라를 반대편에서 지키기는 불가능해서 곧바로 다시 빼앗겼다. 이탈리아군은 최정예 부대에서 많은 병력을 잃었고 하루가 저물어갈 때 즈음에는 자신들의 진영마저 잃었음을 인정하지 않을 수 없었다.

이 순간부터 아주 약간의 군사 지식이라도 있는 사람은 로마가 확실히 패했다는 사실을 알 수 있었다. 프랑스군이 침입해 들어오는 것은 시간문제였고, 로마공화국은 외부로부터 도움을 기대할 수도 없었다. 프랑스, 오스트리아와 나폴리에 이어, 공식적으로 이탈리아에 반기를 든 적국에 토스카나까지 포함된 상태였고 에스파냐가 로마 남쪽에 군대를 상륙시켰다. 영국과 미국은 마치니의 공화국을 경계했고 개입할 의지가 없었다. 《타임스》마저도 친구가 아니었다. 치비타베키아에 있는 우디노의 군대에 파견된 《타임스》의 특파원은 자신을 부른 군의 시각을 따라서 독자들에게 마치니의 로마가 "자유라는 이름으로 강탈하고 암살하는" 독재 외국인의 수중에 있으며 "대중 앞에 용감하게 나섰던 사제 3~4명이 백주 대낮에 살육당했고 시체는 난도질당해 테베레강에 버려졌다"[47]고 보고했다.

희망이 보이지 않았지만 로마인들은 싸움을 이어갔다. 부서진 기름 항아리가 쌓여 만들어진 고대의 언덕, 몬테 테스타초에 배치된 로마 포병대는 자니콜로 언덕의 프랑스 포병대와 포격전을 벌였다. 산 판크라치오 성문 옆 요새에서 한 악대가 프랑스인을 모욕하려고 「라 마르세예즈」를 연주했지만 소용이 없었다. 우디노의 병력은 아우렐리아누스 성벽 남쪽과 북쪽의 포병대에서 로마시로 포탄을 날려 로마인들의 주의를 교란하려 했다. 다행히 로마시의 건물들은 피해가 비교적 경미했고 포격의 최대 희생자는 교황 비오 9세로 그는 그 일로 수년 동안 분노를 삭이지 못했다. 산 피에트로 대성당에 떨어진 포탄 두 발이 가에타에 있는 비오에게 보내졌고, 포탄이 떨어지자 로마인들은 "여기 비오 9세가 또 온다"(Ecco un Pio Nono)라고 소리쳤다. 로마인들은 쉿쉿 소리를 내며 타는 포탄들을 냄비 물로 꺼서 테베레강에 던졌다.

때때로 포격은 아름다워 보이기도 했다. 포위 공격이 막바지에 다다르는 울적한 순간에 로마공화국의 열렬한 지지자가 되어 퀴리날레궁에서 부상당한 병사들을 돌봤던 미국 작가 마거릿 풀러는 밤에 떨어지는 포탄들을 보며 이렇게 기록했다. "두렵지만 아름답다. 수평선 위로 튀어올라 사악한 전갈을 담고 불타는 유성처럼 빛을 내며 날아가는 포탄들이. 생각해보건대 이들 중 포탄 하나를 맞고 죽어도 그리 나쁠 것 같지 않다."48

마거릿 풀러는 로마가 호전적인 외국인 테러리스트에게 넘어갔다는 비오 9세의 주장이 거짓말이란 사실을 보여준다. 풀러는 로마가 매우 안전한 곳이었고 종종 혼자서 거리를 산책했지만 한 번도 폭력적인 일을 보지 못했다고 썼다. 이따금씩 쉿쉿 나는 소리를 빼면, 로마에 있는 프랑스인조차 평화롭게 지냈다. 늘 말하는 조각상 파스퀴노를 통해 적을 조롱하기를 즐겼고 또 여전히 즐기는 로마인들은, 이제는 풍자 잡지 《돈 피를로네》를 통해서도 입을 열었다.

프랑스군은 서서히 압박해 들어왔다. 그들에게 제일 쉬운 방법은 자니콜로 언덕을 향한 정면 진격이었지만, 이 작전은 자코모 메디치의 롬바르디아군 생존자들에게 저지당했다. 이 생존자들이 프랑스군의 끊임없는 포격과 반복적인 총검 공격에도 불구하고 산 판크라치오 성문 바로 건너편에 있는 작지만 전략적인 위치의 빌라 바셸로에서 거의 마지막까지 저항하며 방어했기 때문이다. 결국 프랑스군은 진군 속도를 늦추고 남쪽의 한 요새에 집중할 수밖에 없었다. 공성포가 점차 성벽을 무너뜨리고 참호가 지그재그로 나아갔다. 빌라 코르시니를 점령한 후 거의 3주 만에 우디노의 병사들이 성벽을 뚫고 오늘날의 빌라 시아라 공원 옆 성벽의 한 구역을 점령했지만, 여전히 저항은 계속되었다. 가리발디는 1,400년 된 아우렐리아누스 성벽의 한 구간을 이용해서 수백 미터 더 뒤쪽에 방어선을 구축했다.

병력과 대포가 절대적으로 부족했던 로마인들은 9일을 더 버티면서 리비우스라면 큰 감명을 받았을 용기를 보여주었다. 한창 전투 중에 뜻밖에도 가리발디의 임신한 아내 아니타가 남편 곁에 있기로 작심하고 니스에서 나타났다. 이 무렵 가리발디는 프랑스군과 싸우는 만큼이나 마치니와도 싸움을 벌이고 있었다. 늘 그랬듯 두 사람은 전략을 두고 사이가 벌어졌다. 게릴라 전투원인 가리발디는 남아 있는 공화국 병력을 이끌고 이탈리아 중부 언덕들에서 항쟁을 벌이려 했고, 선전원 마치니는 끝까지 로마에서 전투를 계속해서 로마공화국이 결코 항복하지 않았다는 사실을 보여 주기를 원했다. 그러나 6월 30일 프랑스가 다시 침입해 오면서 이런 논쟁도 끝이 났다. 가리발디는 그의 경호원이자 친구인 아구야르가 포격에 목숨을 잃었다는 소식을 듣자마자 곧바로 칼집에 반밖에 들어가지 않은 휘어진 칼을 차고 먼지와 피로 범벅이 된 채로 로마 의회를 찾아갔다. 로마 의회는 가리발디에게 세 가지 선택권을 제시했다. 로마공화국이 항복하거나, 로마에서 계속 전투를 벌이거나, 또는 전투를 언덕으로 옮겨 가는 것이었다. 가리발디는 당연히 언덕을 선택하며 "우리가 어디에 있든 로마는 존재할 것이다"(Dovunque saremo, colà sarà Roma)라고 선언했다.

이틀 후 그의 군대는 산 피에트로 광장에 집결했다. 가리발디는 수많은 지지자에 둘러싸여 이들을 뚫고 그의 군대로 나아가기가 힘들 정도였다. 이 순간에 영감을 얻은 그는 자신의 가장 유명한 연설을 시작했다.

> 오늘 우리를 배신한 운명의 여신은 내일 우리에게 미소 지을 것입니다. 나는 로마를 떠납니다. 침입자와 계속해서 전쟁을 벌이기를 원하는 사람이라면 나와 함께 가십시오. 돈도, 잘 곳도, 식량도 줄 수 없습니다. 굶주림, 강행군, 전투와 죽음만이 내가 줄 수 있는 것입니다. 말뿐 아니라 진실로 조국을 사랑한다면 나를 따르십시오.[49]

두 달 동안의 저항과 거의 한 달 동안 계속된 싸움 끝에 로마를 둘러싼 전투가 끝났다. 그날 늦게 가리발디가 이끄는 약 4,000명의 의용군이 산 조반니 성당 부근에 모였다. 이들 중에는 로마 수비군 생존자 대부분, 치체루아키오와 그의 두 아들, 남편의 부대를 상징하는 붉은 셔츠를 입은 아니타가 있었다. 이들은 천천히 산 조반니 성문을 통해 로마를 뒤로하고 떠났다. 그날 오전에 했던 가리발디의 연설 전부가 너무 정확히 들어맞았다. 언덕들에서 버티던 저항군은 순식간에 도피해버렸고 그의 군대는 꾸준히 줄어들었다. 치체루아키오와 두 아들(막내는 겨우 13살이었다)은 잡혀 오스트리아군에 총살당했고, 임신한 아니타는 탈진과 병으로 죽었다. 유일하게 가리발디만이 살아남아 다시 싸웠다.

가리발디와 그의 군대가 떠난 다음 날, 프랑스군이 로마에 입성했고 20년간의 교황 통치가 재건되었다. 이 책에서 다루는 7번의 공격 중에서 이번이 제일 약탈과 거리가 멀었고 로마는 물질적 피해를 거의 입지 않았지만, 이 공격은 그 나름대로 끔찍했다. 프랑스군은 투표로 선출된 로마 의회를 총검으로 와해했고 주민들을 무장 해제시켰으며, 공화국의 모든 상징물을 부수었고, 공화국을 위해 싸웠던 외국인들을 추방했고, 또 마치니 정부의 주요 인사를 색출하기 시작했다. 하지만 영국과 미국의 영사들이 그들 정부의 반대에도 여권을 100명 단위로 발행한 덕택에 많은 사람이 구조되었다. 프랑스군이 체포하기에는 너무나 유명했던 마치니는 며칠간 도시에 남아 서둘러 지하 저항운동을 준비했다.

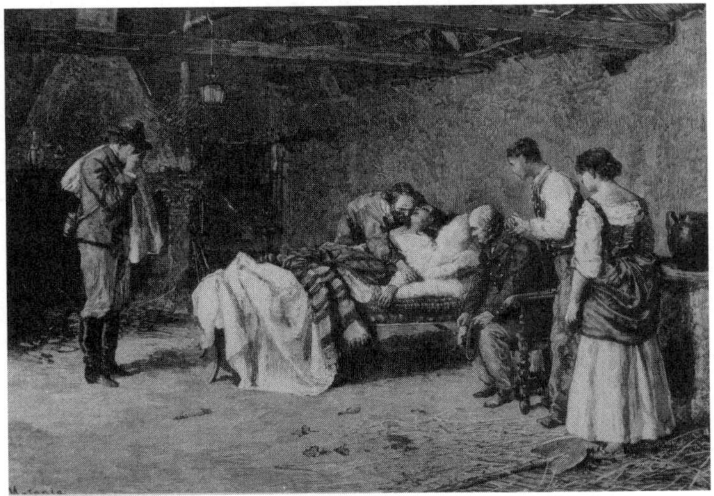

↑ 로마에서도 시종이자 경호원인 아구아르와 함께 했던 가리발디.
↓ 탈진과 병에 시달리다가 주이치올리 후작의 농장에서 죽은 가리발디의 아내 아니타 (에도아르도 마타니아, 1884).

가리발디는 아마도 프랑스 점령에 대한 로마인들의 대응을 배후에서 조정했을 것이다. 마거릿 풀러는 프랑스군이 로마에 입성한 다음 날 로마인들에게 프랑스군을 매몰차게 무시할 것을 촉구하는 팸플릿을 보았다. 로마인들은 프랑스 병사가 말을 걸면 무시했고 카페나 음식점에 들어오면 자리를 피했으며, 그들이 지나가면 창문을 닫았고 프랑스인과 친하게 지내는 로마인(특히 로마 여자)은 욕을 먹었다. 팸플릿에는 "자유를 파괴한 병사가 사제들과 왕들을 위해 일한 것을 고독과 경멸 속에서 속죄하도록 내버려두어라"[50]라는 문구가 적혀 있었다.

그러나 곧 로마에서 최악의 압제자는 프랑스인이 아니라 교황의 관리란 사실이 분명해졌다. 프랑스군은 로마를 점령한 후 한 달 뒤에 권력을 추기경 3명에게 넘겨주었는데 이들은 정치적 견해가 아니라 진홍색 예복 때문에 '붉은 삼두정'이라는 이름이 붙었다. 이로써 자신들의 명성을 위해 교황청이 온건한 방향으로 가도록 조정하려 했던 프랑스, 그리고 복수와 절대적 지배력을 원했던 교황청 사이에서 장기적인 갈등이 시작되었다. 이 싸움의 승리자는 보통 교황청이었다. 붉은 삼두정이 취했던 첫 번째 조치들 중 하나인 사면은 사면 대상에서 너무나 많은 사람이 빠져 있어서 오히려 처벌 대상자를 발표하는 것과 다름없었다. 사면에서 빠진 사람들은 이전 로마공화국 정부와 의회의 구성원 전원, 고위 군 장교 전원 그리고 1846년 비오가 처음 선출되었을 때 사면된 자 전원이었다. 마거릿 풀러는 "교황이나 그의 고문들은 그가 이전에 했던 모든 선행을 철회한 후에야 안심할 수 있나 보다"[51]고 평했다. 공화국 붕괴 후 처음 8개월 동안 약 2만 명의 로마인(또는 로마 인구의 8분의 1)이 로마를 떠났는데, 그중 절반은 추방된 것이었다.

비오 9세가 급진적이던 초기에 한 약속들 중 한 가지는 이행되었다. 로마는 이후 수년에 걸쳐 전신과 철도로 다른 유럽 지역과 연결되었고, 마침내 가스등이 켜졌으며 연료는 옛 키르쿠스 막시무스 전차경주 코스에 세워진 가스 공장에서 공급되었다. 그렇지만 그 외의 모든 점에서 로마는 교황 그레고리우스 16세의 반동주의 시절로 회귀했다. 다시 한번 교황령은 밀고자, 감시와 편지 검열, 정치범의 도시가 되었다. 1853년 무렵이면 정치범이 1,000명이 넘었고, 그 대다수는 트라스테베레에 있는 거대한 산 미켈레 노역장의 특수 부속 건물에 감금되었다. 사형 집행이 검열과 함께 재개되었다. 연극과 오페라 상연물은 철저히 통제되었고, 교황의 금서목록에 포함된 책들은 성당 계단에서 공개적으로 소각되었다.

로마의 유대인들에게도, 삶은 일종의 환영받을 수 없는 데자뷔와 같았다. 1849년 10월 교황의 비밀경찰(스비리)이 게토에 도난당한 보물이 가득하다고 주장하며 프랑스 병사들을 3일간의 수색 작업에 끌어들였다. 수색에서 도난 물품은 발견되지 않았지만, 그 과정에서 약탈과 파괴, 임의 체포가 자행되었다. 비오가 철폐했던 제한들이 다시 시행되었고 유대인들은 거의 모든 상거래를 금지당했다. 이론적으로는 아직 게토에서 벗어나는 것이 허용되었지만 관료제의 방해와 늑장 처리로 로마시 다른 곳에 정착하는 일은 거의 불가능했다. 다른 이방인들과 마찬가지로 많은 수의 로마 유대인이 짐을 꾸렸고 1853년까지 교황령의 유대 인구 4분의 1이 떠났다. 1860년 즈음에는 로마 유대인의 절반 이상이 재산을 소유하지 못하고 구걸로 살아갔다.

로마인, 기독교인, 유대인 모두가 어두운 표정으로 저항했다. 윌리엄 웨트모어 스토리는 로마가 "화가 나 침묵에 빠졌다"[52]고 했다. 로마인들은 잠깐의 혁명기부터 비밀리에 풍자만화 복사본을 돌려 보았다. 기회가 오자 저항했다. 1849년 마거릿 풀러가 산티냐치오 성당에서 고인들을 위한 연례 예배에 참석했을 때, "'조국을 위해 목숨을 바친 사람들에게 평화를!'이라는 저음의 목소리가 군중으로부터 울렸고 동시에 장미와 도금양(myrtle)이 관 받침대에 빗발치듯 쏟아졌고, 그리고 군중은 '평화. 평화. 아멘!' 하고 열렬히 외쳤다".[53] 당국은 범인을 찾아내려 했지만, 군중이 그들을 보호했다. 교황청은 자주 어려움을 겪었고, 로마 행정부에서 불충한 요소들을 제거하려는 계획은 동료 관리를 고발하는 자가 없었기 때문에 포기할 수밖에 없었다.

비오 역시 로마인이 자신을 어떻게 생각하는지 의문스러웠다. 1850년 4월 마침내 비오가 나폴리왕국에서 로마로 돌아온 날, 퀴리날레궁이 불탈 뻔한 사건이 발생했다. 곧바로 그는 산탄젤로성으로 가는 탈출로가 있는 더 안전한 바티칸궁으로 갔다. 그곳에서 그는 영국의 비공식 대사 오도 러셀을 비롯한 해외 고위 인사들을 접견했다. 러셀은 비오를 현실에서 점점 멀어지고 보복과 피에 굶주린 늙은이로 생각했다. 비오는 러셀에게 이탈리아 사람들이 단지 외국의 혁명주의 요원들에게 미혹되었을 뿐이고 "그들이 좀 더 고통을 겪어봐야 회개하고 우리에게 돌아올 것"[54]이라고 말했다. 비오는 또 영국인들이 개신교를 버리고 가톨릭으로 돌아올 것이라고 확신했다.

로마인에게는 자신들의 문제가 끝나기를 기대할 만한 근거가 있었다. 부분적으로 그것은 로마인 스스로가 성취해낸 것이었다. 그들이 로마를 지켜낸 일은 부정할 수 없는 용감한 행위였고, 마치니와 가리발디가 바랐던 바대로 용감한 애국주의의 모범으로 여겨지며 곧 주목을 받았다. 로마 방어에 대한 글이 쓰이고 게재됐으며, 그중 하나를 W. E. 글래드스톤이 영어로 번역했다. 수 년간 마치니의 꾸준한 공보관 활동이 성과를 보였고 이탈리아 통일 운동가들은 강력한 새로운 친구들이 생겼다. 그중에는 놀랍게도 로마공화국을 패배로 이끈 루이 나폴레옹도 포함되었다. 1859년 초, 당시 프랑스의 황제였던 나폴레옹은 피에몬테가 이탈리아에서 오스트리아를 내쫓는 데 도움을 주었다. 그가 마음을 바꾼 것은 양심보다는 두려움 때문이었다. 1850년대 후반 나폴레옹은 로마공화국의 복수를 결심한 이탈리아 애국자들의 암살 기도를 3번이나 모면했다. 1859년 1월에 발생한 세 번째 사건이 가장 극적이었다. 마치니의 옛 추종자 펠리체 오르시니의 주도하에 황제가 황후와 함께 오페라에 도착했을 때 일어났다. 폭탄 3개가 날아와 터졌고 가스등이 모두 박살 나 거리는 암흑과 혼란에 휩싸였다. 루이 나폴레옹의 마차가 부숴지고 많은 사람이 부상 입었지만 제국의 부부는 다치지 않았다. 불과 2달 후, 루이 나폴레옹의 지시로 프랑스 관리들이 피에몬테 관리들과 비밀회의를 열어 오스트리아에 대한 연합 공격을 논의했다.

가리발디가 후퇴하는 우디노와 프랑스 군대를 쫓지 못하게 한 마치니의 결정은 결국 옳았던 것으로 보이는데, 프랑스가 참패를 당했다면 이탈리아의 대의에 대한 지원을 정당화하기가 훨씬 어려워졌을 것이기 때문이다. 루이 나폴레옹이 마음을 바꾼 것이 전환점이 되었다. 몇 개월 만에 오스트리아는 롬바르디아에서 축출되었고 카부르 총리는 토스카나와 다른 이탈리아 국가들에서 그들을 북쪽의 새로운 이탈리아왕국에 합류시키는 국민 투표를 조직하고 있었으며 가리발디는 그 영토를 2배로 늘렸다. 가리발디는 제대로 무장도 하지 못한 의용군을 시칠리아에 상륙시킨 후, 전략과 열정으로 나폴리왕국의 전문 직업군대를 물리쳤다. 그는 19세기 혁명주의의 슈퍼스타로서 명성을 날렸다. 몇 년 후 런던을 방문했을 때에는 빅토리아 시대의 아이돌 열풍이라 할 만큼 열렬한 환영을 받았고 엄청난 군중에 둘러싸였다. 일반 영국 여성들이 "외설적인 태도"로 "그에게 달려들어 손을 잡고, 턱수염과 판초, 바지, 손에 닿는 것이라면 뭐든 만지"[55]는 추문 같은 해프닝이 벌어지기도 했다.

이탈리아가 통일되고 교황의 왕국 대부분이 떨어져 나가 새로운 국가에 합류하면서 로마의 기대가 커졌다. 군중은 가리발디의 사진을 들고 교황청 경찰들을 향해 쉿 소리를 내고, "비바 베르디"(Viva Verdi)를 외치면서 그들을 어리둥절하게 만들었다. 이들이 외치는 비바 베르디는 오페라 작곡가가 아니라 이탈리아 왕 비토리아 에마누엘레(Vittorio Emanuele Re d'Italia)를 뜻하는 말이었다. 총을 지닌 교황청 기마병의 공격을 받자, 로마인들은 보이콧과 집단 금연, 교황 복권 구매 중단, 심지어 카니발 참가 거부로 대응했다. 군중이 코르소 거리 대신 로마 성벽 밖의 피아 성문 근처에 모였기 때문에 코르소 거리는 인적이 없었다. 비오 교황은 로마의 베테랑 사형집행인 조반니 부가티가 군중 속을 말을 타고 다니게 해서 로마 사람들을 겁주어 굴복시키려 했다.

적어도 이때까지 비오는 버텼다. 루이 나폴레옹은 이탈리아 민족주의자의 오스트리아 대항에 도움을 주었을지언정, 교황의 패배는 원하지 않았기에 프랑스 수비군을 주둔시켰다. 그러나 비오 역시 종말이 다가옴을 알고 있었다. 그는 점차 세속 세계에 등을 돌리고 퇴위될 일이 없는 영역에 집중했다. 1864년 그는 범신론과 자연주의에서 유물론, 이성주의, 사회주의, 공산주의, 비밀결사, 성서협회, 자유주의 및 프리메이슨 종파에 이르기까지 온갖 종류의 새로운 사고에 대한 로마 교회의 반대를 정리한 『오류표』를 발간했다. 비오가 이성주의와 과학을 배척했음에도 과학은 그에게 유용했다. 전신, 철도와 증기선 덕분에 1860년대 후반에 그는 가톨릭 세계 전역에서 참여하는 주교 협의회를 소집할 수 있었다. 16세기 이래 이런 협의회의 개최는 이것이 처음이었고, 비오는 이 모임을 이용해 교황 무류성이라는 가톨릭교 내 새로운 원칙을 확립했으며, 그에 따라 교황은 로마 교회의 유일하고 진정한 해석자가 되었다.

비오 9세가 스스로 교리의 독단적 주창자로 나선 바로 그 순간에 그의 실제 왕국은 분리되었다. 교황 무류성의 교리는 1870년 7월에 인정되었다. 며칠 후, 프랑스군은 프로이센과 전쟁에 동원되었고 몇 주 내로 루이 나폴레옹은 로마에서 수비군을 철수했다. 9월 세단 전투에서 그는 비참한 패배를 겪었고 자신도 포로로 잡혔다. 로마를 지키는 프랑스군이 없었기 때문에 로마는 손쉬운 먹잇감이었다. 비오는 비토리오 에마누엘레 국왕과의 협상을 거부했고 이제는 그가 홀로 결정할 차례였다. 그의 편에 설 강대국이 없었고 로마인에게 호소해보아도 겨우 200명만이 교황을 위해 싸울 의지를 보일 뿐이었다. 비오는 다른 곳에서 도움을 구했다. 그는 늙고 비대한 몸을 이끌고 라테라노궁 근처의 스칼라 상크타 계단으로 갔다. 비오는 그에 앞서 이곳을 찾았던 무수한 순례자와 마찬가지로 무릎을 꿇고 계단을 기어오르며 기도했다.

그러나 아무 소용 없었다. 1870년 9월 20일, 이탈리아군의 대포가 피아 성문 근처의 아우렐리아누스 성벽에 적당한 크기의 구멍을 냈고 병사들이 로마시로 쇄도해 들어갔다. 로마가 겪었던 여러 침략 중에서 이번 공격이 의심의 여지없이 가장 가벼워서 사상자는 빗나간 총탄이나 의욕이 지나친 이탈리아 지휘관이 중앙으로 던진 몇몇 포탄에 쓰러진 사람들뿐이었다. 몇 시간 만에 교황군

프랑스 방문객이 애국심 강한 로마인의 개에게 공격당하는 모습을 연출한 풍자화(《일러스트로 보는 런던 뉴스》, 1849년 10월 6일).

은 항복했고 분노한 군중으로부터 이탈리아 병사의 보호를 받으며 바티칸으로 호송되었다.

이탈리아 당국은 비오가 바티칸과 그 옆의 주민이 있는 보르고 지역, 자니콜로 성벽 아래 녹색 지대를 포함하는 미니어처 왕국을 유지할 것이라고 예상했지만, 결국 이것마저 불가능했다. 보르고 주민들은 교황의 통치를 받을 뜻이 없었고 격렬하게 시위를 벌이는 바람에 비오는 이탈리아 당국에 군대를 보내 자신을 보호해 달라고 요청해야 하는 굴욕적인 처지에 몰렸다. 점령은 국민투표를 통해 로마와 이탈리아 나머지 지역의 통일이 승인된 후에 영구화되었다. 로마의 주요 지역은 4만 785표 대 46표로 통일을 찬성했고 주민들이 독립적으로 투표한 보르고는 1,566표 대 0표로 동의했다. 비오는 한 달 후에 자신의 왕국을 뺏는 데 동의한 모든 사람을 파문함으로써 대응했다.

1881년 6월 13일 이른 시간, 옛 통치자에 대한 로마인들의 감정을 보여줄 수 있는 마지막 기회가 로마에 주어졌다. 잃어버린 국가를 다시 정복할 계획을 생각하며 바티칸에 격리되어 자신의 마지막 몇 해를 보냈던 비오는 3년 전에 한 가지 문제를 남기고 세상을 떠났다. 비오는 바티칸이 아니라 로마 저편에 있는 산 로렌초 성당에 묻히기를 원한다고 유언을 남겼다. 3년간의 연기 끝에 아고스티노 데프레티스 이탈리아 총리는 마침내 비오의 시신을 새로운 곳으로 옮겨야 할 순간이 왔다고 생각했다. 데프레티스는 아무도 모르게 한밤중 이장을 결정했다.

오판이었다. 소문이 퍼졌고 자정까지 10만 명의 군중이 산 피에트로 광장 주변 지역에 밀려들었다. 독실한 가톨릭교도를 포함한 촛불을 들고 구호를 외치는 장례 행렬은 비오의 이름으로 그들의 도시에 발사된 포탄들을 잊거나 용서하지 않은 로마인들의 기습을 받으면서 이동하는 전장이 되었다. 비오가 산탄젤로 다리에 도착하자 사람들은 '강에 던지라'고 외쳤고 교황의 유골은 결국 산 로렌초에 안전하게 도착하긴 했지만 위엄은 찾아볼 수 없었다. 비오의 장례 행렬은 군중을 피해 총총 걸음으로 재빨리 로마시를 가로질러야 했다.

비오가 11년 만에 처음으로 교황청을 떠났다. 그가 로마를 볼 수 있었다면, 너무나 빠르게 변한 도시의 일부 지역은 이미 거의 알아보지 못했다. 로마는 이제 이탈리아의 수도로서 또 한 번의 커다란 변혁기를 맞이하고 있었다.

1859년	제2차 이탈리아 독립전쟁 시작
1860년	가리발디, 양시칠리아왕국 정복
1861년	비토리오 에마누엘레 2세 이탈리아 왕국 수립 선포 (최초 수도는 토리노)
1871년	수도를 로마로 이전
1922년	무솔리니의 국가파시스트당, 쿠데타로 권력 획득
1929년	로마 교황청이 있는 바티칸, 이탈리아에서 독립
1939년	제2차 세계대전 발발
1943년	이탈리아와 연합군, 휴전협정 선포

7
나치

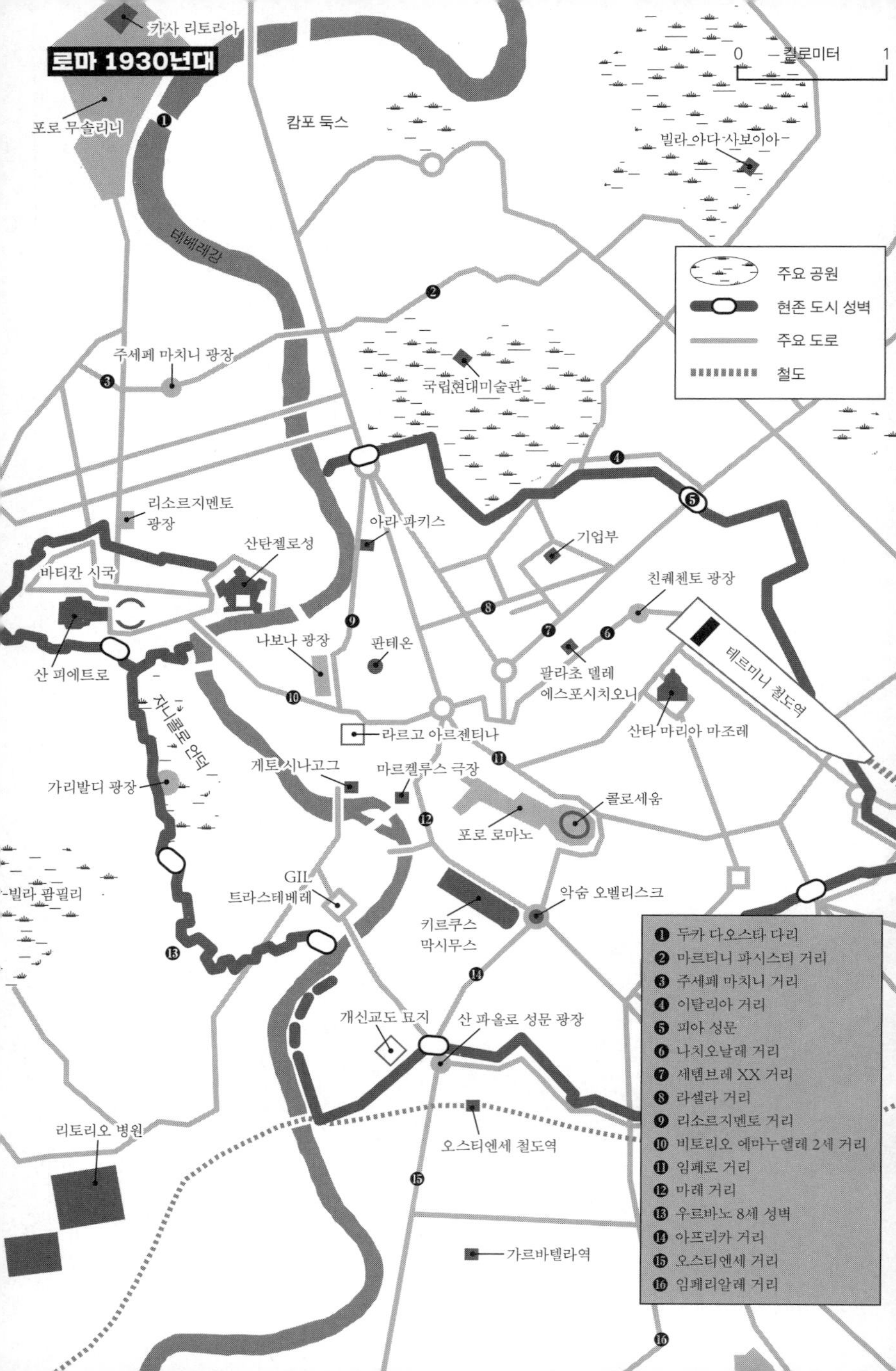
로마 1930년대
카사 리토리아
포로 무솔리니
캄포 둑스
0 킬로미터 1
빌라 아다 사보이아
테베레강
주요 공원
현존 도시 성벽
주요 도로
철도
주세페 마치니 광장
국립현대미술관
리소르지멘토 광장
아라 파키스
산탄젤로성
기업부
바티칸 시국
친퀘첸토 광장
나보나 광장
판테온
산 피에트로
팔라초 델레 에스포시치오니
테르미니 철도역
자니콜로 언덕
라르고 아르젠티나
산타 마리아 마조레
가리발디 광장
게토 시나고그
마르켈루스 극장
콜로세움
포로 로마노
빌라 팜필리
GIL 트라스테베레
악숨 오벨리스크
키르쿠스 막시무스
개신교도 묘지
산 파올로 성문 광장
오스티엔세 철도역
리토리오 병원
가르바텔라역
❶ 두카 다오스타 다리
❷ 마르티니 파시스티 거리
❸ 주세페 마치니 거리
❹ 이탈리아 거리
❺ 피아 성문
❻ 나치오날레 거리
❼ 세템브레 XX 거리
❽ 라셀라 거리
❾ 리소르지멘토 거리
❿ 비토리오 에마누엘레 2세 거리
⓫ 임페로 거리
⓬ 마레 거리
⓭ 우르바노 8세 성벽
⓮ 아프리카 거리
⓯ 오스티엔세 거리
⓰ 임페리알레 거리

1943년, 나치 군대가 무솔리니가 실각한 로마로 진격하다

로마의 부유한 북동쪽 교외에 자리 잡은 빌라 아다 사보이아는 뭔가 중요한 일이 일어날 장소로 보이지는 않는다. 오늘날 이곳은 굳은 표정의 병사 2명이 정문을 지키고 있는 이집트 대사관이다. 또한 로마의 유명한 공원 중 하나인 빌라 아다 가장자리에 위치해 있으며, 공원에서는 현지인들이 일요일 피크닉을 즐기고 미용한 강아지를 산책시킨다. 19세기 후반에 지어진 빌라 아다 사보이아는 오래되지도 않았고, 특별히 웅장하지도 않다. 사각형의 건물 바로 옆에 가짜 중세 탑이 서 있어서 게임 쇼 진행자의 토스카나 별장처럼 보이기도 한다. 그러나 이 지역을 한번 둘러보면 이곳이 한때는 중요한 인물의 소유였다는 단서를 찾을 수 있다. 바로 뒤쪽에 버려진 건물 하나는 낙서로 뒤덮인 채 판자를 둘러쳐놓았지만, 한때는 혈통 좋은 말이 가득한 마구간이었다. 또한 인근에는 장식용 정원, 낡은 별장에서 내려다보이는 작은 원형경기장이 있으며, 가장 인상적인 것은 커다란 지하 방공호다. 건물 이름에서 아직 추측하지 못했다고 해도, 가짜 중세 탑에 있는 사보이아 왕가 문장에서 정체가 분명해진다. 1943년 여름 이곳은 이탈리아 왕 비토리오 에마누엘레 3세의 관저였다.

7월 25일 일요일 오후 5시, 이 관저에서 에마누엘레 3세는 베니토 무솔리니라는 방문객을 맞았다. 작은 호송대가 건물 앞에 섰다. 경호원과 부관을 가득 태운 3대의 호위 차량은 공원 입구로 돌아갔고 무솔리니와 문서로 가득 찬 큰 서류가방을 든 비서 니콜라 데 체사레가 세단에서 내렸다. 왕은 그들을 빌라 입구에서 기다리고 있다가 무솔리니를 '두체'(Duce)라는 칭호로 어느 정도 따뜻하게 맞았다. 그것은 그가 무솔리니의 20년 통치 기간 피했던 호칭이다. 무솔리니와 비서가 들어간 후 빌라 문은 닫혔고 카라비니에리(경찰관)가 운전수에게 세단을 마당의 한적한 구석에 주차하도록 시켰다. 운전수는 주차를 하다가 빌라 옆에 구급차 한 대가 숨겨진 것을 알아차렸는지도 모른다.

그날 오후 무솔리니는 피곤해 보였고, 일설에 의하면 면도하는 것을 잊어서 평소와 다르게 턱이 까칠한 수염으로 덮여 있었다. 이날 그는 길고도 힘든 밤을 보냈다. 무솔리니는 수년 만에 처음 열리는 파시스트 대평의회 회의를 10시간 동안 주재했는데, 회의는 파시스트 지도부가 이탈리아의 비참한 전쟁 결과를 놓고 서로를 비난하면서(특히 무솔리니를 비난하면서) 점점 험악해졌다. 며칠 후, 이 시기 내내 계속 로마에 살면서 자신이 목격한 모든 기록을 남겼던 스위스 저널리스트 M. 데 비스는 회의에 참석한 사람들로부터 얻은 내용으로 무슨 일이 있었는지를 정리해서 기록했다.

> 격렬한 인신공격과 폭력적인 욕설이 난무했다. 한 예로, 데 베키는 프라타리에게 "당신은 이 매춘부가 뒤를 봐주잖아"라고 소리쳤는데, 프라타리의 배후에는 무솔리니의 악명 높은 정부 페타치가 있었기 때문이다. 모두가 소리

지르고, 어떤 사람들은 주먹으로 테이블을 두들겼고, 우는 사람도 있었다. 파레스키 장관은 심지어 기절했다.[1]

회의는 오전 3시에 마침내 끝났고 대평의회는 무솔리니의 권한을 박탈하고 이탈리아의 무장 병력을 국왕에게 맡기기로 결정했다. 무솔리니는 파면당했다. 그러나 눈을 붙이고 일어난 무솔리니는 이 모든 일을 무시하기로 결정했다. 결국 대평의회는 자문 역할만 한 셈이었다. 그는 평상시처럼 업무를 보면서 조용히 자기를 배반한 동료들에게 모종의 복수를 하려 준비했다. 그는 보통 때와 마찬가지로 9시에 베네치아궁 집무실에 도착했고, 이른 오후에 로마 북동부에 있는 집 빌라 토로니아로 향했다. 집에서 무솔리니는 국왕이 그를 빌라 아다 사보이아로 소환했다는 소식을 듣게 되었다. 평소와 달랐던 점은 무솔리니는 일상적으로 입는 군복 대신 민간인 옷을 입고 오라는 지시를 받았다는 점이다. 그의 아내 라첼레가 이상하게 생각해서 가지 말라고 말렸지만 무솔리니는 파란 정장에 검은 모자를 쓰고 무더운 여름의 열기 속에 출발했다.

M. 데 비스는 무솔리니와 국왕의 면담을 서로를 맹렬히 비난하는 적의에 찬 다툼이었다고 썼다. 하지만 비스의 정보원의 과장으로 몇 개월 뒤에 회의 참석자들에게서 나온 정보에는 별로 극적인 내용이 없었다. 국왕은 무솔리니에게 대평의회 회의에서 무슨 일이 일어났었는지를 안다고 말했다. 이를 예상했던 무솔리니는 비서가 가져온 문서 목록을 재빨리 훑으면서 대평의회의 역할이

전적으로 자문이었음을 보여주는 문서를 찾았다. 국왕은 투표 결과가 무솔리니의 지도력에 대한 신뢰가 무너졌음을 보여준다고 주장한 뒤, 새로운 정치 지도자로 바돌리오를 지명할 예정이라고 말했다. 무솔리니가 폭력을 쓸지 모른다는 걱정에 국왕은 부관을 시켜 옆방에 장전된 권총을 숨겨놓았지만 예방 조치는 필요하지 않았다. 무솔리니는 쓰러질 듯 보였다.

면담은 끝이 났고, 국왕은 무솔리니와 비서를 빌라 입구로 데려가 "두체의 차는 어디 있느냐?"라고 외쳤다. 하지만 세단 대신에 궁전 뒤에 숨겨둔 구급차가 나타났다. 국왕이 빌라로 사라지자 카라비니에리 장교 비네리 대위가 무솔리니의 길을 막아서며 경호를 위해 자기를 따라가야 한다고 말했다. 그 순간 구급차 뒷문이 열리고 단단히 무장한 카라비니에리 분대가 나타났다. 무솔리니는 한 걸음 물러나며 경호가 필요 없다고 중얼거렸지만 비네리가 그의 팔을 꽉 붙잡고 구급차로 데려갔다. 일설에 의하면 무솔리니는 차에 오르면서 오줌을 지렸다고 한다.

비토리오 에마누엘레 국왕은 국가의 독재자를 쿠데타로 파면할 만한 인물이 못 되었다. 단신으로 유명했던 그는(빅토리아 여왕은 자신도 거구는 아니었지만 그에 대해 "끔찍할 정도로 키가 작다"[2]라고 말한 적 있다) 한 번도 왕이 되길 원하지 않았고, 젊은 시절 풍채가 당당한 사촌 아오스타 공작을 자기 자리에 앉히도록 아버지를 설득하려고 한 적도 있었다. 비토리오 에마누엘레는 아버지가 1900년에 암살되었을 때 아무런 열정 없이 자기 역할을 받아들였다. 그는 공무를 수행하는 것보다 말을 기르거나 사냥하거나 그의 수많은 동전 콜렉션에 추가할 새로운 아이템을 발견할 때(또는 제1차 세계대전 동안 전선에서 이탈리아 군대와 시간을 보낼 때)가 훨씬 더 행복했다. 검소하고 심지어 인색하기까지 했던 그는 퀴리날레궁을 국가 행사 때만 사용했고 훨씬 작은 빌라 아다 사보이아에서 지내는 것을 좋아했다. 1922년 무솔리니가 권력을 잡았을 때 비토리오 에마누엘레는 볼셰비키 사상으로부터 이탈리아와 군주국을 모두 구해냈다고 믿었기 때문에 그에게 감사했다. 그로부터 20년 동안 의사 결정은 무솔리니에게 맡겨두고 조용히 지내는 왕으로 살아왔다.

물러앉아 있던 군주는 무솔리니가 자국에 가져온 참혹한 전쟁으로 인해 행동가로 변모했다. 1943년에는 이탈리아왕국의 패배가 분명해졌고, 1월 초 국왕의 고문은 무솔리니를 쫓아내고 동맹국과의 평화를 위해 소송을 제기할 것을 촉구했다. 본성이 조심스럽고 숙명론적이었던 국왕은 분명하게 결정을 내리지 못했다. 그러던 중 1943년 7월 19일에 로마가 처음으로 폭격을 당했다. 600대가 넘는 미국 전투기가 동원된 대규모 낮 공습으로 인해 이탈리아의 전쟁 준비가 부실했음이 고통스러울 정도로 여실히 드러났다. 빌라 아다 사보이아에서 이를 지켜보던 국왕은 하늘에 이탈리아 전투기가 단 하나도 없는 것을 깨달았다. 로마의 대공포(對空砲)는 미국 전투기를 공격하기에는 사정거리가 충분치 않았다. 그 덕에 폭격기들은 아무런 저항도 받지 않고 완벽한 대형을 유지하며 다가왔다. 폭격으로 인해 자욱했던 먼지가 걷히자 가증스러운 결점이 더 많이 나타났다. 대피소가 부족했고 생존자를 잔해에서 꺼낼 준비를 갖춘 구조대가 없었다. 폭탄이 가장 많이 떨어진 산 로렌초 구역은 1,500명의 로마 시민이 사망했다.

이번 공습은 또한 로마인이 자신의 군주를 어떻게 생각하는지도 보여주었다. 교황 비오 12세가 공습 후 산 로렌초 성당을 방문해 돈을 나누어주었을 때, 사람들은 환호와 감사의 눈물로 그를 맞이했다. 비토리오 에마누엘레와 아내 엘레나가 조금 나중에 등장하자, 사람들은 야유를 보내며 비토리오 에마누엘레는 마누라가 바람난 바보라고, 엘레나 여왕은 매춘부라고 불렀다. 한 여자는 엘레나 여왕에게 침을 뱉으려 했다. 국왕이 돈을 주자 사람들은 돈을 찢어 도로 던져버렸다.

6일 후 국왕은 무솔리니를 체포하고 후임자로 바돌리오 원수를 앉혔다. 저녁 늦게 무솔리니의 실각 소식을 들은 로마인들은 이를 축하하며 무더운 여름날에 거리로 나왔다. 심지어 잠옷 차림으로 뛰쳐나온 이들도 있었다. 상점과 관청에서 무솔리니의 그림들이 던져졌고, 소방관이 파시스트 휘장을 내렸고, 파시스트당 본부가 공격당했고, 로마의 주요 파시스트 신문 《일 테베레》는 불태워졌고, 죄수들이 레지나 코엘리 감옥에서 석방되었다. 경찰은 웃음을 지으며 구경할 뿐이었다. 거리에서 붙잡힌 파시스트 몇 명은 두들겨 맞아 1~2명이 죽었다(트라스테베레 지역 당수는 정육점에서 토막으로 잘렸다고 전해진다). 그러나 데 비스의 말처럼 "모든 면

1943년 7월 19일 로마의 산 로렌초 화물 조차장과 철강 공장 일대에 가해진 연합군의 폭격.

에서 22년간 권력을 마음대로 휘두른 독재 정권이 이렇게 조용하고 쉽게 전복되는 모습은 아무도 상상하지 못했다".[3]

바돌리오는 지도자로서 첫 번째 방송에서 독일과 함께 전쟁을 계속할 것이라고 공표했지만 그 말을 진지하게 받아들인 사람은 거의 없었고 로마인들은 곧 평화를 얻을 수 있기를 기대했다. 그것이 실현되기까지가 불행히도 그렇게 쉽지는 않았다.

바돌리오는 끈질기게 살아남았다. 이탈리아군 지휘관으로서 카포레토 전투에서 이탈리아에 최대의 패배를 안겼다는 비판을 받았지만 제1차 세계대전을 견뎌냈다. 그리고 파시즘을 막아야 한다고 주장했음에도 무솔리니가 권력에 오르는 과정에서 살아남았다. 가까운 동료를 제거해야 할 때를 대비해 그들에 대한 비난거리를 마련해놓곤 했던 무솔리니는 이탈리아의 아비시니아(에티오피아의 옛 이름) 침공을 그에게 맡겼다. 이제 파시즘이 무너지자, 바돌리오는 국왕의 쿠데타에서 주도적인 역할을 담당하면서 침몰하는 배에서 제때 뛰어내리듯이 다시 한번 살아남았다. 그러나 이미 70세를 넘었고 국왕과 마찬가지로 조심스러웠다. 그는 처음부터 편을 바꾸려 했지만, 신속하게 그렇게 하는 대신 연합군과 협상을 하면서 시간을 끌었다.

그러는 동안 바돌리오의 충성 다짐을 잠시도 믿지 않았던 히틀러는 이탈리아에 대규모 병력을 투입했다. 무솔리니가 실각하고 바돌리오가 그 자리에 오른 지 45일 후에 이탈리아는 연합국과의 휴전협정을 발표했다. 몇 시간 지나지 않아 독일군이 로마로 진격하기 시작했다.

20세기, 통일 이탈리아의 수도 로마는…

당시의 정상적인 상태의 로마를 살펴보려면 전쟁이 시작되기 몇 년 전으로 돌아가야 한다. 1840년대에서 한 세기가 흐른 1930년대 로마는 훨씬 거대해져 있었다. 1939년에는 거의 150만 명이 로마에 거주하고 있었다. 인구는 우리가 마지막으로 살펴본 이후로 10배나 증가하여 마침내 고대 인구를 넘어섰다.

로마는 훨씬 더 분주하고 시끄러웠다. 몇 대의 한가한 영업용 및 개인 마차 대신 지금은 버스, 전차와 3만 대 이상의 자동차가 혼잡하게 거리를 메우고 있었다. 다리는 10개로 늘어났다(고대에는 8개였다). 로마는 옛 아우렐리아누스 성벽 너머까지 확장되기 시작했으며, 고대 이후 처음으로 사람이 살지 않는 지역인 디사비타토가 대부분 사라졌다. 그에 따라 로마의 우아한 바로크 공원과 빌라 (다행히 전부는 아니지만) 대부분이 함께 사라졌다. 빌라 보르게세는 1849년 봄에 가리발디의 의용군이 프랑스군을 상대로 싸웠던 빌라 팜필리와 함께 살아남았다. 비토리오 에마누엘레 국왕이 거처했던 빌라 아다 역시 그대로 보존되었다. 디사비타토는 이탈리아의 새 수도로서 로마가 광대한 건축 부지가 된 1870년대와 1880년대의 건설 붐에 희생되었다. 로마 재건 계획은 자주 무시되었고, 수많은 고대 유물이 개발의 광란 속에 사라졌다.

그나마 다행이었다. 동시대의 중세 파리는 파리 개조 사업의 책임자였던 조르주 외젠 오스만에 의해 대부분 쑥대밭이 되었다. 로마에서는 특히 아우렐리아누스 성벽의 한 구획을 허물고, 또는 테르미니 철도역 근처 더 오래된 세르비아누스 성벽의 한 구간을 부수고, 또는 고대 로마의 도로인 아피아 안티카를 전차 선로로 개조하자는 계획 같은 터무니없는 제안들이 있었다. 그리고 이런 철거로 좋아지는 영역도 생겼다. 고고학자 로돌포 란차니의 감독 아래 콜로세움의 대청소가 이루어졌고 판테온은 로마인들이 '나귀 귀'라고 부르는 17세기 종탑 2개를 포함하여 다시 한번 증축물을 철거했다. 개발로 많은 것을 잃어버린 반면 많은 것이 발견되기도 했다. 1880년대 후반까지 192개의 대리석 조각상이 266개의 흉상과 두상, 1,000개의 명문, 3만 6,000개 이상의 동전과 함께 발굴되었다. 마침내 뒤늦게서야 로마의 유물이 적절한 보호를 받게 되었다. 제1차 세계대전 직전에 사회주의 성향의 로마 시장 에르네스토 나탄은 마르켈루스 극장, 디오클레티아누스 욕장 그리고 포르티코 도타비아를 개발 제한 건물로 지정했고 포로 로마노, 팔라티노 언덕과 인근 지역을 고고학 공원으로 바꾸었다.

로마의 광대한 넓이와 함께 1840년대와 완전히 달라진 것은 정치적 전시였다. 19세기 초 로마는 성당, 가톨릭 기구, 교황 휘장과 길모퉁이의 성모마리아와 예수의 형상 등이 가득 들어찬 교황의 도시였다. 1930년대 후반에도 이런 것들이 여전히 존재했지만, 그와 함께 교회가 혐오하는 모든 것을 기념하는 상징들로 구성된 새로운 층위가 생겨났다. 1870년 이후 로마를 통치한 자유주의 정부는 교황청과 냉전을 치르면서 그들의 새로운 수도를 거대한 선전 극장으로 만들었다. 통일된 왕정 이탈리아는 로마시를 가로지르는 새로운 주요 거리를 만듦으로써 자축했다. 이 거리에는 베네치아 광장에서 테르미니 철도역까지 이어진 나치오날레 거리, 1870년 왕의 군대가 성벽을 통해 침입한 지점에서 퀴리날레궁으로 연결된 세템브레 XX(9월 20일, 이탈리아 통일이 완성된 날) 거리, 그리고 비토리오 에마누엘 2세 거리가 있었다. 과거 교황들과 로마의 나폴레옹이 되려는 정복자들의 꿈이었던, 바티칸에서 강 건너 미로 같은 도로들을 가로지르는 이 비토리오 에마누엘 2세 거리는 마침내 로마를 테베레강에서 코르소 거리의 시작점까지 횡단할 수 있게 만들었다. 이런 정비 사업은 철거가 수반되었지만, 피해를 최소한으로 줄이기 위해 이리저리 둘러감으로써 훌륭한 건물들을 보존했다.

교황청으로서는 분노할 일이지만, 로마의 중심지에는 여러 비가톨릭 성당들이 자리 잡고 있었다. 바부이노 거리에 알 세인츠 성공회 성당, 나치오날레 거리의 성벽 안에 산 피에트로 미국 성공회 성당, 베네치아 광장과 가까운 곳에는 한때 이교도로 몰려 신도들이 화형당한 적이 있는 발도파 성당이 있었다. 로마는 고대에 그러했듯 조각상으로 가득 찼고, 교황에 반기를 든 인물들의 동상은 거의 빠지지 않았다. 트라스테베레에 가면, 자유주의 정치인뿐 아니라 사제들의 조롱을 서슴치 않았던 19세기 초 로마의 방언 시인 주세페 조아키노 벨리를 기념하는 동상도 있었다. 교황 통치에 대한 시민 저항의 고대 중심지인 카피톨리노 언덕에는 불안정한 14세기에 새로운 로마공화국의 건국을 꿈꿨고, 현재는 국민 영웅으로 재탄생한 콜라 디 리엔초의 동상이 있었다. 캄포 데 피오리에는 1600년 교황 클레멘스 8세에 의해 바로 그 자리에서 화형을 당했던 철학자 겸 수학자인 조르다노 브루노의 동상이 있었고, 좌대에 붙어 있는 명판에는 존 위클리프에서 얀 후스에 이르기까지 교황청과 싸운 유명 인사들의 이름이 적혀 있었다.

가리발디와 그의 의용군이 싸운 자니콜로 언덕은 1849년 전투의 광활한 야외 성지가 되었다. 언덕 주변에는 에밀리오 단돌로 거리, 에밀리오 모로시니 거리, 아우렐리오 사피 거리처럼 이 전투에 참여한 사람들의 이름을 따서 지어진 거리가 많았다. 가장 유명한 곳은 언덕을 구불구불 기어오르는 가리발디 거리였다. 언덕 정상의 가리발디 광장 주변에는 이탈리아 통일을 위해 싸운 수십 명의 흉상이 있었고, 광장에는 자신의 트레이드마크인 펠트 모자와 판초 차림으로 로마를 응시하는 가리발디의 거대한 기마상이 있었다. 조금 떨어진 곳에는 장식용 등대가 이탈리아 국기의 녹색, 흰색, 붉은색을 번쩍였고, 정오마다 발사되는 대포는 국방의 필요성을 로마 사람들에게 일깨웠다. 교황들의 분노를 부추기기라도 하듯이 가리발디와 그가 탄 말의 뒷모습이 바티칸궁의 창문에서 선명하게 보였다.

그러나 자니콜로 언덕이 이탈리아 통일 운동가들의 승리에 대한 로마 최대의 헌사는 아니었다. 훨씬 더 인상적인 것은 가리발디와 그의 말이 바라다보는, 거대하고 눈부시게 하얀 비토리아노 또는 비토리오 에마누엘레 2세의 기념관이었다. 이 기념관은 베네치아 광장을 내려다보며 카피톨리노 언덕의 북쪽 비탈을 통째로 집어삼켰다. 비토리아노를 혐오하는 로마인이 많았지만(사람들은 웨딩케이크나 타자기라고 불렀고, 호화로운 공중변소라고 부르기도 했다), 비토리아노를 만들기 위해 파울루스 3세의 탑과 아라코엘리에 있는 산타 마리아 교회의 회랑을 포함한 광범위한 철거가 수반되었다. 26년간의 계획과 공사 끝에 1911년에 문을 연 비토리아노는 폭이 135미터, 높이는 70미터였다. 비토리아노는 이탈리아의 각 지방을 대표하는 16개의 커다란 동상과 비토리오 에마누엘레 2세의 거대한 기마상을 떠받쳤는데, 이 기마상은 제작에 참여한 21명의 사람이 말 안에서 테이블에 앉아 베르무트를 한 잔씩 하는 사진이 유명할 정도로 지나치게 거대했다. 의도한 대로, 비토리아노는 강 건너에 있는 산 피에트로 대성당과 동일한 규모의 방대함으로 응수한 셈이었다.

교황에 대한 사람들의 경멸은 기존의 것을 없앰으로써도 표출되었다. 중세의 뒤죽박죽이던 주택과 골목 그리고 게토의 안마당이 사라져 있었다. 게토는 19세기 초에 추가된 작은 구역을 제외하고는 1880년대에 철거되어 고층 아파트 블록과 우뚝 솟은 새 유대교 회당으로 대체되었다. 유대 로마인은 습관적으로 게토나 그 가까이에 사는 사람이 많긴 했지만, 게토가 사라지는 것을 대체로 환영했다. 대다수가 그들을 해방시킨 새로운 민족국가의 강력한 지지자들이었고, 그 국가 아래서 수만 명에 불과한 이탈리아의 소수 유대인 인구는 특히 정치와 군대같이 이전에 배제되었던 직종에서 번성했다. 1910년 로마는 유대인 시장 에르네스토 나탄(그의 가족은 마치니가 런던에서 망명 생활을 하는 동안 그를 도왔고, 에르네스토가 젊었을 때 이탈리아로 이주했다)을 시장으로 선택했다. 1910년은 또한 이탈리아의 유대인 총리 시드니 손니노의 뒤를 이어 역시나 유대인인 루이지 루차티가 총리직을 계승한 해였다. 5년 후 이탈리아가 제1차 세계대전에 참전했을 때에는 유대인 제독과 장군이 각각 3명, 15명이 있었다. 그러나 1930년대 후반 무렵 유대 로마인들의 삶은 크게 바뀌었다.

로마의 또 다른 변화는 강변이 사라진 것이다. 이번에는 교황에 대한 경멸이 표출된 것이 아니라 로마에서 재앙과도 같은 홍수 피해를 없애려는 실질적인 조치였다. 1870년 12월 마지막 날에 홍수가 들이닥쳤고, 교황 비오 9세는 이것이 그의 왕국을 점령한 것에 대한 신의 심판이라고 고소하게 생각했다. 가리발디는 이탈리아 상원의원으로서, 타락한 이탈리아인들을 바로잡기 위한 대규모 프로젝트에서, 홍수로 불어난 물의 방향을 바꾸기 위한 테베레 수로 건설을 제안하며 대책 논의에 참여하게 되었다. 그는 또 신생 이탈리아를 축하하는 대규모 군사 퍼레이드를 벌일 수 있도록 테베

↑ 비토리오 에마누엘레 2세 기마상.

↓ 비토리오 에마누엘레 2세 기마상은 말 내부에 테이블을 두고 둘러앉을 정도로 거대하다.

레강 복개를 촉구했다. 제안에 따라 만들어졌을 배수로가 로마에 좋은 영향을 주었을지는 모르지만, 그의 뜻대로 되지 않은 것이 오히려 잘된 일인지도 모른다. 그 대신 런던과 파리의 선례를 따라 강 양쪽에 높은 제방이 건설되었다. 로마는 홍수로부터 안전해졌지만 그에 따른 대가를 치렀다. 아우렐리아누스 성벽의 강변 구역이 교회 3개, 극장 1개, 궁전 4개와 함께 사라졌다. 그러나 가장 큰 희생자는 물가에 닿아 있는 집들이 강 위에 늘어서 있는 로마의 꿈 같은 강기슭이었다.

파괴로부터 새로운 로마가 탄생했다. 1870년부터 1915년까지 45년 동안 자유주의 통치하에서 로마는 기념비적인 새로운 법정과 국립 은행, 육군사관학교와 수많은 부처가 들어서면서 유럽의 수도로 다시 태어났다. 옛 도시 성벽 밖의 로마에는 오스티엔세 거리에 새로운 발전소가 있었고, 이곳을 15개의 새로운 요새와 3개의 포병대가 지켰다. 새로운 스포츠 협회, 경마 트랙, 심지어 벨로드롬까지 있었다. 무엇보다 로마는 새로운 주택으로 가득 차 있었다. 1880년대 후반 이미 새로운 아파트 단지가 3,000개 이상이나 들어서면서 일련의 새로운 구역들을 형성했고, 이곳의 광장들은 (당연히) 새로운 이탈리아를 기리기 위해 카부르(Cavour, 이탈리아 통일 운동의 핵심적인 역할을 한 정치인으로 자유주의 및 독립주의 신문 《일 리소르지멘토》[Il Risorgimento]를 창간했고, 샤르데냐왕국의 수상으로서 이탈리아 독립전쟁에서 오스트리아군을 격파하며 국가 통일 달성에 기여했다—옮긴이) 광장, 마치니 광장 그리고 리소르지멘토(Risorgimento, '부흥'을 뜻하는 단어로 19세기에 일어난 이탈리아의 통일 및 독립 운동을 의미한다. 카보르가 1847년에 발간한 《일 리소르지멘토》에서 유래했다—옮긴이) 광장으로 이름이 지어졌다. 길거리 계획조차도 정치와 관련될 수 있었다. 새로운 주거 지역인 프라티(Prati)는 바티칸 바로 옆에 지어졌지만 현지 주민들은 바티칸시가 거의 보이지 않는다고 지적했다. 이들은 창의적인 개발자들이 대부분의 거리가 산 피에트로 대성당과 바티칸을 가리키지 않도록 설계했기 때문에 건물주의 옥상에서 빨래를 하는 하인들을 제외하고는 바티칸 시가 거의 보이지 않았다고 주장한다.

그러나 이 모든 것은 1930년대 로마를 가득 메운 석조물을 통한 선전의 일부분일 뿐이었다. 자유 로마가 과거의 건물과 조화를 이루도록 합리적으로 설계되었다면, 그다음 단계의 로마에서는 그런 조화가 이루어지지 않았다. 장식 없는 창문이 달린 단단한 전면부와 밋밋한 기둥을 지닌 건물들이, 언뜻 막사 같은 모습으로 지어졌다. 그럴 만한 까닭은 이 건물들이 이탈리아 제1차 세계대전 참전 용사 세대가 촉발한 운동인 파시즘에 의해 만들어졌다는 점이다.

파시스트의 도시 로마는 주로 베니토 무솔리니에 의해 만들어졌기 때문에 그에 대해 알아볼 필요가 있다. 그는 이탈리아 북동부 에밀리아-로마냐의 조용한 마을 프레다피오 바로 외곽의 작은 마을에서 자라났다. 어머니는 독실한 가톨릭 학교 선생이었고,

아버지는 때로는 대장장이로 일하다가, 때로는 술주정뱅이 바람둥이에 게으름뱅이로 지냈으며, 급진파 정치에 빠져들었다. 베니토는 아버지의 뒤를 따랐지만 훨씬 더 큰 성공을 거두었다. 강한 카리스마에 자기중심적인 성격으로 언제나 야심만만했던 그는 동료 학생들을 칼로 찌른 혐의로 두 학교에서 퇴학을 당했다. 정치 언론과 웅변에 재능이 있던 그는 이탈리아 사회주의당의 떠오르는 스타였고, 당 기관지 《아반티》의 편집장이 되었으나, 이후 제1차 세계대전으로 정치 성향을 바꾸었다. 전쟁이 발발한 직후 이탈리아가 여전히 중립적인 위치였을 때, 그는 평화주의와 사회주의를 버리고 (아마도 영국 정보기관의 자금 지원을 받아) 이탈리아인들에게 오스트리아와 독일에 대항하여 연합군에 합류할 것을 촉구했다. 2년 동안 별다른 두각을 나타내지 않고 전쟁에서 복무한 후, 그는 강력한 정치 세력으로 부상할 수 있는 이탈리아의 사회 요소로서 전선에서 돌아와 가족들이 어렵게 살아가고 일자리가 사라진 것을 알고 난 뒤 분개한 재향군인들에 주목했다. 무솔리니는 그들에게 트린체로크라치아(trincerocrazia), 즉 참호 정치라는 새로운 엘리트로서의 권력을 장악할 것을 촉구했다. 무솔리니는 이들을 그의 옛 사회주의 동료들에 대항하도록 이끌었다.

재향군인회 대원들이 좌익 시위와 파업을 폭력으로 해산시키면서 무솔리니는 그를 볼셰비키 혁명에 대한 최선의 방어책으로 여긴 이탈리아 부유층의 총애를 받게 되었다. 1922년 10월 28일, 부유층의 도움으로 파시스트 대원들이 '로마 진군'으로 수도로 내려오면서 그는 국가 지도자가 되었다.

급진적이던 초창기의 무솔리니는 로마에 거의 신경을 쓰지 않았고, 로마는 "여자 토지 소유주, 구두닦이 소년, 매춘부, 관료로 가득 찬 기생 도시"[4]라고 언급하기도 했다. 로마인들은 이런 '찬사'를 무시했고 파시즘이 그들을 압도할 만큼 세력이 커지기 전까지 그에 대해 거의 관심을 보이지 않았다. 그러나 1922년부터 로마는 그의 수도이자 본거지로서 무솔리니의 우선 관심사에 들어가게 되었다. 앞서간 많은 황제나 교황처럼 그는 로마를 파시스트 시대의 유산으로, 다시 말해 후세에 전해질 그의 사상의 전시물로 만들 작정이었다.

당연히 이런 변신에는 상당한 파괴가 수반되었다. 무솔리니는 로마의 중세와 르네상스, 특히 고대처럼 이탈리아가 세계의 주요 세력이었던 시대에서 전해 내려온 유산 보존에 관심이 있었다. 그는 국가가 쇠퇴하던 바로크 시대에는 별로 관심이 없었으며 자유주의 시대의 것은 무엇이든 단호하게 경멸했다. 그의 눈에 자유주의는 무질서하고, 이기적이고, 나약하고, 나태하고, 부도덕하고 퇴폐적인 경멸해야 할 것이었고, 파시즘은 자유주의 통치의 반대였다. 그는 그에게 19세기는 개인의 시대였고, 20세기는 집단주의와 국가의 승리가 도래할 시대였다. 자유주의자들이 로마를 교황에 대항하는 선전 무기로 만들었다면, 무솔리니는 로마를 심지어 사람들의 집이라는 면에서 자유주의에 대항하는 무기로 사용했다. 자유주의 시대의 로마인들은 좁고 구불구불한 거리의 어둡고 낡은 먼지투성이 건물에서 살았다. 파시스트 로마인들은 넓고 곧은 길 옆에, 공기와 빛으로 가득한 아파트에서 살 것이고, 그런 삶은 그들을 강인하고 역동적인 사람으로 재탄생시키는 데 도움이 될 것이었다(몇몇 새로운 대로는 로마의 만성적인 교통 문제를 완화시키는 데에도 도움이 될 것이었다).

1926년 4월 21일, 로마의 2,679번째 생일에 철거가 시작되었다. 결코 촬영 기회를 놓칠 사람이 아니었던 무솔리니는 앞으로 몇 년 동안 친숙한 광경이 될 곡괭이를 든 모습으로 나타나 직접 철거 과정을 시작했다. 그의 목표는 마르켈루스 극장 바로 옆에 있는 몬타나라 광장 주변이었다. 이곳은 그림 같은 경치를 찾는 19세기 관광객들이 즐겨 찾던 장소이자, 1920년대 당시에는 로마의 그런 면을 여전히 찾아볼 수 있는 몇 안 되는 장소 중 하나였다. 또한 시골 사람들이 모여 일당을 벌 일거리를 찾고, 상인들이 옛날 동전을 거래하고, 대서인들이 문맹 고객에게 야외에서 편지를 써주는 곳이었다. 요컨대 몬타나라 광장 일대는 파시스트가 이 나라를 하인들의 땅으로 만들었다고 비난하는 관광객들에게 고풍스러움으로 사랑받는 곳이자 퇴보하는 이탈리아를 상징하는 곳으로서 무솔리니가 혐오하는 모든 것의 집합체였다.

몬타나라 광장 철거는 과거의 굴욕을 되돌리기 위해서만은 아니었다. 이것은 로마에 대한 무솔리니의 모든 커다란 계획처럼 실업을 완화하기 위한 것이었고, 철거 작업을 기계가 아닌 사람으로 진행하여 더 많은 일자리를 창출했다. 철거된 지역은 또 새로운 대로인 마레 거리의 첫 번째 구간을 위한 부지가 되어 최종적으로 로마의 중심부에서 바다까지 쭉 이어질 것이었다. 이 대로는 교통 체증을 완화할 뿐만 아니라, 로마인들이 바다를 바라보게 함으로써 다시 한번 세계를 정복하는 민족이 되도록 고무하기 위한 것이었다. 이 대로를 통해 로마인들은 해변에서 햇볕과 공기, 건강한 운동을 즐길 수 있었다. 마지막으로는 이 철거로 로마인들은 과거에서 영감을 얻을 수 있게 되었다. 마르켈루스 고대 극장과 야누스 아치, 여러 신전, 중세 성당인 벨라브로의 산 조르조 모두가 철거를 통해 수 세기 동안 사라졌다가 출현하기라도 하듯이 하나씩 인상적으로 나타났다.

어떤 보물이 있든 상관없이 파시스트 당국으로부터 이웃이나 빈민촌으로 불렸던 많은 곳이 몬타나라 광장과 같은 길을 걸었다. 1932년에 두 번째로 큰 간선도로인 몬티 거리에서 공사가 시작되었고 로마인들이 신선한 공기를 마실 수 있는 언덕들과 연결되었다. 몬티 거리의 첫 번째 구간인 폭이 넓은 임페로 거리는 깃대와 황제 상이 늘어서 있고, 낮은 산등성이를 가르고 인근 지역을 통째로 파괴하며, 낡은 고대 포룸들을 가로질렀다. 막시무스 바실리카가 새롭게 모습을 드러내고 베네치아궁에 있는 무솔리니의 집무실에서 기분 좋게 콜로세움을 볼 수 있게 되었지만 성당과 궁은 침실이 6,000개나 들어 있던 주택과 함께 사라졌다.

1933년까지 거의 10만 명의 로마인이 이런 식으로 집을 잃었지만 철거는 계속됐다. 1934년 무솔리니의 관심은 그가 파시스트 이탈리아인의 모범으로 여겼던 아우구스투스 황제의 무덤에 쏠렸다. 아우구스투스는 입헌정치를 철폐하고 독재 정권을 확립한 인물이므로 일리 있는 선택이었다. 중세 요새, 공중정원, 투우장, 비토리오 에마누엘레의 거대한 기마상 제작 스튜디오, 가장 최근에는 로마의 주요 콘서트 홀 등으로 다양하게 사용된 이 무덤은 땅속에 1,000년 동안 숨겨져 있다가 마침내 세상에 모습을 드러냈으나 기대와 달리 높이가 낮고 훼손 정도가 심해서 사람들에게 실망감을 주었다.

1936년 10월, 이번에는 보르고 차례였다. 곡괭이를 든 무솔리니는 산 피에트로 대성당과 스피나로 알려진 강 사이 좁은 거리의 한 옥상에 나타났다. 이곳의 철거는 파시즘의 가장 위대한 쿠데타 중 하나를 기념하기 위한 것이었다. 1929년에 이탈리아 통치자들과 교황 사이의 악의에 찬 적대감은 라테라노 조약으로 마침내 끝이 났다. 이 새로운 평화를 기념해 넓고 곧게 뻗은 콘칠리아치오네 거리가 건설되었고, 이로써 산 피에트로 대성당의 정면을 멀리서 볼 수 있게 되었다. 이것은 새로운 생각이 아니었다. 프랑스 점령군이 로마를 통과하는 나폴레옹 행렬을 제안했고, 바로크 시대 로마의 대표적인 건축가 베르니니도 같은 제안을 했다. 심지어 베르니니의 시대에도 이 아이디어는 비판받았고, 팔로타 추기경은 넓고 긴 도로의 끝에서 산 피에트로 대성당이 점점 줄어들어 없어질 것이라고 말했다. 그의 말이 분명히 옳았다. 좁은 길을 따라가다 갑자기 산 피에트로 광장의 광활함에 맞닥뜨리게 되는 극적인 감흥이

LA DOMENICA DEL CORRIERE

	NEL REGNO	ESTERO
Anno	L. 15,-	L. 40,-
Semestre	» 8,-	» 21,-

Per le inserzioni rivolgersi all'Amministrazione del *Corriere della Sera* - Via Solferino, 28 - Milano.

Si pubblica a Milano ogni settimana

Supplemento illustrato del "Corriere della Sera"

Uffici del giornale: Via Solferino, 28 - Milano

Per tutti gli articoli e illustrazioni è riservata la proprietà letteraria e artistica, secondo le leggi e i trattati internazionali.

Anno XXXVII — N. 9 3 Marzo 1935 - Anno XIII Centesimi 30 la copia

Il Duce vibra il primo colpo di piccone per liberare l'area destinata alla Mole Littoria che, fra quattro anni, di fronte alle glorie monumentali dell'Urbe, simboleggerà la potenza dell'Italia fascista. (Disegno di A. Beltrame)

4년 뒤 파시스트 이탈리아를 상징하는 기념비 몰레 리토리아가 완공될 현장에서 곡괭이를 휘두르는 무솔리니를 표지로 사용한 《라 도메니카 델 코리에레》 1935년 3월 호.

↑ 1944년 올림픽 개최지로 선정되고자 1928~38년에 건설된 스포츠 복합단지 포로 무솔리니(현 포로 이탈리코)의 전경.

↓ 아우구스투스의 영묘 유물을 전시하기 위해 건립된 '아라 파키스'는 무솔리니 시절의 대표적인 건축물이다. 1938년 비토리오 발리오 모르푸르고가 설계했고 2000년에 철거되었다.

사라졌다. 이런 패턴이 로마시 전역에서 되풀이되었다. 프랑스 작가 앙드레 지드는 파시즘하에서 로마가 웅장해졌지만 그 매력은 사라졌다고 평했다. 예전에는 모든 것을 일일이 찾아보아야 했으나, 이제는 모든 것이 분명히 드러나 있었다.

무솔리니가 한 모든 일이 로마에 해를 끼친 것은 아니었다. 고대 로마에 대한 그의 열정으로 보존된 유물들도 있었다. 예를 들어 지금의 라르고 아르젠티나 광장에 있는 공화정 시대 신전 유적은 개발로 인해 사라지기 직전에 위기를 넘겼다. 옛 키르쿠스 막시무스를 덮었던 고철 더미, 파스타 공장과 함께 비오 9세의 가스 공장 철거를 아쉬워하는 사람은 없었다. 고대 로마의 가장 훌륭한 부조 일부가 있던 아우구스투스의 평화의 제단(아라 파키스)이 복구된 것도 무솔리니 덕분이었다. 로마를 방문한 사람들은 고대 건물들을 더 선명하게 볼 수 있다는 점을 만끽했고, 한편으로 일부 파시스트 건물들은 일종의 극명한 아름다움을 지니고 있었다. 그러나 로마는 재개발로 인해 과거 여러 시대의 층이 겹겹이 쌓이면서 만들어내던 도시의 질감을 잃었다. 가지런하던 풍경도 많이 흐트러졌다. 무솔리니가 옛 보물들을 드러내기 위해 여러 지역을 철거하면서 로마는 빽빽이 들어선 좁은 거리들 사이로 삭막한 빈 공간들이 듬성하게 생겨났다.

철거 후에 새로운 것들이 생겨났다. 1930년대 후반 로마에는 파시스트 다리들과 대학 1개, 우체국 4개, 정부 부처의 건물들이 새롭게 들어섰다. 그중에는 베네토 거리에 있는 자본주의 착취와 마르크시즘의 계급 증오에 대한 파시스트의 대응이었던 기업부도 있었다. 아비시니아 정복 이후 키르쿠스 막시무스 옆에 짓기 시작한 새로운 아프리카부 앞에는 악숨에서 빼앗은 고대 에티오피아 오벨리스크가 서 있었다. 로마 전역에 최고 10층 높이의 새 아파트 단지들이 세워졌고, 그곳에서 공기와 햇볕을 즐길 수 있었다. 새로운 학교들도 생겨나 로마 청소년들에게 제1차 세계대전에서 이탈리아의 승리와 파시즘의 업적을 가르쳤다. 아벤티노 언덕에 있는 한 학교는 이탈리아 전체의 표상이던 학교 교사 무솔리니의 어머니 이름을 따서 지어졌다.

파시스트 청년 단체인 GIL을 위한 새로운 시설들이 생겼다. 특히 트라스테베레에 있는 포르테세 성문 옆의 호화로운 복합건물에 포함돼 있던 극장 벽에 다음과 같은 슬로건이 선명하게 새겨져 있었다. “반드시 이겨야 하지만 무엇보다도 싸워야 한다.”(NECSSARIO VINCERE PIV NECESSARIO COMPATTARE) 이곳에서, 그리고 그들의 학교에서 로마 청소년들이 유니폼(보이스카우트와 걸가이드운동의 유니폼과 흡사했는데, GIL에서 이들 단체를 모델로 삼아 만들었다)을 입고 매주 토요일 오후에 모여 애국적인 슬로건을 외치고, 그들의 통솔(duce)인 무솔리니에게 충성을 맹세하고, 건강체조에 참여하고, 남학생의 경우 군사훈련을 받았다. 좀 더 운이 좋았던 GIL 회원들은 스키와 승마를 했고, 여름 캠프에 참여해 산이나 바다에서 시간을 보냈다. 그리고 물론 GIL의 노래인 발릴라(Balilla) 찬가도 불렀다.

작은 늑대들과 독수리들 위로
사르데냐의 드러머처럼
네 영혼이 가슴 속에서 고동치게 하라.
미덕이 넘치는
이탈리아 국기가 펄럭이고
너는 그 펄럭임의 일부
자랑스러운 눈과 빠른 발걸음

매년 5월 이탈리아 전역에서 수만 명의 GIL 회원이 밀비오 다리 옆의 둑스 캠프에 모여 일주일 동안 경쟁하면서 이기주의를 뒤로 하는 법을 배웠고 파시스트의 집단주의에 빠져들었다. 가장 운이 좋은 2만 5,000명은 무솔리니 앞에서 콜로세움을 지나가는 퍼레이드에 참가했다. 마리오 언덕 아래에 운동으로 건강을 유지하려는 성인들이 모이는 포로 무솔리니가 있었다. 포로 무솔리니는 거대한 복합건물로 올림픽 테니스 경기장, 이탈리아 올림픽 위원회 본부와 마리오 언덕 비탈의 일광요법 캠프가 있었다. 복합건물 내 주경기장 마블 스타디움은 각각의 동상이 이탈리아 도시를 상징하는 64명의 운동선수 동상으로 둘러싸여 있었다. 가장자리에는 이탈리아 북서부 지역 도시인 카라라의 대리석 300톤으로 만든 20미터 높이의 오벨리스크가 서 있었고 거기엔 볼드체 대문자로 "무솔리니 둑스"(MUSSOLINI DUX)라고 적혀 있었다. 그러나 포로 무솔리니의 상당 부분은 (무솔리니의 많은 프로젝트와 마찬가지로) 1930년대가 끝나갈 무렵 미완성 상태로 남아 있었다. 새로운 국가 파시스트당 본부인 카사 리토리아는 아직 공사 중이었고, 조각상은 그와 마주하게 될 오벨리스크보다 2배 반이나 높게 세울 계획으로 막 공사가 시작된 상태였다. 파시즘을 상징하는 조각상의 머리는 이미 완성된 상태였는데, 무솔리니와 매우 닮아 있었다.

파시즘하 로마는 자연스럽게 파시즘과 관련한 전시물의 도시가 되었다. 이 중 첫 번째인 '파시스트 혁명 전시회'(Mostra della Rivoluzione Fascista)는 1932년 10월 로마 진군 10주년을 기념하여 문을 열었고, 그 전시실을 통과하는 모든 사람을 진정한 신자로 변화시키도록 고안된 파시즘이라는 일종의 새로운 종교의 신전과 같았다. 이 전시회가 열린 건물인 니치오날레 거리에 있는 팔라초 델레 에스포시치오니는 아이러니하게도 멸시받는 자유 이탈리아 시대의 것으로, 그 실제 전면부는 4개의 거대한 금속 파스케스를 기둥으로 한 가짜 전면부로 가려져 있었다. 내부 인테리어는 파시즘의 짧은 역사를 설명해주었고, 벽에 7미터 높이의 십자가와 전등 1,000개를 설치해 어슴푸레하게 불을 밝힌 순교자들의 홀에서 절정을 이루었다. 영국인 도보 여행자 롤랜드 G. 앤드류는 열렬한 파시스트였는데, 이 전시회에 받은 감명을 이렇게 기록했다.

> 황혼 녘에 작은 페넌트들이 그곳에 걸려 있었다. 각각의 페넌트에는 'presente'(현재)라는 글자와 조국의 심장을 갉아먹는 국제적 질병으로부터 조국을 구하기 위해 죽

↑ 파시스트 혁명 전시회가 개최된 팔라초 델레 에스포시치오니.

↓ 대형 십자가와 수많은 전등으로 완성한 파시스트 혁명 전시회의 순교자들의 홀.

> 은 남자의 이름이 적혀 있었다. 멀리서 대의를 위해 목숨을 바친 사람들을 기리는 조비네차(Giovinezza, 922년부터 1943년까지 이탈리아왕국의 국가—옮긴이)의 선율이 잔잔하게 들려왔다. 그러나 고인들은 그들의 피로 신성해진 새로운 이탈리아의 기억 속에 여전히 거룩한 존재로 남아 있다.[5]

약 500만 명의 방문객이 이 전시회를 관람했지만, 일부는 이념보다는 값싼 로마 여행을 즐길 기회에 더 끌렸을 것이다. 전시회 마지막에 주는 확인 도장이 있으면 기차표값의 70퍼센트를 환불받을 수 있었다. 1932년 파시즘을 조롱하기 위해 이탈리아에 온 프랑스의 좌익 작가인 시몬 드 보부아르와 장폴 사르트르까지 뻔뻔하게 할인 혜택을 받았다.

몇 년 동안 계속된 파시스트 혁명 전시회는 그 존재 과시와 함께 파시스트의 집착이 시작되는 출발점이었다. 키르쿠스 막시무스는 가스 공장과 파스타 공장을 철거한 후 파시스트 여성운동, 건강한 파시스트 육아법, 이탈리아 전국의 광물, 이탈리아의 섬유산업, 파시스트의 일과 후 여가활동 조직 등을 다루는 일련의 파시스트 전시장이 되었다. 1937년 9월 23일(아우구스투스 황제의 2,000번째 생일)에 무솔리니는 아우구스투스와 로마인다움에 관한 전시회를 열었다. 군국주의적이고 고도로 안무화된 개회식에서 무솔리니는 살아 있는 독수리를 선물로 받았다. 바로 같은 날,

두 번째 파시스트 혁명 전시회가 국립현대미술관을 주축으로 도시 전체에서 열렸다. 그러나 가장 큰 전시회는 아직 열리지 않았다. 1930년대 후반, 로마에서 남쪽으로 몇 킬로미터 떨어진 곳, 즉 파시즘 20주년인 1942년을 기념해 E-42로 지정된 지역에서 어마어마한 크기의 파시즘 상설 전시회를 개최하기 위한 작업이 개시되었다.

파시스트들은 전시뿐만 아니라 대규모 대중 모임에 강한 집착을 보여서 로마는 행렬과 시위로 가득 차게 되었다. 로마를 가로질러, 특히 콜로세움과 베네치아 광장 사이의 넓은 임페로 거리를 따라 군사 퍼레이드가 벌어졌다. 엄청난 인파가 베네치아 광장으로 몰려들어 무솔리니의 캠페인에 갈채를 보냈다. 그의 캠페인에는 이탈리아 인구를 늘리도록 독려하기 위한 출생 전투, 이탈리아의 밀 생산량을 늘리기 위한 곡물 전투, 통화 가치를 회복하기 위한 리라 전투, 폰티네 습지의 배수와 말라리아 퇴치 프로젝트, 새로운 이탈리아 제국을 건설하기 위한 아비시니아 침공 그리고 (국제연맹이 이탈리아에 제재를 가하며 대응해왔을 때) 경제적 자급자족을 위한 운동 등이 있었다.

파시즘은 로마 도처에 있었다. 건물에 새겨진 파스케스와 독수리에 있었고 포스터의 슬로건("무솔리니는 항상 옳다! 파시스트들은 엘리베이터를 타지 않는다!")에도 있었다. 무엇보다도 파시즘은 무솔리니의 얼굴에 있었는데, 1930년대 후반까지 그에 대한 숭배가 종교나 다를 바 없어서 그는 성자, 영화배우, 슈퍼히어로처럼 여겨졌다.

그가 스크린에 등장하면 관객들은 일제히 일어섰다. 무솔리니는 자신이 이탈리아 국민들을 감시하면서 거의 잠도 잘 필요가 없는 일종의 기계로 다시 태어났다고 주장하면서 사무실, 상점, 미용실, 담배 가게, 철도 대기실 등의 벽에서 내려다보았다. 무솔리니의 수십 가지 다양한 포즈를 담은 엽서도 판매되었다. 엽서에는 연설가 무솔리니, 프록코트를 입은 무솔리니, 제복을 입은 군인 무솔리니, 요트맨·파일럿·승마자 무솔리니, 스포츠카를 운전하는 화려한 차림의 무솔리니, 장애물을 뛰어넘는 무솔리니, 밀을 수확하거나 칼라브리아에서 나무를 심는 시골의 무솔리니, 야수를 쓰다듬는 겁 없는 무솔리니, 바이올린을 연주하는 교양 있는 무솔리니, 로마에 진군하며 역사를 남기는 무솔리니, 또는 단순히 로마식 경례를 하는 파시스트 무솔리니 등의 모습이 담겨 있었다. 프랑스의 소설가 겸 저널리스트 앙리 베로는 "어디를 가든, 무엇을 하든, 그의 시선이 모든 곳에서 당신을 따라다닌다. [···] 무솔리니는 신처럼 어디에나 있다"[6]라고 말했다.

로마의 시간도 파시스트가 되어 있었다. 새로 지어진 기념관들에는 이제 두 종류의 날짜가 있었다. 하나는 익숙한 기독교 날짜이고, 또 하나는 훨씬 짧은 파시스트의 해(Anno Fascista)를 뜻하는 A. F. 날짜로 무솔리니가 권력을 잡은 1922년이 이탈리아 0년이었다. 로마의 달력 역시 파시스트였다. 로마의 큰 휴일인 사육제가 사라졌다. 공공장소에서 화려한 드레스를 입는 것은 불법이 되었고 오래된 축제의 유일한 흔적은 코르소 거리가 사순절 전에 좀 더 붐비게 되었다는 것뿐이었다. 1930년 로마가 정복되고 나라가 완전히 통일된 날인 9월 20일을 기념하는 자유와 리소르지멘토(이탈리아 통일 운동)의 핵심 휴일이 조용히 취소되었다. 대신에 새로운 시민 경축일로 3월 23일(1919년 밀라노에서 파시스트 운동이 결성되었을 때), 4월 21일(로마의 건국 기념일), 11월 4일(비토리오 베네토에서 이탈리아가 거둔 제1차 세계대전 승리), 그리고 당연히 10월 28일(로마 진군 기념일)이 추가되었다.

그러나 파시스트는 그들만의 휴일 원칙이 없었다. 성탄절과 부활절을 지켰을 뿐 아니라, 1925년 비오 11세 재임기에 성당은 그리스도 왕 대축일을 홍보했다. 그런데 이 행사는 새로운 반사회주의 의식으로 그 축일이 10월의 마지막 일요일이어서 로마 진군 기념일과 비토리오 베네토 전투 기념일과 완전히 겹쳤다. 파시스트 혁명 전시회가 한창이던 1933년 부활절에 비오 11세는 예수의 1,900주기를 기리기 위해 특별 성년을 선언하며 자신의 군중을 불러들였다. 또한 교황청은 파시즘이 건설한 새로운 도시 지역에 대형 성당들을 새로 지으며 건축을 통해서도 경쟁했다.

'전체주의'는 파시스트 이탈리아가 만들어낸 용어이지만, 이탈리아는 파시스트들이 좋아했을 만한 전체주의 국가는 결코 아니었다. 무솔리니는 처음부터 다른 지도자 2명과 함께 이탈리아들을 공유해야 했다. 국왕은 정치적으로 뒷자리에 앉는 것에 만족했지만 군대와 경찰에 그에게 충성심을 갖고 있는 지지자가 많았다. 바티칸과의 화평은 많은 이탈리아인에게 파시즘의 인기를 높여주는 한편, 가톨릭교회가 더 많은 것을 요구하고 있다는 의미였다. 화해 이후 교황청이 무솔리니에게 처음 요구한 사항들 중 하나는 바티칸에서 너무나 거슬리는 가리발디 동상의 철거였다. 누가 힘이 더 센지 보여주기로 작정한 무솔리니는 이를 거절하고 설상가상으로 가리발디의 아내 아니타의 동상을 새로 추가했다. 아니타는 달리는 말 위에서 한 손에는 권총을, 다른 손에는 아기를 안고 영웅적인 포즈를 취했다.

무솔리니는 로마를 일종의 거대한 벽돌과 돌로 된 기계로 보았는데, 이 기계는 파시즘을 세계에 찬양하고 이탈리아인들을 공격적인 정복 민족으로 개조하도록 돕는 두 가지 기능을 가지고 있었다. 그의 노력이 얼마나 이탈리아인들을 변화시켰는지는 후에 살펴보겠다. 파시스트 로마가 외국인들에게 준 인상에 대해서는 판단을 내릴 만한 외국인이 비교적 적었다. 1930년대에는 외국인들이 눈에 잘 띄지 않았는데, 당시 로마가 우리가 살펴본 대부분의 시대보다 덜 국제적인 도시였기 때문이다. 로마에는 이민자가 많았지만 거의 모두 이탈리아인이었고, 대부분이 늘 그랬듯이 로마와 가까운 지방에서 왔다. 1931년에 100만 명의 로마인 중 외국인이 불과 5,000명이었고, 그중 가장 큰 두 그룹은 미국인과 독일인이었다. 영국인 게토는 1840년대의 옛 모습을 거의 찾아볼 수 없었고 약간의 자취만 남아 있었다. 스파냐 광장에는 인근의 바부이노 거리에 있는 성공회뿐 아니라 유니언 클럽, 영국 약국, 윌슨 부인의

파시스트 당의 첫 번째 선전 책자 표지에 등장한 베니토 무솔리니. 그의 얼굴은 프로파간다에 적극 활용되었다.

서점 겸 도서관이 여전히 있었다. 영어권 국가에서 온 로마 거주민들은 이제 필요한 물품 대부분을 로마인이 운영하는 상점에서 구해야 했다. 스파냐 광장은 또한 더 이상 로마 최대의 호텔들이 모여 있는 곳이 아니었다. 1930년대에 가장 호화로운 호텔들(암바시아토리, 엑스첼시오르, 그란드)은 모두 19세기 초에는 존재하지 않았던 베네토 거리에 있었다.

로마가 외국의 작가, 시인, 예술가에게 매력을 잃은 것은 대체로 로마가 성공했기 때문이다. 이미 살펴본 것처럼 로마는 1870년에 이탈리아의 수도가 된 후, 인파와 교통으로 가득 찬 건축 현장이 되었고, 곧 교황 치하의 묘한 매력을 잃어버렸다. 그리고 검은 목요일(1929년 10월 말 뉴욕증권시장에서 일어난 일련의 주가 대폭락 사건—옮긴이) 이후 해외, 특히 이탈리아를 반 년 동안 유유히 돌아다닐 여유가 있는 북유럽인이나 미국인이 거의 없었다. 무솔리니의 이탈리아 통화 가치 상승 운동인 리라 전투 때문에 이탈리아는 값비싼 여행지가 되었다.

단기 관광 역시 고전했다. 비용 문제는 차치하고라도, 일부 방문객들은 파시스트의 선전 탓에 방문을 취소했다. 새로운 파시스트 이탈리아를 보러 오기보다는 고대 유물과 미술품을 찾는 외국인들을 비방했기 때문이다. 일부 과격한 파시스트들은 베데커의 여행 안내서와 코닥 카메라를 들고 다니는 모든 외국인을 국경지역에서 돌려보내야 한다고 주장했다. 심지어 빈곤한 1930년대에 정부가 관광을 장려하던 때에도, 파시스트 정권이 선호하는 방문객들은 파시스트 혁명에 관심을 보인 사람들이었다. 그리고 실제로 그런 이들이 있었다. 영국인 도보 여행자 롤랜드 G. 앤드류 등 많은 사람이 미리 전향했고, 앤드류처럼 방문 기록을 남겨 그들의 새로운 신념 세계를 퍼뜨렸다.

건설 현장들과 교통 체증에도 파시스트 로마는 찬사를 받았다. 그동안 개선된 점을 부인할 수 없었다. 교통이 원활하지 않을 수는 있었지만, 적어도 운전자들은 어떤 도로로 가야 하는지는 명확해졌다. 제1차 세계대전 전에는 내키는 대로 어디로든 운전했다. 로마의 고급 호텔은 비쌀 수는 있지만 흠잡을 데 없이 관리가 잘되어 있으며 객실 가격을 명시해야만 해서 바가지요금이 불가능했다. (1930년 베데커 안내서에는 여전히 짐꾼과 택시 운전사가 요구할 것이라고 적혀 있었지만) 팁을 받는 것이 이제 불법이었다. 로마는 깨끗했고, 새로 설치한 수백 개의 공중화장실 덕분에 더 이상 거리에서 실례하는 모습을 볼 수 없었다. 로마는 기차, 전차, 기차역을 순찰하는 파시스트 민병대로 더욱 안전했고 짐을 빼앗길 위험도 없었다. 매춘부들이 국영 매춘지로 완전히 옮겨간 후로 거리에서 매춘부의 호객 행위도 사라졌다. 가장 주목할 만한 일은 수 세기 만에 처음으로 로마에서 거지가 사라졌다는 점이다. 파시스트 도보 여행가 롤랜드 앤드류는 일주일 내내 한 번도 돈을 달라는 거지를 만나지 않고 로마에서 지냈다.

교통편도 더욱 편리해졌다. 악명 높았던 로마의 도로들이 파시스트 통치하에서 크게 바뀌었다. 철도망도 마찬가지로, 역들이 새로 지어지고 노선들은 새롭고 빨라졌으며 전기를 이용할 수 있었다. 또 열차는 정시에 운행하기로 유명해졌다. 정말 급한 사람들은 항공편으로 로마에 올 수도 있었다. 오스티아에 수상비행기 항구가 개통된 후, 제국항공을 이용하면 불과 27시간 만에 런던에서 로마까지 갈 수 있었다. 1930년 베데커 안내서의 설명에 따르면, 수하물 허용량은 100킬로그램으로 오늘날의 기준으로는 관대해 보일지 모르지만 승객의 무게가 포함된 것이었다.

1930년대 로마는 그 어느 때보다 건강했다. 여전히 결핵과 트라코마가 만연했고, 정기적으로 발진티푸스 전염병이 발생했지만 로마 최악의 재앙인 말라리아는 마침내 퇴치되었다. 개발로 연못과 웅덩이와 물이 가득 찬 항아리 들이 있는 로마의 바로크 공원들이 철거된 덕분에 말라리아는 19세기 말 사라졌다. 무솔리니의 폰티네 습지 배수 캠페인 이후, 1930년대 말 즈음에는 이탈리아 전역이 대체로 말라리아로부터 자유로워졌다. 유럽 대부분 지역에서와 마찬가지로 과거 수 세기 동안 비교적 거의 변하지 않았던 이탈리아인의 기대수명은 사망률이 절반으로 줄면서 1840년대 이후 급증했다.

고대보다 문맹률이 낮아져 로마인 대다수가 읽고 쓸 줄 알았다. 그리고 파시즘 아래에서 삶의 몇몇 분야는 특히 인기가 높았다. 로마의 청소년들은 파시스트의 스포츠 행사와 토요일 오후 파시즘의 스카우트에 해당하는 애국 집회에 적극적으로 참여했다. 성인들은 레저 운동 도폴라보로(dopolavoro, 직장 동호회)를 통해 순

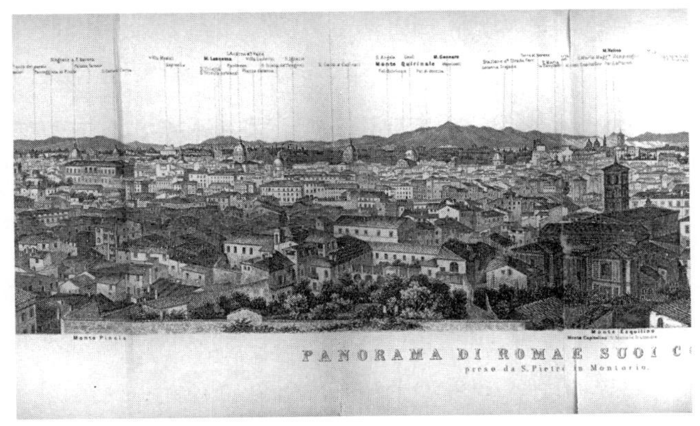

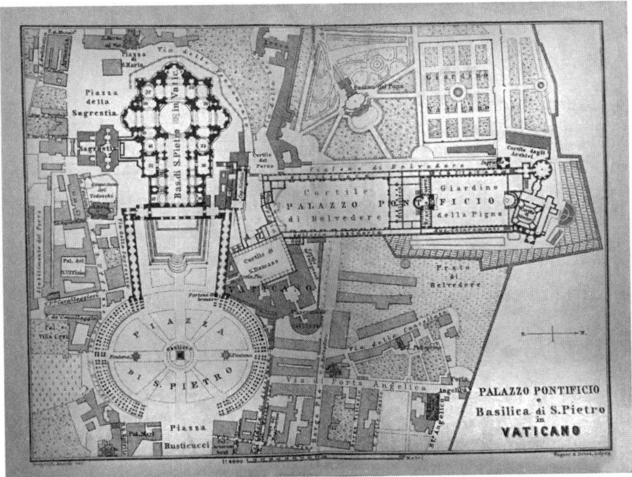

인기 여행서였던 베데커 시리즈 중 1904년에 출간된 '로마와 중부 이탈리아' 편의 표지와 내지 일부. 포폴로 광장부터 캄피텔리의 산타 마리아까지의 구역이 담긴 로마의 파노라마 풍경과 바티칸 지도(가운데).

수한 파시스트로서의 재미를 즐겼다. 호전적인 파시스트 지도자들에게는 마음에 들지 않았겠지만 도폴라보로는 회원들을 세뇌하는 데 이용되지 않았다. 로마인들은 각 지역의 도폴라보로 클럽하우스에서 다트, 카드, 또는 축구를 하고, 라디오를 듣고, 간이 바에서 와인이나 그라파를 마셨고, 영화를 보거나 아마추어 연극 공연도 할 수 있었다. 도폴라보로 휴가에는 버스 문화 관광, 볼룸 댄스가 있는 유람선, 이탈리아의 블랙풀 또는 애틀랜틱시티라고 할 수 있는 아드리아해의 리치오네로 가는 유람 여행 등이 있었다. 이런 여행은 교양 있는 중산층의 비웃음을 샀을지 모르지만 1939년에 거의 400만 명이나 되었던 도폴라보로 회원들 사이에서 엄청난 인기를 끌었다.

파시즘은 안락함을 주기도 했다. 파시즘에 대해 의문을 제기하지 않은 사람들, 특히 가장 많은 혜택을 받았던 중산층에게, 세계는 정부의 엄격한 정보 통제 덕분에 아주 안전하게 느껴졌다. 정치 저널리즘에서 경력을 쌓기 시작한 무솔리니는 이탈리아인들에게 어떤 뉴스가 전해지는지를 몹시 염려했다. 매우 긴급한 정치적 사안에 악영향을 미칠 정도였다. 바티칸에서 발행하는 신문《로세르바토레 로마노》를 제외한 모든 외국 신문이 금지되었고, 이 신문마저 때로는 몰래 팔아야 했다. 비록 대부분의 신문이 파시스트에 의해 직접 통제된 것은 아니었지만, 모든 신문이 정권 초기 몇 년 동안 복종을 강요당했고 신문사 언론인들은 파시스트당에 입당해야 했다. 그들에게 전해지는 정보는 파시스트가 통제하는 단일 통

신사 《아겐치아 스테파니》에서 발표되는 것으로 철저히 제한되었다. 만약 문제의 소지가 있는 뉴스가 나가기라도 하면, 보도하지 말아야 할 사안을 세세히 지정하는 검열 지시가 매일 내려왔다.

이런 모든 노력으로, 이탈리아 뉴스 보도를 통해서만 세계 소식을 접했던 이탈리아인들은 행복하다고 믿으며 살았다. 그들에게 이탈리아는 정치 시위나 범죄가 없는 땅이었고, 부패와 횡령, 열차 충돌도 없는 곳이었다. 그들은 1930년대 대공황에 대한 고통스러운 소식을 듣지 않아도 되었다. 자신의 외교적 선택권이 줄어드는 것을 경계한 무솔리니가 다른 정권들도 존중해주어야 한다고 주장했기 때문에 이탈리아 밖의 소식은 거의 전해지지 않았다. 심지어 파시즘의 적이라고 여겨지던 볼셰비키 러시아도 1936년 무솔리니가 히틀러와 운명을 같이하기 전까지는 비난받지 않았다. 라디오 뉴스는 로마의 60여 개 영화관에서 상영된 뉴스 영화와 마찬가지로 싱거운 내용이었다. 뉴스 영화는 대부분 상영 전에 무솔리니의 직접 검열을 거쳤는데, 보통 해외 소식 한 꼭지와 스포츠 뉴스 두어 꼭지를 전하고 왕실의 일원이나 파시스트 당비서의 동정, 또는 대개 무솔리니 자신이 새로운 캠페인을 발표하거나 선박 건조식과 다리 또는 건물 준공식에 참여하는 것을 보여주었다. 뉴스 영화의 마지막 이야기는 시청자들을 기분 좋게 하기 위해 유명 연예인 소식이나 어린이 또는 애완동물과 관련된 재미난 내용을 담기도 했다. 폭력, 범죄, 섹스, 짧은 치마를 입은 여성은 눈에 띄게 사라졌다. 심지어 이탈리아의 전쟁도 대부분 보도되지 않았다. 아비시니아 침공은 에티오피아인들의 얼굴을 거의 보여주지 않으며 인상적인 현대적 작전으로 자세히 보도되었지만, 이탈리아가 스페인 내전에 깊숙이 개입한 사실은 거의 언급되지 않았다.

본편인 극영화 역시도 과격한 내용이 없었다. 1939년에야 검열 대상이 된 일부 애국적인 오락물이나 해외 수입 영화들과 함께 부유하고 화려한 차림의 사람들(백색 전화기 세트라고 불렸다)이 나오는 로맨틱 코미디 영화들이 끝없이 상연되었는데, 이 코미디들은 주로 부다페스트에서 촬영되어 현실과는 더욱 동떨어져 있었다. 로마인들이 이런 밋밋하고 편안한 거품 속에서 살면서 불만에 차 있었을 것이라고 상상할 수도 있지만, 사실 그렇지 않았다. 1930년대에 라디오를 가지고 있던 상당수가 이탈리아어로 방송되는 몇몇 채널을 포함하여 외국 채널을 쉽게 들을 수 있었지만 듣는 사람이 별로 없었다.

물론 뉴스 영화와 달리, 파시즘 정권 아래에서 많은 로마인의 삶은 아늑함과 거리가 멀었다. 파시스트적 이상에 미치지 못하는 사람들에게는 특히 그랬다. 그들의 이상은 강인하고, 애국적이고, 법을 준수하고, 용모가 단정하고, 의심의 여지없이 충성스러운 사람이었으며 남자를 선호했다. 종종 의구심을 드러내는 지식인들과 예술가들은 정권의 경계 대상이었다. 소련이나 나치 독일에 비하면 이탈리아의 지식인에 대한 처벌은 상당히 가벼운 편이었지만, 그들의 세계는 점점 더 내향적이고 편협하게 변해갔고, 일부 개인들은 큰 고통을 겪었다. 파시즘을 지지했다가 환멸을 느낀 당대 최고 지휘자들 중 한 명인 아르투로 토스카니니는 공연 전에 파시스트의 당가 「조비네차」 연주를 거부했다는 이유로 검은셔츠단에게 구타 당했다.

이탈리아 전역과 마찬가지로 로마에서도 파시즘 아래 가장 고초를 겪은 이들은 가난한 사람들이었다. 파시즘이 계급 증오가 없는 조화로운 사회를 만들었다는 이데올로기의 선전과 실상은 달랐다. 중세 길드를 본 떠 느슨하게 만들어진 기업 시스템은 파시스트 노조원들의 지도 아래 사용자와 노동자가 국익을 위해 조화롭게 협력하는 새로운 제3의 방법을 만들었다고 주장했다. 사실 그것은 고용주가 고용인을 마음껏 착취하려는 속임수였다. 파시스트 노조 간부들은 조합원을 위해 일하기보다는 작은 무솔리니로서 그들을 괴롭혔다. 회의에서는 토론의 자유가 없었고 항의하는 사람은 모두 체제 전복으로 경찰에 신고되었다. 허풍으로 가득한 파시스트의 복지 시스템 역시 나을 것이 없었다. 근로자들은 의료, 연금, 실업수당에 대한 높은 분담금을 지급했지만, 그렇게 모인 기금은 무솔리니의 로마 재개발과 같은 대규모 프로젝트와 전쟁 비용을 충당하기 위해 국가가 정기적으로 빼앗아 갔다.

파시즘은 부유하고 명망 있는 사람들을 위한 고도의 독재 정권이었다. 로마의 옛 귀족들도 번영을 누렸다. 1920~30년대에 로마 관리자는 한 사람만 제외하고 모두 이 도시의 귀족인 크레모네시, 포텐치아니, 루도비시 가문 출신이었다. 1936년에는 콜론나 가문 출신이 통치했다. 1930년대 말에는 이탈리아인의 겨우 6분의 1

만이 초등학교를 마쳤는데, 그에 속하는 대부분은 부모가 교육을 받고 부유한 사람이었다. 로마에서 가장 좋은 새 주택(우아한 발코니와 대리석 현관이 있는 아파트)은 이론상으로는 모두 입주 가능했지만, 거의 언제나 파시스트 관료들이나 파시스트에 연줄이 있는 부유한 로마인들 차지였다. 가난한 로마인들은 10층까지 있는 교외의 카세 포폴라리(case popolari, 공영주택)에 거주했다. 그에 속한 아파트 대부분은 작고 밀집되어 있기 때문에 부모들이 '출생 전투'에서 제 몫을 할 수 있는 유일한 때는 아이들이 청소년 단체 모임에서 구호를 외치기 위해 외출하는 파시스트 토요일이었다. 카세 포폴라리에서의 생활은 말 그대로 단순했다. 요리는 석탄이나 나무 스토브로 했다. 1931년 로마 아파트 10채 중 9채에는 자체 화장실이 없어서 보통 콘크리트 바닥에 구멍이 뚫려 있고 벽 갈고리에 신문지 쪼가리가 꽂혀 있는 건물 복도에 있는 공중변소를 함께 써야 했다. 어린이와 노인은 밤에 요강을 사용했고 다음 날 공중변소에서 비웠다.

1930년대의 로마인은 1840년대의 로마인보다 깨끗했을지 모르지만 아주 깨끗한 편은 아니었다. 대다수 아파트가 수도가 없어서 양동이로 물을 길어 와야 했다. 대부분의 로마 남자는 매일 면도를 하지 않았고 저녁에 요리를 하고 남은 따뜻한 물로 면도를 했다. 그리고 부엌 싱크대에서 세탁비누로 몸을 씻었기 때문에 몸에서 옷에서 나는 냄새가 났다. 앞으로 살펴보겠지만, 여성의 노동을 탐탁지 않게 여긴 파시스트 정권 탓에 일하지 않았던 많은 여성들은 다음 날 아침에 약간의 온기가 남아 있는 커다란 원통형 침대 보온통의 물을 사용해서 씻었다. 그들은 이상한 도구를 이용해 주로 선 상태로 씻었다. 맨 위에 거울, 아래에는 통 2개가 달려 있는 철제 도구에 각각 비눗물과 헹구기 위한 깨끗한 물을 담아서 썼다. 당시 전기가 터무니없이 비쌌기 때문에 거의 모든 사람이 온수관을 사용할 수 없었고, 중산층도 따뜻한 날씨에만 제대로 된 목욕을 할 수 있었다.

그러나 카세 포폴라리보다 훨씬 더 열악한 곳이 있었다. 그곳은 로마 외곽에 새로운 교외 지역인 신생 보르가테(borgate, 마을이라는 뜻으로 시 외곽에 건립된 저소득층 주거지를 말한다—옮긴이)였다. 1930년대 후반까지 로마 동쪽에 있던 티부르티나처럼 운이 좋은 몇몇 보르가테는 로마의 일부로서 완전한 기능을 하는 지역으로 발전할 수 있었다. 티부르티나는 야외 학교(겨울에는 추웠지만 없는 것보다는 나았다)와 체육관, 파시스트당 사무실, 심지어 수영장도 있었다. 그러나 보르가테는 대부분 배수 시설이나 도로가 없는 빈민가였으며, 극소수의 방문객만이 볼 수 있는 로마였다. 그런 방문객 가운데 한 사람이었던 프랑스 작가 모리스 라신은 1935년 가르바텔라와 세테 키에세의 보르가테를 둘러보았는데, 가족들이 좁은 공간에서 북적댔고, 일부는 당국이 숙박 시설로 지정한 동굴에서 살기도 했다. 보르가테는 파시즘의 쓰레기장이었다. 도심에서 멀리 떨어진 곳에 있던 보르가테는 탈출이 쉽지 않았다. 무솔리니의 철거로 집을 잃은 불우한 사람뿐만 아니라 실업자, 범죄자, 거지, 허가받지 않은 매춘부를 포함한 보르가테 주민들은 정권이 제거하고자 한 사람들이었다. 물론 파시즘에 반대하는 사람들도 감시가 용이하다는 이유로 그곳에 수용되었다. 그러나 보르가테가 유일한 로마의 빈민촌은 아니었다. 저절로 생겨난 다른 로마 빈민촌들이 있었고, 그곳 주민 대다수는 농촌에서 극심한 빈곤에 시달리다 떠나온 갈 곳 없는 사람들이었다. 그곳의 집은 아비시니아의 오두막 이름을 따서 바루체(barruché)라고 부르던 판잣집으로 이루어져 있었다. 1933년에는 테르미니 철도역 건너편 지역에 무려 6,000개의 바루체가 있었다. 그곳에는 물과 전기, 배수 시설이 없었고 주민들의 삶은 2,500년 전 초기 오두막 거주민보다 그다지 형편이 좋지는 않았을 것이다.

파시즘 아래서의 삶은 부유한 로마인에게도 언제나 쉽지는 않았다. 특히 여성이고 포부가 컸다면 더욱 그랬다. 어떤 면에서 로마 여성에게는 파시즘 정권보다 11세기가 경력을 쌓기에 더 좋은 시절이었다. 1920년 초 무솔리니는 "여자는 남자가 즐길 시간이 있을 때, 매력적인 오락이다. [···] 하지만 여자는 결코 진지하게 여겨서는 안 된다"[7]고 단언했다. 그것이 그가 갖고 있던 생각이었다. 파시즘 초기에 이탈리아 페미니스트 단체들은 빠르게 해체되었고, 비록 한 여성 단체(Fasci Femminili)가 정권으로부터 승인받았지만, 이 단체는 여성을 동원하기 위한 것이 아니라 선전 도구로 이용하기 위한 것이었다. 파시즘의 관점에서 본다면 여성의 국가 의무는 집에서 노동력(남편)을 지원하고 어린 미래의 파시스트를 육성하는 것이었다.

로마 교회도 다른 이유에서였지만 이에 전적으로 동의했다. 파시스트 정권이 여성들이 출생 전투에서 승리하도록 협조하기를 원했고 로마 교회는 출산에 대한 어떠한 제한도 신에 대한 죄악으로 간주했기 때문이다. 교회와 당 모두 낙태를 격렬히 반대했고 파시스트 통치하에서 낙태를 도운 것으로 의심되는 의사나 산파는 국내 유배형을 받아 섬 교도소에 수감되었다. 파시스트와 로마 교회는 모두 분별과 덕을 갖추고, 평범하며, 꾸미지 않고 (심지어 성적 매력이 없는) 당연히 가정에 단단히 족쇄가 채워진 여성을 이상적인 여성상으로 여겼다. 파시즘은 특히 단발머리 여자를 혐오했고, 유행에 민감하거나, 사교적이거나, 립스틱을 바른 여자들을 모두 정신이상자로 조롱했다. 여성들이 아기 파시스트에게 모든 애정을 쏟아야 한다는 이유에서 조그만 개를 데리고 있는 여성들의 사진은 신문 게재가 금지되었다. 대조적으로 다산한 어머니들은 국가의 축하를 받았다. 12월 24일 엄마와 아이의 날에 7명 혹은 이상적으로 11명이나 되는 아이를 둔 여성들이 상을 받았다. 대가족의 아버지는 국가의 일자리에서 승진했고 부양가족과 함께 무상 의료와 무상 급식, 전차 무임승차권과 같은 혜택을 받았다. 반대로 결혼하지 못한 남자들은 특별 총각세를 내야 했다.

로마 여성들은 직장을 갖지 말도록 적극적인 권고를 받았다. 1934년 무솔리니는 일이 여성들에게 해로울 뿐 아니라 불임의 원인이 될 수 있다고 경고했다. 일찍이 1923년에 여성들은 중학교 반장이 되거나, 역사 또는 철학을 가르치는 것이 금지되었다. 1939년에 정부가 더 강력한 조치를 취하면서 여성들의 관리직 근무를 금지하고 여성 전문직 근로자의 수를 최대 10퍼센트로 제한한다고 발표했다. 그러나 파시스트 집권기 내내 여성들에게 기회가 주어진 일자리도 있었다. 로마 여성들이 일할 수 있는 곳으로 시내에 사창가가 몇십 곳 있었다. 파시스트 지도자들은 병사 시절의 향수를 떠올리며, 사창가 여성들이 이탈리아 남성들을 강하게 만들고, 사창가가 없다면 남편들이 불륜에 빠져 결혼생활을 위태롭게 할 수 있다는 취지에서 이를 승인했다.

사창가는 허용되었지만 다른 것은 아니었다. 이는 1840년대에서 온 방문객이라면 매우 친숙하게 느꼈을 로마 생활의 한 측면이었다. 기차를 싫어했던 교황 그레고리우스 16세 재임기처럼 1930년대 로마는 풍속 단속의 도시였다. 1840년대 로마 거리에서는 성적인 일탈을 감시하기 위해 성직자들이 순찰을 돌았다. 1930년대에는 파시스트 민병대가 순찰을 돌았다. 1935년에 모리스 라신이 말했듯이 로마는 연인들의 장소가 아니었다. "진정한 사랑과 감성적인 산책이 위험해졌다. [⋯] 여자와 함께 로마 거리를 돌아다니는 것은 열성적인 대원들이 종종 무고한 사람들을 검문하며 죄를 찾아내려 했기 때문에 현명하지 못한 행동이었다."[8] 여자와 대화를 나누는 것조차도 해 질 녘부터 새벽까지 자기 구역을 순찰하는 민병대원들과 문제를 일으킬 수 있었다. 여자들은 영화를 보거나 춤을 추러 가려면 샤프롱이 있어야 했고 술집 출입이 금지되었다. 도폴라보로 클럽하우스를 찾는 사람들은 거의 모두 남자였다. 공개적인 포옹과 키스가 엄격히 금지되었고, 공공장소에서 혼자 얼쩡거리는 것처럼 보이는 여자는 검문을 당했는데, 설사 서류상에 문제가 없다 할지라도 유치장에서 하룻밤을 보내야 할 수도 있었다. 행실이 나쁘다고 소문이 도는 미혼 또는 별거 중인 여자들은 체포되어 국영 섬 교도소에 수감될 수도 있었다.

1930년대의 로마는 낭만적이지 않았을 뿐더러 밤 생활이 거의 없었다. 1932년 시몬 드 보부아르와 장폴 사르트르가 로마를 방문했을 때, 밤거리는 거의 텅 비어 있었다. 반발심이 생긴 그들은 파시즘에 조금 대항하여 새벽까지 돌아다니기로 했다. 한밤중에 인적이 없는 나보나 광장의 한 분수 옆에 앉아서 두 사람이 잡담을 나누고 있었을 때 검은셔츠단 대원 둘이 다가왔다. 시몬 드 보부아르는 "우리는 관광객이라 예외라고 했지만 그들은 우리에게 돌아가 잠자리에 들라고 단호하게 말했다". 두 사람은 물러서지 않고 콜로세움으로 이동했는데, 그곳에서 새벽 3시에 누군가가 다시 다가왔다. "빛 하나가 우리를 비추었다. 우리가 뭘 하고 있는 거지? 이번에는 우리의 행동이 관광객으로서도 바르게 보이지는 않았다. 우리는 마드리드에서 보낼 긴 밤 생각에 한숨지으며 결국 호텔로 돌아갔다."[9] 마치 무솔리니가 로마를 자신이 자란 지방 마을(따분하고 고상하고 재미없는 프레다피오)의 확대 버전으로 바꿔놓은 것 같았다.

따분한 곳인 로마 역시 위험할 수도 있었다. 시몬 드 보부아르는 외국인으로서 자신이 곤경에 빠지지 않을 것을 알고 있었지만, 로마인들은 그런 확신이 없었다. 1930년대에 그들 중 대다수가 감시당하고 있다고 생각했으며 실제로도 종종 감시를 당했다. 1926~43년에 약 4만 명의 이탈리아인이 3개의 서로 다른 첩보 기관에 감시당했는데, 이 기관들끼리 치열한 경쟁을 벌였다. 그들 사이에 수백 명의 정보원이 있었고 그 정보원 각각이 다시 하부 정보원 조직망을 운영했다. 우편물이 개봉되었고, 주택이 수색되었고, 400명의 속기사가 열심히 도청된 전화 통화를 타이핑했다. 호텔리어가 손님을 신고하는 것이 법으로 의무화되었고, 의사는 알코올 중독이나 정신질환을 앓는 환자를 신고해야 했으며, 술집 주인은 손님에 대한 스파이 행위를 거부하면 면허가 취소되었다. 심지어 건물도 이런 감시 활동에 이용되었다. 이를테면 출입구가 적었던 카세 포폴라리는 경찰이 거주자들을 감시하기가 수월했다.

파시즘의 감시는 매우 성공적이어서 고객을 잃을 판이었다. 1930년대 초, 파시즘의 주목표였던 반파시스트 집단들이 대부분 와해되었다. 파시스트 정권이 자신들에게 도전한다거나 그들이 혐오스럽게 여기는 대상은 누구나 새로운 목표물이 되었다. 동성애는 파시즘하에서 불법이 아니었지만, 정권이 그 존재를 인정하지 않았기 때문에 남자 동성애자는 정신질환자, 알코올 중독자, 포주, 대부업자, 아동학대자, 마약업자, 여호와의증인과 함께 감시받고 체포되었다. 1930년대 로마는 사람들이 공공장소에서 말을 조심해야 하는 불안한 도시였다. 어떤 사람들은 특히나 더 불안해했다.

파시즘에서는 늘 있는 일이지만, 무시할 수 없을 만큼 부유하고 파시스트에 연줄이 있는 사람들은 삶이 훨씬 더 편했다. 1936년 독일에서 이탈리아로 최근에 탈출했던 유대인 게오르게 모제는 기차를 타고 가다가 옷을 잘 차려입은 동승자들이 카라비니에리 장교가 가까운 거리에 있는데도 무솔리니 농담을 꺼내는 것을 보고 깜짝 놀랐다. 모제의 걱정대로 장교가 그들에게 다가갔지만, 그는 자신이 알고 있는 또 다른 무솔리니 농담을 나눌 뿐이었다. 가난하거나 술에 취한 사람, 그리고 정신에 문제가 있는 사람, 또는 백수, 떠버리, 과거 좌익으로 알려진 사람이 그런 농담을 했다면 상황은 크게 달랐을 것이다. 다시 말해, 무솔리니의 아버지처럼 무정부주의적 기질을 가진 사람, 또는 그 점에서 젊은 시절의 무솔리니 자신과 같은 사람이었다면 문제가 되었을 것이다.

그런 사람들은 아주 사소한 일에도 큰 곤경에 처할 수 있었다. 1937년 무더운 여름 밤늦게 로마의 중심부에 있는 코로나리 광장에서 양철공이자 전 무정부주의자인 중년의 루제리 레지가 친구들과 함께 회전목마를 타고 있었다. 공무원이 훼방꾼처럼 민병대를 보내 회전목마 영업을 마치려 하자 술을 마시던 루제리는 민병대원들에게 자기는 자유롭고 법은 조금도 신경 쓰지 않으니까 마음대로 하겠다고 투덜거렸다. 그는 3년간의 국내 유배 처벌을 받았다. 이탈리아 북부에서 다른 말썽꾼 하나는 애완용 토끼를 식당 테이블 위에 올려놓고 "움직여, 무솔리니!"라고 말했다는 이유로 1년간의 국내 유배를 선고받았다.

1938년 10월 새로운 한 로마인 그룹은 자신들이 국가의 의심을 받고 있다는 사실을 알아차렸다. 바로 유대인들이었다. 지난 몇 년 동안, 파시스트 정권은 내부에 극렬한 반유대주의자들이 있었지만 유대인 시민들에게 관대했고 당시 파시즘은 많은 유대인 지지자를 확보하고 있었다. 로마의 유대인 공동체에는 로마시 부경찰서장도 있었다. 그러나 자신의 동맹 히틀러에게 뒤처지지 않으려 안간힘을 썼던 무솔리니가 1938년에 인종법을 도입하면서 모든 것이 바뀌었다. 인종법은 곧바로 독일의 인종법보다 가혹해졌고, 이듬해에는 그 제한 조항이 더욱 강화되었다. 유대인은 군대와 경찰에서 일할 수 없었고 대학이나 학교에서 교편을 잡는 것도 금지되었다. 유대인 아이는 이탈리아의 국가교육에서 제외되었기 때문에 서둘러 그들만의 학교를 임시로 만들어야 했다. 어떤 조항은 속이 좁고 비열해서 유대인이 바닷가에서 휴가를 보내거나 전차를 타지 못하도록 금지했고, 또 어떤 조항은 끔찍할 정도로 친숙한 것이었다. 지난 수 세기 동안 그래왔던 것처럼, 유대인들은 직업을 가질 수 없었고 상점을 운영할 수 없었다. 작은 이동 노점에서만 상품 판매가 허용되었다가 이마저도 결국 금지되었다. 그러나 대부분의 합의가 개인적이고 복잡한 국가에서 늘 그렇듯이 예외가 있기 마련이었고, 특히 제1차 세계대전에서 부상을 입은 유대인들이 그에 해당되었다. 로마 유대인들은 자신을 해방시킨 국가에 대해 강한 애국심을 가지고 있었기 때문에 이런 부상자가 꽤 많았다.

정부의 미움을 산 이들에게, 파시즘은 소련과 비교하면 살인

정권이 아니라고 자랑하기를 좋아했는데 어떤 면에서 이는 사실이었다. 사형은 조금씩만 집행되었고 1926~43년에 이탈리아에서는 25명만이 정치범으로 처형되었다. 그러나 파시즘은 많은 이탈리아인의 생명을 앗아가지 않았다 하더라도, 많은 사람의 삶을 망쳐놓았다. 같은 시기에 국내 유배 선고를 받은 1만 명의 이탈리아인 중 대다수가 남자 가장이었기 때문에 그들의 부양가족은 절망 상태에 빠졌다. 정권을 미사여구로 찬양하며 석방을 호소하거나 가족을 지원해달라고 간청하는 국내 유배자들이 쓴 수많은 편지(대다수가 무솔리니에게 직접 보냈다)가 아직 남아 있다.

아주 경미한 처벌이 참혹한 결과로 이어지기도 했다. 파시즘은 폭력(정적을 때려 부수는 재향군인회) 덕분에 성장했다. 무솔리니는 파시즘을 온건하게 이끌어가려고 여러 면에서 노력했지만, 폭력은 결코 파시즘의 중심에서 벗어나지 못했다. 1930년대 후반 MSVN(초창기 재향군인회에서 곧바로 발전한 조직)은 파시스트 행렬이 지나갈 때 모자를 벗지 않은 사람들을 두들겨패곤 했다. 그들은 여러 구역(로마의 노동자 계층이 많은 지역인 산 로렌초는 단골이었고, 1938년 이후에는 게토)을 습격해 상점과 술집을 부수었다. 그들은 사람들을 본부로 데리고 가서 다시 때리거나, 피마자유 또는 휘발유를 강제로 먹였다. 이들 중 일부는 죽거나 영구적인 상해를 입었을 뿐더러 사회적 지위를 중요시하는 나라에서 피마자유를 마시고 사람들 앞에서 똥을 지리는 일은 죽음과도 같은 치욕이었다.

파시즘은 단순한 배척만으로도 사람들의 삶에 큰 피해를 줄 수 있었다. 파시스트 청년운동에 자녀를 등록하지 않거나 엉뚱한 사람에게 농담을 해서 정권을 불쾌하게 한 사람들은 당원증, 취업 허가증, 파시스트 노조 카드가 취소되고 일자리와 생계, 복지 혜택도 잃을 수 있었다. 파시즘은 사람들의 삶 자체의 즐거움을 없애버렸다. 파시스트 정권의 가장 놀라운 업적 중 하나는 로마인(목소리가 크기로 유명한 민족)을 조용하게 만든 것이었다. 프랑스 작가 베로는 '분노하지 말라, 인생은 짧다'라는 후렴구를 지닌 노래처럼 반파시스트로 간주되는 노래를 부를 수도 없는 로마의 침묵을 한탄했다. 1930년대 후반 국가의 상황을 정부에 보고하도록 고용된 스파이들은 사람들이 공공장소나 남들 앞에서 말하는 것을 꺼려서 업무가 불가능해지고 있다고 불평했다. 열차와 전차에서 누군가(정신이 있는 사람들은 그러지 않았을 테니, 보통 술에 취했거나 정신 문제가 있는 사람들) 정권을 욕하려고 하면 사람들은 그런 소리를 듣는 것 자체로 문제가 생길까 봐 재빨리 그 사람의 입을 막았다.

파시즘의 큰 희생자 중 하나는 파시즘 그 자체였다. 법과 비난을 아랑곳하지 않는 파시스트는 지위 고하를 막론하고 순식간에 타락했다. 민병대 대원들은 절도, 갈취, 신용 사기, 폭력 그리고 심지어 살인에도 가담했다. 가난한 집안에서 태어난 유명 파시스트들이 영문을 모르게 부유해졌다. 파시스트 지역 지도자들은 최고급 레스토랑에서 (음식값을 계산하지 않고) 식사하는 것이 종

유대인의 활동이 제외되는 분야를
설명하고 있는 파시스트 잡지
《라 디페자 델라 라차》(1938년 11월 5일).

종 목격되었고 호화로운 휴가를 보냈다. 아내들은 최신 유행의 옷을 사러 가기 위해 관용차를 이용했다. 한없이 느린 관청에서 기다리는 사람들을 뒤로하고 파시스트와 그의 친구와 친척이 새치기를 했다. 계급이 낮은 파시스트일수록 더 거만하고 사람들을 더 괴롭혔다. 파시즘은 수단이 되기도 했다. 사람들은 때로는 정권의 환심을 사기 위해, 때로는 복수를 위해 남을 비방했다.

최고 수뇌부가 이런 행태의 본보기가 되었고, 이는 부분적으로 무솔리니의 탓이었다. 무솔리니는 스스로 탐욕에 빠지지는 않았지만, 쓸모가 있을 것이라고 생각되는 추문이라면 가까운 동료의 부패와 결점을 눈감아줄 용의가 있었다. 파시스트들은 서로 진흙탕 싸움을 벌이면서 자신들의 명성을 더욱 더럽혔다. 지역 권력을 두고 싸울 때, 그들은 서로 상대가 매춘부, 정부, 다른 파시스트 부인, 또는 가끔 남자와 성적 문란을 저질렀다고 공개적으로 비난했다. 1930년대 후반에는 순수한 파시스트들조차 부패했다고 널리 여겨졌다.

일부 로마인들은 그 모든 과시에도 파시즘의 무능을 목도했다. 폰티네 습지의 배수 작업을 제외하면, 파시즘의 대대적인 캠페인이 대체로 실패했다. 출생 전투는 국가의 출산율 저하에 뚜렷한 영향을 주지 못했다. 곡물 전투는 밀 생산을 증가시켰지만 다른 모든 농업에 참담한 영향을 미쳤다. 리라 전투는 수출과 관광의 경쟁력을 떨어뜨림으로써, 검은 목요일을 2년 앞두고 이탈리아를 깊은 경제 위기로 몰아넣는 데 일조했다. 무솔리니가 그토록 경멸했던 투표로 선출된 자유 정부하에서 이탈리아 경제는 심지어 독일 경제를 앞질러 유럽에서 가장 빠르게 성장하는 국가 중 하나였다. 그런데 파시즘 치하 이탈리아는 경제성장이 가장 느린 곳 중 하나였다. 1930년대 말에 이르면 현지에서 발생한 빨치산 반란으로 아비시니아가 이탈리아의 베트남으로 변해가면서 새로운 아프리카 제국도 곤경에 처하게 되었다.

결국에 파시스트의 선전은 실패였다. 1930년대 후반이 되면 선전을 믿거나 그에 관심을 갖는 이탈리아인이 거의 없었다. 10여 년에 걸친 국가의 으름장에도, 1937년에 젊은 이탈리아 여성들은 11명의 아이를 기르며 살기를 원하지 않았고 대부분 1~2명이면 충분하다고 생각했다. 집에 틀어박혀 요리만 할 마음도 없었고 대개 가능하면 좋은 직장에서 일하기를 원했다. 1938년 10월, 국가가 유대인 시민들에게 등을 돌렸을 때 로마 시민들은 매우 회의적이었다. 1939년까지 파시스트 지도부에 보고된 사찰 보고서를 보면 로마인은 유대인이 아무런 잘못도 없다고 느끼고 있으며 "유대인에 대한 끝없는 연민에 빠져 있다"[10]고 마지못해 인정했다. 성직자들은 인종법을 공격했고, 로마 시민들은 사업에서 더 유능하고 정직하며, 가난한 사람에게 더 동정적인 태도를 보이는 로마 유대인이 대다수 기독교인보다 낫다고 생각하는 것으로 조사되었다. 또 다른 보고서에는 "모든 사람이 정부가 틀렸다고 말했다. 모든 사람은 이런 악행이 곧 끝날 것이라고 말했다"[11]고 적혀 있었다. 파시스트 고위 관리조차 유대인은 국가에 위험이 아니라고 주장했고 일부는 다른 나라에서 도망쳐 오는 유대인에게 은신처를 제공하기도 했다.

어쩌면 파시즘의 가장 큰 실패는 무솔리니가 가장 심혈을 기울였던 그 캠페인, 즉 이탈리아를 의욕이 넘치는 공격적인 국가로 재탄생시키려는 과제였다. 1930년대에 이 프로젝트를 고지식한 파시스트 당비서 아킬레 스타라체가 맡게 되면서, 사람들의 의욕을 북돋우기보다는 화를 돋우었다. 이탈리아인들의 안일함을 떨쳐내기 위해 개시된 반부르주아 운동은 슬리퍼를 금했고 국가 공무원은 비싸고 가려운 파시스트 유니폼을 사 입어야 했다. 비위생적이라고 비난받던 악수 대신 로마인들은 오른팔을 들어올려 로마식 경례로 서로에게 인사해야 했다. 그들은 서로 전통적인 호칭인 레이(lei)로 부르기를 중단하고 대신 더 강인하고 격식을 갖춘 뉘앙스를 지닌 복수형 보이(boi)를 사용해야 했다. 사찰 보고서는 거의 아무도 보이를 사용하지 않는다는 사실을 인정했으며, 가끔씩 비꼬듯이 농담처럼 보이를 썼다.

1930년대 후반 파시즘은 분명 심각한 문제에 봉착했다. 서류상으로는 그 어느 때보다 성공적이던 파시즘은 그 어떤 반대에 부딪치지 않았고, 1931~38년 사이 당원은 80만 명에서 500만 명으로 불어났다. 계속 늘어나는 파시스트 회의와 파시스트 행진에 엄청난 인파가 모였다. 하지만 그것은 공허한 승리였다. 정권 지도부에 올라온 사찰 보고서는 파시즘에 대한 열정이 대부분 시들었음을 경고했다. 파시즘의 통제는 이탈리아인들의 역동성을 떨어뜨리고 오히려 냉담하게 만들었다. 사람들은 다른 도리가 없었기 때문에 당에 가입했다. 무솔리니가 발코니에서 그의 유명한 연설을 했던 베네치아 광장 입구에는 파시스트 민병대가 불참자를 파악하기 위해 당원 카드를 걷는 테이블을 설치했다. 1935년 10월, 이탈리아의 아비시니아 침공 발표에 환호를 보내기 위한 시위가 조직되었을 때 도착한 시위자들은 민병대가 나타나지 않은 것을 알고는 당황했다.

1938년 말, 냉담은 혐오로 바뀌었는데 주로 커피 때문에, 정확히는 커피가 부족했기 때문이었다. 국가의 자급자족을 도모하는 정부의 최근 캠페인(이탈리아의 아비시니아 침공에 대한 국제연맹의 제재로 인한 자구책)은 심각한 경제 위기를 초래했다. 물가가 오르고 재원이 부족해 절박해진 정부는 조합비를 인상했다. 수출에 어려움을 겪으면서 수입의 여유도 사라지게 되었고 국가는 석유, 설탕, 무엇보다도 커피가 부족해졌다. 로마인들은 커피가 없는 카페에서 아침 휴식 시간을 보내거나 보급품을 기다리며 몇 시간 동안 줄을 서야 했다. 길게 늘어선 줄에서 조심스럽고 낮은 불평 소리가 들려왔다. 그때까지만 해도 스타라체와 같은 정권의 고위 인사들은 미움을 받았지만 무솔리니는 대체로 비난의 대상이 아니었다. 1939년 5월에 정부 스파이들은 "M이 무엇을 뜻할까? 고통(miseria)이야" 같은 무솔리니에 대한 농담이 놀랄 만큼 많아졌다고 보고했다.

정권이 위기에 처한 것은 아니었다. 많은 사람이 등을 돌렸지만, 파시즘의 통제 체계는 아직 온전했고 정부가 무너지면 잃을 것이 많은 사람이 그 속에서 일했다. 그대로 내버려두었다면 독재 정권은 아마 이후로도 지속되었을 것이다. 왜 그렇게 되지 않았는지는 고대 로마의 유적인 아우렐리아누스 성벽의 남동쪽에 있는 한 장소에서 알 수 있다. 1938년 봄, 이곳에 반짝반짝 빛나는 새로운 철도역이 로마를 찾아올 한 손님을 열렬히 맞이하기 위해 막 건설되었다. 손님은 아돌프 히틀러였다. 그는 미술품을 감상하기 위해 피렌체에 들렀다가 5월 3일 저녁 로마에 도착했다. 히틀러는 열렬한 환영을 받았다. 수천 명의 시민이 철로를 따라 손을 흔들며 환호하기 위해 조직되었다. 거대한 독수리와 스와스티카가 걸린 오스티엔세역에는 하나는 무솔리니와 파시즘을, 또 하나는 히틀러와 나치즘을 대표하는 거대한 벽화 2개가 꾸며졌다. 거리의 이름도 히틀러에게 환영을 표했다. 오스티엔세역에서 산 파올로 성문으로 가는 짧은 길은 이제 아돌프 히틀러 거리가 되었고, 그의 동상이 세워진 근처 광장의 이름 역시 아돌프 히틀러였다. 히틀러의 자동차 행렬은 무솔리니의 새로운 대로를 따라 콜로세움을 지나고, 포로 로마노를 가로질러 베네치아 광장까지 갔고 이어 퀴리날레궁으로 향했다. 며칠의 체류 기간 히틀러는 무솔리니와 함께 포로 무솔리니를 방문하여 어린 파시스트들이 매스게임을 펼치면서 거대한 M자와 스와스티카 모양을 만드는 것을 구경했다.

그러나 이 새로운 동맹은 이탈리아에서 전혀 인기가 없었다. 독일과 특히 오스트리아는 이탈리아가 민족통일을 쟁취하기 위해 맞서 싸웠던 국가의 숙적이었다. 설상가상으로 1938년 무렵에는 무솔리니가 이 제휴 관계에서 2인자임이 명백해졌다. 히틀러는 제멋대로였고(로마 방문 직전에 그는 아무런 경고 없이 무솔리니의 종속국인 오스트리아를 합병했다) 반면 무솔리니는 이탈리아인에게 구스 스텝(무릎을 굽히지 않고 걷는 것—옮긴이)과 로마식 경례를 시키고, 유대인에겐 등을 돌리도록 명령하면서 히틀러를 모방하고 그에게 잘 보이려 했다.

전쟁을 원하는 이탈리아인은 거의 없었다. 그들은 분담금을 내고 커피를 구하느라 충분히 어려움을 겪었다. 그러나 (동맹인 히틀러가 전쟁을 시작한 지 9개월이 지난) 1940년 6월 10일 무솔리니는 프랑스, 영국과 전쟁을 벌였다. 그의 주된 동기는 두려움이었다. 프랑스가 항복 직전인 상황에서 평화회담에서 자리를 잃고 자기 몫의 전리품을 놓칠까 봐 걱정했다. 무솔리니의 선전포고를 응원하기 위해 베네치아 광장에 소집된 엄청난 군중을 지켜본 미 대령 J. 핸리는 사람들이 침울하고 근심이 가득해 보인다고 말했다. 나중에 그는 그 행사를 담은 이탈리아 뉴스 영화에 스포츠 경기의 응원 소리를 더빙해 넣었다는 얘기를 들었다. 정부의 감시 보고서에 따르면, 일부 이탈리아인은 승리하는 편에 서야 한다는 데 동의했지만, 많은 사람이 그들의 오랜 동맹국인 프랑스를 배신하는 것을 수치스럽게 여겼다. 소수의 학생과 열성적인 파시스트들만이 그 전쟁에 열의를 보였다.

베네치아 광장에 모인 군중의 본능이 옳았다는 것이 곧 입증

되었다. 로마는 등화관제를 실시했고 파시스트 민병대는 희미한 불빛이라도 보이면 "불"(luce)을 외쳤지만, 무솔리니는 평화회담에서 결코 자기 자리를 확보하지 못했다. 3년이 지난 후에도 이탈리아는 자유 프랑스, 브라질, 영국, 소련, 미국에 맞서 싸우고 있었다. 신문들은 러시아와 북아프리카에서 독일과 이탈리아의 승리를 정기적으로 보도했지만, 이런 소식은 점점 더 이탈리아와 가까운 곳에서 들려왔다. 1943년 초에 이르러서는 전쟁에서 질 것이란 사실이 명확해졌다. 이 책의 주제는 제2차 세계대전의 이탈리아가 아니라 로마이지만, 문제가 무엇이었는지 한 가지 잘못 알려진 사실은 바로잡을 필요가 있다. 그것은 이탈리아가 어쨌거나 싸울 능력이 없었다는 것이다. 이탈리아인들은 그들보다 부유하고 좋은 무기를 갖춘 적들을 맞아 제1차 세계대전에서 어느 정도 전과를 올리며 용감하게 싸웠다. 게다가 제2차 세계대전 중에도 이탈리아의 폴고레 낙하산 부대는 북아프리카 전쟁에서 영국을 맞아 큰 전과를 거두었으며, 영국군 역시 이를 대단하게 인정하기도 했다. 하지만 그 부대는 독일군에 훈련받은 부대였다.

이탈리아는 두 가지 이유 때문에 제2차 세계대전에서 형편없는 성적을 거두었다. 하나는 이 전쟁에 확신이 없었기 때문이고, 또 하나는 그들이 통치자들에게 비참할 정도로 실망했기 때문이다. 파시스트 정권이 군대에 돈을 쏟아부었음에도 얻은 것은 거의 전무했다. 산업이 제대로 감독되지 않으면서 승무원에게 위험한 잠수함, 정기적으로 엔진 결함이 생기는 (그리고 시험 데이터가 조작된) 폭격기, 유럽 최악으로 여겨지던 전투기, 정어리 깡통이라고 불릴 정도로 아주 작고 부실한 탱크가 생산되었다. 이탈리아군은 너무 많은 장교와 너무 많은 허풍으로 부풀어 있었다. 1939년 공군은 8,500대의 항공기가 전쟁을 치를 준비가 되어 있다고 주장했지만 실제 보유 대수는 10분의 1 정도였다. 무솔리니는 조금도 나아지지 않았다. 전쟁이 다가오자 그는 이탈리아에는 우수한 장비로 무장한 150개의 사단에 1,200만 개의 총검이 있다고 주장했지만, 실제로는 10개 사단 전부가 정원 미달에 장비도 제대로 갖추지 못했다. 일부 병사는 1918년 당시 오스트리아군으로부터 빼앗은 총을 가지고 있을 정도였다. 파시즘이 무솔리니가 그렇게 경멸하던 투표로 선출된 자유 정부보다 형편없음이 다시 한번 드러났다. 이탈리아는 1915년에 참전했을 때 훨씬 더 제대로 준비되어 있었다.

마지막으로 무솔리니 자신의 문제도 있었다. 히틀러는 자기 장군들을 무참히 제압했다는 비난을 받아왔다. 반면에 공군 및 해군을 통솔하는 전쟁부 장관으로서 무솔리니는 전략회의에 장군들의 참석조차 허락하지 않았다. 전쟁 지도자로서 그는 너무 공격적이기도 하고 너무 소심하기도 했다. 그는 조국의 능력을 엄청나게 과대평가했고, 무엇보다도 마음이 수시로 바뀌었다. 1940년 가을, 영국이 공격을 받아 취약해졌을 때, 그는 폭격기를 벨기에로 보내 런던을 공습하려 했고(폭격기가 도달할 수 있는 거리가 아니었음이 밝혀졌다) 크로아티아 침공에 대비해서 트럭은 트리에스테에 파견했으면서 대신에 영국 식민지이던 이집트를 공격하기로 결정했다. 이탈리아 병사들은 트럭과 적절한 공중 엄호 없이, 오직 정어리 캔 같은 허술한 탱크들의 엄호를 받으며 사막을 건너야 했고 그들의 10분의 1밖에 안 되는 영국군에 참패했다.

패배가 거듭되었지만 파시즘은 좀비처럼 비틀거리며 나아갔다. 1943년 봄 즈음에는 자국민을 놀라게 할 기력조차 없었다. 정부 스파이들은 공연장, 영화관, 전차, 기차, 방공호에서 무솔리니를 거리낌 없이 욕하면서 정부를 공개적으로 비난하는 사람들을 절망적으로 보고했다. 정부에 등을 돌린 이탈리아인들은 교황에 기대를 걸었다. 다른 이탈리아 도시들과 달리 아직 폭격을 당하지 않은 로마는 비오 12세의 존재가 안전을 지켜줄 것이라 기대하는 피난민들로 인구가 200만 명으로 늘어났다. 사제직에 지원해 징집을 피하려 했던 사람의 수도 마찬가지로 증가했다.

그때까지도 로마는 전혀 전쟁 중인 도시처럼 보이지 않았다. 영국이나 러시아와 달리 국가의 대규모 동원은 없었다. 오스티아 해변을 찾은 M. 데 비스는 로마의 해안 지대를 부츠 한 켤레를 나눠 쓰는 병사 둘이 지키고 있는 것을 보았다. 무솔리니의 대규모 건설 프로젝트가 모두 서서히 중단되었고, 파시즘의 방대한 E-42 전시회는 개막이 무기한 연기되었지만, 정권은 현대미술관에서 세 번째이자 마지막이었던 파시스트 혁명 전시회로 20주년을 기념하며 선전전을 이어 나가기 위해 최선을 다했다. 이 전시회의 주목적은 전쟁 지원 활동과 인종 캠페인의 홍보였다. 시네마관은 군인 역할로 잘 알려진 배우들의 스틸컷을 선별해서 전시했다. 스틸컷에

로마 남쪽에 위치한 E-42는 무솔리니가 계획한 상설 전시 구역의 일부로, '스퀘어 콜로세움'이라는 별명이 붙었다. 베니토 무솔리니의 이름 문자를 나타내기 위해 6개의 수직 아치와 9개의 수평 아치로 설계되었다. 현재 패션 브랜드 펜디의 사옥이다.

서 미국인과 영국인은 겁을 먹거나 바보처럼 보였고 이탈리아인은 강인해 보였다. 아프리카인과 유대인이 국가에 미치는 위험성을 경고하는 기타 전시물과 캐리커처, 고대 석상과 그와 닮은 이탈리아인의 사진들이 인종의 영원한 순수성을 보여주기 위해 나란히 전시되었다. 1943년 5월 10일, 예년과 마찬가지로 제국 기념일을 맞았고, 이탈리아의 아프리카 제국이 완전히 사라졌는데도 식민지 헬멧을 쓴 이탈리아인들을 묘사한 포스터가 등장했다. 포스터에는 낙관적으로 "우리는 돌아올 것이다!"(Torneremo!)라고 쓰여 있었다. 로마 시민들은 이 포스터 속 문구를 "우리는 패배할 것이다!"(Perderemo!)로 고쳐놓았다.

평범한 로마 시민들이 나치 점령과 연합군의 폭격에 대항하다

예상이 적중했다. 1943년 9월 8일 저녁, 바돌리오 원수는 이탈리아가 연합군에 항복한다고 발표했다. 로마인들은 6주 전에 무솔리니가 물러났을 때보다는 조심스러웠지만 거리에 나가 환호했다. 그들은 연합군이 빨리 나타나 전쟁이 끝나기를 바랐다.

다음 날 아침 M. 데 비스는 조심스럽지만 낙관적인 생각을 품고 일어났다. 모든 것이 평소와 다름없어 보였다. 시내 중심부를 걸으며 라켓을 들고 테니스 모임에 가는 한 젊은 로마인을 보았다.

사실 아침 일찍부터 점점 더 커져 오는 희미한 총소리를 들었지만, 어느 편의 총인지는 알 수 없었다. 신문은 도움이 되지 않았다. 휴전을 발표한 후에도 언론은, 유감스럽게도 마치 결혼이 파탄 났지만 이별은 원만하기를 바라는 배우자와 같았다. 게다가 일부 신문이 칼라브리아 전선에서 독일과 이탈리아 부대가 연합군을 물리쳤다는 고무적인 (전혀 사실이 아닌) 보도를 내보내 혼란이 가중되었다. 이탈리아 당국은 독일군을 북쪽으로 이동시키기로 합의했으므로 로마인들에게 침착하라고 안심시켰다. 정보가 빨랐던 데 비스는 알고 있었다. 로마는 우수한 장비를 갖춘 차량화 사단을 포함한 다수의 이탈리아군에 둘러싸여 있었고, 이들이 연합군이 나타날 때까지 독일군의 접근을 저지해야 했다.

독일 측 유력 인사들도 전적으로 동의했다. 연합군은 살레르노에 상륙하고 있었고 히틀러는 이탈리아 남부의 독일군이 곧바로 후퇴하지 않으면 퇴로가 차단될 것이라고 걱정했다. 이탈리아 남부에 있는 독일군 지휘관 알베르트 케셀링은 로마 바로 남쪽의 프라스카티에 설치한 본부에서 (미국의 참혹한 폭격이 야기한 혼란 속에서) 히틀러와 같은 생각을 했다. 그는 연합군이 로마에 낙하산 부대를 투하하고, 로마 근처에서 추가로 해상 상륙을 시도할 것으로 예상했다. 로마 주변의 이탈리아군은 그의 군대보다 수가 훨씬 많았고, 케셀링은 바돌리오가 이미 자신들을 향해 군대를 진격시키고 있으리라고 추측했다. 케셀링은 로마 근처에 있는 자신의 부대에 로마로 진격하여 동향을 살피도록 명령했다. 도심에 있는 독일 외교관들은 서류를 불태우고 가족들을 떠나보냈다. 데 비스나 케셀링은 그 수치스러운 사실을 알지 못했다. 앞서 살펴본 이전의 침공에서 로마 수비군이 때때로 무능하거나 비효율적이었지만, 그 이전의 파시스트들과 1943년 9월 초에 파시즘 정권 지도부에 오른 사람들만큼 형편없이 로마를 수비한 경우는 없었다.

연합군과 이탈리아의 휴전협정이 9월 3일 시칠리아의 카사빌레에서 비밀리에 체결되어 5일 후에 발표될 예정이었다. 지중해의 연합군 사령관 아이젠하워는 그 뉴스가 발표되기 전에 그에게 남은 시간을 최대한 활용하려고 했다. 케셀링의 짐작대로 아이젠하워는 9월 8일 저녁에 2,000명의 낙하산병을 로마에 투하해 비행장을 확보하고 독일군의 공격으로부터 로마 방어를 돕고, 다음 날 자신의 군대가 살레르노에 상륙하도록 계획했다. 낙하산 투하를 준비하기 위해 미국 장성 테일러와 가디너가 전날 저녁 로마로 비밀리에 들어왔다. 로마에 늦게 도착한 두 사람은 곧바로 파악한 현지 상황 때문에 걱정에 싸였다. 그들은 전쟁부 옆에 있는 카프라라궁으로 안내되어 그곳에서 예상대로 로마 방위를 담당하는 주요 인사들과 인사를 나누는 대신, 인근 그란드 호텔에서 콩소메, 야채를 곁들인 송아지 고기, 크레이프 쉬제트, 고급 와인을 포함한 호화로운 식사를 대접받았다. 인내심을 잃은 두 사람이 바돌리오를 만나겠다고 요구했고 그의 거창한 집으로 차를 타고 이동했다. 만남은 실망스러웠다. 다음 날 작전을 미친 듯이 준비하고 있을 거라고 생각했던 바돌리오가 깊이 잠들어 있어서 그를 깨워야 했다. 기다리는 동안 그들은 바돌리오의 조카로부터 휴전 발표는 아무런 준비가 되지 않아 며칠 연기해야 하며, 독일군이 남은 연료를 다 가져갔기 때문에 낙하산 투하도 취소해야 한다는 설명을 들었다. 마침내 나타난 바돌리오는 겁에 질린 표정이었다. 그는 미국인들에게 "나는 2번의 전쟁에서 승리한 늙은 장군이오"라고 말했다. "나를 독일 놈들에게 맡기지 마시오. 만약 그들이 나를 잡으면" 하며 목을 자르는 시늉을 해 보였다.[12]

바돌리오와 비토리오 에마누엘레가 이탈리아의 항복을 준비해야 할 5일 동안 실제로 한 일이라고는 그들 자신을 돌보는 것뿐이었다. 비토리오 에마누엘레는 며느리를 스위스로, 바돌리오는 친척들을 스위스와 탕헤르로 보냈다. 국왕은 이탈리아의 휴전 발표가 임박한 9월 8일 오후가 되어서야, 퀴리날레궁에서 각료와 군 지도부 회의를 열어 대책을 논의했다. 이탈리아의 일방적인 항복에 대한 독일군의 반응을 초조하게 기다리던 전쟁부 장관 안토니오 소리체와 카르보니 장군은 이탈리아군이 절대 항복하지 않은 척해야 한다고 제안했다. 그러나 시칠리아의 항복 조인식에 참석했던 육군 참모총장 암브로시오의 비서 마르케시 소령이 미국이 조인식 전체를 촬영했다는 점을 지적하면서 그 실현 불가능한 아이디어가 철회되었다. 그 후 아이젠하워가 라디오에서 휴전 담화를 발표한다는 소식이 전해지면서 토론은 무의미해졌다. 국왕은 "이제 의심의 여지가 없다"[13]고 선언했고, 바돌리오도 그 소식을 발표하기 위해 서둘러 아시아고 거리의 로마 방송 센터로 갔다.

그 순간부터 이탈리아 수뇌부는 정부라기보다는 다음에 무슨 일이 일어날지 궁금해하는 극장 관객처럼 행동했다. 바돌리오, 국왕 그리고 많은 고위 장관이 세템브레 XX 거리에 있는 전쟁부에 모였다. 이 시점에 들어온 보고는 독일군이 북쪽으로 후퇴하고 있음을 시사했다. 저녁식사를 간단하게 마친 바돌리오와 왕족들은 여느 때처럼 일찍 잠자리에 들었다. 국왕과 왕비는 만일을 대비해 옷을 입은 채로 잠들었다. 모든 사람이 동트기 직전에 깨어났을 때, 독일군이 동쪽의 아펜니노 산맥과 아드리아해로 연결되는 한 곳을 제외하고 로마에서 빠져나가는 모든 길을 차단했다는 소식을 들려왔다.

대책 논의는 거의, 아니 전혀 없었다. 다른 한편으로, 이 순간은 비토리오 에마누엘레가 얼마 전부터 예상하고 있던 순간이기도 했다. 무솔리니를 파면한 후, 그는 줄곧 도피할 수 있는 해군 함정을 치비타베키아에 대기시켜놓고 있었다. 아침 5시가 지나자마자 전쟁부 안뜰에 짐을 챙겨 모여든 그와 그의 가족, 바돌리오, 그들의 측근은 자동차 7대로 구성된 호송대에 나누어 탄 채 나폴리 거리로 향했고, 나치오날레 거리로 올라가 테르미니역과 산 로렌초 성당을 지나서 마침내 로마시를 빠져나갔다. 그렇게 이탈리아의 왕실과 국가원수가 도망쳤다. 곤경에 빠진 사람은 모두가 베포라고 불렀던 왕위 계승자 움베르토 왕자뿐이었다. 그는 "맙소사, 우리가 얼마나 나쁘게 보일까!"(Dio Mio! Che figura!)라고 외쳤고, 그의 어머니 엘레나 여왕은 프랑스어로 날카롭게 말했다. "베포야, 넌

돌아가지 못해. 그들이 널 죽일 거야." 긴장으로 창백해진 바돌리오는 계속 혼잣말로 중얼거렸다. "저들이 우리를 잡으면 우리 목을 다 베겠지."[14]

곧이어 70여 대의 차가 뒤따랐고, 그날 오후 아드리아해의 작은 항구 오르토나에는 타고 갈 배를 애타게 기다리는 왕족들과 정부 장관들, 장군들이 빽빽이 들어찼다. 그러나 모든 고위직 관리가 그곳에 있지는 않았다. 로마에서는 반파시스트 일당이 통상산업부를 방문했다. 정문은 활짝 열려 있었고 다급히 출발한 흔적이 보였다. 주 회의실에서 그들은 얼굴을 감싸고 있는 레오폴도 피카르디 목사를 발견했다. "나 혼자입니다." 그가 절망적으로 말했다. "그들이 나를 두고 갔어요. 도망갔다고요."[15]

그러나 로마를 탈출하고 국민을 버린 것이 그날 국왕과 정부가 저지른 최악의 소행은 아니었다. 더 악랄했던 것은 그들이 남긴 지시였다. 두 가지 분명한 명령이 내려졌다. 첫째, 해군은 순양함 시피오네와 콜베트함(다른 배를 보호하는 소형 호위함—옮긴이) 두 척을 보내 '높은 사람들'(왕과 정부 관리)을 태우고 연합국 영토로 남하하라는 지시를 받았다. 둘째, 육군 사령관 로아타가 로마 외곽의 기갑사단(가장 유능한 이탈리아 부대)에게 로마 동쪽의 티볼리로 진격하여 동부 전선을 구축하라고 명령했다. 기갑사단이 대항해 전선을 구축할 적이 없었기 때문에(독일은 그들 후방에서 로마로 진격하고 있었다) 로아타의 목적은 분명했다. 국가 수뇌부의 탈출을 엄호하기 위한 것이었다. 로마는 가장 유능한 수비군을 지도자들의 탈출을 돕는 데 빼앗긴 셈이었다.

전쟁 중에 편을 바꾸기가 결코 쉽지 않았을 테지만 애초에 그 시도조차 없었다. 몇몇 광적인 파시스트를 제외하면 이탈리아군은 대체로 독일군을 별로 좋아하지 않았고, 분명한 지시가 있었다면 조국을 지키기 위해 싸웠을 것이다. 그러나 지도자들의 명령은 결코 명확하지 않았다. 바돌리오의 항복 발표조차 아주 모호했다. 그는 이탈리아군에게 "영국계 미국인들에 대한 모든 적대 행위를 자제하라" 그리고 "모든 적군의 공격을 반대하라"고 말했을 뿐이었다.[16] 국왕이 전쟁부에서 옷을 입고 잔 9월 8일 밤에, 참모총장 암브로시오는 이탈리아군에 독일군에 대한 적대적인 행동을 금지하도록 명령했고, 독일군이 공격 없이 진격할 시 이탈리아군의 진지를 통과하도록 내버려두라고 지시했다. 암브로시오는 독일인군을 도발하지 않는다면 독일군이 그냥 가버릴 것이라고 바랐던 것이다. 이와 대조적으로 연합군의 살레르노 상륙이 난관에 봉착하면서 로마를 포기하려던 생각을 바꾼 독일군 사령관 케셀링의 명령에는 모호한 점이 하나도 없었다. 그는 군대에 이탈리아군을 무장해제하고 필요하다면 공격하라고 하면서 이렇게 외쳤다. "이 배신자들에게 동정심을 보일 필요는 없다. 히틀러 만세!"[17]

일부 이탈리아인들은 용감하게 싸웠다. 로마 남쪽 무솔리니의 E-42 전시 구역의 반쯤 건설된 건물들 아래 말리아나 다리에서, 사르데냐 근위 보병 제1연대가 지키는 진지로 백기를 든 독일군이 전진했다. 이탈리아군 사령관이 그들을 만나러 갔으나 기관총 사격으로 쓰러졌다. 병사들이 크게 분개했고 전투가 시작되어 밤새도록 계속되는 동안, 이탈리아군은 진지를 빼앗기고 탈환하기를 여러 번 반복했다. 독일군은 또한 로마 북부 몬테로톤도 부근에서도 낙하산 부대가 이탈리아 병사들과 현지 사냥꾼들에게 체포되며 고전했다. 9월 9일 저녁 300명의 사상자를 낸 독일군은 휴전을 모색할 수밖에 없었다.

하지만 다른 곳에서는 거의 저항을 받지 않았다. 곧 이탈리아군에 내려진 명령을 파악하고 그들은 흰 깃발을 들고 이탈리아 진지로 진군한 다음, 총부리를 휘두르며 이탈리아군을 무장해제했고 저항하는 이들을 사살했다. 오래전에 정부와 전쟁에 대한 모든 신뢰를 잃은 많은 이탈리아인이 무기를 버리고, 제복을 벗고서 민간인으로 돌아갔다. 라 피아첸차 사단은 전체가 흔적도 없이 해체되었다. 병사들은 지휘관에게 실망했다. 군대를 떠나는 병사들도 있었다. 한 장교는 입상한 적 있는 자기 경주마들의 안전을 확인하기 위해 부대를 이탈했다가 3시간 후에 돌아오니 부대가 사라지고 없었다. 검은셔츠단 2개 부대를 포함한 극소수의 부대가 독일군에 합류했다.

9월 10일 아침, 독일군은 로마 중심부를 향해 진격했다. 로마는 걷잡을 수 없는 혼란에 빠졌다. 거리는 텅 비었고, 문과 셔터는 닫혔고, 버스와 전차는 운행 도중에 버려진 채 서 있었다. 시민들은 탈영하는 병사들이 거리에 버린 무기를 잡았다. 질서를 지키려는 카라비니에리가 그들을 저지하려 했다. 제인 스크리브너라는 이름으로 책을 낸 이 시기의 또 다른 일기 작가(나중에 로마에 있던 미국인 수녀원장 메리 성 누가로 밝혀졌다)는 독일 죄수들이 이탈리아 경비대에 의해 줄지어 거리를 행진하는 것을 보고 이탈리아가 이기고 있다고 생각했다. 오전 11시에 그녀는 협상이 타결되었고, 독일군이 로마에 입성하지 않기로 합의했다는 소식을 들었다. 정오 무렵에는 포탄이 시내에 떨어지고 이탈리아군의 대공포가 대응 사격을 하고 있었다. 테르미니 철도역 앞에서 독일군 병사들이 콘티넨탈레 호텔 창문에 총격을 가했고, 장갑차를 탄 척탄병들과 전차 인부들이 던지는 폭탄 공격을 받았다.

오전 늦게, 독일군은 산 파올로 성문과 오스티엔세 철도역 가까이 있었다. 5년 전 히틀러가 군중에게 열렬한 환영을 받았던 그곳이었다. 가톨릭 공산주의자들과 인근 트라스테베레의 막사에서 온 저격병들 그리고 배우 카를로 닌치가 이끄는 군중을 비롯한 여러 분야에서 모인 의용군이 대다수가 무장을 하지 않은 채 그들과 대적하기 위해 서둘러 움직였다. 오후 1시까지 산 파올로 성문 앞 아돌프 히틀러 광장 주변에서 격전이 벌어졌지만, 그것은 가망이 없는 불평등한 전투였다. 수비군은 병력과 열정에도 불구하고 조직력이 없었고, 대다수가 총알도 얼마 남아 있지 않았다. 그들의 탱크는 독일 기갑부대에 승산이 없었다. 설상가상으로 국왕과 정부가 도시를 탈출했다는 소식이 퍼졌다. 오후가 되자 독일군은 산 파올로 성문을 돌파하고 히틀러의 자동차 행렬이 지나간(아프리카 거리를 따라 콜로세움까지, 그리고 임페로 거리를 따라 베네치아 광장으로 가는) 경로를 따라 전진하고 있었다.

마지막 전투가 테르미니에서 벌어졌다. 몬테로톤도에서 온 100명의 장교와 병사 들은 로마인을 돕기 위해 탈취한 열차를 타고 엔진에 작은 대포 하나를 숨겨서 왔다. 그들은 플랫폼에 기관총을 설치해 철도원들과 함께 싸웠고, 독일군이 그들을 제압하는 데 5시간이 걸렸다. 독일군은 철도원들을 처형했다. 저녁 6시가 되자 메리 수녀원장은 모든 것이 조용해졌음을 깨달았다. 수녀원 아래 거리에서 질주하는 독일 자동차들을 보았고, 여기저기 모인 로마 시민들이 걱정스럽게 이야기를 나누었다. 메리 수녀원장이 라디오를 켜자, 이전에는 음악만 연주하던 로마 방송국이 이제는 독일어와 강한 독일어 악센트의 이탈리아어 방송을 송출하고 있었다.

로마가 점령되었다.

처음 며칠 동안 로마는 20세기의 약탈이라고 할 만한 일들을 겪었다. 그것은 과거 로마가 겪은 약탈에 비하면 꽤나 약한 편이었다. 상인들이 다시 가게를 열면서 굶주린 로마인들이 식량을 구하러 거리로 나왔고, 독일 병사들은 가게를 약탈하고, 시민의 귀중품을 강탈하고, 총구를 들이대며 자동차와 자전거를 빼앗았으며, 몇몇 로마 여성은 강간 공포에 시달려야 했다. 로마인들은 연합군이 곧 도착할 것이라 믿으며 위안 삼았다. 심지어 가장 비관적인 사람들조차 2주 안에 연합군이 올 것으로 예상했다. 하지만 그것은 너무나 낙관적인 예상이었다.

처음 나쁜 소식이 전해진 때는 로마인들이 원치 않는 향수의 순간을 맞았던 9월 18일 저녁이었다. 라디오에서 히틀러를 찬양하고, 국왕을 격렬하게 비난하고, 이탈리아인들에게 자신을 지지하라고 촉구하는 무솔리니의 목소리가 흘러나왔다. 그의 목소리는 너무나 힘이 없어서 정말 무솔리니가 맞는지 많은 사람의 의심을 살 정도였다. 아펜니노 스키 리조트에 잡혀 있던 무솔리니는 독일군의 대담한 습격으로 며칠 전에 구출된 것이었다. 그의 탈출은 로마인들에게 나쁜 소식이었다. 그는 스스로를 새로운 이탈리아 사회공화국의 지도자라고 선언했다. 비록 독일의 꼭두각시 지도자에 지나지 않았지만, 그의 귀환은 파시즘의 진정한 신봉자들과 돌이킬 수 없을 정도로 파시즘에 깊이 협력한 사람들을 결집하는 계기가 되었다. 죽은 듯하던 파시즘이 비틀거리며 되살아났다. 한편이 된 독일군을 본보기로 삼은, 절박한 새로운 이탈리아 파시스트들은 예전의 파시스트들보다 훨씬 더 악랄해졌다. 10월 초, 그들은 탱크와 기관총이 지키는 콜론나 광장의 베데킨드궁에 로마 본부를 설치했다.

독일군은 자리를 잡으면서 더욱 활동적이 되었다. 군 입대 나이가 된 로마인들은 군 복무를 할지, 아니면 노역을 할지 당국에 신고하라는 지시가 내려졌다. 하지만 신고하는 이가 거의 없자 독일군은 길거리에서 몇 사람을 체포했다. 일제 검거가 시작되었다. 로마에는 이미 수많은 반파시스트, 석방된 1,000명의 영국군 전쟁 포로, 이탈리아 병사와 장교를 비롯해서 많은 사람이 숨어 있었

↑ 독일군의 티거 탱크가 비토리아노 앞의
베네치아 광장을 지나고 있는 1944년의 로마.
↓ 로마를 점령한 독일군이 압수한 조반니
파올로 판니니의 그림을 내 보이고 있다.

으며, 그 숫자가 불어나고 있었다. 당시의 인기를 끌던 농담에 따르면, 모세의 동상이 어디 있는지 물어보는 관광객에게 가이드는 이렇게 답한다. "모세는 요즘 친구들 집에 있어요." 사람들은 수녀원, 병원, 심지어 정신병원에 숨었다. 데 비스는 로마에 그렇게 많은 미치광이가 있었던 적이 없다고 말하기도 했다. 다수가 일반 가정에 숨었고 로마의 절반이 나머지 절반을 숨기는 일이 흔해졌다. 영국군 전쟁 포로의 인도에 큰 포상금이 걸렸고, 그들을 숨긴 자는 사형이라고 위협했지만 밀고된 자는 거의 없었다. 여러 명의 영국 전쟁 포로를 숨겼던 한 노파는 데 비스에게 위험한 줄은 알지만, 한편으로 포로 개개인을 걱정하는 어머니를 생각하면 그들을 지켜야 한다는 생각이 들었다고 말했다.

10월 6일, 이제는 국왕의 키가 큰 흉갑기병 경비병들이 끌려갈 차례였다. 빌라 아다 사보이아(비토리오 에마누엘레가 무솔리니를 체포했던 곳)에서 가구, 그림, 동상, 태피스트리 그리고 메리 수녀원장의 말처럼 침대 시트와 베갯잇까지 약탈당하면서 국왕의 대한 복수가 이어졌다. "벽의 못을 비롯한 모든 것이 사라졌다."[18] 10월 8일 독일군은 카라비니에리를 공격했다. 이들은 항상 국왕에게 충성하고 무솔리니의 체포에 핵심적인 역할을 한 엘리트 경찰로 독일로 끌려간 1,500명은 대다수가 돌아오지 못했다. 다행히 체포 소식이 빠르게 퍼져 다른 5,000명은 체포를 면했다.

가장 끔찍했던 체포가 아직 기다리고 있었다. 바로 로마의 유대인이 그 대상이었다. 운이 좋은 소수의 유대인은 전쟁이 시작되기 전에 이탈리아를 떠났다. 당시 인종법이 처음 도입되었지만 대부분은 갈 곳도 돈도 없었다. 독일군이 로마로 진격한다는 소식을 들은 일부 유대인은 은신처로 몸을 피했고 현명한 소수는 숨어 있었지만, 날이 가면서 아무 일도 일어나지 않자 숨어 있던 이들 대부분이 다시 모습을 드러냈다. 그들은 일하지 않고 지낼 여유가 없을뿐더러 가톨릭 친구들에게 계속 부담을 주고 싶지 않았다. 게다가 그들은 2,000년 이상 살아남아 존재 자체를 없애려는 교황의 거듭된 개종 시도에도 굴하지 않았던 세계에서 가장 오래된 유대인 공동체였다.

경고의 목소리가 들려왔다. BBC 라디오는 대학살과 가스실이 있는 수용소 이야기를 방송했다. 동유럽에서 자라 집단 학살에 대해 알고 있던 로마의 랍비 지도자 이스라엘 졸리는 유대교 회당을 폐쇄하고 유대인 공동체에 숨거나 로마를 떠나라고 지시할 것을 촉구했다. 이탈리아 유대인 난민 단체 DELASEM의 현지 지부를 운영자이자, 유대인 집단 수용소에서 무슨 일이 일어나는지 정확히 알고 있던 2명의 로마 유대인 렌초 레비와 세티미오 소라니는 연합군이 통제하는 남쪽 지역으로 피난하도록 촉구했다. 놀랍게도 로마에 있던 두 독일 외교관이 경고를 했다. 교황청에 파견된 독일 대사인 에른스트 폰 바이츠제커 남작과 그의 비서 알브레히트 폰 케셀은 모두 나치를 좋아하지 않았다. 노골적으로 나치를 강력히 반대하던 케셀과 나치를 경멸하는 보수 귀족이던 바이츠제커는 둘 다 DELASEM의 사무관으로서 유럽 다른 곳의 유대인들이 처한 운명을 잘 알고 있었다(바이츠제커는 최종 해결[나치스의 유럽 유대인 대학살 계획—옮긴이]을 결정한 반제 회담의 회의록을 직접 보았다). 케셀은 알고 지내던 스위스인 알프레트 파레너로 하여금 바티칸과 연결된 로마 유대인들에게 공동체가 심각한 위기에 처해 있다는 소식을 퍼뜨려달라고 요청했다.

슬프지만 이런 경고들을 심각하게 받아들인 로마 유대인이 거의 없었다. 그들은 BBC의 보도를 연합국의 과장된 선전으로 생각했고, 외부인인 랍비 졸리는 별로 좋아하지 않았다. 게다가 지금까지 독일군은 공격적인 행동을 한 적이 없었다. 대부분의 로마 유대인은 그들이 아주 안전하다고 안심시키는 공동체 수장 우고 포아와 같은 생각이었다. 그들은 약 1만 2,000명으로 이루어진 비교적 작은 공동체였고, 포아는 교황과의 갈등을 원치 않는 독일군이 그들에게 별로 관심을 두지 않을 것이라고 느꼈다. 자신들이 독일군에 공격의 명분을 주는 일을 하지 않는 것이 중요하다고 믿었다. 유대인들은 있는 듯 없는 듯 조용히 살아가야 했다. 유대교 사원의 가구와 부속물을 치우고 숨겼지만 다른 방비책은 마련해두지 않았다.

로마 유대인에 대한 첫 적대적 움직임은 9월 26일 일요일, 로마의 게슈타포 책임자인 나치 친위대(SS) 소령 헤르베르트 카플러가 유대인 공동체의 두 지도자 우고 포아와 단테 알만시를 독일 대사관인 빌라 볼콘스키의 집무실로 소환하면서 시작했다. 카플러는 로마의 유대인들이 이틀 안에 금 50킬로그램을 몸값으로 지불

↑ 이탈리아인에게 독일군에 맞서 연합군에 합류할 것을 촉구하는 연합군의 선전. "그들을 시칠리아에서 쫓아내. 그들을 이탈리아에서 쫓아내자."

↓ 무솔리니가 아펜니노 스키 리조트에서 독일 낙하산 부대원의 도움으로 왕실군으로부터 풀려난 후, 무덤에서 되살아난 이탈리아 사회공화국의 파시스트 정부에 대항하는 연합군의 선전.

해야 하며, 그렇지 않을 경우 200명이 추방될 것이라고 말했다. 그 돈을 지불하면 어떤 해도 입지 않을 것이었다. 카플러를 의심하는 사람도 있었지만, 대부분은 그가 약속을 지킬 것이라고 생각했다. 지나치게 순진한 생각으로 보일 수도 있지만, 로마 유대인 작가 자코모 데베네데티는 이렇게 설명했다. "유대인들은 수 세기에 걸친 경험을 통해, 운명적으로 개처럼 취급받을 것이라는 인식이 굳어져 있기 때문에 인간의 동정이 절실히 필요하고, 그것을 간청하기 위해 요구받은 것을 제공한다. 이들이 독일군에도 이런 식으로 행동할 것인가? 불행히도 그렇다."[19] 데베네데티는 또한 유대인들이 종교적 신념 때문에 권위에 대한 뿌리 깊은 수용과 정의에 대한 기대를 소유하고 있다고 느꼈다. 이와 대조적으로, 나치의 신념은 아주 단순했다. 유대인이 어떤 감동을 주더라도 그들 모두는 독일 민족의 확고한 적이었다.

카플러의 요구가 있은 다음 날 아침, 유대교 회당 콤플렉스 2층의 한 방에 모금 장소가 설치되었다. 처음에는 사람들이 거의 오지 않아 바티칸에 도움을 요청하는 사절이 파견되었다. 비오 12세는 무이자 대출을 제안했지만, 이른 오후가 되자 회당 아래에 길게 줄이 늘어서 대출이 필요 없게 되었다. 대부분이 게토 지역에서 온 가난한 유대인이었고, 작은 기부금이었지만 모이자 이내 상당한 금액이 되었다. 부유한 사람은 큰 금액을 기부했고, 그중에는 기독교 로마인들도 있었다. 요구한 금을 건넨 유대인들은 이제 위험에서 벗어났다고 확신하며 안도했다. 불행히도 그들의 판단은 완전히 빗나갔다. 카플러가 처음 금을 요구하기 바로 전날, 그는 베를린으로부터 로마 유대인들을 체포하여 추방하라는 명령을 받았다. 밝혀진 증거에 따르면, 카플러는 두어 주 내로 유대인 체포 준비가 되지 않으리란 사실을 알았기 때문에 그들이 숨지 않도록 주의를 분산시키고자 금 관련 요구를 꾸민 것이었다. 전적으로 그가 고안한 아이디어였고 그 계략은 성공했다. 유대인들은 또 다른 충격에 경악했다. 독일군은 공동체의 모든 문서를 압수하고 나중에는 공동체의 두 도서관이 소유한 책들까지 압수했는데, 거기에는 색인으로 정리되거나 연구된 적이 없는 소중한 고서들이 포함되었다(이 고서들은 현재까지 찾지 못했고, 북쪽으로 이송 중에 연합군의 폭격으로 소실되었거나, 일부 로마 유대인이 믿는 것처럼 독일에 여전히 숨겨져 있을 것이다). 하지만 이런 충격에도 숨은 사람은 거의 없었다.

유대인 공동체의 재앙을 막으려 노력한 한 남자가 있었다. 그 역시 독일인이었다. 교황청이 아닌 이탈리아 주재 독일 대사이던 아이텔 프리드리히 묄하우젠은 체포 명령이 카플러 소령에게 맨 처음 전달되었을 때 그 사실을 바로 알게 되었다. 묄하우젠은 즉시 차를 몰아 로마 근교인 프라스카티로 가서 유대인들을 체포할 것이 아니라 강제 노동에 동원해야 한다고 케셀링을 설득했다. 강제 노동은 케셀링이 튀니지 유대인들에게 사용한 방법이었다. 체포에 동원할 군대가 없었던 케셀링도 이에 기꺼이 동의했다. 불행히도 묄하우젠의 노력은 헛수고였다. 베를린에 있는 SS는 현지 독일 관리들이 방해가 된다는 걸 알고, 그들을 피해 갔다. 전해에 파리 유대인의 체포를 주도했던 테오도어 다네커 대장 휘하의 SS 부대 하나가 다른 분견대와 함께 로마로 파견되었다.

로마의 유대인들이 다네커의 도착을 처음 안 때는 게토 주민들이 수류탄 폭발음과 창문에 발사되는 총소리에 잠을 깬 10월 16일 이른 아침이었다. 몇 시간 동안 계속된 이날의 공격은 그들을 집에 가두어두려는 의도에서 전개됐고 결과는 성공적이었다. 5시 30분, 가을비가 쏟아지자 병사들은 그 지역을 봉쇄하고 문을 쾅쾅 닫기 시작했다.

그날 벌어진 사건에서 무언가 좋은 결과가 비롯되리라고는 상상하기 어렵지만 단 한 가지 좋은 것이 있었다. 그것은 「1943년 10월 16일」이라는 제목의 자코모 데베네데티가 쓴 40쪽짜리 기록이다. 데베네데티의 이 짧은 걸작은 눈앞에 펼쳐지는 공포를 냉정하게는 아니지만(어떻게 냉정할 수 있겠는가?) 관련된 독일군을 포함하여 정확하고 신랄한 관찰력으로 기술해놓았다. 그는 독일군이 의도적으로 잔인하다기보다는 서두르고 인정사정없는 모습으로, 그 인정사정없음이 그들의 임무 완수에 도움이 되기 때문에 유지되는 것으로 묘사했다. 그렇기에 SS 병사들은 "아무런 이유 없이, 아마도 문제 없이 모든 일을 빨리 처리하기 위해서 공포 분위기와 권위를 유지하려고"[20] 계속해서 소리를 질러댔다. 병사들은 지시대로 따랐고, 한두 가지 예외를 제외하면 그것이 다였다. 자신들이 받은 명단(대부분의 이름이 무솔리니의 인종법에 의거해 기록된 등록부에서 나왔다)에 따라 대문을 쾅쾅 두드렸다. 그들은 문을 연 사람에게 카드를 주고 20분의 시간을 주며 꼭 챙겨갈 물건 목록을 만들고 준비하도록 지시했다. 데베네데티는 그들의 생각을 이렇게 상상했다. "좋은 안경은 집에 두는 게 낫겠지. 그리고 여행 가방들, 모두를 위해 어디서 하나를 구하지? 아이들은 같이 쓰면 되겠지."[21]

명령을 받은 대로 따르지 않는 독일 병사들도 있었다. 데베네데티가 시뇨라 S.라고 부르는 한 여자는 이웃에게 무슨 일이 일어났으니 조심하라는 소리를 들었다. 여자는 최근의 사고로 다리에 깁스를 한 채 비틀거리며 계단을 내려갔다. 거리에서 여자는 독일 병사 2명을 보고 다가가 담배를 권했고, 그들은 담배를 받았다. 현지에 전해진 이야기에서 둘은 곧 오스트리아인으로 여겨졌다.

> "유대인을 모두 잡아가고 있어요." 둘 중 나이가 많은 병사가 여자에게 대답했다. 여자는 손으로 깁스를 살짝 치며 말했다.
>
> "하지만 난 다리가 부러졌어요(가족과 함께 가야 해요). 병원 말이에요."
>
> "네, 네." 두 오스트리아 병사가 고개를 끄덕이며 가도 된다고 손짓했다. 그러나 가족을 기다리는 동안 시뇨라 S.는 두 병사와 친분을 기회로 이웃 몇 명을 구하기로 했다. 이제 여자가 거리에서 사람을 불렀다.

"스테리나, 스테리나."

"무슨 일이야?"

"나와. 그들이 다 잡아간대."

"잠깐만. 아기 옷 좀 입히고 바로 내려갈게."

불행하게도 아기에게 옷을 입히는 것이 문제였다. 시뇨라 스테리나, 그녀의 아기, 그리고 그녀의 가족 모두가 잡혀갔다.[22]

시뇨라 S.는 자신의 가족을 구출한 다음, "전염병이 돌고 있는 와중에 귀찮은 듯이 태평하게 예방 조치를 무시하며 회진을 돌고, 그럼에도 불구하고 질병이 자신에게 아무런 효력이 없다는 듯이 정확하게 질병을 피해 가는 간호사처럼"[23] 돌아갔다. 순전히 허세를 통해 그녀는 자신이 유대인이 아니라는 것을 다른 독일인들에게 인식시킨 다음 이웃의 네 아이를 구했다.

하지만 운이 좋은 사람은 그렇게 많지 않았다. 즉시 도망쳤다면 달아났을 수도 있었지만 문을 잠그고 집에 숨어 체포되는 실수를 저지르는 사람들도 있었다. 독일군은 그런 집들의 문을 부수었다. "문 뒤에는 아주 무서운 초현실주의 가족 초상화처럼 돌처럼 굳은 거주자들이 잔뜩 겁에 질려 차렷 자세로 서 있었다(눈은 최면에 걸린 것 같았고 심장은 얼어붙은 듯했다)." 그들은 포르티코 도타비아 거리를 따라 마르첼루스 극장으로 끌려갔다.

> 그들이 길 한복판에서 삐죽빼죽 한 줄로 끌려간다. SS 대원들이 작은 무리마다 앞뒤에 서서 개머리판으로 쿡쿡 찔러대며 대충 줄을 맞추고, 그들은 끌려가며 눈물과 신음, 자비를 구하는 절규, 혼란스러운 질문 외에 아무런 저항도 하지 못한다. [···] 아이들은 안심하려는 듯 부모와 눈을 맞추려 했지만 부모들은 아무런 위안도 줄 수가 없었다. 이것은 빵을 달라는 아이들에게 '이젠 없다'고 말하는 것보다 훨씬 가슴 미어지는 일이다.[24]

유대인들은 처음에 독일인이 강제 노역을 시킬 남자를 원할 것이라고 생각했기 때문에, 도망가려 했던 이들은 남자였고 지붕 위를 기어 간신히 도망친 이들도 있었다. 어떤 이들은 흡연자라서, 테베레섬의 카페에서 담배를 사기 위한 줄을 서려고 일찍 일어났기 때문에 목숨을 구했다. 그날 트럭에 실려 끌려간 사람들 중 여자가 남자보다 2배 더 많았고 4분의 3이 아이들이었다.

체포 소식이 빠르게 퍼졌고 로마 전역에서 유대인들이 몸을 숨겼다. 많은 사람이 친구들의 집으로 도망쳤다. 카플러가 상관에게 올린 작전 보고서에 의하면, 로마 시민은 분명히 체포에 동조하지 않았고 유대인 이웃을 숨기고 체포자가 혼자 잡으러 온 경우에는 이를 막으려 했다. 일례로, 어느 아파트 문을 두드리던 군인들은 그곳이 자기 집이라고 주장하는 검은셔츠단 정복을 입은 파시스트에 의해 진입을 제지당했다. 어떤 유대인은 병원에서 가짜 수

술을 받으며 숨었고, 또 어떤 이는 병원 영안실에 숨기도 했다.

성당이 많은 유대인을 숨겨주었다. 테베레섬의 환자간호수도회 병원의 수사들은 게토에서 도망치는 유대인들을 보고, 인근에 있는 시온의 성모 수도원의 수녀들이 그랬듯이 그들을 받아들였다. 어떤 기관들은 유대인에게 가톨릭교 개종을 요구했고 또 어떤 기관들은 자신들이 아는 사람의 추천을 요구했지만, 대부분은 의심 없이 그들을 받아들였다. 대다수 성직자는 피난처를 제공한 사람에게 최고의 호의와 배려를 보여주었다. 교구 성직자들은 유대인들을 그들 성당 옆에 있는 방과 신학교에 숨겨주었으며, 유대인 아이들에게 아주 적은 보수를 받고 가톨릭 기숙학교에 자리를 마련해주었다. 메리 수녀원장은 교황이 많은 유대인을 구했다고 자랑스럽게 썼고, 전쟁이 끝나고 많은 사람이 그렇게 믿었다.

그러나 사실은 조금 다르다. 비오 12세는 체포가 시작되자마자 그 사실을 알았다. 비오와 친분이 있는 로마의 귀족 엔차 피냐텔리 아라고나 코르테스 공주는 게토 근처에 사는 한 친구로부터 무슨 일이 일어나고 있는지 들었다. 차가 없어 독일 대사관에서 차를 빌리고, 마르켈루스 극장 아래에서 기다리는 낙담한 군중을 본 공주는 곧바로 바티칸으로 가서 비오를 만나 그녀가 겪은 이야기를 들려주었다. 이 소식을 듣고 깜짝 놀란 비오는 그녀 앞에서 전화를 걸었는데, 아마도 바티칸 주재 독일 대사 바이츠제커였을 것이다. 슬프지만 그가 한 일은 그것뿐이었다.

유대인들은 교황과의 관계에서 운이 없었다. 앞서 살펴봤듯이, 수백 년 동안 로마 유대인에게 호의를 보여준 교황은 거의 없었고, 유대인이 통일 이탈리아의 지지자가 된 후에도 거의 호의를 보이지 않았지만, 비오 12세는 특히나 연민이 부족했다. 바티칸과 밀접한 관계에 있던 로마 가문에서 에우제니오 파첼리로 태어나 교회 변호사로 명성을 얻고 로마 교회 성직을 거치며 급부상하던 그는, 제1차 세계대전이 끝날 무렵 뮌헨에 파견되었다. 그곳에서 파첼리는 단명했던 바이에른 소비에트 공화국의 월권행위를 목격했고, 그가 강력한 유대인 운동으로 여기는 볼셰비즘이 로마 교회의 가장 큰 위협이며, 무슨 일이 있어도 반대해야 한다는 믿음을 보다 확실히 확인했다. 파첼리는 볼셰비즘에 대항하는 투쟁에서 누구를 고용하느냐에 대해서는 까다롭지 않았다. 교황에 오르기 6년 전인 1933년에 그는 교황청과 새로운 나치 국가 간의 협정을 교섭했다. 이 협정은 강력한 독일 가톨릭 단체들이 정치에 관여하지 않을 것이라고 약속함으로써 히틀러가 절대권력을 장악할 수 있는 길을 열어주었다.

제1차 세계대전은 그의 생각을 바꾸지 못했고, 이제 교황이 된 파첼리는 히틀러와 서방 연합국 간의 화평을 주선하여 고전 중이던 독일이 마음대로 러시아에 대항할 수 있게 되기를 바랐다. 비오 교황은 독일에 위해가 되거나 독일이 바티칸에 등을 돌릴 만한 일을 하고 싶지 않았다. 증명하기가 쉽지 않지만, 이 시기에 바티칸의 성직자 대다수가 그랬듯이, 비오가 반유대주의적인 견해를 갖고 있었던 것으로 보인다. 1942년 홀로코스트 소식이 알려지자, 루스벨트가 특사 마이런 테일러를 로마로 밀입국시켜 비오 교황이 나서 달라는 강력한 압력을 넣었지만, 그는 현재 벌어지고 있는 일에 목소리를 높이려 하지 않았다.

이제 홀로코스트가 비오에게 닥쳤다. 게토에서 체포된 유대인들은 바티칸궁에서 불과 몇백 미터 떨어진 군사학교에 임시로 억류되었는데, 그들을 태우고 온 트럭 운전사 일부가 잠깐 관광을 하고 싶은 마음에 산 피에트로 광장 바로 옆에 차를 세웠다. 바티칸 주재 영국 대사인 다시 오스본은 체포가 시작된 지 몇 시간 지나지 않아 간신히 비오를 만나 항의해줄 것을 강력하게 요청했다. 그에게 돌아온 답변은, 교황청은 로마에 있는 독일 당국이 바티칸의 중립성을 존중해주어서 그들에 대한 불만이 없으며, 또 바이츠제커 대사에게 항의를 해서 많은 유대인이 석방되었다는 것이었다. 이것은 사실이 아니었다. 바티칸 관계자들이 개입했지만 가톨릭으로 개종한 소수의 유대인을 위해서였을 뿐이었고 성공하지도 못했다. 군사학교에 억류된 포로 1,250명 중 약 5분의 1이 풀려났지만, 이는 SS 사령관인 테오도어 다네커에게 그들은 애당초 체포되지 말았어야 했다는 사실을 납득시켰기 때문이다. 교황은 한 번도 체포에 항의한 적이 없었다. 바티칸의 유일한 논평은 9일 후에 바티칸 신문 《오세르바토레 로마노》에 게재되었지만, 유대인에 대한 언급은 없었고 단지 모든 무고한 사람의 고통을 애도했을 뿐이었다.

다시 한번 독일 외교관들이 훨씬 더 많은 역할을 했다. 아무 일도 하지 않는 교황에게 크게 실망한 바이츠제커와 묄하우젠 독일 대사는 (교황이 그런 일을 할 사람이 아니란 사실을 알고 있지만) 교황이 현 사태를 비난한다고 주장함으로써 베를린 당국에 경종을 울리려는 교묘한 계획을 꾸미기 시작했다. 그들은 로마의 독일 주교 알로이스 후달이 로마에 있는 독일 사령관 슈타헬 장군에게 쓴 것처럼 보이는, 교황의 분노를 경고하는 편지를 만들어냈다. 바이츠제커는 전보로 이 편지를 베를린 외무부에 보내면서, 로마에서 체포된 유대인들을 석방하고 노동력에 동원할 것을 재차 촉구했다.

두 사람의 노력은 절박했다. 편지와 전보는 SS에 전달되기 전 며칠 동안 베를린 외무부에 유보되었다. SS는 전혀 관심을 둘 것 같지 않았고 사실 그럴 필요도 없었다. 바이츠제커의 전보가 마침내 그들에게 전달되었을 때 로마에서 체포된 1,000명이 넘는 유대인은 아우슈비츠에 도착했거나 막 도착하는 중이었다. 대부분이 독가스로 곧바로 처형되었다. 1,000명 중에서 겨우 15명만이 살아남아 로마로 돌아갔다.

점령군이 벌인 가장 잔혹한 사건인 게토 체포 이후, 마지막 끔찍한 사건이 아직 기다리고 있었다. 10월 말 연합군이 2주 이내에 나타날 것이라는 로마인들의 예상은 애처로울 정도로 낙관적으로 보였다. 나폴리는 이달 초에 (나폴리와 시민 모두 큰 희생을 치른) 격렬한 반란을 일으켜 독일군을 쫓아내고 해방되었지만, 연합군은 로마와 나폴리 중간쯤에 위치한 카시노 언덕 남쪽의 가공할 독일 방어선에 막혀 볼투르노강에서 저지당했다. 전쟁은 교착상태에 빠졌다. 11월이 되자 로마 성벽에 쓰라린 낙서가 등장했다. "러시아군아 서둘러! 연합군이 볼투르노에서 너희를 기다린다."

조금씩 로마의 생활이 나빠졌다. 버스와 전차는 점점 귀해지고 더욱 혼잡해졌다. 택시는 아예 사라졌다. 약탈을 피하기 위해 창문과 문을 벽돌로 막은 상점은 거리를 흉측하게 만들었고, 그나마 문을 연 상점은 구두약, 살충제 가루, 나무로 만든 병과 접시 외에 진열할 것이 거의 없었다. 고급 장신구 가게들은 값싼 주석 장식품을 팔았다. 활기찬 곳은 카페뿐이었으나 이곳에도 먹거나 마실 것이 거의 없었다.

11월이 되어 날씨가 추워지면서 소금, 설탕과 함께 모든 음식이 부족했고, 조리용 가스는 하루에 3번 잠깐씩 들어왔다. 차와 커피는 거의 구할 수 없었으므로 메리 수녀원장은 보리로 만든 커피 대용품과 라임잎, 블랙베리잎 또는 말린 오렌지 껍질을 우려낸 차로 만족해야 했다. 리라는 거의 가치가 없었지만, 자유 기업 체제로 새로운 기회들이 생겨났다. 식량이 부족해지면서 암시장이 활기를 띠었고, 돈을 가진 사람은 나폴리에서 연합군 전선 전역으로 편지를 보내고 받는 것이 가능했다. 더 큰 금액을 주면 사람도 왕래할 수가 있었다.

포스터를 통해 계속 늘어가는 금지 활동 목록이 발표되었다. 사보타주, 탈영, 노동의무 불이행, 무선 송신기 소지 등은 유대인이나 연합군 전쟁 포로를 숨겨주는 죄와 마찬가지로 모두 사형에 처할 수 있었다. 이 무렵에는 그들 외에도 숨으려는 사람들이 있었다.

↑ 독일군에 의한 로마 유대인의 대대적인 체포 및 강제 이송이 이루어진 1943년 10월 16일 게토의 풍경.

↓ 학살당한 유대인의 짧은 이력을 적어 그들이 살았던 집 앞에 설치하는 슈톨퍼슈타이네. 로마에는 1943년 10월 16일 강제 이송 기록이 새겨진 것이 많다.

데 비스는 이탈리아군 장교 몇 명을 숨겨주었던 한 로마 여자 이야기를 들려줬다. 여자는 독일 낙하산병 하나가 자기 집으로 들어가는 것을 보고 기겁했으나, 알고 보니 그는 자기네 정원사였다. 한 독일인이 그를 총으로 위협한 후, 탈영을 하기 위해 강제로 옷을 바꿔 입도록 시킨 것이었다. 데 비스는 또 나이가 많은 이탈리아 사람들 집에 하룻밤 묵게 해달라고 부탁한 두 독일 장교 이야기도 꺼냈다. 다음 날 그들은 침대 위에 군복을 단정하게 개어두고, 서류 가방과 쪽지 하나를 남겨두고 사라졌는데, 쪽지에는 "우리가 싸움을 그만둘 수 있도록 도와주셔서 감사합니다"라고 쓰여 있었다. 독일어를 할 줄 아는 데 비스에게, 많은 병사가 자신들이 원하는 것은 가족 품으로 돌아가는 것뿐이라고 말했다.

이따금 반가운 소식이 들려왔다. 11월 28일 게슈타포와 이탈리아의 아프리카 경찰대가 로마의 파시스트 본부를 급습했다. 부패하고 공격적이었던 파시스트들은 많은 사람의 혐오 대상이었다. 그들은 요금을 내지 않으려고 수류탄으로 전차 승무원을 위협하고, 영화가 마음에 들지 않는다고 극장 스크린에 수류탄을 던지기도 했다. 파시스트 고위 인사 중 하나인 폴라스트리니는 정도가 지나쳐, 「조비네차」가 연주될 때 일어서지 않았다고 오페라 관객들을 기관총으로 위협하기까지 했다. 관객들 일부는 독일인이었다. 파시스트 본부 습격으로 고문실, 고문 피해자 3명, 수많은 훔친 물건, (아마도 파시스트들의 카푸치노에 넣을 신선한 우유를 얻기 위한) 살아 있는 소 한 마리가 발견되었다. 그러나 로마 시민들의 기쁨은 오래가지 못했다. 검은셔츠단은 허풍이 덜하고, 더 효율적이며, 훨씬 더 위험하다고 판명될 다른 단체들로 곧 대체되었다.

11월 초, 독일군은 그들의 본부로 베네토 거리에 있는 최고의 호텔들을 징발했다. 그들은 분명히 얼마간 더 머물 것을 예상하지만 곧 삶이 녹록지 않다는 것을 알게 되었다. 점령 초기에 로마에는 국왕 지지자 FMCR와 공화주의자 CLN이라는 2개의 라이벌 저항 조직이 생겨났다. 둘 다 서로에 대한 음모를 벗어나 스스로 큰 성과를 내지는 못했지만, 이미 파시스트 병영을 폭파하고, 검은셔츠단 요원을 여럿 암살하고, 도로에 네 갈래로 못을 뿌려 독일군 수송대에 큰 피해를 입힌 여러 빨치산 단체가 CLN에서 출현했다. 12월 중순, 빨치산 단체 중 하나이자 공산주의 단체인 애국행동대(GAP)는 독일인들이 더 이상 로마에서 안전하다고 느끼지 못하도록 그들을 목표로 삼기로 결정했다. 12월 하반기에 그들은 일련의 대담한 기습 공격을 실행했다. 트라토리아에서 식사하는 독일인 8명을 죽였고, 이어서 트럭에 타는 8명을 더 죽였다. 독일군이 점유한 베네토 거리의 호텔 중 하나인 플로라의 창문으로 폭탄을 던져 엄청난 피해를 입혔다. 레지나 코엘리 감옥의 위병소를 공격했고, 자전거를 타고 가며 마치니 다리 위에 있던 독일군 3명에게 폭탄을 던져 죽이고 재빨리 페달을 밟아 달아나기도 했다.

로마인들은 독일군이 그들을 경계해야 한다는 사실이 반가웠을지 모르지만, 그런 공격들로 그들의 삶도 더욱 힘들어졌다. 오래전부터 실시되어온 통행금지는(바돌리오가 처음 실시했다) 그 시간이 크게 늘어나 오후 7시에 시작되었다. 도시를 일주하는 가장 좋은 방법이 된 자전거가 금지되었고 자전거를 타고 가는 사람은 경고 없이 총을 맞았다. 거리는 곧 세발자전거로 가득 찼는데, 아직 허용된 이 자전거는 로마의 새로운 트럭 역할을 맡아 집에서 제작한 트레일러를 뒤에 매달고 물건을 가득 싣고 다녔다.

빨치산의 움직임이 점점 활발해지면서 로마의 검은셔츠단도 바빠졌다. 그들 내부에 이탈리아인과 독일인의 피가 반반 섞인 피에트로 코흐가 이끄는 새로운 세력이 나타났고, 무솔리니가 그에게 도피자들과 로마 레지스탕스 대원들을 뿌리 뽑을 수 있는 권한을 주었다. 로마사람들이 '반다 코흐'(Banda Koch, 코흐의 밴드)로 불렀던 그의 특수경찰국은 독일군에 아주 쓸모가 많았다. 그때까지 독일군은 교황과 문제를 일으키지 않으려 로마 교회 건물 수색을 꺼려왔지만, 이제 코흐는 독일군의 도움을 받아 그들을 급습할 수 있었고 SS는 모든 책임을 부인할 수 있었다. 12월 21일 밤, 로마 교회 기관 3곳이 수색을 당했고 50명 이상의 사람이 발각되어 연행되었다.

성당의 재산은 더 이상 안전해 보이지 않았고, 많은 사람이 그곳을 떠났다. 유대인들은 이곳저곳을 옮겨 다니며 갈 수 있는 곳 어디든지 갔다. 몇몇은 인적이 끊긴 게토에 있는 그들의 옛 집에 잠시 숨어 있었다. 10월의 체포 이후 그들은 대체로 평화롭게 지냈지만, 다시 수색과 체포가 재개되었다. 당국은 유대인 남자에는 5,000리라, 여자와 어린이에는 2,000~3,000리라의 현상금을 지급했다. 비록 많지는 않았지만 그 돈을 챙기는 로마인들도 있었다. 심지어 유대인들 사이에서도 안전하지 않았다. 젊은 유대인 여성 첼레스테 디 포르토는 독일군을 도운 것으로 악명을 떨쳤다. '라 판테라 네라'(검은 표범)라는 별명이 붙은 그녀는 게토 근처의 테베레섬 다리 위에 서서 그녀가 알아본 유대인들을 가리키곤 했다. 독일군은 그녀의 배신에 대한 감사의 표시로 처형될 예정이던 남자 형제를 나중에 풀어주었지만, 그는 누이에 대한 너무 큰 부끄러움에 다시 자수하고 죽임을 당했다.

로마인들은 점령된 땅에서 성탄절을 맞았다. 자정 미사는 통행금지로 취소되었다. 교황은 성탄절 담화에서 로마인들에게 폭력을 자제하도록 촉구하면서 그의 주변 모든 곳에서 일어나고 있는 범죄에 대해서는 아무런 언급도 하지 않았다. 이 무렵 로마에는 멜처 장군이 새로운 독일군 사령관으로 부임했다. 지독한 술꾼이었던 그는 베네토 거리의 호텔 레지나에서 150명의 영국 전쟁 포로들에게 성탄절 만찬을 베풀면서 조국의 손상된 이미지를 개선하려 했다. 새해가 시작되었다. 1944년 1월 13일 로마인들은 배고픔도 잊고 자신들의 도시를 두고 벌이는 전투기들의 공중전에 정신이 팔려 있었다. 메리 수녀원장도 이를 구경했다.

> 연합군의 한 조종사는 정면으로 날아오는 적기와 충돌했다. 독일군 전투기는 두 동강 났고, 미군 전투기 역시 추락했다. 미군 전투기 총 5대가 추락했지만, 조종사들

> 은 안전하게 탈출했다. 물론 그들은 착륙하자마자 체포되었다. [⋯] 탈출하는 모습을 한 번도 보지 못한 이들에게 낙하산은 마치 둥둥 떠서 땅으로 내려오는 거대한 흰 꽃처럼 보였다.[25]

그리고 바로 며칠 후 기적적인 소식이 들려왔다. 메리 수녀원장은 1월 21일에 다음과 같이 썼다.

> 믿기 어려울 정도로 좋은 소식으로 보인다. 자세한 내용은 아직 모르지만, 마침내 그들이 우리 곁에 아주 가까이 왔다는 사실 외에는 아무것도 중요해 보이지 않을 만큼 너무 기쁘다. 마치 로마에서 구름이 걷힌 것 같다. 거리의 사람들은 오랜만에 매우 행복해 보인다.[26]

연합군은 로마에서 겨우 약 50킬로미터 떨어진 안치오에 상륙했다. 다시 한번 독일 외교관들은 서둘러 떠날 준비를 했고, 기차역은 독일 수송부 관리들이 군수품을 내려야 할지 북쪽으로 돌려보내야 할지를 몰라 혼란스러운 장면이 연출되었다. 트럭이 징발되었고, 밤에 데 비스는 차가 시끄럽게 시내를 지나가고 비행기가이 머리 위를 날아다니는 가운데 드르륵거리는 기관총 소리를 들었다.

며칠이 지나도록 아무 일도 일어나지 않았다. 총소리가 나지 않았다. 데 비스는 이해할 수 없었다. "동맹군이 전진하지 않는다."

데 비스는 이렇게 썼다. "왜? 왜? 로마로 오는 길은 열려 있다."27 그녀 말이 옳았다. 로마로 가는 길은 열려 있었거나, 적어도 한때는 열려 있었다. 안치오 상륙은 아직도 논란의 여지가 많은 주제로 남아 있다. 5만 명의 군대와 5,000대의 차량으로 구성된 연합군이 100명의 독일군이 방어하는 해안에 상륙했다. 로마에 남은 독일군은 다 합쳐봐야 1,500명밖에 안 되는 경찰 대대 2개였을 뿐이다. 연합군 사령관 존 루카스 장군은 쉽게 로마로 밀고 들어가 그에게 내려진 또 다른 명령인 알바니 구릉지 점령을 완수할 수 있었다. 하지만 교두보에 머물며 참고 기다렸다.

루카스는 후에 그의 조심성으로 큰 비난을 받았다. 하지만 그의 결정에도 일리가 있었을지 모른다. 살레르노에서 연합군의 마지막 상륙작전은 독일군의 격렬한 반격에 부딪쳐 거의 바다로 밀려날 뻔했다. 루카스의 상륙은 카시노 언덕 아래에 배치된 주력군의 돌파 공격과 함께 합동으로 실시되어야 했지만, 그 돌파 공격이 실패했다. 5만 명의 군대는 대규모 병력으로 보일지 모르지만 1944년 기준으로는 보통 수준이었다. 데 비스가 왜 연합군이 로마에 오지 않는지 의아해할 즈음, 이미 북부 이탈리아에서 예비군을 급파한 케셀링의 병력은 교두보 군대의 병력을 2배로 앞섰다. 루카스가 로마로 진격했더라면 로마는 전쟁터로 변했을지도 모른다. 그는 대신 안치오를 1만 1,000명의 연합군이 묻힌 묘지로 만들었다.

상륙작전은 로마에 구원이기보다는 재앙이었다. 점령 초기부터 독일군은 로마를 비무장 무방비도시로 선언했지만, 이는 거짓이었다. 그들은 연합군의 공습으로부터 비교적 안전했던 로마 중심부를 대포와 탱크를 위한 거대한 주차장으로 사용했다. 전장이 겨우 50킬로미터 정도 떨어져 있기 때문에, 로마를 통과하는 독일군 차량이 3배로 증가했고 로마 중심부는 군 장비로 가득 찼다. 엄청난 피해를 준 7월 19일의 공습 이후로 로마엔 비교적 폭격이 많지 않았다. 이제 해안 교두보를 방어하기 위해 고군분투하고 있던 연합군은 철도 조차장과 역, 가스 공장을 목표로 거의 매일 로마를 공습했다. 로마는 일반적으로 제2차 세계대전에서 폭격으로 크게 피해를 입은 도시로 생각되지 않는다. 중심부는 거의 공격을 받지 않은 반면, 교외가 광범위하게 피해를 입었고, 로마인 7,000여 명이 공습으로 사망했다. 로마가 무방비도시라고 주장하는 독일인들이 사이렌을 울리지 않았기 때문에 대체로 경고는 없었다. 공습이 시작되면 전차와 버스는 그 자리에 멈춰 섰고 사람들은 대피소로 이동하라는 지시를 받았다. 메리 수녀원장은 대피소를 "죽음의 덫, 허술하고 비효율적"이며 "대개 이성을 잃은 군중으로 가득하다"고 묘사했다.[28] 그녀는 성당에서 모든 것을 운에 맡겼다.

무솔리니가 반파시스트들과 가난한 사람들을 버려뒀던 콰드라로와 첸토첼레의 보르가테 구역에 폭탄이 떨어졌다. 2월 17일, 개신교 공동묘지가 폭격을 맞고 키츠와 셸리의 묘지가 파헤쳐졌다. 3월 14일, 산 로렌초의 철도 노동자 구역에 가해진 공습으로 길가 펌프에서 물을 길으러 줄을 섰던 여자들이 폭격을 맞았다. 대다수가 죽고 한 명은 폭발로 목이 잘렸다. 3월 18일, 폴리클리니코의 대학병원 구역이 승객으로 가득 찬 전차와 함께 폭격을 맞았다. 모든 공격이 대낮의 공습이었고, 따라서 매일 아침 일찍 많은 로마인이 산 피에트로 광장으로 가 주랑 아래에서 야영을 하며 하루를 보내다가 저녁에 집이 아직도 건재한지 걱정하며 돌아갔다. 기르던 소를 데려온 사람들도 있었다.

연합군은 끊임없는 폭격, 그리고 좋은 기회가 있었음에도 로마를 해방시키지 못했다는 이유로 점점 더 미움을 받았다. 데 비스는 이렇게 썼다. "연합군에 대한 원망으로 연합군을 찬성하는 감정을 드러내기 어렵다. 독일군에 대한 찬양이 커져간다. [⋯] 연합군이 앞으로 큰 전과를 이루어내리라는 믿음을 잃지 않으려면 정말 강한 의지가 필요하다."[29]

안치오 상륙은 로마 레지스탕스에게도 재앙이었다. 점령 후 처음 몇 달 동안 FMCR과 CLN은 전화가 도청된 것을 알게 되어 전화로 교신을 삼갔지만, 안치오 상륙 소식을 듣자 몇 시간 후면 해방되리라는 생각에, 이 좋은 소식을 전하느라 자유롭게 전화로 연락을 주고받았다. 카플러의 SS와 코흐 패거리들의 검거가 한바탕 시작되었다. 무엇보다도 FMCR의 책임자 몬테체몰로 대령이 체포되어 그의 조직은 곧 와해되었다. 타소 거리의 게슈타포 본부에서 끔찍한 고문을 당한 포로들로부터 새어 나온 정보에 따르면, 카플러의 부지휘관인 에리히 프리프케 SS 대장이 스스로 터득한 기술로 광적인 고문 전문가가 되었다. 게슈타포 본부 바닥에는 뽑힌 치아가 어지럽게 흩어져 있었다고 한다.

안치오 상륙은 로마에 별 도움이 되지 않았지만, 로마는 퍼붓는 비와 포격을 받으며, 해안 교두보에서 제1차 세계대전처럼 참호전을 펼치고 있는 병사들에게 많은 도움을 주었다. 상륙 직전에 미국 정보요원 피터 톰킨스가 로마로 비밀리에 파견되어 연합군의 로마 공격과 연계할 반란을 조직했다. 자신의 역할이 필요 없음이 분명해지자, 톰킨스는 독일군의 동향에 대한 정보 전달에 주력했다. 그의 정보 출처는 사회당 운동가인 프랑코 말파티가 즉흥적으로 고안해낸 강력한 정보 수집 네트워크였다. 매우 잘 연결되어 있는 말파티의 네트워크에는 독일 최고의 의사 결정을 참관할 수 있는 이탈리아 장교 및 관리, 부상당한 독일 병사와 대화를 나누는 의사, 그리고 로마와 안치오 사이에 위치한 집이나 농장에서 독일의 동향을 관찰하는 수많은 사람이 포함되었다. 대담하게도 말파티는 독일이 징발한 베네토 거리의 엑셀시오르 호텔 바로 건너편에 있는 독일 서점의 뒷방에 사무실을 차렸다. 이 호텔이 독일군의 공격 계획과 탱크, 대포 진지, 탄약 저장소의 정확한 위치 정보가 들어오는 곳이었다. 피터 톰킨스가 입수한 이런 모든 정보의 가장 중요한 내용은 숨겨진 무선 송신기를 거쳐 연합군 사령부로 전달되었다. 2월 중순, 안치오 전투는 최고조에 달했고 해안 교두보는 적에게 넘어가기 일보 직전이었다. 후일 케셀링 사령관과 도노반 장군도 기꺼이 인정했듯이 해안 교두보를 지킬 수 있었던 것은 대부분 그들의 첩보 활동, 즉 말파티의 사회당 정보국 덕분이었다.

이런 사실은 소수의 로마인 외의 누구에게도 알려지지 않았다. 대부분의 사람에게 삶은 추위를 견디고(3월 6일 눈이 내렸다) 식량을 구하고 요리 도구를 찾는 일들로 채워진, 영웅적인 것과는 거리가 먼 것이었다. 메리 수녀원장과 수녀들은 수녀원 일꾼들의 친척과 친구를 받아들이기 시작했고 1월 말까지 20명의 사람이 그곳에 숨었다. 거리의 사람들은 추위에 떨고 굶주려 보였고 맨발로 다니는 어린아이들도 있었다. 안치오에서 들려오는 먼 대포 소리는 로마를 조롱하는 듯했다. 그들이 원하는 것은 평화뿐이었다.

하지만 평화는 아직 먼 이야기였다. 3월 23일 오후, M. 데 비스는 직접 필름을 현상하는 한 사진가를 방문했는데, 그녀는 바르베리니 광장 근처의 라셀라 거리에 살았다.

> 나는 아직 떨고 있다. […] 굉장한 폭발이 있었고, 비명과 고함이 터져 나왔다. 그러고는 기관총이 격렬하게 발사되어 나는 뒤돌아 필사적으로 뛰었는데, 한편으로 독일군이 달아나려는 사람들을 잡는 것이 흘끗 보였다. 나는 쫓기는 토끼처럼 2배나 빠르게 뛰었고 스파냐 광장에서야 겨우 멈췄다. 열두 살쯤 된 한 소년이 숨을 헐떡이며 내 곁에 서 있었다. 그 애는 한 번 붙잡혔지만 독일군 병사의 품 아래로 몸을 구부려 달아났다고 내게 말했다. 아이는 무슨 일이 일어났는지 몰랐다. 아이는 거리에서 놀고 있었다. 그때 엄청난 폭발과 함께 도로로 튕겨져 나갔다. 아이는 고함 소리, 신음 소리, 기관총 발사 소

리를 들었고 사람들이 도망가는 것을 보고 똑같이 따라 했다.[30]

로마의 빨치산들이 거사를 해냈다. 파시즘 창립 25주년을 맞이하는 3월 23일에 그들은 처음에 로마의 검은셔츠단이 벌이는 대대적인 퍼레이드와 집회를 공격할 작정이었다. 하지만 배고픈 로마인들이 그런 호사스러운 행사에 분개할 것을 우려한 독일군은 파시즘 축하 행사를 경계가 삼엄한 파시스트 본부에서의 모임으로 축소하자고 했다. 당시 파시스트 본부는 베네토 거리의 옛 기업부 내에 있었다. 빨치산들은 계획을 바꾸었다. 그로써 독일군은 아무것도 모르고 스스로를 사선에 내몬 셈이 되었다.

목표는 SS 경찰 연대 보첸 11중대 소속 헌병 150여 명으로 이들은 며칠간 오전에 사격 훈련장에서 연습을 위해 로마를 가로질러 북쪽으로 이동했다가 오후가 되면 나치오날레 거리 근처 그들의 막사로 돌아왔다. 공교롭게도 이 병사들은 2개 국어를 구사하는 북부 이탈리아 도시 보첸, 즉 불과 몇 달 전에 히틀러가 독일에 합병한 볼차노 출신이어서 새로 독일 국적을 취득한 상태였다. 로마의 두 빨치산 그룹인 가피스티와 사회주의 마테오티 여단은 일대 공격을 위해 병력을 합치기로 결정했다. 이는 빨치산 전투의 규칙을 어기는 것이었다. 빨치산 공격은 이때까지 그랬듯이 소규모의 단순한 기습 공격일 때 가장 큰 효력을 발휘했다. 독일군의 경로에서 가장 좁은 거리(바르베리니 광장 근처의 라셀라 거리)에서 벌어질 이번 공격에는 17명 이상의 대원과 바퀴 달린 쓰레기통에 숨긴 폭탄 하나가 동원되었고, 박격포와 기관총으로 무장한 후속 공격이 뒤따랐다. 작전은 아주 순조롭게 진행되었다. 폭탄이 터져 군인들이 죽고 부상당했으며 도로에는 커다란 구멍이 생겼다. 살아남은 독일군은 빨치산들의 박격포를 맞고선, 위쪽 옥상에서 공격을 받았다고 생각해 창문을 향해 맹렬히 사격을 퍼부었다. 17명의 빨치산 일당 모두가 빠져나갔다. 대원 절반 이상이 죽거나 부상당한 SS 중대는 사실상 파괴되었다.

중앙 GAP와 마테오티 여단의 남녀 대원들이 무사히 도망쳤지만, 다른 사람들에게는 그런 운이 따르지 않았다. 잠시 후 현장에 나타난 로마의 사령관 멜처(그는 점심에 반주로 술을 많이 마셨다)는 인근 주택 전부를 폭파하고, 연행된 (이번 공격과는 아무런 관련이 없는) 200명의 행인을 총살해야 한다고 주장했다. SS 책임자 카플러, 행동주의자인 독일 대사 묄하우젠 그리고 오이겐 돌만(앞서 살펴본 대로 코센차의 알라리크 무덤으로 추정되는 곳에 등장했고, 이탈리아에 SS 대령이자 힘러의 대리인으로 있었다) 모두 그를 진정시키려 했지만, 얼마 후 한층 더 분노한 목소리 하나가 이 다툼에 끼어들었다. 이 사건 소식은 동프로이센 지휘 센터에 있던 히틀러에게 전해졌다. 당시 히틀러는, 로마인들에게는 불행하게도, 일 없이 조용한 하루를 보내고 있었던 탓에 이 사건에 집중할 수 있었다. 그는 불같기로 유명한 성질을 내며 인근 지역을 초토화하고 사망한 독일인 한 명마다 로마인 30~50명을 죽이라고 명령했다.

카플러는 독일인 한 명당 죽어야 할 로마인 수를 10명으로 겨우 줄였지만, 이 역시 그 대상을 누구로 정하느냐 하는 문제가 남았고, 게다가 부상자 중에 사망자(최종적으로 33명)가 속출하자 점차 필요한 총 인원이 크게 불어났다. 필사적으로 머릿수를 채우기 위해 애쓴 끝에 그의 최종적인 선정에는 체포된 빨치산 몇 명, 국외 추방을 기다리는 수십 명의 유대인(제일 어린 유대인은 겨우 15살이었다), 반파시스트 성직자 2명, 이탈리아군 장교 36명(그중 한 명은 FMCR의 책임자 몬테체몰로 대령으로 그는 자신의 동료들을 배신하지 않고 몇 주 동안의 고문을 용감하게 버텼다), 그리고 폭발 후에 연행된 불운한 행인 10명(이들 중에는 바텐더 한 명, 핸드백 상점의 영업 사원 2명이 있었다) 등이 포함되었다.

폭탄이 터진 다음 날 335명의 사람들이 로마 바로 남쪽의 아르데아티나 거리에 있는 통로가 동굴처럼 얽힌 폐광으로 끌려갔다. 학살은 혼란스럽고 엉성하게 진행되었고, 아무도 나서려 하지 않아 더욱 그랬다. 처음에 카플러는 공격을 받은 SS 부대의 생존자들에게 살해를 지시했지만, 부대의 지휘관 SS 소령 도비크가 병사들이 알프스 미신으로 고생하고 있다는 모호한 주장을 하면서 이를 거부했다. 정규군도 마찬가지로 거절했고, 결국 그 임무는 카플러와 그의 SS 대원들에게 넘겨졌다. 그러나 그들은 군인이라기보다는 대부분이 총도 거의 쏴보지 못한 사무직원에 가까웠다. 이 험한 일을 처리하기 위해 많은 양의 코냑이 준비되었고 취한 그들은 점점 더 미친 듯이 총을 난사했다. 죄수의 숫자조차 틀렸다. 33명의 병사가 폭탄 공격으로 죽었기 때문에 카플러의 논리대로 따르자면 330명만 데려왔어야 했다. 실수로 끌려온 5명 또한 이미 이 학살을 목격했기에 어차피 죽을 목숨이었다.

2명씩 조를 이루어 묶인 채 갱도로 끌려갔던 희생자들은 아무런 저항도 하지 않은 처음 몇몇을 제외하고는 저항하기도 했다. 한 명은 맞아 죽었다. 어떤 이들은 첫 번째 총알에 죽지 않아 여러 발을 맞아야 했고, 수십 명은 어설프게 처형되어 머리가 잘려 나가기도 했다. 한 번에 죽지 않은 어떤 이들은 그들 위에 쌓인 시체 무게에 질식해 숨졌다. 수 개월 뒤 실시된 갱도 조사에서 시체 한 구가 나머지 시체들과 어느 정도 떨어진 곳에서 발견되었다. 죽은 남자는 독일군이 폭탄을 터트려 입구를 봉쇄했을 때 아직 살아 있었고, 한쪽 구석으로 기어가 혼자 죽어간 것이었다. 후에 포세 아르데아티나(Fosse Ardeatina, 아르데아티나 광산 대학살)로 알려지게 된 이 학살은 이탈리아 전쟁사상 최악의 잔혹 행위였다.

독일군은 이 보복 행위를 발표하면서 어디서 일어났는지 세부 사항을 알려주지 않았고, 살해된 모든 사람이 공산주의자나 바돌리오 지지자였다고 주장했다. 그러나 대부분의 로마인은 여전히 연합군에 대해 크게 분노했다. 학살이 자행되고 며칠 후에 로마 사람들에게 질문을 던진 데 비스는, 그들이 파시스트를 증오하는 한편, 독일군보다도 연합군에 훨씬 더 분노한다는 사실을 알았다. "사람들은 이렇게 말했다. '독일군은 선하고 인간적이다. 그들은 누가 시비를 걸지 않는 한 매우 친절하다.' 이 말을 듣고 나는 무척 화가 나서 아무 말도 하지 못했다."[31]

적어도 로마인들이 연합군에 분노한 가장 큰 원인인 연합군의 로마 폭격은 대체로 끝이 났다. 라셀라 거리의 빨치산 공격 이후로 공습은 거의 없었다. 마침내 봄이 왔고 로마인들은 더 이상 추위에 떨지 않았지만, 어느 때보다도 굶주려 있었다. 종종 빵 배급이 실시되지 못했고, 배급이 될 때에도 영양가는 거의 없었다. 데 비스는 화학자 친구에게 자신이 매일 먹는 작은 빵 덩어리의 분석을 시켜본 결과, 빵에는 호밀, 말린 이집트콩, 옥수수 가루, 뽕나무잎과 느릅나무 껍질 등이 들어 있었다. 메리 수녀원장은 모든 사람의 굶주린 모습을 주의 깊게 살펴보았다. "그들의 모습이 보는 이의 마음을 아프게 한다. 살이 빠졌다는 말은 결코 칭찬이 아니기에 이런 주제는 가급적 피한다."[32] 그녀는 4월 초, 공습 이후 충격에 시달리다가 몬테베르데의 리토리오 병원에 실려 온 두 여자가 병원 침대에서 굶주려 죽었다고 보고했다.

바티칸은 바티칸의 고유한 색이 표시된 트럭을 이용해 로마에 식량을 들여오려 했지만, 트럭의 일부가 아무도 모르게 연합군 항공기의 폭격을 맞았다. 한편 독일군의 트럭도 안전을 위해 바티칸 색을 사용하거나 바티칸 트럭 뒤를 따라 다녔지만 별로 도움을 받지 못했다. 4월 중순 신문들은 암시장에서 터무니없이 높은 가격에 파는 식량을 살 돈을 마련하려고 귀중품을 내놓은 광고로 가득했다. 개고기조차 가격이 치솟았고, 로마의 고양이들은 사라진

빨치산 그룹의 라셀라 거리 공격 후 남은 전투원들을 소탕하고 있는 나치 친위대 보첸 소속 군인들. 이 공격이 335명의 희생자를 낳은 아르데아티나 광산 대학살로 이어졌다.

지 오래였다. 빵집에 줄을 서 있는 로마 여자들 사이에서 빵 폭동이 일어났다. 독일군이 먹을 빵 공급을 맡은 오스티엔세 거리 지역의 한 빵집을 습격한 사건으로 여자 10명이 테베레강으로 끌려가 총살을 당했다. 5월이 되자 부유한 로마인들도 배를 곯았다.

로마인들은 굶주렸을 뿐만 아니라 공포에 떨기도 했다. 강제 노역을 위한 수색이 계속되었다. 3월에 메리의 수녀원에 숨어 있던 사람들 중 한 명인 넬로가 잡혀 그의 가족이 절망에 빠졌다. 그는 북송될 사람들의 줄 뒤로 슬며시 빠져나가서 여러 번 추방 위기를 모면했고, 오스티엔세 거리 옆에 건물 잔해를 치우러 노역을 갔을 때 열차 아래로 돌진해 탈출하기도 했다. 다른 사람들은 운이 별로 없었다. 4월 중순, 독일인 3명이 콰드라로 보르가테에서 사망한 후, 그곳에서 대규모 수색작전이 벌어져 2,000명의 성인 남자와 소년들이 붙잡혔으며, 이들 중 750명이 독일로 북송되었고 그 절반은 다시 돌아오지 못했다. 유대인들은 계속해서 로마 레지스탕스와 빨치산 투사들과 함께 끌려갔다.

코흐 일당은 이제 카플러의 SS만큼이나 활발하게 움직였고, 그들의 근거지인 중앙 기차역 근처 로마냐 거리의 펜시오네 야카리노는 악명이 높았다. 메리 수녀원장이 들은 내용은 다음과 같다.

> 그들은 타소 거리의 본부와 마찬가지로 끔찍한 기구들(이빨과 손톱을 뽑기 위한 펜치, 채찍, 막대기 그리고 칼을 뜨겁게 달구기 위한 도구)을 가지고 있었다. 그 근처

에 살면서 특히 밤에 비명과 신음을 듣는 우리 친구들 몇 명은 끔찍하다고 말한다. [···] 이 모든 일을 그저 당연한 일처럼 냉정하게 써가기는 불가능하겠지만, 직접 겪지 않는다면 믿기도 어려운 일이다. 사람은 끔찍이도 무력하다![33]

로마인들의 희망이 사라지기 시작했다. 몇 달 동안 연합군 전선은 거의 움직이지 않았고, 당시에 임박한 프랑스 진격에 초점을 맞추고 있는 미국과 영국에 이탈리아는 더 이상 우선순위가 아니라고 추측했다. 추측은 정확했다. 한편 아무것도 변하지 않을 듯한 5월 12일 몬테카시노 지역에서 또 다른 연합군의 공격 소식이 들려왔다. 이탈리아의 영국 사령관 알렉산더 장군은 아드리아해 연안에서 군대를 비밀리에 건너편으로 이동시키고, 로마 북쪽으로 새로운 상륙 계획을 준비하는 것처럼 속여 독일군에 비해 확고한 수적 우위를 확보했다. 우월한 병력 수가 위력을 발휘했다. 며칠간의 전투 끝에 독일군은 방어선이 뚫렸고 후퇴하기 시작했다.

방어선 돌파 소식은 곧 로마까지 전해졌다. 메리 수녀원장은 이렇게 썼다. "로마는 긴장하고 있다. 로마인들은 기세가 등등하지만 독일군이 떠나기 전에 무슨 일을 벌일지 몰라 두려워한다."[34] 그들은 폭동으로 도시가 큰 피해를 입고 많은 시민이 죽은 나폴리를 떠올렸다. 이미 로마 일부 지역의 분위기가 험악해졌고 메리 수녀원장은 감히 혼자서 트라스테베레로 들어가는 독일인은 더 이상 없다고 보고했다. 시가전의 발발을 두려워했던 것은 독일 사령관 멜처 장군도 마찬가지였다. 그는 도시의 가장 가난한 지역에 식량을 보급하라고 명령했고 독일군이 로마를 탈출할 때 로마인들이 대항해 들고 일어나는 일만은 피하고 싶었다.

그들이 곧 정확히 그렇게 하리라는 데 의심의 여지가 없었다. 5월 27일, 데 비스가 독일 트럭들이 짐을 싣고 있는 것을 보았다. "독일군이 가고 있다! 그들이 정말 가고 있다!"[35] 같은 날 밤, 줄지어 늘어선 독일 차량들이 북쪽을 향해 로마를 가로질러 질주했다. 식수대에 줄 서 있던 로마인들은 이제 얼마 남지 않았다고 서로에게 말했다. 전혀 기쁘지 않은 사람도 일부 있었다. 5월 26일 연합군의 안치오 라디오 방송은 검은셔츠단과 독일군에 협력한 사람들의 명단을 방송했다. 다음 날 메리는 이렇게 썼다. "어제 안치오 방송국에서 발표한 부역자 중 두 사람은 우리가 알고 있는, 어떤 집의 짐꾼과 그의 아내다. 유대인의 행방 보고가 그들의 전문이었다. 오늘 아침 그들은 숙소에 앉아 눈물을 흘렸는데, 그럴 만도 하다."[36] 가장 두려움에 떨어야 할 사람은 이탈리아인들이었다. 수녀원의 손님들 중 하나가 파시스트들의 곤경을 생생하게 보여주는 독일 병사와 검은셔츠단 대원 간의 일을 목격했다. "나 말이야." 독일 병사가 말했다. "난 이렇게 하지." 그리고 손을 들어 "너"라고 하며 공화당원의 가슴을 향해 총을 겨누듯 손가락을 뻗으며 말했다. "빵, 빵, 빵, 끝!"

연합군 측에 수치스러운 일이 일어난 것은 이때였다. 미 장군

클라크는 간신히 안치오 교두보에서 탈출했다. 5개월 후 그의 군대는 마침내 원래 목적을 달성할 준비가 되었고, 이 '작은 스탈린그라드'에서 북쪽으로 도망치는 중이던 독일 제10군을 차단했다. 그러나 클라크는 로마를 점령한 장군으로서 역사에 남기로 작정했다. 그의 상관 알렉산더 장군은 그에게 발몬토네 마을에서 독일군을 차단하라고 명령했지만, 클라크는 발몬토네 마을 방향으로 최소 병력만 보내고 주력군이 북쪽으로 향하게 했다. 결국 후퇴하던 독일인들에게 탈출의 여지를 제공했다. 로마인들은 신경 쓰지 않았다. 그들이 원했던 것은 구조뿐이었다.

6월 3일 밤, 메리 수녀원장은 "어두운 골목을 지날 때 휘파람을 불었던 작은 소년"처럼 일기를 쓰면서 마음을 가라앉히려고 노력하며 자신에게 말했다. "독일군이 로마를 전쟁터로 만들 것이라고 생각하지 않는다(하지만 오늘 밤 전투가 아주 임박해 있다)."[37] 다행히도, 그녀의 예측은 옳았다. 과거에도 여러 번 그랬듯이, 로마는 운이 좋았다. 알라리크, 토틸라, 로베르 기스카르, 카를 5세의 에스파냐인과 루터교도 그리고 1849년의 프랑스 포위 공격에서 살아남은 보물들이 다시 한번 살아남았다. 메리 수녀원장은 이것이 교황의 업적이라고 믿으며 비오가 독일군에게 자기 고향 도시를 그대로 두도록 촉구했으리란 점을 전혀 의심하지 않았지만, 비오가 실질적인 영향을 끼쳤을지는 의심스럽다. 케셀링은 전략적으로 의미가 없기 때문에 로마를 전쟁터로 만들지 않기로 결정했다. 로마에 주둔한 독일군은 포위되어 체포될 텐데 그는 더 이상 병사를 잃을 수 없었다. 이때에도 로마는 온전히 건재한 상태는 아니었다. 6월 4일 독일군이 철수하면서, 로마는 엄청난 폭발로 흔들렸다. 한때 로마제국의 카스트라 프라에토리아 근위대의 본거지였던 카스트로 프레토리오의 마카오 병영이 만초니 거리의 피아트 공장, 전화 교환국, 몇몇 철도 조차장과 함께 폭파되었다. 재빠른 판단력을 보여준 로마인들이 폭파 장치를 중지하지 않았더라면 피해가 훨씬 컸을 것이다. 심지어 주요 도로의 가로수에도 폭발물이 매설되었지만, 다행히 독일군에게 폭파시킬 시간이 없었다.

데 비스는 쌍안경을 들고 테라스에서 트럭과 수십 대의 장교 자동차를 보았다. "틀림없어. 후퇴하고 있어! 심장이 뛴다. 드디어 철수하는구나!" 나중에 그녀는 시내로 나섰다.

> 군인으로 가득 찬 군용 트럭과 마차가 무리 지어 거리를 돌아다녔고, 군인을 실은 수레들, 말을 탄 병사들, 녹초가 된 사람들로 가득한 농민 차량들이 있었다. 소를 탄 군인들이 지나가자 마침내 걸어가는 사람들의 행렬이 끝없이 이어졌다. 그들은 피로로 잿빛이 된 얼굴과 툭 불거진 눈에, 입은 크게 벌어졌고, 절뚝거리며, 맨발로 소총을 질질 끌고 갔다. [⋯] 핀차나 성문 근처에서 독일군 하나가 나를 멈추고 '피렌체로 가는 길 맞나요'라고 묻는다. 나는 당황해서 '피렌체 말인가요? 거기는 300킬로미터나 떨어진 곳인데요'라고 답한다. 그의 얼굴은 잿빛이다. 그

는 내 대답을 기다리지 않고 가버린다.[38]

메리 수녀원장도 그들이 가는 모습을 지켜보았다.

> 독일인들은 험한 눈초리에, 까칠한 수염, 헝클어진 머리를 하고, 걸어서, 훔친 차를 타고, 말이 끄는 수레를 타고, 심지어 거리 청소부의 수레를 타고 계속해서 갔다. 군 대형을 유지하려는 시도는 하지 않았다. 그중에는 부상자를 실은 작은 구급차를 끌고 가는 이도 있었다. 일부는 권총을 손에 들고 갔고, 또 일부는 소총을 겨누면서 갔다. […] 지난 9월에 그들은 로마인들에게 기관총을 들이대며 왔지만, 이제는 상황이 달랐다. 그들은 겁을 먹었다.

로마인들의 경우, "조심스러우면서도 얄궂게 주로 독일 차량들이 이용한 거리를 거닐기 시작했다. 그들은 아무런 말도 없이, 그저 신과 같은 평온함으로 지켜만 보았다". 가장 측은한 광경은 독일인에게 운명을 맡겼던 이탈리아인들의 모습이었다.

> 일부 검은셔츠단 병사들, 불쌍한 바르바리고와 네투노 사단 소속 대원들이 독일 차량 탑승자들에게 필사적으로 손을 흔들며 태워달라고 간청하고 있었다. 하지만 그들은 […] 본체만체 그냥 지나갔다. […] 두 사람이 포폴

로 광장에서 포차에 오르려 했지만 독일 낙하산 부대원들의 발길질을 당했다.[39]

검은셔츠단 대원에게 "너 빵, 빵, 빵 끝"이라고 했던 독일 병사의 말이 예언이 된 셈이었다. 전쟁 후에 로마의 파시스트 경찰 사령관 피에트로 카루소는 피에트로 코흐와 함께 처형되었고, 당연히 무솔리니도 처형되었다. 그의 시체가 한 밀라노 주유소 위에 발이 묶여 거꾸로 매달린 사실은 유명하다. 연루된 독일인들에 대한 처벌은 가벼웠다. 케셀링과 멜처는 둘 다 사형선고를 받았지만 그들의 처형은 취소되었다. 케셀링은 6년 동안 수감된 후에 풀려났다. 카플러는 29년 동안 수감되었다가 독일로 탈출한 후 이듬해 그곳에서 사망했다. 고문 기술자로 악명이 높았던 로마 SS의 보좌관 에리히 프리프케는 바티칸이 발행한 적십자 여권을 이용해 아르헨티나로 탈출했으나 50여 년 뒤 미국의 한 텔레비전 뉴스 기자에게 정체가 탄로 났다. 이탈리아로 송환된 그는 1997년에 수감되어 몇 년 후에 석방되었다. 게토 집단 체포의 주범인 SS 대장 테오도어 다네커는 미군에 붙잡힌 뒤 감방에서 목을 맸다.

연합군이 남쪽에서 나타나기 시작했을 때 독일군은 여전히 로마 북쪽 교외 지역을 통해 철수하고 있었다. 미군의 첫 탱크 부대가 저격수와 부비트랩을 경계하며 조심스럽게 로마에 입성했다. 땅거미가 진 직후 테베레섬에 도착한 미군을 현지인들은 처음에 독일군이라고 생각했다. 이내 상황을 파악하고 크게 환호하며 대

↑ 1944년 6월 5일, 미군 장교들이 로마 해방 후 국기 게양식을 위해 비토리아노 앞 광장에 줄지어 섰다.

↓ 로마 해방 후 시민들이 배급될 밀가루를 나르고 있다.

대적인 환영을 표했다. 메리 수녀원장이 수녀원에서 밖을 내다보고 있을 때 '갑자기 피아 성문 방향에서 큰 환호성이 터져 나와' 미군의 도착을 처음 알게 되었다. 메리는 다음 날 아침 일찍 처음으로 연합군을 직접 목격했다. "6시경에 창문을 열었더니 미군 병사 4명이 탄 작은 지프 한 대가 거리를 천천히 소리 없이 지나가는 것이 보였다. 주위에는 아무도 없었다. 너무나 쓸쓸해 보이는 동시에, 새벽의 서늘한 정적 속에서 매우 의미심장하게 보였다. 나는 잠시 혼자 그렇게 있었다."[40]

연합군은 곧 남쪽과 동쪽 성문들을 통해 로마로 쏟아져 들어왔다. 산 세바스티아노 성문, 마조레 성문, 산 조반니 성문, 산 파올로 성문을 비롯한 이 성문들은 9개월 전 독일군이 로마를 침입한 곳들이었다. 메리 수녀원장은 베네토 거리에 갔다. 그곳에서 차가 지나갈 때마다, 그리고 머리 위로 비행기가 날아갈 때마다 환호하며 박수를 보내고 웃으며 살아남은 것을 서로 축하하는 로마인들을 보았다. 미군 병사들은 두 줄로 거리를 행진했다.

> 그들은 먼지투성이에 면도도 하지 않은 전투에 지친 모습이었지만, 군중의 환호에 웃고 손을 흔들었다. 그들은 군중이 던진 장미와 작은 이탈리아 국기를 소총 총구에 꽂았고, 전투모 위장망과 셔츠에 장미를 꽂았다. 사람들은 이런 장면을 책에서 읽고 허구라고 생각할 것이며 오늘 우리가 목격한 일을 꿈도 꾸지 못할 것이다.[41]

또한 메리 수녀원장은 마법처럼 숨겨져 있던 자전거들이 나타난 사실도 언급했는데, 비단 자전거뿐이 아니었다.

> 순식간에 로마 인구가 2배로 늘어난 것 같다. 몇 달 동안 숨어 지냈던 남자들(애국지사, 이탈리아 병사, 수용소에서 탈출한 연합군 전쟁 포로, 입대 대상 젊은이와 박해받은 유대인)이 거리에 나와 돌아다녔다.[42]

이 사람들의 수는 실제로 컸다. 로마의 유대인 1만 2,000명 중에서 1만 명 이상이 살아남았다.

악몽은 끝났다. 지난 4년은 로마 시민들에게 잊고 싶은 시간이었다. 배고픔과 두려움 그리고 굴욕을 겪어야 했다. 무솔리니가 이탈리아는 강하고 현대적인 국가라고 자랑한 이후로, 이탈리아는 스스로 지켜낼 수 없는 전쟁 속으로 끌려다녔다. 로마 시민들은 지도자에게 실망했고 조국과 군대가 그들 곁에서 와해되는 것을 지켜보았다.

그러나 끔찍했던 나치 점령하의 9개월이 어떤 면에서 로마인들에게 가장 좋은 시절이기도 했다. 수 세기에 걸친 권위에 대한 냉소와 불신이 결실을 맺었다. 나치가 점령한 유럽 다른 지역의 사람들이 나치의 일을 도왔다. 로마인 모두가 천사는 아니었고, 돈 혹은 눈앞의 이득 때문에 나치에 협력한 이들도 있었지만 소수였다. 많은 로마 성직자와 여자 들이 유대인들에게 커다란 관심과 배려를 보여주었다. 일반 로마인들에 대해 한 유대인 여자 올가 디 베롤리는 이렇게 말했다. "그들이 우리에게 자기 집을 열어주고 침실도 내줬습니다. 그 점은 부인할 수 없습니다. 로마 사람들은 우리에게 마음을 열었습니다. 이득을 노리고 그렇게 한 사람도 있었지만, 많은 사람이 순수하게 자비로운 마음에서 그렇게 해줬습니다. 그들에게도 부족한 것을 우리와 나누었습니다."[43]

대다수의 로마인이 점령군에 대항했다. 그들은 안치오에서 연합군의 교두보를 구한 방대한 인맥에서 수집한 정보를 이용해서 그들에게 대항했다. 그들은 위조 서류를 발행하면서 관료주의로 점령군에 대항했다. 그들은 아무런 행동도 하지 않고 명령에 따르지 않음으로써, 그리고 그들의 목숨까지 걸고 나치즘이 악마로 지명한 사람들을 숨겨줌으로써 그들에게 대항했다. 무엇보다도 그들은 두려움과 증오의 이념에 휩쓸리지 않음으로써 그들 자신의 인간성으로 점령군에 대항했다.

후기

로마는 현재 거의 300만 명이 살고 있는 광활한 대도시다. 오늘날의 순례자들은 고속 열차와 저가 항공편으로 로마에 온다. 로마인들은 시외 쇼핑몰을 방문하기 위해 고속도로를 이용한다. 콜로세움, 케스티우스의 피라미드, 키르쿠스 막시무스 지하에는 각각 같은 이름의 역이 있다. 라테라노궁에 대형 슈퍼가 들어섰다. 무솔리니의 아프리카부 집무실에는 국제연합 식량농업기구가 있다. 로마 시장 비르지니아 라지(10세기 마로치아 이후 최초의 여성 통치자)는 포퓰리즘 정당인 오성운동을 대표한다.

다시 한번 세계적인 도시가 된 로마를 남미에서 동유럽까지, 그리고 필리핀, 방글라데시, 에리트레아 등 세계 각지의 이민자들이 찾아온다. 시칠리아 건너편의 리비아에서 지중해를 건너는 위험한 여정을 거쳐 들어오는 이민자들도 있다. 과거에도 여러 번 그랬듯이, 2015년에 로마의 정부 청사와 대사관, 광장은 최근에 인지된 테러 위협에 맞서 배치된 군인들로 가득했다. 2015년 2월 리비아 내 IS 무장 세력은 로마에 테러 공격을 가하겠다는 글을 인터넷에 올렸다.

1944년 해방을 맞은 후로 로마가 크게 변하긴 했지만 도심은 그렇지 않다. 무솔리니의 미완성 프로젝트(아우구스투스 무덤과 현재 EUR로 불리는 E-42) 주변 지역인 콘실리아치오네 거리는 전쟁이 끝난 후 완성되었고(프로젝트를 시작했던 동일한 건축가에 의해 완성된 경우가 많은데 그들은 침몰하는 파시즘에서 용케 제때 뛰어내렸다) 아라 파키스는 미국의 건축가 리처드 마이어가 제작한 논란이 많은 새로운 건물로 둘러싸여 있다. 그러나 그 밖에는 거의 벽돌 하나도 변하지 않았다.

결과적으로, 비록 알아차린 사람은 거의 없지만 관광객들이 보는 로마는 온전히 무솔리니의 로마인 셈이다. 그들이 시끄럽다고 생각하는 주요 도로 가운데 오래된 이웃 지역을 불도저로 밀어버리고 건설한 무솔리니의 대로가 있다. 자세히 살펴보면 파시스트의 휘장이 곳곳에 널려 있다. 간혹 속간들이 지워져 시대를 가늠하는 윤곽이 드러나기도 한다. 이런 속간들도 종종 손상 없이 보존되어 있고, 파시스트의 상징인 독수리와 A.F.(파시스트의 해) 날짜 역시 상당히 많이 남아 있다. 트라스테베레에 있는 옛 GIL 청소년 조직 센터의 정면에는 여전히 파시스트 슬로건이 새겨져 있다. "반드시 이겨야 하지만 무엇보다도 싸워야 한다." 고등사법자문실에는 창문마다 위쪽에 헬멧을 쓴 무솔리니가 있고, 무솔리니가 말 위에 당당하게 앉아 있는 모습을 묘사한 프리즈가 EUR에 여전히 남아 있다. 포로 이탈리코(옛 포로 무솔리니) 옆에는 로마 라치오 축구 팬들이 여전히 'MUSSOLINI DUX'를 선포하는 300톤짜리 오벨리스크 아래 있는 경기장으로 간다.

이것은 잘못된 걸까? 조금은 그렇다. 독일에서는 나치 휘장이

꼼꼼히 제거되었다. 사실 무솔리니 정권은 히틀러나 스탈린 정권보다 훨씬 덜 살인적이었지만, 이탈리아 파시즘은 이런 비교 아래 종종 가볍게 취급된다. 만약 파시즘이 좀 더 평온한 시대에 존재했다면, 그 범죄는 더욱 충격적이었을 것이다. 조금 심란하지만, 무솔리니가 자신의 조국에 안긴 거대한 실망에도 불구하고 일부 이탈리아인들은 삶이 완벽하지 않더라도 더 편하고 더 잘 조직되고 더 안전했던 시절로 파시스트 시대를 회고한다. 심란한 일이다. 파시스트 로마는 로마 역사의 한 단면으로 존재하며 지울 수 있는 것도 아니므로 삭제 시도 자체가 옳지 않을 수 있지만, 지나치게 과시적인 기념비들 중 일부는 그 콧대를 조금 꺾어놓아야 할 필요도 있다. 어쩌면 그런 기념비들을 조금은 불경스러운 거리 예술의 형태로, 로마를 둘러싸는 전혀 새로운 또 다른 단면으로 만들 수도 있을 것이다.

2,500년 동안 홍수, 지진, 화재, 전염병, 포위 공격, 침략, 정치적인 도시계획을 겪어내고 로마에 살아남은 것들은 실로 놀라움을 준다. 우리가 살펴본 각 약탈의 시기를 견딘 보물들이 아직 보존되어 있다. 카피톨리움 박물관에는 브렌누스와 갈리아인이 침략해 온 기원전 387년에 로마 하늘에 우뚝 솟아 있던 유피테르 옵티무스 막시무스 신전의 초석이 전시되어 있다. 빌라 줄리아 에트루리아 박물관에는 로마의 첫 라이벌인 베이우스의 한 신전을 장식했던 아폴로의 아름다운 테라코타상이 전시되어 있다.

410년 알라리크와 서고트인을 막지 못한 아우렐리아누스 성벽 대부분이 아직 남아 있다. 로마공화국이 생존을 위해 싸웠던, 키케로 시대에 지어진 테베레섬 옆의 케스티우스 다리가 건재하다. 팔라티노 언덕에 있는 도미티아누스 궁전의 유적, 아우구스투스의 무덤과 아름다운 평화의 신전과 함께, 고대의 신전과 로마의 거대한 목욕탕(카라칼라, 디오클레티아누스, 트라야누스) 유적들이 남아 있다. 물론 그 가운데에 가장 위대한 이교 신전인 판테온도 있다. 판테온은 1,900년 전 지어졌을 당시 모습 그대로, 거의 변함없이 남아 있다. 최초의 산 피에트로 대성당은 오래전에 사라졌지만, 초기의 다른 성당들은 여전히 건재하다. 그중에서도 산타 코스탄차 성당 내부에 있는 시골 풍경과 어딘가를 응시하는 푸른 얼굴들을 담은 모자이크가 기독교 출현 이전, 이교가 사라지는 순간을 붙들고 있다.

토틸라의 동고트인이 로마에 침입했을 때 새로 생긴 성당들도 남아 있다. 산타 마리아 마조레 대성당과 1,600년이 지난 후에도 나무를 조각해 만든 원래의 문이 보존되어 있는 아름다운 산타 사비나 성당이 그에 속한다. 로마로 진입하려는 토틸라의 군대를 위해 이사우리아인들이 밧줄을 내려줬던 아시나리아 성문도 남아 있다. 남서쪽으로 1킬로미터쯤 가면 로베르 기스카르의 병사들이 조용히 로마로 잠입할 때 지났던 라티나 성문이 나타난다.

1527년에 존재했던 수많은 중세탑이 남아 있지만, 그 이후 지어진 주택 단지에 둘러싸여 있어 발견하기는 쉽지 않다. 트라스테베레에 있는 카사 디 단테의 탑처럼 몇몇 탑은 앞마당을 품은 중세

도시주택의 모퉁이에 옛 모습 그대로 남아 있다. 트라스테베레에 가면 시대를 짐작할 수 있는 외부 계단이 보이는 비좁은 중세 집들을 찾아볼 수 있다. 콜로세움 근처에서 파스칼 2세의 웅장한 복수 성당인 산 클레멘테를 둘러볼 수 있고, 그 아래 발굴지 깊숙이 내려가게 되면 파스칼이 증오했던 대립교황인 전임자 클레멘스 3세의 성당 유적과 (조금 더 깊이 들어가면) 초기 기독교인으로 보이는 부유한 고대 로마인의 저택에서 미트라교 신전과 방들을 볼 수 있다. 산탄젤로성에서는 벤베누토 첼리니가 클레멘스 교황의 황금 삼중관을 녹인 교황의 방을 구경할 수 있다. 그곳엔 물론 르네상스 성당과 궁전, 무엇보다도 시스티나 예배당이 있다.

가리발디가 1849년에 수호한 로마의 많은 유물이 보존되어 있어 무엇부터 구경해야 할지 망설여진다. 이것이 로마 방문객들이 보통 로마의 분수, 르네상스, 바로크 양식의 파사드, 아름다운 공원, 또한 베르니니의 설계로 광대한 곡선 주랑으로 둘러싸인 산 피에트로 대성당과 광장을 두고 가장 많이 하는 고민이다. 주로 19세기 초 극단적으로 보수적인 교황들 재임기에 나타나 거의 모든 길 모퉁이에서 거리를 내려다보던 성모마리아와 날개 달린 어린 천사들의 형상은 잘 눈에 띄지 않는다. 가리발디가 지켜낸 16세기 도시 성벽 역시 찾는 이가 줄긴 했지만, 프랑스의 폭격으로 입은 피해를 세심하게 복구해놓았다.

앞에서 살펴본 것처럼 파시스트 로마의 거의 대부분이 고스란히 살아 있다. 로마 사람들은 심지어 나치 점령기 기념물까지 보존했다. 라셀라 거리에 있는 아파트 단지의 벽을 올려다보면 가피스티 폭탄의 파편과 독일군 병사들이 쏜 총탄으로 생긴 작은 구멍들이 보일 것이다. 타소 거리에 있는 (로마 레지스탕스 대원, 연합군 전쟁 포로, 일부 로마 유대인이 끔찍한 고문을 당했던) 로마의 게슈타포 본부는 박물관으로 보존되었다.

로마 사람들의 독특한 세계관과 같은, 로마가 겪은 오랜 역사의 흔적도 많이 사라졌다. 이것은 칭찬할 만한 일은 아니다. 2,000년 동안의 무료 배급 후에 로마인들은 때로는 강하고, 때로는 숙명론적이고, 기회가 오면 놓치지 않으려는 근성을 보이기도 했다. 완전히 부패한 사건들도 일어났다. 2014년에는 이름뿐인 회사들에시 계약을 따게 해주고 수억 유로의 세금을 빼돌린, 마피아 카피탈레로 알려진 대형 스캔들이 밝혀졌다.

한편 로마인은 매우 따뜻하다. 인구 300만 명의 도시임에도 로마는 대도시라기보다 마을처럼 느껴지는 놀랍도록 친근한 장소이며, 누구나 성씨가 아닌 이름으로 이웃들과 알고 지내는 곳 같다. 2,000년에 걸친 제국, 교황, 왕, 파시즘의 자기 과시에 시달려온 로마인들은, 우리가 살펴보았듯이 아주 정제된 회의감을 가지고 있다. 수천 년의 흥망성쇠를 겪은 로마인들이 특유의 냉소적인 유머 감각을 키운 것이다. 2015년 리비아의 이슬람주의자들이 로마에 테러 위협을 가하자 그들 특유의 유머의 최신 버전이 출시되었다. 로마 시민들은 트위터에서 교통체증 사진과 함께 IS에 교통 파업을 경고하거나, 또는 "언제 도착하는지, 인원은 몇 명인지 알려주면 파스타를 삶을게요"[1]라고 답글을 달았다.

로마인은 투덜대는 것을 좋아하고, "로마는 혼란스럽고, 제대로 되는 것이 아무것도 없다"고 자주 불평하고, 모든 것이 훨씬 더 낫다고 확신하는 (거의 모든) 다른 곳들을 칭찬한다. 그러나 자세히 보면 로마인들이 그들의 도시를 엄청나게 자랑스러워한다는 것을 알게 될 것이다. 당연히 그럴 만하다.

감사의 말

로마의 도서관 그리고 사서분들에게 감사하다. 나는 미국학회의 아서와 자넷 C. 로스 도서관, 로마의 영국학교도서관, 미국연구센터, 로마 역사 및 현대 도서관, 로마의 독일역사연구소에서 연구하면서 여러 날을 행복하게 보냈다.

이 책의 성공을 위해 노고를 아끼지 않으신 에이전트 조지아 개럿과 애틀랜틱의 윌 앳킨슨과 제임스 나이팅게일 그리고 이 책을 처음 신뢰해주신 마거릿 스테드에게 감사드린다. 책 본문에 대한 귀중한 조언을 주신 마테오 카날레, 톰 고베로, 로버트 트위거, 앤드류 네이도에게 감사드린다.

무엇보다도 우리 집이 된 이 도시를 향한 나의 집착을 참아준 아내 섀넌과 두 아이 알렉산더와 타티아나에게 고마움을 전한다.

출처 및 참고 문헌

1장

이탈리아의 갈리아 전사들(그리고 그들의 나체)에 관한 가장 좋은 증거는 알리아 전투 이후 거의 한 세기를 거슬러 올라가는, 마르케의 시비탈바에서 발견된 테라코타 프리즈에서 나온 것으로, 약 70년 후에 일어난 텔라몬 전투에서의 갈리아 전사들에 대한 문서 기록과 일치한다. 이탈리아 켈트족에 대해 알려진 것과 그들과 로마의 싸움에 대한 전체 기록은 J. H. C. Williams의 *Beyond the Rubicon: Romans and Gauls in Republican Italy* (2001)에 나와 있다. 윌리엄스는 기원전 387년 7월을 알리아 전투의 날짜로 강력히 주장한다(이론적으로 기원전 386년 7월에 일어날 수도 있었다). Maria Teresa Grasi의 *I Celti in Italia* (Milan, 2009)에 켈틱 세노네 무덤에서 나온 출토물이 기록되어 있다. Barry Cunliffe의 *Ancient Celts* (1991)은 이 주제에 대한 고전으로 남아 있으며, 논란이 더 많기는 하지만 Peter Berresford Ellis의 *A Brief History of the Druids* (2002)는 초기 켈트족 사회에 대한 통찰력을 제공한다. 엘리스는 브렌누스라는 이름이 아마도 왕을 의미했을 것이라고 지적한다. 초기 라틴어와 켈트어의 밀접한 연관성은 Nicholas Ostler의 *Empires of the Word: A Language History of the World* (2006) 참조.

T. J. Cornell의 *The Beginnings of Rome: Italy and Rome from the Bronze Age to the Punic Wars* (c.1000~264 BC) (1995)는 로마의 기원, 지형, 방어, 사회, 정치에 대한 정통한 기록을 제공하고, 모든 문제를 둘러싼 복잡한 논쟁을 명확하게 다루며, 이 장의 많은 세부 사항은 코넬의 설명을 바탕으로 한다. Gary Forsythe의 *A Critical History of Early Rome, from Prehistory to the First Punic War* (2006)는 코넬의 저서에 유용한 추가 자료를 제공한다. Mary Beard의 *S.P.Q.R. A History of Ancient Rome* (2015)은 로마의 초기 시대에 대한 추가적인 흥미로운 사실들을 보여준다.

로마의 초기 신앙에 대해서는 Mary Beard의 *John North and Simon Price, Religions of Rome, Volume I, a History* (1998) 참조. 올린토스 및 고대 이탈리아 도시들과의 비교는 Andrew Wallace-Hadrill의 *Houses and Society in Pompeii and Herculaneum* (1994) 참조. 로마 초기의 식단에 대해서는 Fabio Parasecoli의 *Al Dente: A History of Food in Italy* (2014) 참조. 경기와 카피톨리누스 언덕에서 출발하는 행렬은 Filippo Coarelli의 *Rome and Environs: An Archaeological Guide, trans. James L. Clauss and Daniel P. Harmon* (2014) and H. H. Scullard의 *Festivals and Ceremonies of the Roman Republic* (1981) 참조. 초기 베이우스는 H. H. Scullard의 *The Etruscan Cities and Rome* (1967) 참조.

로마인들이 후에 유노 모네타 신전의 명문을 잘못 이해해서 거짓

이야기를 만들어냈다는 생각은 개리 포사이드가 제안한 것이다. J. H. C. 윌리엄스는 로마인이 갈리아인에게 배상금을 지불했고, 카피톨리누스 언덕을 비롯한 도시 전체가 그들에 의해 함락되었을지도 모른다는 증거를 상세히 기술한다. 또한 그리스 도시인 델피와의 흥미로운 유사성을 제시한다. 로마 약탈 후 1세기가 지난 기원전 279년에 델포이에서 역시 브렌누스 왕이 이끄는 갈리아인의 공격이 있었고, 갈리아인이 승리해 돈을 받아 갔던 증거가 있음에도 불구하고 그들과 맞서 싸운 영웅적인 이야기들이 출현했다. 윌리엄스는 리비우스의 이야기가 이 그리스의 영웅담에서 영감을 받았을 것이라고 말한다.

2장

힘러의 코센차 방문은 Peter Longerich의 *Heinrich Himmler* (2013), Eugene Dollmann의 *Un Schiavo Libero* (1968) 그리고 Eugene Dollmann의 *Roma Nazista* (2002) 참조. 돌만은 말하기를 좋아하는 이야기꾼이었고 몇 년간 자신을 개인적인 이탈리아 정보원으로 고용한 힘러와 거리를 둘 만한 충분한 이유가 있었다. 따라서 프랑스 수맥 전문가에 대한 그의 이야기는 의심스럽지만, 힘러가 알라리크의 무덤으로 추정되는 곳을 보기 위해 그날 아침 코센차에 갔다는 데에는 의심의 여지가 없다. 1년 반 후에 그는 이탈리아의 보키니 경찰서장에게 무덤을 수색하기 위한 조사단을 코센차에 보내도록 압력을 가했다.

고트인의 기원, 로마제국과의 투쟁, 서고트인의 발전, 알라리크의 로마 진군, 그리고 그를 따랐던 무리의 유력한 구성에 대해서는 Peter Heather의 *The Goths* (1996); *Goths and Romans 332~489* (1991) 그리고 이 시대를 훌륭하게 묘사한 *The Fall of the Roman Empire, A New History* (2005) 참조. 후자에서 헤더는 스틸리코가 라인강 국경에 다가오는 문제를 알 수 있었고, 동로마제국으로 넘어간 발칸 반도의 핵심 징병 지역을 점령함으로써 병력을 증강하려 했기 때문에 동로마제국과 전쟁을 벌인다는 겉으로 보기에 이상한 결정을 내렸다고 말한다. 게르만 지도자가 추종자들에게 약탈품을 계속 주어야 했던 이유는 E. A. Thompson의 *The Visigoths in the Time of Ulfila* (1966) 참조.

헤더는 제국이 4세기 후반에 겪은 위기와 서로마제국의 궁극적인 멸망 원인에 대해 게르만 민족의 수가 늘어나고 그들의 국가들이 크고 복잡해짐에 따라 그들이 발전했다는 점을 강조한다. 로마의 약점에 초점을 맞춘 분석은 Adrian Goldswilly의 *How Rome Fell: Death of a Superpower* (2009)에서 찾을 수 있다. 골드스웨이는 제국 내에서 끊임없는 내전의 역할을 강조하고 4세기에 나타난 일부 의심스러운 군사 혁신, 특히 편안함으로 집중력이 떨어졌을 수 있는 군대를 도시의 최전선에서 멀리 떨어진 곳으로 배치하는 경향에도 주목한다.

5세기 초 로마의 지형에 대해서는 Richard Krautheimer의 *Rome, Profile of a City, 312~1308* (1980)이 고전으로 남아 있다. 고고학적 발견에 좀 더 초점을 맞춘 훌륭한 보충 자료는 Bryan Ward-Perkins의 *From Classical Antiquity to the Middle Ages, Urban Public Building in Northern and Central Italy, AD 300~850* (Oxford Historical Monographs) (1984)에서 찾을 수 있다. 고고학적 관점의 좀 더 상세한 최신 연구는 Neil Christie의 *From Constantine to Charlemagne, an Archaeological History of Italy AD 300~800* (2006) 참조.

로마제국 전성기 로마에서의 일반적인 삶에 대한 설명은 여전히 Jérôme Carcopino의 *Daily Life in Ancient Rome, the People and the City at the Height of the Empire,* trans. Henry T. Rowell (1975)가 독보적이다. 전성기 고대 로마의 자세한 모습은 최근에 나온 Alberto Angela의 *A Day in the Life of Ancient Rome* (2011)에서 볼 수 있다. 성벽, 건축, 편의 시설, 사회, 정부, 공화국 정치 선전물을 비롯한 5세기 로마의 모든 측면은 Bertrand Lançon의 *Rome in Late Antiquity, Everyday Life and Urban Change, AD 312~609, trans. Antonia Newell* (2000) 참조. 기타 대리석 조각물은 Amanda Claridge의 *Rome, an Oxford Archaeological Guide* (1998) 참조. 로마의 편의 시설 안내서는 랑송을 참고했다.

제국 정부의 국내 통치에 관해서는 Andrew Wallace-Hadrill의 *The Cambridge Ancient History, X, The Augustine Empire, 43*

BC~69 AD (1996)의 The Imperial Court 참조. 로물루스의 집은 클래리지 참조. 로마 극장의 종말과 1세기 후반의 라우레올루스 연극의 무서운 결말은 카르코피노 참조. 콜로세움의 약점에 관해서는 David Karmon의 *The Ruin of the Eternal City: Antiquity and Preservation in Renaissance Rome* (2011) 참조. 콜로세움의 오락에 대해서는 경기장에서 일어난 일을 생생한 이야기로 들려주는 안젤라 참조. 발렌티아누스 1세의 원로원에 대한 마녀재판(369~371)은 랑송 참조. 아치형 콘크리트 지붕을 사용한 새로운 제국 건축 양식은 William L. MacDonald의 *The Architecture of the Roman Empire, Volume 1,* an Introduction (1965) 참조. 판테온의 포르티코에서 기둥들이 크게 잘못되었을 가능성에 관해서는 클래리지 참조. 예술과 명문이 3세기의 위기 동안 어떻게 조악해졌는지 그리고 이교도 신앙과 그 종말에 관해서는 Robin Lane Fox의 *Pagans and Christians in the Mediterranean World, From the 2nd Century AD to the Conversion of Constantine* (1986) 참조. 섹스에 대한 로마 귀족들의 생각은 안젤라 참조. 거의 모든 종류의 섹스에 대한 초기 로마 교회의 혐오에 관해서는 레인 폭스를 참조.

이교의 종말에 관해서는 *Religions of Rome, Volume I, a History* 그리고 이 정의하기 어려운 시기에 생명을 불어넣는 John R. Curran의 *Pagan City and Christian Capital, Rome in the Fourth Century* (2000) 참조. 대성당 외부에서 발견되는 악마에 홀린 기독교인들(사람들은 로마 교회 외부라고 생각하지만, 로마보다는 프랑스에서)에 관해서는 Peter Brown의 'Sorcery, Demons and the Rise of Christianity: from later Antiquity into the Middle Ages' in Peter Brown, *Religion and Society in the Age of Augustine*(1972) 참조. 수호천사를 순교 성인으로 대체한 것과 지나치게 열성적인 순례자들이 성인의 유해에 다가가지 못하게 하기 위해 사용된 보안 조치에 관해서는 Peter Brown의 *The Cult of the Saints, its Rise and Function in Latin Christianity*(1981) 참조. 다마수스 주교가 로마의 새로운 순교 성인을 발견하고 만들어낸 것과 천국 문지기로서 베드로의 역할에 관해서는 Alan Thacker의 'Rome of the Martyrs: Saints, Cults and Relics, Fourth to Seventh Centuries' in *Roma Felix — Formation and Reflections of Mediaeval Rome*, ed. Éamonn Ó Carragáin and Carol Neuman de Vegvar(2008) 참조. 성 베드로가 로마에 온 적이 없었을 가능성과 교황 비오 12세의 산 피에트로 바실리카의 제단 아래 발굴에 대해서는 R. J. B. Bosworth의 *Whispering Cities: Modern Rome and its Histories*(2011) 참조. 로마 주교가 되기 위한 라이벌 간의 폭력은 커런 참조. 로마의 수로와 목욕탕은 크라우트하이머 참조. 로마의 식량 수송과 배급은 랑송 참조. 5세기 초 로마의 거부는 랑송과 커런 참조. 제정 시대 로마 음식, 만찬 파티와 요리법 및 최고급 요리는 Patrick Faas의 *Around the Roman Table, trans. Shaun Whiteside*(1994) 참조. 로마 아파트는 카르코피노 참조. 로마의 비위생에 관해서는 Vivian Nutton의 'Medical Thoughts on Urban pollution' in Valerie M. Hope

그리고 Eireann Marshall (eds), *Death and Diseases in the Ancient City* (2009) 그리고 Neville Morley의 'The Salubriousness of the Roman City' in Helen King (ed.), *Health in Antiquity* (2005) 참조. 말라리아는 Robert Sallares의 *Malaria and Rome, a History of Malaria in the Ancient City* (2002) 참조. 의사와 의학은 Ralph Jackson의 *Doctors and Disease in the Roman Empire* (1988) 참조. 노예에 대해서는 Keith Bradley의 *Slavery and Society at Rome* (1994) 참조. 거리에서 볼 수 있는 여성의 수가 상대적으로 적었던 것과 제국의 전성기에 더 커진 여성의 법적 독립성은 카르코피노 참조. 승리의 여신상을 둘러싼 싸움, 기독교 금욕주의자과 신앙심이 부족한 이들 간의 갈등에 관한 이야기, 또한 후자에 대한 히에로니무스의 혐오는 모두 커런의 기록을 바탕으로 한다. 또한 발레리우스 파니아누스와 멜라니아가 그들의 부를 처분하려던 노력이 스틸리코 몰락의 한 요인이 되었고, 그 때문에 알라리크가 로마를 공격하는 빌미가 되었다는 생각 역시 커런이 그 출처다. 마찬가지로 온건한 로마 기독교인들과 심지어 기독교인 황제들이 그들의 삶에서 이교도의 향수를 용인하려 했다는 내용의 출처도 커런이다.

알라리크의 로마, 라벤나 그리고 다시 로마 포위는 Peter Heather의 *The Fall of the Roman Empire and Pierre Courcelle, Histoire Litteraire des Grandes Invasions Germaniques* (1948) 참조. 서고트인이 로마에 어떻게 입성했고 이후 무슨 일을 했는지에 관한 주요 출

처들을 자세하게 분석해놓은 것은 Ralph W. Mathisen의 'Roma a Gothis Alarico duce capta est, Ancient Accounts of the Sack of Rome in 410 CE' in Johannes Lipps, Carlos Machado and Philipp von Rummel (eds), *The Sack of Rome in 410 AD, The Event, its Context and its Impact* (2013)에서 볼 수 있다. 로마에서 일어난 파괴의 고고학적 증거는 Antonella Camaro와 Alessandro Delfino, Ilaria de Luca, Roberto Menghini의 'Nuovi dati archeologici per la storia del Foro di Cesare tra la fine del IV e la meta del V secolo' in Johannes Lipps, Carlos Machado and Philipp von Rummel, *The Sack of Rome in 410 AD, The Event, its Context and its Impact* (2013) 참조. 주택의 손상과 전반적 평가에 대한 고고학적 증거는 같은 책에서 Riccardo Santangeli Valenziani의 'Dall'evento al dato archeologico 참조.

서고트인의 후기 정복 활동에 관해서는 Peter Heather의 *The Goths* 참조. 로마 약탈에 대한 히포의 아우구스티누스의 반응은 Michele Renee Salzman의 'Memory and Meaning. Pagans and 410' in Johannes Lipps, Carlos Machado and Philipp von Rummel (eds), *The Sack of Rome in 410 AD, The Event, its Context and its Impact* (2013); Peter Brown의 *Augustine of Hippo* (1966) 그리고 Peter Heather의 *The Fall of the Roman Empire* 참조.

3장

아말라순타 여왕에 관해서는 Kate Cooper의 'The Heroine and the Historian: Procopius of Caesaria and the Troubled Reign of Queen Amalasuntha' in Jonathan J. Arnold, M. Shane Bjornlie and Kristina Sessa (eds), *A Companion to Ostrogothic Italy* (2016) 그리고 같은 책 Gerda Heydemann의 'The Ostrogothic Kingdom: Ideologies and Transitions' 참조.

동고트인의 부상과 이탈리아에서의 전투 병력 구성에 관해서는 Peter Heather의 *The Goths* (1996) 그리고 'Gens and Regnum among sources and bibliography the Ostrogoths' in H-W. Goetz, J. Jarnut and W. Pohl (eds), *Regna and Gentes: The Relationship between Late Antique and Early Mediaeval Peoples and Kingdoms in the Transformation of the Roman World* 참조.

이 장에서는 지난 일들에 비교적 곧바로 이어지는 사건을 다루기 때문에 중첩이 되는 출처가 있다. 로마의 인프라, 건물, 사회 및 인구 등의 모든 측면에 대해서는 Richard Krautheimer의 *Rome, City of Profile, 312~1308* (1980); Bertrand Lançon의 *Rome in Late Antiquity, Everyday Life and Urban Change, AD 312~609*, trans. Antonia Newell (2000); Bryan Ward-Perkins의 *From Classical Antiquity to the Middle Ages, Urban Public Building in Northern and Central Italy, AD 300~850* (Oxford Historical Monographs)

(1984); Neil Christie, *From Constantine to Charlemagne, an Archaeological History of Italy AD 300~800* (2006) 그리고 Peter Llewellyn의 *Rome in the Dark Ages* (1971) 참조.

반달족의 로마 공격은 Andy Merrills와 Richard Miles의 *The Vandals* 참조. 로마의 유산을 보존하기 위한 제국 당국의 노력에 대해서는 크리스티 참조. 테오토리쿠스의 통치와 로마의 인프라 및 전통을 강화하려는 시도에 관해서는 Jonathan J. Arnold의 *Theodoric and the Roman Imperial Restoration* (2014) 참조. 교황 후보자 시마쿠스와 라우렌티우스 사이의 다툼에 관해서는 Jeffrey Richards의 *The Popes and the Papacy in the Early Middle Ages 476~752* (1979) 참조. 비잔티움과의 테오토리쿠스 사이의 종교분쟁 및 유스티니아누스가 실베리우스 교황을 비질리우스로 교체한 것에 관해서도 리처즈 참조. 황제와 교황 사이의 분쟁에 대해서도 류엘린 참조.

벨리사리우스, 비티게스, 토틸라의 전략은 E. A. Thompson의 *Romans and Barbarians: The Decline of the Western Empire* (1982) 참조. 클리핑, 로고테타 및 비잔틴에서의 탐욕스러운 기타 사례는 류엘린 참조. 페스트는 Lester K. Little (ed.), *Plague and the End of Antiquity, the Pandemic of 541~750* (2008) 참조. 3개 장에 걸친 유스티니아누스와 비질리우스 교황 사이의 불화는 리처즈 참조. 동고트인들의 종말은 Peter Heather의 *The Goths* 참조. 목욕 중단

은 워드-퍼킨스, 크리스티 참조. 로마 기구들의 종말 또는 성당 같은 고대 건물의 보전에 관해서는 워드-퍼킨스, 크리스티, 크라우트하이머 참조. 원로원과 로마의 옛 귀족 사회는 T. S. Brown의 *Gentlemen and Officers: Imperial Administration and Aristocratic Power in Byzantine Italy, AD 554~800* 참조.

4장

H. E. J. Cowdrey의 *Pope Gregory VII 1073~1085*(1998)에는 비판이 빠지긴 했지만 그레고리우스의 통치에 대한 상세한 기록을 제공한다. 그의 적들에 대한 전반적인 설명은 I. S. Robinson의 *Henry IV of Germany, 1056~1106*(1999)에서 찾을 수 있다. 이탈리아 남부의 로베르 기스카르와 노르만인의 부상은 G. A. Loud의 *The Age of Robert Guiscard: Southern Italy and the Norman Conquest* (2000); G. A. Loud, 'Conquerors and Churchmen in Norman Italy' in *Variorum Collected Studies series*, July 1999, 그리고 Kenneth Baxter Woolf의 *Making History: The Normans and their Historians in the Eleventh Century*(1995) 참조. 원작과 최대한 가까운 설명은 Geoffrey of Malaterra의 *The Deeds of Count Roger, trans. Kenneth Baxter Woolf*(2005) 참조.

Richard Krautheimer의 *Rome, Profile of a City, 312~1308*(1980)는 이 시기를 다룬 고전이기도 하다. 로마의 지형, 인구, 정치, 사회, 경제, 의식의 모든 측면을 다루며, 이 장의 많은 세부 사항의 출처인 최신 설명은 Chris Wickham의 *Medieval Rome: Stability and Crisis of a City, 900~1150*(2015) 참조. 로마 교회 개혁가를 초기 러시아 혁명가와 비교한 사람이 위컴이다. 로마의 8세기 부흥에 관한 고고학적 증거는 Neil Christie의 *From Constantine to Charlemagne, an Archaeological History of Italy AD 300~800*(2006) 참조. 대연도에 대한 자세한 내용의 출처는 아래와 같다. Joseph Dyer의 'Roman Processions of the Major Litany (litanae maiores) from the Sixth to the Twelfth Centuries' in *Roma Felix—Formation and Reflections of Medieval Rome, ed. Éamonn Ó Carragáin and Carol Neuman de Vegvar* (2008).

Debra Birch의 *Pilgrimage to Rome in the Middle Ages—Continuity and Change* (2000)는 이 주제에 대한 상세하고 생생한 설명을 제공한다. 도시 유적에 관한 중세 로마인의 상상적 이야기 중 일부는 로마를 다룬 12세기 기록인 *Mirabilia Urbis Roma* (The Marvels of Rome) 참조. 이 기록은 여러 주장 중 노아가 인류를 다시 만들고자 야니쿨룸에 궤를 놓았다고 기술한다. 콜로세움 외벽 절반이 무너진 유력한 원인의 출처는 David Karmon의 *The Ruin of the Eternal City: Antiquity and Preservation in Renaissance Rome* (2011)이다. 노르만의 약탈 수 세기 전의 로마에 대해서는

Krautheimer & Peter Llewellyn의 *Rome in the Dark Ages* (1971) 참조.

어떤 수로가 언제 작동했는지에 관해서는 Bryan Ward-Perkins의 *From Classical Antiquity to the Middle Ages, Urban Public Building in Northern and Central Italy, AD 300~850* (Oxford Historical Monographs) (1984) 그리고 Katherine Wentworth Rinne의 *The Waters of Rome: Aqueducts, Fountains and the Birth of the Baroque City* (2010) 참조. 로마인들의 재물 소유에 대해서는 Patricia Skinner의 'Material Life' in David Abulafia (ed.), *Italy in the Central Middle Ages 1000~1300* (2004) 참조. 요리와 재료의 변화는 *Al Dente: a History of Food in Italy* (2014) 참조. 건강 및 의학은 *Health and Medicine in early Mediaeval Southern Italy* (1996) 그리고 Robert Sallares의 *Malaria and Rome: A History of Malaria in Ancient Italy* (2002) 참조. 로마의 유대인 공동체와 벤자민 투델라의 관찰 기록은 Marie-Thérese Champagne와 Ra'anan S. Boustan의 'Walking in the Shadows of the Past: The Jewish Experience of Rome in the Twelfth century' in Louis I. Hamilton (ed.), *Rome Re-Imagined: Twelfth century Jews, Christians and Muslims Encounter the Eternal City* (2011)에서 고찰되어 있다. 이 시기의 여성 생활에 대해서는 퍼트리샤 스키너의 *Women in Mediaeval Italy 500~1200* (2001) 참조. 상속 문제를 걱정한 근심이 많은 (제노바) 아버지들은 Steven Epstein in David Abulafia (ed.), *The Family in Italy in the Central Middle Ages 1000~1300*(2004)에서 고찰되어 있다. 11세기 전쟁은 J. F. Verbruggen의 *The Art of Warfare in Western Europe during the Middle Ages*(1997) 그리고 Philippe Contamine의 *War in the Middle Ages,* trans. Michael Jones (1984) 참조. 1081~84의 복잡한 사건들의 가장 상세한 연대기는 Ferdinand Gregovius의 *A History of Mediaeval Rome, Vol. 4,* Part 1, trans. Annie Hamilton (1905) 참조. 기스카르의 로마 약탈 분석은 이 책이 충실히 따르는 Louis I. Hamilton의 예리하고 아주 흥미로운 'Memory, Symbol and Arson: Was Rome sacked in 1084?' in *Speculum XXVIII,* April 2003 참조. 1300년 기념 주년의 상세한 내용과 아비뇽 시절 동안의 로마의 쇠퇴는 Richard Krautheimer의 *Rome, Profile of a City, 312~1308* (1980) 참조. 고대 과거를 보존하려는 로마인들의 열망이 어떻게 교황으로부터 독립된 시민정부 운동에 영감을 주었는지에 대해서는 David Karmon의 *The Ruins of the Eternal City: Antiquity and Preservation in Renaissance Rome*(2011) 참조.

5장

1523년의 콘클라베는 Herbert M. Vaughan의 *The Medici Popes* (1908) 그리고 Dr. Ludwig Pastor의 *A History of the Popes, Volume IX, Adrian VI and Clement VII,* trans. Ralph Francis Kerr (1923)

참조. 1527년의 약탈로 이어지는 사건들, 실제 약탈 그리고 그 영향에 대한 최고의 설명은, 이 장의 많은 세부 사항의 출처인 Judith Hook의 *The Sack of Rome*(1972) 참조. André Chastell의 *The Sack of Rome, 1527*(1983)는 문화 및 예술의 관점에서 로마 약탈을 고찰한다. Eric Russell Chamberlin의 *The Sack of Rome*(1979)는 신뢰성은 낮지만 큰 재미를 준다. 클레멘스 7세와 미켈란젤로에 대해서는 William E. Wallace의 'Clement VII and Michelangelo: An Anatomy of Patronage' 참조. 그리고 클레멘스의 음악적 재능은 Richard Sherr의 'Clement VII and the Golden Age of the Papal Choir' in Kenneth Gouwens and Sheryl E. Reiss (eds), *The Pontificate of Clement VII: History, Politics, Culture*(2005) 참조. 레오 10세가 추기경 5명을 구금한 일은 Kate Howe의 'The Political Crime of Conspiracy in Fifteenth and Sixteenth Century Rome' in Trevor Dean and K. J. P. Howe (eds), *Crime, Society and the Law in Renaissance Italy*(1994) 참조. 우르비노 공작과 메디치가와 불화 원인과 이런 사건들에서 그의 역할에 관해서는 Cecil H. Clough의 'Clement VII and Francesco Maria della Rovere, Duke of Urbino' in Kenneth Gouwens and Sheryl E. Reiss (eds), *The Pontificate of Clement VII: History, Politics, Culture*(2005) 참조. 이탈리아에서의 르네상스 전쟁은 F. L. Taylor의 *The Art of War in Italy 1494~1529*(1921) 참조. 카를 5세의 성격과 부상에 관해서는 William Maltby의 *The Reign of Charles V*(2002) 참조.

지형, 건물, 인구를 비롯하여 정부, 예술가, 교황, 매춘부 등 르네상스 로마의 모든 측면에 대한 완전하고 생동감 있는 설명은, 이 장의 많은 세부 사항이 바탕으로 하는 Peter Partner의 *Renaissance Rome: A Portrait of a Society* (1979) 참조. 교황의 의식과 로마의 고대 과거의 인민주의적인 재발견에 대한 설명이 포함된 자세한 추가 내용은 Charles L. Stinger의 *The Renaissance in Rome* (1998) 참조. 개별 가족의 역할에 대해서는 Anthony Majanlahti의 *The Families Who Made Rome, a History and a Guide* (2006) 참조. 로마의 유대인 공동체에 대해서는 Attilio Milano의 *Il Ghetto di Roma* (1988) 참조. 로마의 지형에 대해서는 중세 요새탑, 성당, 종탑, 집 그리고 로마의 성당 장식의 보수성에 대해서는 Richard Krautheimer의 *Rome, Profile of a City, 312~1308* (1980) 참조. 르네상스 궁전은 Elizabeth S. Cohen과 Thomas V. Cohen의 *Daily Life in Renaissance Italy* (2001) 참조.

1450년의 순례자 재앙, 뒤이어 생겨난 다리, 도로 건물 및 르네상스 도시 성당에 관해서는 Loren Partridge의 *The Renaissance in Rome* (1996) 그리고 David Karmon의 *The Ruins of the Eternal City: Antiquity and Preservation in Renaissance Rome* (2011) 참조. 시스티나 예배당은 로렌 파트리지의 *Michelangelo: The Sistine Chapel Ceiling, Rome* (1996) 참조. 교황청의 성직 매매와 기타 재정적 부정의 기원에 대해서는 Elisabeth G. Gleason의 *Gasparo Contarini: Venice, Rome and Reform* (1993) 참조. 루크레치아 보르자는 Katherine McIver의 *Wives, Widows, Mistresses and Nuns in early Modern Italy: Making the Invisible Visible through Art and Patronage* (2012) 참조. 추기경이라고 불려 모욕감을 느낀 파스키노와 하드리아누스 6세의 의사 방문에 남긴 쪽지에 대해서는 파트너 참조. 로마인의 테베레 강물 사용과 그 물을 좋아했던 클레멘스 7세에 대해서는 Katherine Wentworth Rinne의 *The Waters of Rome: Aqueducts, Fountains and the Birth of the Baroque City* (2010) 참조. 의학과 매독은 Roger French와 Jon Arrizabalaga의 'Coping with the French Disease: University Practitioners' Strategies and Tactics in the Transition from the Fifteenth to the Sixteenth Centuries' in Roger Kenneth French, Jon Arrizabalaga and Andrew Cunningham (eds), *Medicine from the Black Death to the French Disease* (1998) 참조.

범죄에서 청결함, 원형 침대를 갖춘 고급 창녀에 이르기까지 매일의 르네상스 이탈리아 생활의 모든 측면에 대해서는, 이 장의 많은 세부 사항의 출처인 *Daily Life in Renaissance Italy* (2001) 참조. 당시의 수사 심문 기록을 통해 볼 수 있는 르네상스 로마 지하세계의 삶을 흥미로운 사실들은 엘리자베스 S. 코언과 토머스 V. 코언의 *Words and Deeds in Renaissance Rome* (1993) 참조. 르네상스 로마의 감옥에 대해서는 Giuseppe Adinolfi의 *Storia di Regina Coeli e delle carcere di Roma* (1998) 참조.

돌팔매질하는 로마의 소년 무리 그리고 황소몰이로 아가씨들의 환심을 사려 했던 로마 젊은이들의 전통에 대해서는 Robert C.

Davis의 'The Geography of Gender in the Renaissance' in Judith C. Brown and Robert C. Davis (eds), *Gender and Society in Renaissance Italy* (1998) 참조. 여성의 유산과 지참금에 대해서는 Samuel K. Cohn의 *Jr, Women in the Streets: Essays on Sex and Power in Renaissance Italy* (1996); Christiane Klapisch-Zuber의 *Women, Family and Ritual in Renaissance Italy* (1985) 그리고 Trevor Dean and K. P. J. Lowe (eds), *Marriage in Italy 1300~1650* (1998) 참조.

로마의 음식과 요리와 바르톨로메오 스카피의 연회에 대해서는 Katherine A. McIver의 *Cooking and Eating in Renaissance Italy: From Kitchen to Table* (2014); Fabio Parasecoli의 *Al Dente: A History of Food in Italy* (2014); Alberto Capatti와 Massimo Montanari의 *Italian Cuisine: A Cultural History*, trans. Aine O'Healy (2003) 및 엘리자베스 S. 코언과 토머스 V. 코언 참조. 로마 인문주의자에 대해서는 John F. Amico의 *Renaissance Humanism in Papal Rome* (1983) 참조. 인문주의자 피에리오 발레리아노에 대한 모든 세부사항은 Julia Haig Gaisser의 흥미로운 아티클인 'Seeking Patronage under the Medici Popes: A Tale of Two Humanists' in Kenneth Gouwens 및 Sheryl E. Reiss (eds), *The Pontificate of Clement VII: History, Politics, Culture* (2005)에서 가져왔다. 로마의 고대 유물의 운명에 관해서는 David Karmon의 *The Ruins of the Eternal City: Antiquity and Preservation in Renaissance Rome* (2011) 참조.

앞서 명시한 바와 같이, 로마 약탈의 주요 출처로는 *I Diarii di Marino Sanuto* (1902) (저자의 번역)를 비롯해 Benvenuto Cellini의 *The Autobiography of Benvenuto Cellini,* trans. George Anthony Bull (1956) 그리고 Luigi Guicciardini의 *The Sack of Rome,* trans. James Harvey McGregor (1993) 등이 있다. 약탈 이전과 약탈 당시 그리고 약탈 마지막 시기의 법률 문서에서 수집한 세부 사항은 모두 Anna Esposito와 Vaquero Piniero의 흥미로운 아티클인 'Rome during the Sack: Chronicles and Testimonies from an Occupied City' in Kenneth Gouwens and Sheryl E. Reiss (eds), *The Pontificate of Clement VI: History, Politics, Culture I* (2005)에서 가져온 것이다. 헨리 8세의 이혼에 대한 클레멘스 7세의 동의를 얻기 위한 영국의 임무, 헨리가 2명의 왕비를 맞아야 한다는 이상한 제안, 그리고 약탈 이후의 로마에 대한 프란체스코 곤차가의 기술에 대해서는 Catherine Fletcher의 *Our Man in Rome: Henry VIII and his Italian Ambassador* (2012) 참조. 재앙을 딛고 복귀한 클레멘스 7세에 대해서는 Barbara McClung Hallman의 'The "Disastrous" Pontificate of Clement VII: Disastrous for Giulio de' Medici?' in Kenneth Gouwens and Sheryl E. Reiss (eds), *The Pontificate of Clement VII: History, Politics, Culture* (2005) 참조. 1530년과 1557년의 홍수에 대해서는 캐서린 웬트워스 린네 (위쪽) 참조. 1535년 카를 5세의 방문을 맞이하기 위한 준비에 관해서는 David Karmon의 *The Ruins of the Eternal City: Antiquity and Preservation in*

Renaissance Rome (2011) 참조. 카라파 추기경/파울루스 4세의 사악한 이력에 대해서는 파트너 참조.

6장

비오 9세의 로마 탈출은 Owen Chadwick의 *A History of the Popes 1830~1914* (1998) 그리고 John Francis Maguire의 *Rome: Its Rulers and its Institutions* (1858) 참조. 프랑스혁명과 나폴레옹의 로마 점령은 R. J. B. Bosworth의 *Whispering Cities* (2011); Susan Vandiver Nicassio의 *Imperial City: Rome, Romans and Napoleon, 1796~1815* (2005) 그리고 Frank J. Coppa의 *The Modern Papacy since 1789* (1998) 참조. 1798년의 트라스테베레 봉기는 Massimo Cattaneo의 'Trastevere: Myths, Stereotypes and Reality of a Roman Rione between the eighteenth and nineteenth centuries' in Richard Wrigley (ed.), *Regarding Romantic Rome* (2007) 참조. 19세기 초 반동주의자 교황에 대해서는 보스워스, 채드윅과 코파 참조. 리소르지멘토에서 예술의 역할에 대해서는 Lucy Riall의 *Garibaldi: Invention of a Hero* (2007) 참조. 비오 9세의 선출과 초기 급진적 시절, 그리고 로마인과 불화에 관해서는 채드윅 그리고 보스워스 참조. 마치니에 대해서는 Denis Mack Smith의 *Mazzini* (2008) 참조. 가리발디의 초기 시절 그리고 그가 유명해지기까지

마치니의 역할에 관해서는 리소르지멘토에서 홍보의 역할에 대한 흥미로운 연구를 보여주는 리얼 참조. 루이 나폴레옹은 Fenton Bresler의 *Napoleon III: A Life*(1999) 참조.

로마의 르네상스 성벽에 대해서는 피터 파트너의 *Renaissance Rome 1500~59, A Portrait of a Society*(1976) 참조. 로마의 하수구 수리에 대해서는 Katherine Wentworth Rinne의 'Urban Ablutions: cleansing Counter-Reformation Rome' in Mark Bradley and Kenneth Stow (eds), *Rome, Pollution and Propriety: Dirt, Disease and Hygiene in the Eternal City from Antiquity to Modernity*(2012) 참조. 로마의 수리된 수로와 분수는 캐서린 웬트워스 린의 *The Waters of Rome: Aqueducts, Fountains and the Birth of the Baroque City*(2010) 참조. 알렉산데르 7세와 베르니니에 의한 로마의 변신에 대해서는 Richard Krautheimer의 *The Rome of Alexander VII, 1655~1667*(1985) 참조.

그랜드 투어의 방해물에 대해서는 Edward Chanery의 *The Evolution of the Grand Tour: Anglo-Italian Cultural Relations since the Renaissance*(1998) 참조. 슈루즈베리 백작의 체류와 로마에 머물렀던 유명 작가들과 화가들에 대해서는 J. A. Hilton의 *A Sign of Contradiction: English Travellers and the Fall of Papal Rome*(2010) 그리고 Paolo Ludovici and Biancamaria Pisapia (eds), *Americans in Rome 1764~1870*(1984) 참조. 로마의 더러움에 놀랐던 작가들과

어떤 도시가 가장 더러웠는지에 대한 그들의 다양한 의견, 그리고 유물에 추가된 증축물을 제거하려 노력했던 나폴레옹의 프랑스인들의 노력에 대해서는 Richard Wrigley의 '"It was dirty but it was Rome": Dirt, Digression and the Picturesque' in 리처드 링글리의 *Regarding Romantic Rome* (2007) 참조. 나폴레옹을 맞이하기 위해 로마를 변신시키려던 대규모 계획에 관해서는 니카시오 참조. 로마를 변신시키기 위한 유물 철거는 David Karmon의 *The Ruin of the Eternal City: Antiquity and Preservation in Renaissance Rome* (2011) 참조. 에트루리아에 대한 새로운 열기는 'The English, Etruscans and "Etouria": The Grand Tour of Etruria' in *Etruscan Studies* Vol. 12 (2009) 참조. 로마의 금식일, 시계, 시간 그리고 짜증나는 우체국에 관해서는 Sir George Head의 *Rome: A Tour of Many Days* (1849) 참조.

로마 인구에 관해서는 Fiorella Bartoccini의 *Roma nell'Otto-cento: Il tramonto della 'Citta Santa': nascita di una Capitale* (1985) 참조. 로마 귀족의 쇠퇴는 Giacomina Nenci의 *Aristocrazia romana tra '800: I Rospigliosi* (2004) 참조. 이탈리아 귀족 가문들의 새로운 친밀한 관계에 대해서는 Marzio Barbagli의 'Marriage and Family in Nineteenth Century Italy' in John A. Davis and Paul Ginsborg (eds), *Society and Politics in the Age of the Risorgimento: Essays in Honour of Denis Mack Smith* (1991) 참조. 19세기 로마의 음식에 대해서는 Fabio Parasecoli의 *Al Dente: A History of Food in*

Italy (2014)와 Alberto Capatti와 Massimo Montanari의 *Italian Cuisine: A Cultural History, trans. Aine O'Healy* (2003) 참조. 증가하는 사생아 출산수와 기아 보호소의 유아 생존율 악화에 대해서는 Marzio Barbagli의 'Marriage and Family in Nineteenth Century Italy' in John A. Davis and Paul Ginsborg (eds), *Society and Politics in the Age of the Risorgimento: Essays in Honour of Denis Mack Smith* (1991) 그리고 Maria Sophia Quine의 *Italy's Social Revolution: Charity and Welfare from Liberalism to Fascism* (2002) 참조. 로마 인구의 구성은 바르토치니 참조.

칼부림에 대해서는 Silvio Negro의 *Seconda Roma* (1943) 참조. 레오 12세에 대해서는 보즈워스 참조. 치치스베이에 관해서는 Maurice Andrieux의 *Daily Life in Papal Rome in the Eighteenth Century,* trans. Mary Fitton (1969) 참조. 교황 치하 로마의 마지막 수십 년 동안의 매춘에 대한 약간의 정보는 Mary Gibson의 *Prostitution and the Italian State 1860~1915* (1999) 참조. 로마의 풍속 단속에 나선 로마 교회에 대해서는 Margherita Pelaja의 *Scandali: Sessualita e violenza nella Roma dell'Ottocento* (2001) 참조. 풍속 단속에 협력한 현지 로마 사회에 대해서는 Domenico Rizzo의 'Marriage on Trial: Adultery in Nineteenth Century Rome' in Perry Willson, *Gender, Family and Sexuality in Italy 1860~1945* (2004) 그리고 Domenico Rizzo의 'L'Impossibile privato, Fama e pubblico scandalo in eta liberal', in *Quaderni Storici* No. 112,

April 2003 참조. 오도 러셀이 행실이 좋지 않은 영국 여성 관광객을 처리한 일에 대해서는 Noel Blakiston의 *The Roman Question: Extracts from the Despatches of Odo Russell from Rome 1858~70* (1962) 참조. 관대한 교황청 정의에 대해서는 마르게리타 펠라자 참조. 로마의 감옥과 사형 집행 전에 사형수에게 위안을 주려 했던 일은 Giuseppe Adinolfi의 *Storia di Regina Coeli e delle carceri romane* (1998) 참조. 산 미켈레 기관에 대해서는 Elena Andreozzi의 *Il pauperismo a Roma e l'ospizio Apostolico San Michele in San Michele a Ripa: Storia e Restauro, Istituto della Enciclopedia Italiana Fondata da G. Treccani* (1983) 참조.

로마 게토는 Attilio Milano의 *Il Ghetto di Roma* (1964) 참조. 게토가 방문객이 생각했던 것보다 깨끗했을 가능성에 대해서는 Kenneth Stow의 'Was the Ghetto Cleaner [···]' in Mark Bradley and Kenneth Stow (eds), *Rome, Pollution and Propriety: Dirt, Disease and Hygiene in the Eternal City from Antiquity to Modernity* (2012) 참조. 로마의 유대인 방언은 Crescenzo del Monte의 'Glossario del dialetto giudaico-romanesco' 그리고 *Sonetti Postumi Giudaico-Romaneschi e Romaneschi* (1955) 참조. 말라리아의 원인에 대해 유럽 여행자들이 잘못 알고 있던 생각에 관해서는 Richard Wrigley의 'Pathological Topographies and Cultural Itineraries: Mapping "mal'aria" in eighteenth and nineteenth century Rome' in Richard Wrigley and George Revill (eds), *Pathologies of Travel*

(2000) 참조. 게토와 말라리아는 Robert Sallares의 *Malaria and Rome: A History of Malaria in Ancient Italy* (2002) 참조. 코르푸스 도미니 축제에서의 교황의 행렬에 대해서는 William Wetmore Story의 *Roba di Roma* (1863) 참조.

로마공화국의 생존 투쟁에 대한 최고의 설명 중 하나는 George Macaulay Trevelyan의 *Garibaldi's Defence of the Roman Republic* (1907)으로 본서의 많은 세부 사항이 이 출처를 바탕으로 한다. 가리발디의 역할에 대한 좀 더 비판적인 고찰은 리얼 참조. 비오 9세에 대해 비판적인, 로마 함락 이후 일어난 사건들에 대한 설명은 Luigi Carlo Farini의 *The Roman State*의 *Volume 4, Book VII*, trans. W. E. Gladstone (1851) 참조. 파리니는 교황청 경찰과 프랑스군의 게토 공격도 상세히 다루고 있다. Bolton King의 *A History of Italian Unity, being a Political History of Italy from 1814 to 1854, Volume I* (1899) 참조. Denis Mack Smith의 *Mazzini*; Margaret Fuller의 *These Sad but Glorious Days: Dispatches from Europe 1846~50*, ed. Larry J. Reynolds and Susan Belasco Smith (1991); Robert N. Hudspeth (ed.), *Letters of Margaret Fuller Vol. IV* (1984) and Friedrich Althaus (ed.), *The Roman Journals of Ferdinand Gregorovius 1852~74*, trans. Mrs Gustavus W. Hamilton (1907) 참조. 로마를 탈출하는 사람 수 2만 명의 출처는 채드윅이다. 비오가 귀환한 날 퀴리날레궁을 불태우려던 시도의 출처는 Mary Francis

Cusack의 *The Life and Times of Pope Pius IX* (1878)이다. Circo Massimo의 로마 가스 공장은 매과이어와 보즈워스 참조. 루이 나폴레옹의 암살 시도는 브레슬러 참조. 가리발디의 영국 방문은 Derek Beales의 'Garibaldi in England: The Politics of Italian Enthusiasm' in John A. Davis and Paul Ginsborg (eds), *Society and Politics in the Age of the Risorgimento: Essays in Honour of Denis Mack Smith* (1991) 참조. '비바 베르디' 연호는 스토리 참조. 로마인들의 보이콧과 교구 주민을 겁주려 사형집행인을 보낸 비오에 대해서는 *The Roman Journals of Ferdinand Gregorovius* (위), 8 March 1860 참조. 교황의 억압에 대해서는 블래키스턴의 오도 러셀 참조. 교황의 무류성은 채드윅과 보즈워스 참조. 비오의 로마 통치자로서의 마지막 몇 개월 그리고 이탈리아군의 로마 점령과 비오 시신의 산 로렌초 이송에 대해서는 Bosworth와 David L. Kertzer의 *Prisoner of the Vatican: The Popes, the Kings, and Garibaldi's Rebels in the Struggle to Rule Modern Italy* (2004) 참조.

7장

국왕이 무솔리니를 체포한 사건은 Anthony Majanlahti와 Amadeo Osti Guerazzi의 *Roma occupata 1943~44, Itinerari, storia, immagini* (2010) 그리고 Nello Ajello의 La caduta, 'Il commando a Badoglio è fatta' a Villa Savoia il Re si libera del duce, 25 July 2013 참조.

파시스트 대평의회 회의에 대한 설명의 출처는 M. de Wyss, *Rome Under the Terror* (1945)이다. 데 비스는 정체가 분명하지 않은 기록자로 그녀에 대해서 알려진(또는 잘 알려지지 않은) 부분에 대해 밝혀둘 필요가 있다. 그녀의 이름도 알려져 있지 않으며, 발행인인 Robert Hale Ltd, London에서는 단지 비스가 "[전쟁의] 마지막 단계에 계속해서 로마에 있었고 특별한 정보를 얻는 신뢰할 만한 소식통을 갖고 있었다"는 것만을 알려주었다. 그녀의 이름은 필명이겠지만(이름을 밝히고 싶어 하지 않는 것 같았다), 그녀가 남긴 기록의 상세함과 정확성, 그녀의 책이 발간된 신속성(로마 점령이 끝나고 1년 후)이 신뢰할 만한 기록임을 시사한다. 기록을 보면, 로마에서 살기 이전에 비스가 분명히 다른 지역에서 나치 점령을 이미 경험했다는 것을 알 수 있다. 신속하고 철저한 조사, 때로 특이한 영어 사용이나 정기적인 스위스 외교 당국에 대한 칭찬 등이 그녀가 이탈리아에서 전쟁을 취재하는 스위스 기자였음을 시사한다. 비토리오 에마누엘레 3세의 삶에 대해서는 Denis Mack Smith의 *Italy and its Monarchy* (1992) 참조. 1943년 9월 19일 미국의 폭격과 무솔리니 실각 이후 로마인들의 환호에 대해서는 Robert Katz의 *Fatal Silence: The Pope, the Resistance and the German Occupation of Rome* (2003) 그리고 데 비스 참조. 바돌리오의 경력에 대해서는 Giovanni de Luna의 *Badoglio: Un militare al potere* (1974) 참조. 공습에 대비한 로마의 준비 부족에 대해서는 R. J. B. 보즈워스의 *Whispering Cities: Modern Rome and its Histories* (2011) 참조.

건축 붐과 새로운 시설, 스스로를 홍보하고 교황청의 권위에 도전하려는 많은 건축물을 비롯한 자유 로마의 모든 측면에 대해서는 보즈워스의 *Whispering Cities* 참조. 비현실적인 개발 계획과 철거를 모면한 유물 등 자유 로마에 대한 자세한 추가 내용은 Spiro Kostof의 *The Third Rome, 1870~1950, Traffic and Glory* (1973) 참조. 로마에서의 란차니의 작업과 특히 선전을 목적으로 한 자유주의자들의 로마 변신 노력에 대해서는 보즈워스를 참조. 로마 성벽 내의 비가톨릭 성당의 존재에 대해서는 코스토프와 보즈워스를 참조. 비토리아노를 'Vespasiano di Lusso'로 불렀던 반체제 지식인은 Giovanni Papini였다(보즈워스 참조). 유대인 정치인과 장군 그리고 가리발디의 테베레 운하 제의도 보즈워스를 참조.

무솔리니의 삶은 R. J. B. 보즈워스의 *Mussolini* (2002) 그리고 Denis Mack Smith의 *Mussolini* (1981) 참조. 파시즘에 대한 로마인들의 초기 무관심은 보즈워스, *Whispering Cities* 참조. 파시스트의 로마 철거와 재건은 Borden W. Painter, Jr.의 *Mussolini's Rome: Rebuilding the Eternal City* (2005); Spiro Kostof; 보즈워스의 *Whispering Cities* 그리고 Joshua Arthurs의 *Excavating Modernity: The Roman Past in Fascist Italy* (2012) 참조. 그림 같은 경치를 좋아했던 외국 관광객들에 대한 무솔리니의 혐오는 아서스를

참조. 잃어버린 집들의 측면에서 본 무솔리니의 철거에 대한 대가는 페인터를 참조. 앙드레 지드의 발언에 대해서는 Emilio Gentile의 *In Italia ai Tempi di Mussolini: Viaggio in compagnia di osservatori stranieri* (2014) 참조. 산 피에트로 성당으로 가는 대로에 대한 팔로타 추기경의 비판은 Richard Krautheimer의 *The Rome of Alexander VII, 1655~1667* (1985) 참조. 로마의 파시스트 건축은 페인터를 참조.

GIL 파시스트 청년 운동은 Edward R. Tannenbaum의 *The Fascist Experience: Italian Society and Culture 1922~45* (1972) 참조. 포로 무솔리니는 페인터, 보즈워스의 *Whispering Cities* 참조. 모스트라 델라 리볼루치오네 파시스타는 보즈워스, 페인터, 그리고 Roland G. Andrew의 *Through Fascist Italy, An English Hiker's Pilgrimage* (1935) 참조. 파시즘 초기의 관광에 대한 적대감은 젠틸레를 참조. 포스터, 사진, 엽서 등 어느 곳에나 나타나는 무솔리니에 대해서는 젠틸레 그리고 보즈워스의 *Whispering Cities* 참조. 파시스트 달력(Anni Fascisti) 그리고 로마 교회와의 경쟁에 대해서도 보즈워스를 참조. 영국인 게토의 자취, 화려한 드레스의 법적 금지 및 로마 여행 가능성에 대해서는 Karl Baedeker의 *Rome and Central Italy, Handbook for Travellers, sixteenth revised edition* (1930) 참조. 이탈리아인의 기대수명 증가에 대해서는 Massimo Livi-Bacci의 *A History of Italian Fertility During the Last Two Centuries* (1977) 참조. 도폴라보로 일과 후 레저 조직, 파시즘하의 이탈리

아 언론 및 지적인 생활에 대해서는 타넨바움을 참조. 파시스트 기업과 파시스트 복지가 어떻게 부자에게 득이 되고 고용인을 착취했는가에 대해서는 Jonathan Dunnage의 *Twentieth Century Italy: A Social History* (2002) 참조. 복지 기금을 파시스트 국가가 어떻게 정기적으로 대규모 프로젝트의 비용을 지불하기 위해 빼어 갔는지는 Maria Sophia Quine의 *Italy's Social Revolution: Charity and Welfare from Liberalism to Fascism* (2002) 참조. 로마의 귀족 파시스트 시장들에 대해서는 페인터를 참조. 카세 포폴라리에서의 일상생활과 청결 유지에 어려움을 겪었던 로마인들에 대해서는 Gian Franco Vene의 *Mille lira al mese: vita quotidiana della famiglia nell'Italia Fascista* (1988) 참조. 보르가테에 대해서는 퀸, 젠틸레와 페인터를 참조. 바루체에 관해서는 *Whispering Cities* 참조.

여성을 보는 파시즘의 시각에 대해서는 Perry Willson의 *Women in Twentieth Century Italy* (2009)와 타넨바움, 퀸을 참조. 노동은 여성을 불임으로 만들 수 있다는 무솔리니의 주장에 대해서는 윌슨을 참조. 파시즘의 매춘굴 허용은 더니지를 참조. 다산한 부모에 대한 파시스트의 보상과 조그만 개를 데리고 있는 여성의 사진을 무솔리니가 금지한 일은 타넨바움을 참조. 혼자 외출하는 여성의 위험성과 로마의 밤 문화 부족에 관해서는 젠틸레를 참조. 파시스트 폭력과 이탈리아인에 대한 통제, 국내 유배 및 로마의 양철공 루제리 레지에 대해서는, 어떻게 물리적인 폭력의 위협이 항상 파시즘의 밑바탕이 되는가를 훌륭하게 분석한 Michael

R. Ebner의 *Ordinary Violence in Mussolini's Italy* (2011) 참조. 1938년 인종법의 유대인 생활에 미치는 영향에 대해서는 Ebner와 Michele Sarfatti의 *The Jews in Mussolini's Italy: From Equality to Persecution* 그리고 *Susan Zuccotti* (2006) *The Italians and the Holocaust: Persecution, Rescue and Survival* (1987) 참조. 파시스트 관리들의 부패, 불륜에 대한 비난, 감소하는 파시스트 선전 효과 등에 대해서는, 이 시기의 좀 더 신뢰도 높은 정보 출처 중 하나(정권에 국가 상태에 대해 보고하는 스파이)에 대한 새로운 사실을 밝혀주는 Paul Corner의 흥미로운 연구인 *The Fascist Party and Popular Opinion in Mussolini's Italy* (2012) 참조. 파시즘의 대규모 프로젝트의 실패에 대해서는 리비바치와 타넨바움, 코너, 퀸을 참조. 이탈리아의 아비시니아 통치의 취약점에 대해서는 Richard Pankhurst의 *The Ethiopians, A History* (1998) 참조. 파시즘의 이탈리아인들에 대한 반유대주의 주입 실패, 사람들이 혐오하던 스타라체의 혁신, 이탈리아인들의 커가는 무관심, 1938~39년의 커피 위기에 대해서는 코너를 참조. 이탈리아 여성을 설득하려는 파시스트 선전의 실패는 윌슨을 참조.

히틀러의 1938년 로마 방문과 선전포고가 발표된 날 베네치아 광장에 모인 군중에 대한 J. 핸리 대령의 기록에 대해서는 페인터를 참조. 독일 동맹에 대한 이탈리아인들의 열의 부족과 전쟁에 관해서는 코너를 참조. 1940년 이탈리아 군대의 준비 부족에 관해서는 R. J. B. 보즈워스의 *Mussolini's Italy: Life Under the Dicta-*

torship (2005) 참조. 무솔리니의 군 전술가로서의 형편없는 기록에 대해서는 Denis Mack Smith의 *Mussolini* 참조. 폴고레 낙하산 부대에 대해서는 John Bierman과 Colin Smith의 *Alamein, War Without Hate* (2002) 참조. 병사 둘이 군화 한 켤레를 나눠 신고 지켰던 로마의 해안 지대나 엠파이어 데이의 마지막 축하 행사에 대해서는 데 비스를 참조. 세 번째이자 마지막이었던 파시스트 혁명 전시회에 대해서는 페인터를 참조.

바돌리오 정권의 마지막 몇 시간과 독일군에 의한 로마 함락에 대한 명확하고 세밀한 설명은 Claudio Fracassi의 *La Battaglia di Rome* (2014)에서 볼 수 있다. 두 미국 장군의 만찬과 바돌리오와의 만남에 대한 세부 사항, 퀴리날레궁에서 열린 국왕의 평의회 회의, 국왕과 장관들의 탈출 그리고 그들이 독일군과 대항하는 이탈리아군과 이탈리아 레지스탕스(그리고 비레지스탕스)에 내렸던 명령들의 출처는 프라카시다. 군을 탈영해 경주마들의 안전을 확인하러 갔던 이탈리아 장교 이야기의 출처는 데 비스다. 이런 사건들을 기록한 또 다른 소중한 일기 작가인 메리 수녀원장 역시 정체가 조금 모호하지만, 그래도 데 비스보다는 덜한 편이다. 그녀의 기록 *Inside Rome with the Germans*는 1945년에 필명 Jane Scrivener로 발간되었으며, 그녀가 베네토 거리에서 멀지 않은 한 수녀원에 살고 있는 미국인 수녀인 메리 성 누가 수녀원장으로 밝혀진 것은 수십 년이 지난 후였다.

로마의 함락과 점령의 시작 역시 Fatal Silence 참조. 관광객과 모세 상에 대한 농담의 출처는 Alexander Stille의 *Benevolence and Betrayal: Five Italian Jewish Families under Fascism* (1991)이다. 이런 끔찍한 시기에 대한 스틸레의 통찰력 있고 인간적인 기록에는 로마 디 베롤리 가문 구성원들의 생존 투쟁을 다루는 장도 포함되어 있다. 로마의 유대인에게 몸값으로 요구한 금, 유대교 회당 도서관의 절도, 10월 16일의 게토 체포에 대해서는 로버트 카츠의 *Black Sabbath: A Journey Through a Crime Against Humanity* (1969)에서 상세하고 인상적인 완전한 설명을 제공한다. 금을 요구한 것이 유대인을 방심시키기 위한 계략이었을 가능성에 대해서도 Susan Zuccotti의 *Under His Very Windows: The Vatican and the Holocaust in Italy* (2002) 참조. 점령 전 로마 유대인들의 삶과 독일 외교관들의 경고를 비롯한 여러 경고를 무시한 것에 대해서는 스틸레와 카츠를 참조. 데베네데티는 해방 후 곧바로 *October 16, 1943*을 썼지만, 본문에서 인용한 부분의 출처는 Estelle Gilson (2001)의 번역본이다. 로마인들이 어떻게 체포를 방해하려 했는지를 자세히 설명하는 카플러의 보고서는 *Fatal Silence* 참조. 어떤 가톨릭 기관들이 어떤 조건(있다면)으로 유대인들을 받아들였는지에 대한 자세한 사항은 주코티를 참조. 비오 12세의 부상과 나치즘에 대한 그의 대응 그리고 홀로코스트는 John Cornwell의 *Hitler's Pope, The Secret History of Pius XII* (1999) 참조. 엔차 피냐텔리 아라고나 코르테스 공주의 개입에 대해서는 카츠의 *Fatal Silence* 및 스틸레를 참조. 비오 12세의 게토 체포에 대한 대응 부족은 주코티, 콘웰 그리고 카츠의 *Fatal Silence*와 *Black Sabbath*를 참조. 독일 외교관들의 로마 유대인을 구하기 위한 노력은 카츠(두 가지 모두)를 참조.

러시아인에게 서두르라고 촉구하는 낙서는 독일인들의 탈영에 대한 이야기와 더불어 출처가 데 비스다. 로마의 감소하는 교통수단과 벽돌로 막은 상점들의 자세한 내용은 출처가 데 비스와 메리 수녀원장이다. 로마 파시스트 본부 습격의 출처는 데 비스이다. 독일군에 대한 로마 레지스탕스의 배경과 1944년 12월 독일군에 대한 공격은 *Fatal Silence* 참조. 새로운 등화관제와 기타 규제, 그리고 로마 교회 시설에 대한 코흐 일당의 공격에 대해서는 카츠 그리고 데 비스의 메리 수녀원장 참조. 첼레스테 다리는 스틸레 참조.

안치오 상륙과 뒤이은 폭격, 로마 레지스탕스의 체포, 그리고 피터 톰킨스와 말파티의 정보 수집 네트워크에 대해서는 *Fatal Silence* 참조. 연합군의 로마 폭격에 대해서도 메리 수녀원장 참조. 라셀라 거리의 폭탄과 뒤이은 포세 아르데아티나 대학살에 대해서는, 이 책이 따르고 있는 *Fatal Silence* 참조. 바티칸 색을 칠하고 바티칸의 식량 트럭 뒤를 바짝 뒤따르던 독일 트럭에 대해서는 메리 수녀원장 참조. 클라크 장군의 로마 돌격은 *Fatal Silence* 참조. 로마에서 독일군의 폭파 작업은 메리 수녀원장 참조.

1장

1 Livy, *The Early History of Rome,* trans. Aubrey de Sélincourt (1960)
2 Ibid.
3 Ibid.
4 Ibid.
5 Ibid.
6 Ibid.
7 Ibid.

2장

1 Eugene Dollman, *Un Libero Schiavo* (1968)
2 David Karmon, *The Ruin of the Eternal City: Antiquity and Preservation in Renaissance Rome* (2011)
3 Peter Brown, *The Cult of Saints: Its Rise and Function in Latin Christianity* (1982)
4 Zozimus, *A New History, Book V,* Green and Chaplin (1814)
5 Ibid.
6 Ibid.
7 Ibid.
8 Ibid.
9 Sozomen, *Ecclesiastical History, Vol. IX,* Nicene and Post-Nicene Fathers, Second Series, Vol. 2, trans. Chester D. Hartranft (1890)
10 Procopius of Caesarea, *History of the Wars, Book III, The Vandalic War,* trans.

H.B Dewing (1916)

11 Ibid.

12 Jerome, *Letter CXXVII (To Principia)* Nicene and Post-Nicene Fathers, Second Series, Vol. 6, trans. W.H. Freemantle, G. Lewis and W.G. Martley (1893)

13 Orosius, *A History Against the Pagans, Vol.* 7

14 Ibid.

15 Sozomen, *Ecclesiastical History, Vol. IX,* Nicene and Post-Nicene Fathers, Second Series, Vol. 2, trans. Chester D. Hartranft (1890)

16 Jerome, *Letter CXXVII (To Principia)* Nicene and Post-Nicene Fathers, Second Series, Vol. 6, trans. W.H. Freemantle, G. Lewis and W.G. Martley (1893)

17 Peter Brown, *Augustine of Hippo* (1966)

3장

1 Procopius of Caesarea, *The Anecdota or Secret History,* The Loeb Classic Library No. 290, trans. H.B. Dewing (1935)

2 Ibid.

3 Flavius Magnus Aurelius Cassiodorus, *Letter, from Bryan Ward-Perkins, From Classical Antiquity to the Middle Ages, Urban Public Building in Northern and Central Italy, AD 300~850* (Oxford Historical Monographs) (1984)

4 Procopius of Caesarea, *A History of the Wars,* Vol. VI, xviii, Loeb Classic Library, trans. H.B. Dewing (1924)

5 Procopius of Caesarea, *A History of the Wars,* Vol. VI, xxv, Loeb Classic Library, trans. H.B. Dewing (1924)

6 Procopius of Caesarea, *History of the Wars,* Vol. II, xxii, Loeb Classic Library, trans. H.B. Dewing (1916)

7 Ibid.

8 Procopius of Caesarea, *A History of the Wars,* Vol. VII, xvii, Loeb Classic

Library, trans. H.B. Dewing (1924)

9 Procopius of Caesarea, *A History of the Wars,* Vol. VII, xix, Loeb Classic Library, trans. H.B. Dewing (1924)

10 Ibid.

11 Procopius of Caesarea, *A History of the Wars,* Vol. VII, xx, Loeb Classic Library, trans. H. B. Dewing (1924)

12 Ibid.

13 Procopius of Caesarea, *A History of the Wars,* Vol. VII, xxii, Loeb Classic Library, trans. H.B. Dewing (1924)

14 Ibid.

15 Ibid.

16 Paul the Deacon, *History of the Langobards,* trans. William Dudley Foulke (1907)

4장

1 *The Annals of Lambert of Hersfeld,* trans. G.A. Loud, Leeds History in Translation Website, Leeds University (2004)

2 Ibid.

3 William of Malmesbury, from G.A. Loud: *The Age of Robert Guiscard: Southern Italy and the Norman Conquest.*

4 Amatus of Montecassino, from G.A. Loud, *Conquerors and Churchmen in Norman Italy,* in Variorum Collected Studies series, July 1999

5 Geoffrey of Malaterra, *The Deeds of Count Roger of Calabria and Sicily and of His Brother Duke Robert Guiscard,* trans. Kenneth Baxter Woolf, Michigan (2005)

6 Letter 18, of Henry IV, From *Imperial Lives and Letters of the Eleventh Century,* trans. Theodor E. Mommsen and Karl F. Morrison (1962)

7 Geoffrey Malaterra, *The Deeds of Count Roger of Calabria and Sicily and of His Brother Duke Robert Guiscard,* trans. Kenneth Baxter Wolf (2005)

8 Ibid.

9 William of Apulia, *The Deeds of Robert Guiscard*, trans. G.A. Loud (1096~99)

10 Geoffrey Malaterra, *The Deeds of Count Roger of Calabria and Sicily and of His Brother Duke Robert Guiscard*, trans. Kenneth Baxter Wolf (2005)

5장

1 From Dr Ludwig Pastor, *The History of the Popes from the Close of the Middle Ages* (1923)

2 Luigi Guicciardini, *The Sack of Rome*, trans. James H. McGregor (1993)

3 Ibid.

4 Benvenuto Cellini, *The Autobiography of Benvenuto Cellini*, trans. George Anthony Bull (1956)

5 Luigi Guicciardini, *The Sack of Rome*, trans. James H. McGregor (1993)

6 *I Diarii di Marino Sanuto*, Vol. LXV (1902) p. 167

7 *I Diarii di Marino Sanuto*, Vol. XLI (1902) pp. 129~31

8 Benvenuto Cellini, *The Autobiography of Benvenuto Cellini*, trans. George Anthony Bull (1956)

9 *I Diarii di Marino Sanuto*, Vol. LXV (1902) pp. 165~7

10 *I Diarii di Marino Sanuto*, Vol. XLV (1902) p. 133

11 Luigi Guicciardini, *The Sack of Rome*, trans. James H. McGregor (1993)

12 Ibid.

13 Ibid.

14 Ibid.

15 Judith Hook, *The Sack of Rome* (1972)

16 *I Diarii di Marino Sanuto*, Vol. XLI (1902) pp. 129~31

17 Benvenuto Cellini, *The Autobiography of Benvenuto Cellini*, trans. George Anthony Bull (1956)

18 Ibid.

6장

1 John Francis Maguire, *Rome: Its Rulers and its Institutions* (1858)

2 Margaret Fuller in *These Sad but Glorious Days: Dispatches from Europe 1846~50*, eds Larry J. Reynolds and Susan Belasco Smith (1991) dispatch 22 December 1848

3 Margaret Fuller in *These Sad but Glorious Days: Dispatches from Europe 1846~50*, eds Larry J. Reynolds and Susan Belasco Smith (1991) dispatch 20 February 1849

4 Fenton Bresler, *Napoleon III: A Life* (1999)에서 Hortense Cornu 재인용

5 George Gordon Byron, 6th Baron Byron, letter to Thomas Moore, 25 March 1817

6 From J.A. Hilton, *A Sign of Contradiction: English Travellers and the Fall of Papal Rome* (2010)

7 William Wetmore Story, *Roba di Roma* (1863)

8 John Murray, *Handbook for Travellers in Central Italy*, third edition (1853)

9 William Wetmore Story, *Roba di Roma* (1863)

10 Nathaniel Hawthorne, *Notebooks*, 1858

11 '"It was dirty but it was Rome", Dirt, Digression and the Picturesque', in Richard Wrigley, *Regarding Romantic Rome* (2007)에서 Ruskin 재인용

12 William Wetmore Story, *Roba di Roma* (1863)

13 Mrs Hamilton Gray, *Tour of the Sepulchres of Etruria*, London 1840

14 Charles Dickens, *Pictures from Italy* (1846)

15 Sir George Head, *Rome: A Tour of Many Days* (1849)

16 Ibid.

17 Lady Morgan, Italy (1821)

18 Nathaniel, from eds Paolo Ludovici and Biancamaria Pisapia, *Americans in Rome 1764~1870* (1984)

19 Sir George Head, *Rome: A Tour of Many Days* (1849).

20 Odo Russell in Noel Blakiston, *The Roman Question: Extracts from the Despatches of Odo Russell from Rome 1858~70* (1962)

21 From Fiorello Bartoccini, *Roma nell'Ottocento: Il tramonto della "CittàSanta":*

nascita di una Capitale (1985)

22 John Murray, *Handbook for Travellers in Central Italy*, third edition (1853)

23 William Wetmore Story, R*oba di Roma* (1863)

24 Ibid.

25 From Susan Vandiver Nicassio, *Imperial City: Rome under Napoleon* (2005)

26 From Mary Gibson, *Prostitution and the Italian State 1860~1915*

27 From Margherita Pelaja, *Scandali: Sessualità e violenza nella Roma dell' Ottocento*

28 Ibid.

29 Sir George Head, *Rome: A Tour of Many Days* (1849)

30 William Wetmore Story, *Roba di Roma* (1863)

31 Ibid.

32 Charles Dickens, *Pictures from Italy* (1846)

33 William Wetmore Story, *Roba di Roma* (1863)

34 Ibid.

35 Ibid.

36 Ibid.

37 Ibid.

38 Charles Dickens, *Pictures from Italy* (1846)

39 William Wetmore Story, *Roba di Roma* (1863)

40 Lady Morgan, *Italy* (1821)

41 William Wetmore Story, *Roba di Roma* (1863)

42 Sir George Head, *Rome: A Tour of Many Days* (1849)

43 Ibid.

44 Ibid.

45 Ibid.

46 William Wetmore Story, notes, in Henry James, *William Wetmore Story and his friends* (1903)

47 *The Times*, 9 May 1849

48 Margaret Fuller: *These Sad but Glorious Days: Dispatches from Europe 1846~50*, eds Larry J. Reynolds and Susan Belasco Smith (1991) dispatch 21 June 1849

49 From George Macaulay Trevelyan, *Garibaldi's Defence of the Roman Republic* (1907)

50 Margaret Fuller: *These Sad but Glorious Days: Dispatches from Europe 1846~50,* Ed Larry J Reynolds & Susan Belasco Smith, (1991) dispatch 10 July 1849

51 Ibid.

52 William Wetmore Story, *Roba di Roma* (1863)

53 Margaret Fuller: *These Sad but Glorious Days: Dispatches from Europe 1846~50,* eds Larry J. Reynolds and Susan Belasco Smith (1991) dispatch 15 November 1849

54 Odo Russell in Noel Blakiston, *The Roman Question: Extracts from the Despatches of Odo Russell from Rome 1858~70* (1962) dispatch 12 July 1860

55 From Derek Beales, *Garibaldi in England: The Politics of Italian Enthusiasm* in eds. John A. Davis and Paul Ginsborg, *Society and Politics in the Age of the Risorgimento: Essays in Honour of Denis Mack Smith* (1991)

7장

1 M. de Wyss, *Rome Under the Terror* (1945)

2 Denis Mack Smith, *Italy and its Monarchy* (1992)

3 M. de Wyss, *Rome Under the Terror* (1945)

4 From Borden W. Painter, Jr, *Mussolini's Rome: Rebuilding the Eternal City* (2005)

5 Roland G. Andrew, *Through Fascist Italy, An English Hiker's Pilgrimage* (1935)

6 From Emilio Gentile, *In Italia ai Tempi di Mussolini: Viaggio in compagnia di osservatori stranieri* (2014).

7 From Perry Willson, *Women in Twentieth Century Italy* (2009)

8 From Emilio Gentile, *In Italia ai Tempi di Mussolini: Viaggio in compagnia di osservatori stranieri* (2014)

9 Ibid.

10 From Paul Corner, *The Fascist Party and Popular Opinion in Mussolini's Italy* (2012)

11 Ibid.

12 Claudio Fracassi, *La Battaglia di Rome* (2014)

13 Ibid.

14 Ibid.

15 Ibid.

16 Ibid.

17 Robert Katz, *Fatal Silence: The Pope, the Resistance and the German Occupation of Rome* (2003)

18 Jane Scrivener / Mother Mary St Luke, *Inside Rome with the Germans* (1945)

19 Giacomo Debenedetti, *October 16, 1943*, trans. Estelle Gilson (2001)

20 Ibid.

21 Ibid.

22 Ibid.

23 Ibid.

24 Ibid.

25 Jane Scrivener / Mother Mary St Luke, *Inside Rome with the Germans* (1945)

26 Ibid.

27 M. de Wyss, *Rome Under the Terror* (1945)

28 Jane Scrivener / Mother Mary St Luke, *Inside Rome with the Germans* (1945)

29 M. de Wyss, *Rome Under the Terror* (1945)

30 Ibid.

31 Ibid.

32 Jane Scrivener / Mother Mary St Luke, *Inside Rome with the Germans* (1945)

33 Ibid.

34 Ibid.

35 M. de Wyss, *Rome Under the Terror* (1945)

36 Jane Scrivener / Mother Mary St Luke, *Inside Rome with the Germans* (1945)

37 Ibid.

38 M. de Wyss, *Rome Under the Terror* (1945)

39 Jane Scrivener/Mother Mary St Luke, *Inside Rome with the Germans* (1945)

40 Ibid.

41 Ibid.

42 Ibid.

43 Olga Di Veroli의 인터뷰, from Alexander Stille, *Benevolence and Betrayal: five Italian Jewish Families under Fascism* (1991)

후기

1 *La Repubblica*, 21 February 2015

찾아보기

[ㄴ]

[ㄷ]

[ㄹ]

[ㅁ]

[ㅂ]

[ㅅ]

[ㅇ]

[ㅈ]

[ㅊ]

[ㅋ]

[ㅌ]

[ㅍ]

[ㅎ]

[기타]

19세기의 관점에서 갈리아인의 로마 약탈을 재현한 폴 조제프 자맹의 1893년작 「브렌누스와 그의 전리품」.

서고트인의 로마 약탈을 그린 조제프-노엘 실베스트르의 1890년작 「410년 야만족의 로마 약탈」.

455년 가이세리크가 이끄는 반달인 전쟁 집단의 로마 약탈 장면. 가이세리크를 설득하고 있는 교황 레오 1세의 모습도 담겨 있다. 1475년 출간된 아우구스티누스의『신곡』프랑스어판의 삽화.

← 5개 회화로 구성된 토머스 콜의「제국의 과정」연작 중 네 번째 작품으로 455년에 벌어진 반달인의 로마 약탈 장면으로 추측된다(「제국의 과정: 파괴」, 1836).

이름이 알려지지 않은 플랑드르 화가가 그린
1525년의 파비아 전투 장면(부분).

1527년 카를 5세의 에스파냐군과 독일 용병에
의한 1527년의 로마 약탈을 담은 프란치스코
하비에르 아메리고의 1887년작 「로마 약탈」
(프라도 미술관). →

2년간의 이탈리아 여행 후 『이탈리아 기행』을
펴낸 괴테가 로마의 평원을 배경으로 고대
폐허에 기대어 있는 초상화. 1787년 괴테와 함께
나폴리를 여행했던 요한 하인리히 티슈바인의
작품(「로마 캄파냐의 괴테」, 1786~87).

십자가의 길이 재현되어 있는 콜로세움
내부 풍경을 담은 크로스토퍼 빌헬름
에케르스베르크의 1816년 그림.

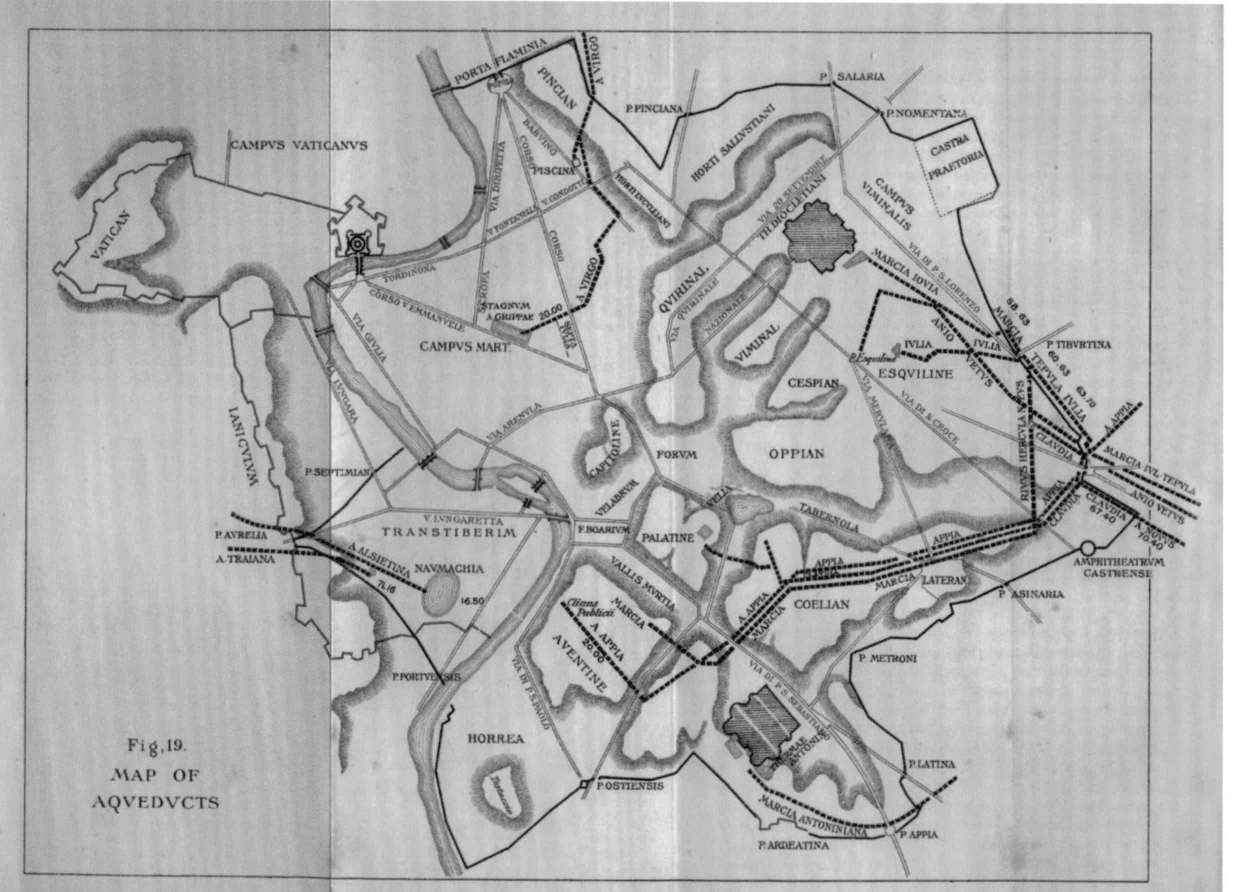

Fig. 19.
MAP OF
AQVEDVCTS

1934년에 촬영된 로마의 파시스트 당사 본부.

← 로돌포 란차니가 1897년에 출간한 『고대 로마의 유적과 발굴』에 실린 로마 수로의 지도.

포폴로 성문 앞을 지나는 연합군 트럭과 병사들을 찍은 1944년 사진. 성문 너머 포폴로 광장의 쌍둥이 성당이 보인다. →

← "우수한 품질의 이탈리아 연필." 무솔리니가 주도한 '자급자족 운동' 선전 포스터.

↓ "노동과 저축을 위한 작은 차." 이탈리아 국산차로서 정체성을 강조한 피아트 500의 1937년 광고 포스터.

PIVS·IIII·PONT·MAX
PORTAM·IN·HANC·AMPLI
TVDINEM·EXTVLIT
VIAM·FLAMINIAM
STRAVIT·ANNO·III
S·P·Q·R·
VRBE·ITALIAE·VINDICATA
INCOLIS·FELICITER·AVCTIS
GEMINOS·FORNICES·CONDIDIT
VEICOLI

후안 마리아 크루스의 시복시성에 참석한
사람들로 가득 찬 2001년의 산 피에트로 광장.

매슈 닐(Matthew Kneale) 지음

런던에서 태어나 옥스퍼드 대학교에서 현대사를 공부한 후, 도쿄에서 영어 교사로 일하며 글을 쓰기 시작했다. '다른 세계'에 대한 호기심과 매혹으로 80개가 넘는 나라를 여행했고, 스페인어, 이탈리아어, 일본어 등 7개 이상의 언어를 익혔다. 소설 『영국 승객들』(*English Passengers*)로 맨부커상 최종후보에 올랐고, 영국의 권위 있는 문학상인 코스타상을 수상하며 작가로서 이름을 알렸다. 꾸준히 소설을 집필하는 가운데 이 책을 비롯해 두 권의 역사책을 펴냈다. 이 책은 15년간의 자료 조사를 거쳐 3,000년에 달하는 로마 역사에서 가장 결정적인 7번의 약탈을 중심으로 로마가 어떻게 오늘날의 도시가 되었는지 보여준다. 16년째 가족과 함께 로마에 거주하고 있다.

박진서 옮김

한국외국어대학교 독어과를 졸업하고 전문 번역가로 활동하며, 좋은 외국 도서를 찾아 소개하는 일도 하고 있다. 옮긴 책으로 『1984』, 『오셀로』, 『햄릿』 등이 있다.

로마, 약탈과 패배로 쓴 역사
갈리아에서 나치까지

매슈 닐 지음
박진서 옮김

초판 1쇄 인쇄 2019년 11월 1일
초판 1쇄 발행 2019년 11월 15일

ISBN 979-11-86000-94-6 (03920)

발행처 도서출판 마티
출판등록 2005년 4월 13일
등록번호 제2005-22호
발행인 정희경
편집장 박정현
편집 서성진, 조은
마케팅 최정이
디자인 오새날

주소 서울시 마포구 잔다리로 127-1, 레이즈빌딩 8층 (03997)
전화 02. 333. 3110
팩스 02. 333. 3169
이메일 matibook@naver.com
홈페이지 matibooks.com
인스타그램 @matibooks
트위터 twitter.com/matibook
페이스북 facebook.com/matibooks